Frank W. Walbank:
Die hellenistische Welt

Deutscher
Taschenbuch
Verlag

dtv

Autorisierte Übersetzung aus dem Englischen von Christian M. Barth, Textdurchsicht und Übersetzung der Quellenzitate von Kai Brodersen.

Das Buch erschien 1981 unter dem Titel *The Hellenistic World* bei William Collins Sons & Co. Ltd. in der Reihe Fontana History of the Ancient World.

1. Auflage Oktober 1983
3. Auflage Juli 1989: 13. bis 14. Tausend
Deutscher Taschenbuch Verlag GmbH & Co. KG, München

Umschlaggestaltung: Celestino Piatti
Vorlage: »Alexandreia als Herrin der Meere«, Mosaik aus Thmuis in Ägypten. (Foto: Dieter Johannes, Deutsches Archäologisches Institut Kairo)
Gesamtherstellung: C. H. Beck'sche Buchdruckerei, Nördlingen
Printed in Germany · ISBN 3-423-04402-0

Vorwort des Herausgebers

Eine neue Geschichte der Antike braucht keine Rechtfertigung. Die moderne Forschung und neue Entdeckungen und Funde haben unser Bild der Antike in wichtigen Punkten verändert; es ist daher an der Zeit, die Ergebnisse dem Publikum zugänglich zu machen. Diese Reihe will aber nicht nur eine Darstellung des aktuellen Forschungsstands geben. Beim Studium der fernen Vergangenheit liegen die Hauptschwierigkeiten darin, daß es nur relativ wenig Zeugnisse gibt und diese zudem nicht leicht zu interpretieren sind. Dies aber macht es andererseits möglich und wünschenswert, die wichtigsten Zeugnisse dem Leser vorzulegen und zu diskutieren; so hat er selbst die Möglichkeit, die zur Rekonstruktion der Vergangenheit angewandten Methoden kennenzulernen und auch selbst die Ergebnisse zu beurteilen.

Diese Reihe hat sich deshalb das Ziel gesetzt, eine Darstellung der jeweils behandelten Periode zusammen mit möglichst vielen Zeugnissen zu bieten, die diese Darstellung ja erst ermöglichen. So sind ausgewählte Dokumente in die Erzählung einbezogen, werden dort erörtert und bilden oft sogar ihren Ausgangspunkt. Wo Interpretationen umstritten sind, werden die verschiedenen Meinungen dem Leser vorgelegt. Darüber hinaus enthält jeder Band eine Übersicht der unterschiedlichen Quellen jeder Epoche sowie Vorschläge zur vertiefenden Lektüre. Die Reihe wird, so hoffen wir, dem Leser die Möglichkeit geben, eigenen Vorlieben und Interessen folgend weiterzustudieren, nachdem er einen Eindruck von den Grenzen gewonnen hat, die dem Historiker bei seiner Arbeit gezogen sind.

Die Reihe ist zuerst auf Englisch bei Fontana erschienen; die deutsche Ausgabe ist jedoch keine bloße Übersetzung, sondern eine revidierte Fassung. Wir haben unsere Texte überarbeitet und auf den neuesten Stand gebracht; insbesondere war es möglich, mehr und bessere Karten einzufügen und die Literaturhinweise für den deutschen Leser zu erweitern. Für die Organisation all dieser Verbesserungen danken wir besonders Kai Brodersen vom Institut für Alte Geschichte der Universität München.

Alte Geschichte ist eine europäische Disziplin, in der die Forschungstraditionen in jedem Land das jeweilige Bild der Antike prägen. Die »englische Sicht« in dieser Reihe wird dem deutschen Leser an manchen Stellen ungewöhnliche Aspekte auftun, wird aber auch in den Bereichen, in denen die deutsche Tradition besonders stark ist, ihr nicht ganz gerecht werden können. Doch vielleicht werden gerade diese Unterschiede zur Frische und Spannung unserer Reihe beitragen und das Interesse des deutschen Lesers steigern. Wir hoffen, daß sie auch in Deutschland so beliebt und so nützlich wird, wie es das englische Original in der englischsprachigen Welt ist.

Oswyn Murray
Balliol College, Oxford

Inhalt

Anhang

Karten

Vorwort

Jede historische Darstellung der hellenistischen Welt muß eine Schwierigkeit lösen: Einerseits soll sie die verwickelte Abfolge der politischen Ereignisse chronologisch wiedergeben, andererseits die gesellschaftlichen Institutionen, die wirtschaftlichen Entwicklungen, die Wandlungen in Religion, Kunst, Literatur, Wissenschaft und Philosophie und die vielfältigen Aspekte des privaten und öffentlichen Lebens erörtern, wodurch ja die behandelte Epoche charakterisiert und interessant wird. Ohne das erste bliebe der Leser verwirrt, ohne das zweite wäre ein Buch zum Thema verfehlt. Der vorliegende Band sucht mithin eine Art Kompromiß und steht damit nicht allein. In den ersten Kapiteln habe ich einen knappen Überblick über die Ereignisse bis 276 v. Chr. gegeben, die in der Begründung der großen Reiche endeten; anschließend werden diese Reiche einzeln behandelt, da jedes eigene Probleme kannte, und einige der auffallenden Eigenarten der hellenistischen Welt als ganzer dargestellt. Dabei habe ich – schon um den gegebenen Raum bestmöglich zu nutzen – den Schwerpunkt auf das 3. und frühe 2. Jahrhundert v. Chr. gelegt, denn die wesentlichen Akzente sind damals gesetzt worden und die bedeutendsten Errungenschaften der hellenistischen Epoche gehören dieser Zeit an. Ferner konnte ich der Tatsache Rechnung tragen, daß die spätere Zeit, also etwa von der Mitte des 2. Jahrhunderts an, in der Rom zur beherrschenden Macht im ganzen östlichen Mittelmeerraum wurde, in einem anderen Band dieser Reihe – und zwar vom römischen Gesichtspunkt aus – behandelt wird.

Wiederholen möchte ich hier den Dank für die Hilfe, die ich bei der englischen Originalausgabe dieses Buches empfangen habe: Meine Tochter Dorothy Thompson hat mir viele wertvolle Vorschläge, besonders für die Behandlung des ptolemäischen Ägypten, gemacht, Oswyn Murray manche Verbesserungen angeregt; beiden danke ich sehr. Die deutsche Ausgabe verdankt Kai Brodersen viel, der die Belege überprüft (und häufig verbessert), die Literaturhinweise ergänzt und die Quellenzitate übersetzt hat. Dafür und für zahlreiche Hinweise zur Verbesserung des Buches bin ich ihm dankbar. Auch dem Übersetzer Christian M. Barth möchte ich danken. Die Karten, die den entsprechenden Kapiteln des Buches zugeordnet sind, hat Karl-Friedrich Schäfer nach meinen Vorlagen für die deutsche Ausgabe neu gezeichnet.

Gewidmet ist das Buch Dorothy, Mitzi, Christopher, Robin und John.

Frank Walbank
Cambridge
Mai 1983

1. Einführung: Die Quellen

Die hellenistische Welt

Über ein Jahrhundert lang, nämlich von 480 bis 360 v. Chr., gingen die Stadtstaaten Griechenlands ihren Streitigkeiten untereinander nach, ohne daß sie eine Gefahr von außen hätten befürchten müssen. Vom Jahr 359 an jedoch fiel der Schatten des immer mächtiger werdenden Königs Philipp II. von Makedonien über die griechische Halbinsel. Philipp schlug 338 bei Chaironeia in Boiotien die Heere Thebens und Athens vernichtend und zwang durch den neu errichteten Korinthischen Bund den meisten Städten den Frieden und seine eigene Politik auf. Schon ging sein Blick nach Persien, der großen Kontinentalmacht jenseits des Ägäischen Meeres; ihre Schwäche hatte sich in dramatischer Weise sechzig Jahre zuvor gezeigt, als eine griechische Söldnertruppe im Dienst eines erfolglosen Thronanwärters und unter Führung des Atheners Xenophon den Weg von Mesopotamien bis ans Meer bei Trapezunt zurückgelegt hattc (400–399). Polybios schreibt später darüber:

> Denn welches die wahren Ursachen waren und warum der Krieg gegen die Perser entsprang, das ist für jedermann leicht zu begreifen. Die erste Ursache war der Rückmarsch der Griechen unter Xenophon aus den oberen Satrapien, auf dem sie ganz Asien – Feindesland – durchzogen, ohne daß irgendeiner von den Barbaren gewagt hätte, ihnen im Kampf die Stirn zu bieten. (Polybios 3, 6, 10)

Philipp, der sich dadurch ebenso ermutigt fühlte wie vom späteren Feldzug des Spartanerkönigs Agesilaos in Kleinasien, hegte die Absicht, die unter der schwankenden Herrschaft Persiens stehenden Gebiete in Kleinasien anzugreifen, um Reichtum und Land zu gewinnen; als Vorwand führte er das Unrecht an, das den Griechen während der persischen Invasionen zu Anfang des fünften Jahrhunderts geschehen war. Die Ausführung seines Planes erlebte er nicht mehr. Im Jahr 336 wurde er ermordet; der beabsichtigte Vorstoß nach Persien war ein Teil des Erbes, das er seinem Sohn Alexander hinterließ.

Alexander herrschte nur dreizehn Jahre, aber in diesem Zeitraum verwandelte er das Aussehen der griechischen Welt völlig. Während der großen Kolonisation vom achten bis sechsten Jahrhundert v. Chr. hatten die Griechen an den Küsten Spaniens und des Adriatischen Meeres, in Süditalien und Sizilien, in Nordafrika und an den Ufern des Schwarzen Meeres Hafenstädte errichtet und sich dort niedergelassen. Die neue Expansion war anderer Art. Alexander stieß mit seinem Heer, das anfangs nur 50000 Mann zählte, auf dem Landweg durch Kleinasien und Palästina nach Ägypten vor, von dort nach Mesopotamien und weiter ostwärts durch Persien und Zentralasien bis in die Gegend des heutigen Samarkand, Balch und Kabul; anschließend durchquerte er den Pandschab und führte, nachdem er den indischen König Poros besiegt hatte, seine Truppen teils zu Land, teils zu Wasser nach Babylon zurück; dort starb er.

Für das ungeheure Kontinentalreich, das er seinen Nachfolgern hinterließ, gab es in der griechischen Geschichte keinen Vergleich. Es war im Grunde das ehemalige persische Reich unter griechischer und makedonischer Verwaltung, das den Schauplatz abgab, auf dem sich in den folgenden dreihundert Jahren die Ereignisse der griechischen Geschichte abspielen sollten. Die Griechen, die während der rund siebzig Jahre nach Alexanders Tod nach Süden und Osten ausschwärmten, um neue Ansiedlungen zu gründen, oder die ihr Glück als Söldner suchten, wurden nicht mehr von den Traditionen eines Stadtstaates eingeengt; sie lebten nunmehr in irgendeiner anderen, neuen Umwelt, Seite an Seite mit der dort jeweils einheimischen Bevölkerung aus unterschiedlichen Rassen und Nationen. Der Begriff »hellenistisch«, der von einem griechischen Wort mit der Bedeutung »griechisch sprechen« hergeleitet ist, wird gewöhnlich verwendet, um diese neue Welt zu bezeichnen, in der Griechisch als *lingua franca,* als eigentliche Volkssprache, diente. Darin schwingt eine Nebenbedeutung mit, weniger im Sinn eines verwässerten Griechentums als vielmehr eines Griechentums, das auf Nichtgriechen übergegriffen hat, was einen Zusammenprall der Kulturen unvermeidlich machte. Selbstverständlich gab es in Griechenland und im ägäischen Raum immer noch Stadtstaaten – oft so mächtige wie etwa Rhodos; auch waren die Beziehungen zwischen den Städten des eigentlichen Griechenland und Makedoniens – wenn auch öfters gespannt – nie ernstlich durch kulturelle Differenzen gefährdet. In den von Alexanders Nachfolgern gegründeten Königreichen in Ägypten und Asien nahmen allerdings Griechen und Makedonen sowohl im Heer wie in der Verwaltung beherrschende Stellungen gegenüber Ägyptern, Persern, Babyloniern und den verschiedenen Völkerschaften Anatoliens ein. Die so geordneten Beziehungen waren aber alles andere als stabil. Von Anfang an hatte es Spannungen gegeben; als der Zustrom der Griechen nachließ, verschob sich allmählich das Verhältnis der Griechen zu den Barbaren in vielen Punkten, wobei die Entwicklung in jedem Herrschaftsbereich anders verlief. Griechen und Barbaren beeinflußten sich gegenseitig. Zweifelsohne besteht eines der Hauptmerkmale der ganzen Epoche in dem Aufeinanderprallen und Verschmelzen der Kulturen.

Gegen Ende des dritten vorchristlichen Jahrhunderts taucht eine neue Größe in der hellenistischen Welt auf – die römische Republik. Die Machtübernahme in den hellenistischen Reichen durch Rom wird in einem anderen Band dieser Reihe behandelt* und soll hier nicht wiederholt werden. Zwar werden die Auswirkungen der ersten fünfzig Jahre dieses Prozesses in ihrer Gesamtheit in Kapitel 13 erörtert, doch der Hauptakzent dieses Bandes liegt auf den hellenistischen Reichen, ihren Beziehungen untereinander und zu den griechischen Städten in Europa und Asien. Themen sind die wirtschaftlichen und sozialen Strömungen, die kulturellen Entwicklungen in den neugegründeten Zentren in Alexandreia und Pergamon, die sich ausdehnenden (und enger werdenden) Grenzen dieser neuen Welt, ihre wissenschaftlichen Errungenschaften und die religiösen Auseinandersetzungen ihrer Völker.

Literarische Quellen

Die Zeugnisse für die hellenistische Epoche sind von ungleicher Qualität. Die Laufbahn Alexanders wirft ein besonderes Quellenproblem auf. Die wichtigste erhaltene Darstellung seines Feldzugs stammt von Arrian, einem griechisch sprechenden römischen Senator aus Bithynien in Kleinasien, der im zweiten nachchristlichen Jahrhundert schrieb. Arrian eröffnet seine *Anabasis Alexanders* – der Titel erinnert an Xenophons *Anabasis* – mit folgenden Worten:

Alles, was Ptolemaios, der Sohn des Lagos, und Aristoboulos, der Sohn des Aristoboulos, in Übereinstimmung miteinander über Alexander, den Sohn des Philippos, geschrieben haben, das schreibe ich als in jeder

* Michael Crawford, *Die römische Republik.* (dtv Geschichte der Antike 4404) München 1984.

Hinsicht wahr auf; worin sie aber nicht übereinstimmen, davon habe ich das ausgewählt, was mir wahrscheinlicher vorkommt und zugleich eher erzählenswert ist.* (Arrian, Anabasis 1, prooim. 1)

Die von Arrian genannten Originalberichte sind uns nicht erhalten: Ptolemaios, einer der Feldherren Alexanders, war später König von Ägypten; sein Geschichtswerk, wohl viele Jahre später in Ägypten verfaßt, basierte auf Alexanders offiziellen Ephemeriden. Arrian hielt es mit Recht für im allgemeinen glaubwürdig. Aristoboulos nahm ebenfalls am Feldzug teil, wahrscheinlich als Militäringenieur. Im Gegensatz zu Ptolemaios war er Grieche, nicht Makedone, und schrieb sein Werk mindestens zwei Jahrzehnte nach Alexanders Tod. Es gab noch weitere, die Augenzeugenberichte über den Feldzug verfaßten. Einer war der Hofhistoriker Kallisthenes, ein Neffe von Alexanders Lehrer, dem berühmten Philosophen Aristoteles; sein Bericht bricht aber vorzeitig ab, weil er im Jahr 327 wegen Hochverrates hingerichtet wurde. Ein anderer war der Kreter Nearchos, der die Flotte des Königs vom Indus nach Susa zurückbrachte, einen Bericht über Indien schrieb und ein Protokoll über seine Reise anfertigte (das Arrian benutzt); später nahm er an den Kriegen der Diadochen teil. Der Unterführer des Nearchos, Onesikritos, Steuermann auf Alexanders eigenem Schiff während der Fahrt nach Ihelum flußabwärts (Arrian, Indike 18, 1), hinterließ ebenfalls einen Bericht, aber die erhaltenen Bruchstücke machen es nicht leicht, seinen wahren Rang zu ermitteln – er hatte zudem keine nachhaltige Wirkung. Schließlich sollte auch noch der aus Alexandreia stammende Kleitarchos erwähnt werden, der zwar vermutlich nicht am Feldzug teilgenommen hat, aber trotzdem eine mindestens zwölf Bücher umfassende Alexandergeschichte schrieb. Über diese uns verlorenen Quellen existiert eine umfangreiche Sekundärliteratur. Naheliegend, wenn auch nicht nachgewiesen ist, daß Aristoboulos, Ptolemaios und Kleitarchos ihre Werke in eben dieser Reihenfolge veröffentlichten. Von den dreien wurde Kleitarchos am bekanntesten, vor allem zu Beginn des römischen Weltreiches; ein so scharfsichtiger Autor wie Arrian kritisierte ihn allerdings (Anabasis 6, 11, 8), ohne ihn namentlich zu erwähnen, wegen seiner vielen Ungenauigkeiten. Die Alexandergeschichte des Kleitarchos lieferte Material für den

* Daß »wahrscheinlich« und »erzählenswert« nicht notwendig auf dasselbe Ereignis zutreffen, sei angemerkt.

sogenannten *Alexanderroman*, ein Werk, von dem vom zweiten nachchristlichen Jahrhundert bis zum Mittelalter immer neue Fassungen in insgesamt über dreißig Sprachen erschienen – ein deutlicher Beweis für den Eindruck, den Alexanders Laufbahn und Persönlichkeit sowohl auf seine unmittelbaren Nachfolger als auch auf spätere Generationen machte.

Alle diese Originalberichte sind verloren; unser Wissen von ihnen gründet sich auf spätere Schriftsteller, die sie verwendet und gewissermaßen ersetzt haben. Außer Arrian, dem bedeutendsten, sind zu nennen: Diodor(os), ein sizilischer Grieche, der Ende des ersten Jahrhundert v. Chr. eine Universalgeschichte verfaßte und, was Alexander betrifft, Aristoboulos und Kleitarchos folgte; Curtius Rufus, dessen Lebensdaten ebenso ungesichert sind wie seine Quellen; Iustinus, der das verlorene Werk eines aus Gallien stammenden Geschichtsschreibers aus der Zeit des Augustus namens Pompeius Trogus exzerpierte; im zweiten Jahrhundert n. Chr. dann Plutarch von Chaironeia, der Popularphilosoph und Biograph, dessen *Leben Alexanders* (verbunden mit dem Cäsars) nicht weniger als vierundzwanzig Quellen erwähnt – wieviele von ihnen er aus erster Hand kannte, ist allerdings nicht mit Sicherheit anzugeben. Zu Lebzeiten Plutarchs fanden sich in den Schriften von Rhetorikern, Geschichtsschreibern und Unterhaltungsautoren (von denen viele heute nur noch dem Namen nach bekannt sind), ungezählte Hinweise auf Alexander. Der Wert dieses Materials ist häufig gering.

An schriftlichen Quellen zu Alexanders Laufbahn fehlt es also durchaus nicht. Das Problem besteht vielmehr darin, die Herkunft ihrer Informationen festzustellen, ihre Bedeutung abzuwägen und ihre Vorurteile für oder gegen den Helden mit in Betracht zu ziehen. Was den Zeitraum nach Alexanders Tod anbetrifft – die eigentliche hellenistische Epoche –, so sieht sich der Historiker einer völlig anderen Situation gegenüber. Ehe wir uns vom Jahr 264 an auf Polybios stützen können, sind wir auf sekundäre Quellen angewiesen; diese freilich unterscheiden sich von jenen zu Alexander darin, daß die Autoren, als nach Alexanders Tod sein Reich unter den Diadochen verteilt wurde, sich dem einen oder anderen Hof anschlossen. Für die Geschichte der ersten fünfzig Jahre unter den neuen Herrschern geht das vorliegende Quellenmaterial wohl oft auf den großen Historiker Hieronymos von Kardia zurück; er stand zuerst bei seinem Landsmann Eumenes (Alexanders Sekretär, der später treu ergeben für des Königs rechtmäßige Erben kämpfte) in Dienst, nach dem Tod des Eumenes im Jahr 316 dann bei Antigonos I., dessen Sohn Demetrios I. und dessen Enkel Antigonos II. Gonatas (s. S. 55ff.). Der verlorene Bericht des Hieronymos über die Diadochenkriege reichte zumindest bis zum Tod des Pyrrhos von Epeiros im Jahr 272 und wurde von Arrian für sein Werk über Alexanders Nachfolger herangezogen sowie indirekt auch von Diodor (Buch 18–20) und von Plutarch für verschiedene Lebensbeschreibungen (*Eumenes*, *Pyrrhos* und *Demetrios*). Unglücklicherweise ist Diodors Werk von Buch 21 an nur in Fragmenten überliefert, von denen die wichtigsten aus einer Exzerptensammlung stammen, die auf Anordnung des byzantinischen Kaisers Konstantinos VII. Porphyrogennetos im zehnten Jahrhundert n. Chr. angefertigt wurden.

Zu den verlorengegangenen Schriftstellern zählt auch Phylarchos, der die Jahre 272 bis 219 in 28 Büchern behandelte und laut Polybios in effektheischender und gefühlsbetonter Weise schrieb. (Der Achaier Polybios war allerdings gegen Phylarchos eingenommen wegen dessen »Parteilichkeit« für Kleomenes von Sparta, den Feind der Achaier.) Polybios richtete einen erbitterten Angriff gegen seinen Bericht über die Plünderung von Mantineia durch die Achaier im Jahr 223:

> In dem Bemühen aber, die Leser durch seine Erzählung zum Mitleid zu stimmen und tiefes Erbarmen in ihnen zu wecken, wartet er mit Umarmungen der Weiber, Ausraufen der Haare, Entblößen der Brüste auf, dazu mit Tränen und Wehklagen von Männern und Frauen, die zusammen mit ihren Kindern und den alten Eltern fortgeführt wurden.
>
> (Polybios 2, 56, 7)

Die Darstellungsweise des Phylarchos war keineswegs nur ihm eigen, sondern durchaus bezeichnend für eine in der hellenistischen Geschichtsschreibung weitverbreitete Richtung. Ein berühmter Vorläufer war Duris (Douris) von Samos, ein Schüler Theophrasts, der zu Beginn des dritten Jahrhunderts eine Geschichte der makedonischen und griechischen Ereignisse bis zum Jahr 280 verfaßte (ebenso eine Geschichte des Agathokles von Syrakus). Andere Schriftsteller des dritten Jahrhunderts waren Megasthenes, der als Gesandter des Antiochos I. Patna in Indien bereiste und ein Buch über diese Reise schrieb, das dann spätere Schriftsteller benutzten, und der sizilische Historiker Timaios von Tauromenion (heute Taormina), der rund fünfzig Jahre in Athen im Exil lebte und von Polybios verächtlich als Schreibtischhistoriker abgetan wird, der nie die Unbequemlichkeiten auf sich genommen hat, jene Örtlichkeiten zu besichtigen, über die er schrieb, oder richtige politische Erfahrungen zu sammeln. Wahrscheinlich verdanken wir Timaios eine Neuerung, die für die Arbeit des Historikers von unschätzbarem Wert war: die Übernahme der Zählung nach »Olympiaden«, datiert ab der Einführung der Olympischen Festspiele im Jahr 776; damit war ein Zeitraum abgegrenzt, in den die Ereignisse der gesamten griechischen (und später auch der römischen) Welt eingeordnet werden konnten.

Dementsprechend kündigt Polybios selbst an (1, 3, 1): »Beginnen wird unser Geschichtswerk der Zeit nach mit der einhundertvierzigsten Olympiade« (220–216); nachdem er seinen Lesern mitgeteilt hat (1, 5, 1), daß er »als Anfangs- und Ausgangspunkt ... den ersten Übergang der Römer von Italien aus« (über das Meer, 264 v. Chr.) nehmen wolle, fährt er mit der Erklärung fort, daß dies unmittelbar nach dem Abschluß des Geschichtswerkes von Timaios erfolgt sei, und zwar in der 129. Olympiade (264–260). Bei griechischen Historikern war es allgemein üblich, ihre Darstellung dort zu beginnen, wo ein Vorgänger geendet hatte.

Polybios selbst ist die wichtigste Quelle für den Zeitraum von 264 bis 146. Sein eigentliches Interesse galt Rom, und es war sein Ziel, zu erklären, »wie und durch was für eine Art von Einrichtung und Verfassung ihres Staates beinahe der ganze Erdkreis in nicht ganz dreiundfünfzig Jahren unter die alleinige Herrschaft der Römer gefallen ist« (1, 1, 5). Polybios stammte jedoch aus Megalopolis in Arkadien, das zum Achaischen Bund (s. S. 159ff.) gehörte; er beschreibt die Entwicklung dieses Bundes und auch viele weitere griechische Ereignisse, die kaum etwas mit Rom zu tun hatten, etwa den Krieg zwischen Antiochos III. von Syrien und Ptolemaios IV. von Ägypten, der mit der Niederlage des ersteren bei Raphia im Jahr 217 endete. Leider sind nur die ersten fünf Bücher vollständig erhalten; von den restlichen 35 besitzen wir lediglich Fragmente. Polybios ist ein vernünftiger, ausgewogener Schriftsteller, wenn auch nicht ganz frei von Vorurteilen. Ohne sein Werk wären wir entschieden ärmer; Theodor Mommsen* hat einmal gesagt: »Seine Bücher sind wie die Sonne auf diesem Gebiet, (der römischen Geschichte); wo sie anfangen, da heben sich die Nebelschleier, ... und wo sie endigen, beginnt eine neue, womöglich noch

* *Römische Geschichte* (II [9]1903). Bd. 3 (dtv 6055) München 1976, S. 467.

lästigere Dämmerung.« Sie sind ebenso wertvoll für das Studium der hellenistischen Welt. Poseidonios von Apameia, der lange auf Rhodos lebte (von dort aus besuchte er Rom) und sowohl Philosoph als auch Historiker war, begann sein Geschichtswerk – von dem nur Fragmente erhalten sind – mit dem Zeitpunkt, an dem Polybios abgebrochen hatte. Sein Werk befaßte sich mit dem griechischen Osten und dem westlichen Mittelmeerraum und reichte vom Jahr 146 bis in die Zeit Sullas (gest. 78); es wurde später von den römischen Historikern Sallust, Cäsar und Tacitus sowie von Plutarch benutzt. Poseidonios bot eine Fülle von Informationen, besonders über den Westen, und wurde in gewisser Weise zu einem Fürsprecher des römischen Imperialismus.

Für eine zusammenhängende Darstellung der Ereignisse – die weder für alle Gebiete noch alle Epochen des hellenistischen Zeitalters erbracht werden kann – muß der Historiker sich jedoch späteren Autoren zuwenden, zu denen (etwa für Alexander) Diodor, Arrian und Plutarch gehören, desgleichen Appian, ein Grieche aus Alexandreia, der im zweiten nachchristlichen Jahrhundert eine Geschichte Roms verfaßte, worin er gesondert die Geschichte einzelner Völker während der Zeit behandelt, zu der sie in das römische Reich eingegliedert wurden. Ebenso wie Diodor stützte sich Appian häufig auf Polybios, wenn auch weder ausschließlich noch immer unmittelbar. Unter den lateinischen Autoren ist Iustinus zu erwähnen; wir besitzen einen Abriß der sogenannten *Historiae Philippicae* des Galliers Pompeius Trogus – der Titel dieser Universalgeschichte weist auf die Einstellung des Autors hin, die sich unabhängig von der römisch-patriotischen Tradition gibt. Wichtiger noch ist Livius, der glücklicherweise Polybios als Primärquelle für Angelegenheiten des Ostens heranzog. Allerdings ist das unter Augustus entstandene Geschichtswerk des Livius seinerseits fragmentarisch, da nur die Bücher 1 bis 10 und 21 bis 45 erhalten sind, die uns bis ins Jahr 168 und zum Ende des Dritten Makedonischen Krieges (172–168) führen. Wertvolle historische wie auch topographische Informationen liefern der Geograph Strabon, der ebenfalls zur Zeit des Augustus schrieb, und Pausanias, der seine Beschreibung Griechenlands um die Mitte des zweiten nachchristlichen Jahrhunderts verfaßte; für die jüdische Geschichte sind verschiedene Bücher des Alten Testaments und der Apokryphen (insbesondere die Makkabäerbücher) ebenso von Bedeutung wie Flavius Iosephus, der seine *Jüdischen Alter-*

tümer während der Regierung der flavischen Kaiser (69–96) in Rom schrieb (s. S. 227). In späterer Zeit stellte Eusebios, Bischof von Caesarea (um 260–320), eine Chronik der Weltgeschichte zusammen, die für die Chronologie wichtig ist. Sie wurde vom Kirchenvater Hieronymus ins Lateinische übersetzt und erweitert.

In diesem knappen Überblick über die fragmentarischen Quellen, die sämtlich eine Vielzahl von Problemen hinsichtlich Genauigkeit und Zuverlässigkeit aufwerfen, müssen auch Memnon von Herakleia/Pontike und Polyainos erwähnt werden; ersterer verfaßte wahrscheinlich im ersten Jahrhundert n. Chr. eine bedeutende Geschichte seiner Heimatstadt, letzterer ein Buch über militärische Operationen, das ein Jahrhundert später entstand. Mit Hilfe dieser, aber auch anderer, weniger bedeutender Quellen, die im geistigen Niveau abfallen und oft auf Ereignisse Bezug nehmen, die gar nicht in den Zusammenhang gehören, läßt sich eine Geschichte bestimmter Abschnitte jener dreihundert Jahre schreiben, die das hellenistische Zeitalter ausmachen. Glücklicherweise kommen als Ergänzung historische Zeugnisse anderer Art hinzu, die zwar ihre eigenen Probleme aufwerfen, uns aber doch erlauben, die literarischen Darstellungen anhand unmittelbarerer und gewöhnlich nichtliterarischer Dokumente zu überprüfen. Aufgrund der stetigen Zunahme solchen Quellenmaterials muß die Geschichte der in diesem Buch behandelten Periode (und anderer Perioden der Antike) in den Einzelheiten fortwährend umgeschrieben werden, da neue Informationen die Überprüfung geläufiger Hypothesen erfordern.

Inschriften

Das neue Material läßt sich im wesentlichen drei Kategorien zuordnen. Die erste umfaßt Inschriften in Stein oder Marmor. Die Antike hinterließ mit Vorliebe Nachrichten auf dauerhaftem Material dieser Art. In der Epoche, mit der wir uns befassen (die Regierungszeit Alexanders mit eingeschlossen), sind die meisten Inschriften in Griechisch abgefaßt, doch besitzen wir zudem ägyptische Inschriften sowohl in Hieroglyphen als auch in demotischer (lokal-ägyptischer) Form. Der berühmte Stein von Rosette, der sich heute im Britischen Museum in London befindet, ist ein Stück schwarzen Basalts, auf dem ein am 29. März 196 vom Priesterrat zu Memphis erlassenes Edikt eingekerbt ist, das die guten Taten von Ptolemaios V. Epiphanes aufzählt sowie die Ehrungen, die der Rat ihm zu erweisen beabsichtigt (OGIS 90; Austin 227). Dem griechischen Text folgt eine ägyptische Übersetzung, und zwar eine in Hieroglyphen und eine in demotischer Schrift; mit der letzteren, die der französische Gelehrte Jean-François Champollion ab 1820 entzifferte, setzte der langwierige Prozeß der Enträtselung der ägyptischen Hieroglyphen ein. Es gibt auch einige lateinische Inschriften, aber die meisten Dokumente, die die römischen Beziehungen zu Griechenland betreffen, stammen aus Griechenland und sind in Griechisch abgefaßt.* Ferner existieren verschiedene Keilinschriften aus Babylon, die für die Geschichte der Seleukiden von Interesse sind.

Inschriften wurden aus vielerlei Gründen verfaßt. Einige wenige wollen ganz unmittelbar geschichtliche Fakten festhalten, so etwa das sogenannte »Marmor Parium«, von dem zwei Bruchstücke existieren; es enthält den Bericht eines unbekannten Verfassers über

> die Daten von Anfang an, entnommen aus allen Arten von Berichten und Geschichtsdarstellungen, mit dem Beginn bei Kekrops, dem ersten König von Athen, bis hin zu der Herrschaft des [Ast]yanax in Paros und des Diognetos in Athen (264/63). (FGrHist 239 A 0)

Der Großteil der Inschriften dient jedoch anderen Zwecken. Viele beinhalten amtliche Angelegenheiten, etwa einen Vertrag, ein Gesetz, eine Vereinbarung über wechselseitiges Bürgerrecht *(sympoliteia)* oder das Urteil eines Schiedsgerichts; darin liegt die Absicht, ein öffentliches Protokoll über Entscheidungen, die von der Regierung oder von anderen Gruppen öffentlich getroffen worden sind, auszustellen, damit es allen und jedem zugänglich ist. In der hellenistischen Epoche informiert eine besondere Gruppe von Inschriften über Beziehungen zwischen griechischen Städten und den Königen; oft wird ein solcher »Königsbrief« vollständig wiedergegeben; anschließend sind die Beschlüsse, die gemäß den enthaltenen Instruktionen gefaßt wurden, aufgezeichnet. Einige solcher Dokumente sollen in Kapitel 8 näher betrachtet werden. Andere halten die von

* Eine praktische Sammlung dieser Zeugnisse ist das Buch von R. S. Sherk, *Roman Documents from the Greek East.* Baltimore 1969.

Volksversammlungen gefaßten Beschlüsse fest, sei es wegen der Ehrung hervorragender Bürger der eigenen oder einer anderen Stadt für erwiesene Dienste, sei es wegen finanzieller, politischer oder vor allem auch diplomatischer Angelegenheiten. Es gibt auch Bauinschriften, die über Ausgaben Protokoll führen, über Einzelheiten der von Städten aufgenommenen Darlehen, über Bitten von Tempeln, Städten und anderen Gemeinschaften um Befreiung von Vergeltungsmaßnahmen (s. S. 149f.) und deren Gewährung durch Könige und Städte, über Gesandtschaften, die um Zusammenarbeit bei der Einführung neuer oder der Aufwertung bereits vorhandener religiöser Feste sowie bei der Freilassung von Sklaven ersuchen (woran Tempel wie der des Apollon von Delphi regelmäßig beteiligt waren) und über zahlreiche weitere Angelegenheiten, die alle eines gemeinsam haben: das Bedürfnis, Dinge für immer festzuhalten.

Der Historiker bedarf einer speziellen Technik und Erfahrung, um diesen epigraphischen Urkunden möglichst viele Informationen abzugewinnen. Die genaue Herkunft vieler Inschriften ist nicht gesichert; in der Regel sind sie fragmentarisch, oft teilweise unleserlich. Zum Glück sind sie meistens in einer geradezu stereotypen Diktion gehalten; die Untersuchung des Wortschatzes und der Ausdrucksweise, wie sie in verschiedenen Zusammenhängen zu verschiedenen Zeitpunkten verwendet wurden, setzt den erfahrenen Epigraphiker in die Lage, einleuchtende Textwiederherstellungen für die Lücken auf einem Stein auszuarbeiten. Von grundlegender Wichtigkeit ist dabei, klar zwischen dem, was tatsächlich auf dem Stein steht, und dem, was eine mehr oder weniger überzeugende Rekonstruktion ist, zu unterscheiden. Um solche Textwiederherstellungen vorzunehmen, muß man selbstverständlich imstande sein, eine Inschrift zumindest annähernd genau zu datieren; das geschieht anhand von Buchstabenformen, historischem Kontext und Charakter der Inschrift, in einigen Fällen auch aufgrund der in der Inschrift genannten Namen. Allerdings können Buchstabenformen oft über mehrere Jahrzehnte hin gleich bleiben, und es ist auch keineswegs immer möglich, eine in einer Inschrift genannte Person mit Sicherheit zu identifizieren; viele griechische Namen sind nämlich weitverbreitet und Knaben wurden oft nach ihrem Großvater benannt. So wurde zum Beispiel eine Reihe von achtzehn Erlassen aus Megara, die einen König namens Demetrios erwähnen, lange Zeit dem Demetrios I. Poliorketes zugeschrieben, der Megara gegen Ende des vierten

Jahrhunderts eroberte, bis 1942 ein französischer Wissenschaftler argumentierte, daß es sich bei dem fraglichen Demetrios um Demetrios II. handle, der in Makedonien von 239 bis 229 an der Macht war. Diese Annahme veränderte natürlich von Grund auf unser Bild von der Regierungszeit von Demetrios II. und seinen Aktivitäten in Griechenland. Vor kurzem ist aber wieder angenommen worden, die ursprüngliche Zuschreibung an Demetrios I. treffe zu, worauf die Geschichte der beiden Regierungszeiten von neuem in den »Schmelztiegel« der Forschung geriet.

Wenn Inschriften auch besondere Sorgfalt und Kenntnis erfordern, um von echtem Wert zu sein, so gehören sie dennoch zu den wichtigsten Quellen für neue Erkenntnisse. Zudem vermag man aufgrund ihrer stereotypen Form nicht nur etwaige Lücken in der einen mit dem Zeugnis der anderen auszufüllen; die verschiedenen inschriftlichen Gattungen – Bauinschriften, Freilassungsurkunden, Erlasse über Ehrungen, Grabinschriften, Verzeichnisse privater Vereinigungen usw. – können in ihrer Gesamtheit Informationen über so unterschiedliche Themen wie Preisniveau, Besitzverhältnisse, Ausdehnung der Sklaverei oder Zusammensetzung der Beamtenschaft liefern. Die Veröffentlichung neuerdings gefundener Inschriften oder die fundiertere Auslegung bereits bekannter führt oft, wie wir gerade gesehen haben, zur Revision oder gar zur Preisgabe überholter Theorien und Postulate.

Papyri

Eine zweite Kategorie von Dokumenten, denen für die Erforschung der Epoche Bedeutung zukommt, besteht aus den Papyri, vorwiegend aus Mittelägypten und besonders aus dem Faijum; dort hat die Trockenheit von Boden und Klima über Jahrhunderte hinweg Papyrusfetzen konserviert, die entweder Müll waren oder als Makulatur verwendet wurden, etwa zum Ausstopfen der Mumienbehälter von heiligen Ibissen, Katzen oder Krokodilen. Die Information durch die Papyri ist in vielerlei Hinsicht von der durch die Inschriften verschieden. Die letzteren sind erhalten geblieben, weil sie dazu bestimmt waren, die ersteren, weil sie weggeworfen wurden. Auch Papyri liefern Informationen, deren Bedeutung gewöhnlich eher lokaler Natur ist. Sehen wir von den Fragmenten ab, die Auszüge aus literarischen Werken enthalten – die von der vor beinahe einem Jahrhundert entdeckten Schrift des Aristoteles über den *Staat der Athener (Athenaiōn politeia)* bis zu den erst kürzlich wiedergefundenen langen Abschnitten aus ansonsten verlorenen Komödien des Menander reichen –, so haben wir es hauptsächlich mit den »Papierkorbabfällen« untergeordneter Staatsdiener zu tun: mit Korrespondenzen, Gesuchen und Antwortkonzepten, mit Vorladungen, Hinterlegungen, Gerichtsprotokollen, Verwaltungsakten bezüglich der Einquartierung von Truppen, mit dem Inkraftsetzen von Verordnungen und Verfügungen, der Versteigerung von Pachten, dem Aufsetzen von Verträgen und Kostenfestsetzungen, den schwierigen Beziehungen zu den Tempeln, und mit öffentlichen Bekanntmachungen wie etwa der Aussetzung einer Belohnung für Auskünfte über den derzeitigen Aufenthaltsort eines entlaufenen Sklaven. Die bereits entzifferten Papyri schließen einige bedeutendere Funde ein, so etwa das Archiv des Zenon von Kaunos, eines Verwalters des Apollonios, des *dioikētēs* (Chef der Zivilverwaltung) unter Ptolemaios II.; aus diesem Archiv ergibt sich ein detailliertes Bild vom Funktionieren eines großen, vom König geschenkten Landgutes, in dem vieles Platz fand, was vielleicht nicht typisch war für das Leben der Griechen in Ägypten (s. S. 108); dazu zählen ferner die sogenannten *Revenue Laws* (Steuergesetze) des Königs Ptolemaios II., die von Apollonios eingeführt wurden und Kontrollstatuten für das königliche Ölmonopol enthalten (Wilcken, Chrestomathie 299; Select Papyri 203; Austin 236). Wir besitzen des weiteren verschiedene königliche Verordnungen und Gunsterweise (Zugeständnisse an das Volk in Form von Amnestien, Steuerermäßigungen und dergleichen). Ein Beispiel dafür stammt aus dem Jahr 118:

[König] Ptolemaios (VIII. Euergetes II.) und Königin Kleopatra (II.), seine Schwester, [und Königin] Kleopatra (III.), seine Gemahlin, gewähren allen ihren Untertanen [im Reich] eine Amnestie von unbeabsichtigten und willentlichen Vergehen [Anklagen, Verurteilungen] und Strafverfolgungen aller Art bis zum 9. [Pharmouti im] 52. Jahr, mit Ausnahme der Personen, die willentlichen Mordes oder Frevels schuldig sind. (P. Tebt. 5: Select Papyri 210; Austin 231)

Derartige Zugeständnisse wurden dann über weitere 260 Zeilen ausgearbeitet. Ein anderer Papyrus aus Tebtunis (P. Tebt. 703: Select Papyri 204; Austin 256) enthält Anweisungen, die vom *dioiketēs* an einen neu ernannten Untergebenen in der ägyptischen Provinz geschickt wurden (s. S. 108).

Die Papyri erhellen also sowohl das alltägliche Leben wie auch die große Politik. Sie müssen jedoch mit Umsicht ausgewertet werden. Da rund 30000 griechische, aber nur 2000 demotische Papyri bekannt sind, ist es klar, daß die sich daraus ergebenden Schlußfolgerungen der griechischen Minderheit ein unverhältnismäßig großes Gewicht verleihen; dies kann erst dann ausgeglichen werden, wenn die noch nicht veröffentlichten demotischen Zeugnisse in ägyptischer Sprache mehr in Betracht gezogen worden sind. Des weiteren betreffen die Papyruszeugnisse weitaus mehr die lokale Verwaltung als das Zentrum der Regierung in Alexandreia, wo die Bodenverhältnisse ein Überdauern der Papyri verhindert haben. Was uns zur Verfügung steht, kann nur mit Vorbehalt für den Ort und die Zeit, wohin es gehört, ausgewertet werden; wir müssen aus gutem Grund annehmen, daß die Zustände sich von Ort zu Ort und von Jahrzehnt zu Jahrzehnt beträchtlich verändert haben. Dennoch steht uns mit den Papyri ebenso wie mit den Inschriften eine stetig wachsende Menge an historischen Zeugnissen zu Gebote – unschätzbar für die Erforschung des ptolemäischen Ägypten. Anderswo ist derartiges Material gewöhnlich nicht verfügbar, obzwar mit den Papyrusrollen vom Toten Meer und ähnlichen Dokumenten aus den Höhlen des Jordantals die geschriebenen Aufzeichnungen ergänzt wurden – allerdings meist für einen späteren Zeitraum als den, der in diesem Buch erfaßt werden soll.

Münzen

Münzen stellen gleichfalls wertvolles Belegmaterial für den Historiker dar. In der klassischen Antike wurden Münzen wesentlich häufiger geprägt, um die Bedürfnisse der Regierung zu befriedigen, als um den Handel zu erleichtern (wenngleich es diesen Grund natürlich auch gab). Horte von Münzen, die in Krisenzeiten versteckt und dann nicht mehr gefunden wurden, vermögen uns nützliche Hinweise bei Datierungsproblemen zu geben; wo Daten bestimmten Ereignissen zugeordnet werden können, läßt sich manchmal zwischen Münzprägung und allgemeiner Politik eine Wechselbeziehung erkennen. Der Fundort von Münzen liefert Informationen über Handelswege; die relative Seltenheit von ptolemäischen Münzen außerhalb Ägyptens illustriert das strenge Monopol, auf dem die Ptolemäer im Handel mit Ägypten bestanden (s. S. 106f.). Die Prägung bestimmter Typen von Münzen wirft ebenfalls Licht auf politische Verhaltensweisen. Alexanders Entscheidung, nach dem Tod des Dareios den für Persien charakteristischen *dareikos* schlagen zu lassen, zeigt klar seinen Anspruch auf den persischen Thron, während die Einrichtung von Münzprägestätten in Sikyon und Korinth mehr dem praktischen Zweck diente, die Rekrutierung von Söldnern zu finanzieren. Einige Zeit nach Alexanders Tod gaben seine Nachfolger Münzen in derselben Währung und auf den Namen der Könige aus, also auf Philippos Arrhidaios und später Alexander IV. Gegen Ende des dritten Jahrhunderts begannen sie jedoch einer nach dem anderen, Münzen mit ihren eigenen Köpfen auf der Bildseite auszugeben, womit sie ihre Ablehnung eines geeinten Weltreichs und ihren Anspruch auf unabhängige Königswürde kundtaten. Münzen legen somit auch Zeugnis ab über politische Absichten, militärische Bestrebungen und natürlich auch wirtschaftliche Ziele; sie erfordern allerdings vom Historiker ein sicheres Fachwissen, wenn er die technischen Probleme meistern will, die Münzstempel und Prägungen, Gewichtssysteme und vor allem die Datierung aufwerfen.

Sonstige Quellen

Geringere Bedeutung kommt den Dokumenten zu, die sich in anderem Material oder anderen Sprachen erhalten haben; sie dürfen aber keinesfalls vernachlässigt werden. Zwei Beispiele seien erwähnt: 1954 veröffentlichten A. J. Sachs und D. J. Wiseman* eine Keilschrifttafel aus Babylon, die eine Liste von Königen verzeichnet, die in den Herrschaftsgebieten der Seleukiden von Alexander dem Großen bis zum Herrschaftsantritt der parthischen Arsakiden in Mesopotamien regierten; damit ließen sich neue Datierungen für die Seleukidenherrschaft bis etwa zum Jahr 179 v. Chr. aufstellen oder alte bestätigen (Au-

* *A Babylonian King List of the Hellenistic Period.* Iraq 16 (1954) 202–212; vgl. Austin 138.

stin 138). 1976 veröffentlichte J. D. Ray* eine Sammlung von Dokumenten auf Tonscherben, die aus einer Reihe von Briefen bestanden, verfaßt von einem gewissen Ḥor, einem Ägypter aus Sebennytos; er bezog sich, um in einem Streit seine Ansprüche zu stützen, auf eine von ihm selbst gemachte Prophezeiung, wonach Antiochos IV., der gerade in Ägypten eingefallen war, das Land noch vor dem »Jahr 2, Payni, letzter Tag« (30. Juli 168) auf dem Seeweg verlassen würde. Auf einer anderen Tonscherbe versicherte er, Antiochos habe diese Prophezeiung erfüllt, da er vor dem genannten Datum davongegangen sei (Austin 165). Auf solche Weise erhält man aus einem zweifelhaften Dokument mit kuriosem Inhalt ein festes Datum für ein wichtiges Ereignis in der Geschichte nicht nur der Seleukiden und Ptolemäer, sondern des Mittelmeerraumes überhaupt.

Nutzen und Wert dieses nichtliterarischen Materials, das für eine vertiefte Kenntnis der Epoche von wesentlicher Bedeutung ist, hängen davon ab, inwieweit es dem Historiker zugänglich gemacht wird. Einige der wichtigsten Veröffentlichungen über Inschriften, Papyri und Münzen sind in die Bibliographie aufgenommen; sie veralten allerdings rasch und müssen deshalb durch Zeitschriftenartikel und jährliche Übersichten der laufenden Publikationen ergänzt werden, wie etwa dem umfassenden und gelehrten *Bulletin épigraphique*, das jährlich in der französischen Zeitschrift *Revue des Études Grecques* von Jeanne und Louis Robert veröffentlicht wird.

Zeugnisse solcher Art ergänzen, aber sie ersetzen nicht das Werk antiker Schriftsteller, selbst wenn diese nur mittelmäßig sind; allein die Autoren können uns eine Schilderung der Ereignisse liefern und sind im allgemeinen auch für den chronologischen Rahmen von Bedeutung. Inschriften und Papyri ermöglichen jedoch eine neue Perspektive und vermitteln oft Informationen, die den Historiker zu neuartigen Fragen veranlassen. Sie geben Einblick in die Arbeit der Regierungen und ermöglichen es uns manchmal sogar, ihre Beamten mit Namen kennenzulernen. Gelegentlich gestatten sie uns auch, einzelnen Familien Generation um Generation zu folgen; sie liefern Informationen über soziale Mobilität in einer bestimmten Gemeinschaft, und mit ihrer Hilfe lassen sich manchmal Einzelheiten über Landbesitz, gesellschaftliche Hierarchien und wirtschaftliche Bedingungen verschiedener Gruppen und Klassen erfahren. Voraus-

* *The Archive of Ḥor.* London 1976, S. 7–32, 125–129.

gesetzt, wir bleiben uns der weißen Flecken in unserem Wissen bewußt, können wir heute wesentlich differenzierter antworten auf Fragen wie etwa die, worauf im einen oder anderen Reich die Macht wirklich beruhte. Allerdings sind, wie schon angedeutet, solche Antworten nur jeweils für die Zeit und den Ort gültig, auf die sich die Zeugnisse beziehen. Die Welt des Hellenismus stellte eine dynamische Gesellschaft dar, die in gewisser Hinsicht niemals Stabilität erlangt hat; sie befand sich vielmehr in einem fortdauernden Zustand der Spannung, der einerseits dadurch erzeugt worden war, daß das vorhandene politische Gleichgewicht nur in Ermangelung einer besseren Lösung hingenommen wurde und nicht als anerkannte Möglichkeit der Gestaltung zwischenstaatlicher Beziehungen, und andererseits durch ein wechselvolles, unausgeglichenes Verhältnis zwischen griechisch-makedonischer Oberschicht und den einheimischen Bevölkerungen. Die hellenistische Welt, die der Leistung Alexanders des Großen ihre Entstehung verdankte, zerfiel allmählich, bis sie schließlich, um alle Teile östlich des Euphrat gestutzt, dem römischen Imperium einverleibt wurde. Als im vierten nachchristlichen Jahrhundert das römische Weltreich seinerseits in zwei Hälften zerbrach, erfreute sich der Hellenismus immerhin noch eines Schattendaseins in Byzanz.

2. Alexander der Große (336–323 v. Chr.)

Philipp II. und Makedonien

Als Alexander im Jahr 336 die Nachfolge seines Vaters Philipps II. als König von Makedonien antrat, fand er ein Land vor, das sich gänzlich von dem unterschied, das es gewesen war, als Philipp sich dreiundzwanzig Jahre früher die Königsherrschaft angeeignet hatte: Philipp hatte Makedonien, das bis dahin ein rückständiges Grenzgebiet am Rand des eigentlichen Griechenland gewesen war, in einen mächtigen Militärstaat mit einem geschulten Heer und wohldurchdachten Grenzen umgewandelt, beherrschte Griechenland durch den Korinthischen Bund (s. S. 11) und traf Vorbereitungen für die Invasion in Persien. Das kulturelle Niveau der Bevölkerung war ebenfalls gestiegen. In einer Rede, die Arrian Alexander in den Mund legt, schilderte dieser die durch Philipp bewirkte Umwandlung des makedonischen Volkes folgendermaßen:

> Philipp übernahm euch als Stromer und Arme; viele von euch weideten, in Felle gekleidet, ihre wenigen Schafe in den Bergen und kämpften ohne viel Erfolg gegen die Illyrer, Triballer und ihre Nachbarn, die Thraker. Er hat euch anstatt der Felle Mäntel gegeben, euch aus den rauhen Bergen in die Ebenen hinabgeführt, hat euch den benachbarten Barbaren im Kampf ebenbürtig gemacht, so daß ihr auf die Festigkeit von Forts nicht mehr vertrautet als auf eure eigene Tapferkeit und euch behaupten konntet. Er hat euch zu Bauherrn von Städten gemacht und euch gute Gesetze und Sitten gebracht. (Arrian, Anabasis 7, 9, 2)

Zieht man die Rhetorik einmal ab, so beschreibt die Textstelle in treffender Weise die Verwandlung eines Hirtenvolkes in seßhafte Bauern und Stadtbewohner, die gewebte Kleidung tragen und sich der Vorzüge eines geordneten Lebens erfreuen. Die Bevölkerung war auch zahlenmäßig gewachsen. Mittels der überlieferten Truppenzahlen hat Guy Griffith (s. S. 45) errechnet, daß sich aufgrund von Philipps wirtschaftlicher Politik die Zahl der für den Heeresdienst Rekrutierten um mehr als ein Viertel erhöhte, und zwar in dem Zeitraum zwischen 334, als Alexander 27000 Makedonen für seine persische Expedition und für die Besatzung in Griechenland aushob (wobei etwa 3000 Männer bereits in Asien waren und vielleicht 20000 alte und junge Männer zur Verteidigung in der Heimat blieben), und 323, als die Zahl an die 50000 betrug (eine Höchstzahl, in der die inzwischen in Asien erlittenen Verluste enthalten sind).

Philipps Heer hatte ihm die Macht über Griechenland verschafft, aber er konnte es sich nicht leisten, die Soldaten unbeschäftigt zu lassen. Kaum hatte er für Frieden gesorgt, als er auch schon den Plan für einen Angriff auf Persien ins Auge faßte. Die Idee war nicht neu. Zehn Jahre vorher hatte der Athener Publizist Isokrates eine Rede an Philipp gerichtet, die ihm genau diesen Plan ans Herz legte:

> Ich will dir nämlich den Rat erteilen, dich bei der Vereinigung der Hellenen und dem Feldzuge gegen die Barbaren an die Spitze zu stellen. Dabei ist den Griechen gegenüber Überredung angebracht, den Barbaren gegenüber Gewalt. Dies also ist's, was ich im folgenden ausführen will. (Isokrates, Philippos 10)

Isokrates fährt in derselben Rede ein wenig später fort:

> Was für eine Meinung, glaubst du, werden sie dann von dir haben, wenn du den Versuch machst, das ganze (persische) Königreich zu zerstören oder doch wenigstens soviel Land wie möglich davon zu gewinnen und, wozu manche dich drängen, Asien von Kilikien bis Sinope davon abzutrennen, dazu Städte in dieser Gegend zu gründen und die darin anzusiedeln, welche jetzt aus Mangel am täglichen Brot umherschweifen und wen sie nur treffen beunruhigen? (Ebd. 120)

Vermutlich sah Philipp in Asien eine Quelle für Wohlstand und neues Land, wo sich die vielen Verbannten und Enteigneten ansiedeln ließen, die damals eine Hauptgefahr sowohl für Griechenland als auch für Makedonien darstellten – so lange es Staaten gab, die reich genug waren, sie als Söldner anzuwerben. Ob die territorialen Grenzen, die Isokrates andeutet, in Philipps ursprünglichen Vorhaben schon einbezogen waren, läßt sich nicht sagen. Isokrates räumte später ein, daß sein Rat Philipps eigenen Neigungen nur entgegengekommen sei; vielleicht lagen, was viel entscheidender ist, derartige Ideen überhaupt in der Luft. Philipp sah sein Unternehmen jedenfalls in einem viel handfesteren Zusammenhang mit Makedonien, als Isokrates das wahrgenommen hatte. Als Philipp im Jahr 336 ermordet wurde, war eine Vorhut von 10000 Mann bereits jenseits des Hellesponts. Alexander befand sich daher bei seiner Thronbesteigung schon halb im Krieg mit Persien, doch hatte dieser Zustand seine volle Zustimmung, denn er hoffte, dadurch persönlichen Ruhm zu erringen und zudem seine Stellung gegenüber den älteren Ratgebern, denen Philipp ihn überlassen hatte, zu stärken; schließlich war er erst zwanzig Jahre alt. Die ersten beiden Jahre (336–334) verbrachte er damit, seine Nordgrenzen in Thrakien und Illyrien zu sichern und einen Aufstand in Griechenland zu unterdrücken. Im Frühjahr 334 setzte er dann mit einem bescheidenen Heer von etwa 37000 Mann, davon 5000 Mann Reiterei, nach Asien über. Man zählte 12600 Griechen (7600 waren vom Korinthischen Bund gestellt, 5000 waren Söldner), etwa 7000 Stammeskrieger vom Balkan, an die 2000 Mann leichtbewaffnete Fußsoldaten und Reiter aus Thrakien und Paionien; der Rest von 15–16000 Mann kam aus Makedonien und Thessalien. Europa überließ Alexander der Obhut seines Statthalters Antipatros mit einem Heer von 12000 Fußsoldaten und 1500 Reitern – also mit fast ebenso viel Makedonen, wie er selbst mit sich nahm (Diodor 17, 17, 3 u. 5). Seine Einkünfte waren ungesichert; bei seiner Ankunft in Asien faßte er den Plan, auf Kosten des Landes zu leben.

Der Alexanderzug

Alexanders Heer sollte sich aufgrund seiner ausgewogenen Kombination der Waffengattungen als besonders schlagkräftig erweisen. Eine wichtige Rolle kam den leichtbewaffneten kretischen und makedonischen Bogenschützen sowie den thrakischen und agrianischen Speerwerfern zu. Die ausschlaggebende Größe stellte jedoch die Reiterei dar; sollte ihre Attacke noch keine Entscheidung gebracht haben, dann würden die Infanteriephalanx, 9000 Mann stark und mit 4–5 Meter langen Speeren und Schilden bewaffnet, und die 3000 Hypaspisten der königlichen Bataillone das Blatt endgültig wenden. Das Heer wurde von Landvermessern, Technikern, Baumeistern, Wissenschaftlern, Hofbeamten und Historiographen begleitet. Von Anfang an scheint Alexander ein Unternehmen ohne klare Grenzen im Auge gehabt zu haben.

Nach einem romantischen Besuch Trojas gewann er seine erste Schlacht am Granikos – nahe dem Marmarameer – und sandte als Geste 3000 Rüstungen aus der Kriegsbeute als Weihgabe für die Göttin Athene nach Athen mit der Widmung: »Alexander, der Sohn des Philippos, und die Hellenen mit Ausnahme der Spartaner, weihen diese (Rüstung) als Siegerbeute von den Barbaren, die Asien bewohnen« (Arrian, Anabasis 1,

16, 7). Seine Absicht, die durch das Fehlen jeglichen Hinweises auf die Makedonen noch unterstrichen wurde, ging eindeutig daraufhin, den panhellenischen Aspekt des Feldzuges zu betonen. Andererseits ließ er zu Dion in Makedonien Bronzeplastiken der fünfundzwanzig Makedonen aufstellen, die im ersten Gefecht gefallen waren (Arrian, Anabasis 1, 16, 4). Der Sieg hatte den Zugang zum westlichen Kleinasien eröffnet; im Frühjahr 333 war Alexander Herr der westlichen Küste sowie des größten Teils von Karien, Lykien und Pisidien, und konnte über Gordion (wo er der Überlieferung nach den berühmten gordischen Knoten löste, nämlich durchhieb – eine Tat, die nur der Mann zu vollbringen vermochte, der über Asien herrschen sollte) nach Ankyra und anschließend nach Kilikien vorstoßen. Im Herbst 333 traf er bei Issos (in der Nähe von Iskenderun) auf Dareios selbst und kämpfte sich durch einen zweiten Sieg den Weg nach Syrien frei. Dort widersetzte sich ihm die Stadt Tyros sieben Monate lang, doch Alexander hob die Belagerung nicht auf; er erhielt währenddessen Friedensangebote von Dareios, dessen Familie bei Issos in seine Hände gefallen war. Der Großkönig bot ihm ein Lösegeld von 10000 Talenten für seine Familie, den Verzicht auf alle Gebiete westlich des Euphrats (Arrian, Anabasis 2, 25, 1) und ein Ehebündnis an, doch Alexanders Ambitionen hatten sich nun voll entfaltet – er schlug das Angebot aus. Gegen den Winter 333/32 befand sich Syrien und Palästina völlig in seiner Hand, und er selbst war in Ägypten, wo er eine neue Stadt, Alexandreia, gründete, ehe er seinen Zug durch die Wüste antrat, um das berühmte Ammonsorakel in der Oase Šiwa zu befragen. Sein strategisches Ziel scheint zu diesem Zeitpunkt gewesen zu sein, die ganze Küste in Besitz zu nehmen, um so seine Basis in Griechenland und Makedonien vor jeglichem Angriff vom Meer aus zu schützen. Er hatte nämlich bereits einen kühnen Schritt unternommen und sich »entschlossen, seine Flotte aufzulösen. Dazu veranlaßte ihn der Mangel an Geldmitteln und die Erkenntnis, daß sich seine Flotte mit der persischen überhaupt nicht messen könnte« (Arrian, Anabasis 1, 20, 1). Vielleicht mißtraute er zudem den Griechen, die die Mannschaften stellten. Eigentlich hatte die persische Flotte durch den Tod Memnons, des Oberbefehlshabers von Dareios im Jahr 333, den gefährlichsten Widersacher Alexanders verloren; an Land war ein persischer Gegenangriff in Kleinasien im Winter 333/32 abgeschlagen worden.

Im Sommer 331 stieß Alexander erneut mit dem Heer des

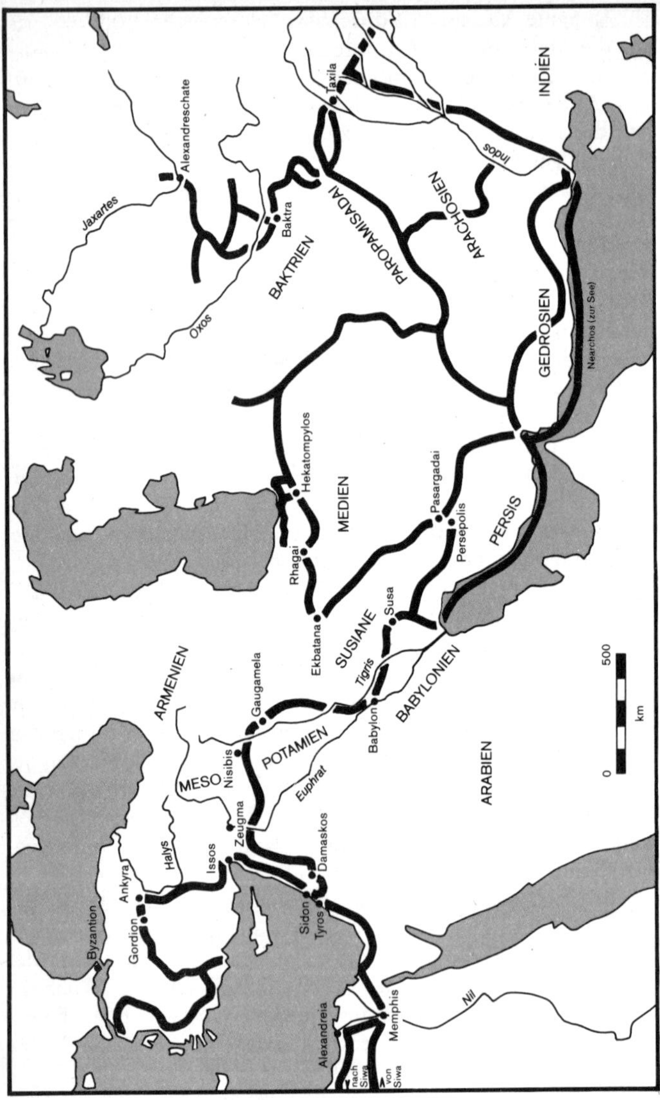

Der Alexanderzug

Dareios zusammen, diesmal bei Gaugamela, das jenseits des Tigris in der Nähe von Ninive lag. Es war die Entscheidungsschlacht des Krieges, die mit Alexanders Sieg endete; er verfolgte die zurückweichenden Gegner 55 Kilometer weit und rückte dann in Eilmärschen vor, um Babylon einzunehmen. Nachdem er sich des Königsschatzes bemächtigt hatte, der sich auf rund 50000 Goldtalente belief, drang er ins eigentliche Persien vor, wo er Persepolis und Pasargadai einnahm. Das Niederbrennen von Xerxes' Palast in Persepolis sollte vielleicht symbolisch den Abschluß des panhellenischen Rachefeldzugs darstellen; das jedenfalls ist Arrians Deutung (Anabasis 3, 18, 11), während andere Schriftsteller den Vorfall – was weniger wahrscheinlich ist – als den Auswuchs eines Betrunkenenstreichs schildern, an dem eine Kurtisane schuld war. Wie dem auch sei, »als Alexander nach Ekbatana gekommen war, schickte er die thessalischen Reiter und die übrigen Bundesgenossen zur Meeresküste zurück, nachdem er ihnen den vereinbarten Sold in voller Höhe ausgezahlt und aus eigenen Mitteln 2000 Talente geschenkt hatte« (Arrian, Anabasis 3, 19, 5). Von da an sollte Alexander einen rein persönlichen Krieg führen. Er überließ den Königsschatz der Obhut des Harpalos, betraute Parmenion, einen von Philipps Feldherrn, mit der Sorge für die rückwärtigen Verbindungen und jagte selbst in größter Eile hinter Dareios her. Dareios war jedoch von einem Usurpator namens Bessos abgesetzt worden, und Alexander fand ihn niedergestochen und im Sterben liegend in der Nähe von Scharud. Nichts stand nun mehr seinem Aufstieg zum Großkönig im Weg; an ein Weihegeschenk von Waffen und Rinderschädeln in Lindos, vermutlich aus dem Jahr 330, knüpft sich folgender Bericht:

Nachdem König Alexander Dareios im Kampf besiegt hatte und Herr über Asien geworden war, opferte er der lindischen Athene gemäß einer Prophezeiung während der Priesterschaft des Theogenes des Sohnes des Pistokrates. (Timachidas FGrHist 532)

Der Wortlaut zeigt, daß Alexanders neue Ansprüche den Griechen in der Heimat nunmehr vermittelt waren.

Nach der Überquerung des Elbursgebirges drang Alexander in Hyrkanien südlich des Kaspischen Meeres ein und nahm dann die Unterwerfung von Dareios' griechischen Söldnern an. Danach marschierte er ostwärts durch Areia und Drangiane, wo er in Phrada einen Anlaß fand, den ihm inzwischen lästigen Parmenion zu beseitigen. Parmenions Sohn Philotas, Befehlshaber der Gardereiterei, wurde hier wegen eines Anschlags auf Alexanders Leben angeklagt und, nachdem er von den Makedonen für schuldig befunden worden war, hingerichtet. Zur gleichen Zeit wurde ein Geheimkurier nach Medien geschickt, um für die Ermordung des Vaters Sorge zu tragen,

vielleicht aus der Erwägung, daß es gefährlich wäre, wenn Parmenion am Leben bliebe, da sein Sohn hingerichtet war – Parmenion, der doch in so hohem Ansehen bei Alexander und bei dem übrigen Heer stand.

(Arrian, Anabasis 3, 26, 4)

Im Winter 330/29 setzte Alexander seinen Weg von Phrada aus am Helmand entlang zu den Paropamisaden (im Hindukusch) fort; dort gründete er Alexandreia am Kaukasus, ehe er den Hindukusch in Richtung Norden durchquerte und bei der Verfolgung des Bessos, der über den Oxos floh, bis nach Baktrien vordrang. Bessos wurde von dem sogdischen Anführer Spitamenes abgesetzt und von dem makedonischen Feldherrn Ptolemaios gefangengenommen; er wurde ausgepeitscht, verstümmelt und später in Ekbatana hingerichtet. So rächte nach echt persischer Gepflogenheit der Großkönig Alexander seinen Vorgänger Dareios.

Unterdessen hatte er den Jaxartes überquert, um die Skythen anzugreifen und mit Hilfe von Katapulten zu besiegen, und Alexandreia Eschate (»die Fernste«) an der Stelle des heutigen Leninabad in Tadschikistan gegründet, aber er brauchte bis zum Herbst 328, um die nationale Erhebung unter Spitamenes niederzuwerfen. Eine Heirat mit Rhoxane, der Tochter des sogdischen Feldherrn Oxyartes, trug dazu bei, seine Gegner in jenen entlegenen Gegenden zu versöhnen. Sein dortiger Aufenthalt war von Vorfällen in seinem eigenen Lager geprägt, die auf einen wachsenden Absolutismus Alexanders hindeuten und weiter unten erörtert werden sollen (s. S. 37ff.).

Im Sommer 327 durchquerte Alexander auf dem Rückweg das Hindukuschgebirge zum zweitenmal und führte sein Heer in zwei Truppenteilen über verschiedene Pässe nach Indien. Im Frühjahr darauf überschritt er, nachdem er einige bemerkenswerte Kunststücke der Kriegführung einschließlich der Eroberung der beinahe unbezwinglichen Bergfeste Aornos (Pir-Sar) vollbracht hatte, bei Attock den Indus. Der Herrscher dieses Gebietes am Ihelum und Chenab, der mächtige Fürst Taxiles, bot ihm Elefanten und Truppen als Gegenleistung für den Beistand gegen seinen Rivalen Poros an; Alexander errang am linken Ufer des Hydaspes (heute Ihelum) seinen letzten großen Sieg über Poros, der danach sein nomineller Bundesgenosse wurde. Wieviel von Indien jenseits des Pandschab Alexander noch bekannt gewesen ist, wissen wir nicht, aber er wäre sicher weiter ostwärts vorgedrungen, hätten nicht seine Truppen gemeutert. Widerstrebend willigte er ein, umzukehren. Am Ihelum ließ er eine Flotte von 800 bis 1000 Schiffen bauen und gelangte unter Kämpfen und Verwüstungen stromabwärts an den Indus und zum Indischen Ozean. In Patala – an der Spitze des Mündungsdeltas – baute er Werften und einen Hafen und erforschte die beiden Flußarme. Im Oktober 325 brach er schließlich auf und marschierte mit einem Teil seines Heeres durch Gedrosien (heute Belutschistan), während die Flotte unter Nearchos an der Küste entlang zurücksegelte. Krateros, einer seiner Truppenführer, war bereits mit Troß und Belagerungspark, mit den Elefanten und den Kranken und Verwundeten über Kandahar und das Helmandtal vorausgeschickt worden; von dort aus sollte er am Fluß Minab in Karmanien mit Alexander zusammentreffen. Hier wurden schließlich Alexanders Truppen wiedervereinigt, nachdem er besorgniserregende Verluste in Gedrosien erlitten hatte.

Im Lauf seines Indienaufenthaltes und nach seiner Rückkehr nach Mesopotamien verfolgte Alexander eine drastische Politik hinsichtlich der Entlassung und sogar Hinrichtung vieler seiner Satrapen.

Es soll auch Alexander selbst bei der damaligen Lage geneigter geworden sein, den Anklagen Glauben zu schenken, die ihm in jedem Fall glaubhaft erschienen, und selbst solche, die nur kleine Vergehen begangen hatten, fürchterlich zu bestrafen, weil er überzeugt war, daß sie auch schwere Frevel in der gleichen Gesinnung begehen würden.

(Arrian, Anabasis 7, 4, 3)

Ob dieses Vorgehen nun als eine zwar strenge, aber gerechte Maßregelung abtrünniger Satrapen oder als die Schreckensherrschaft eines Despoten einzustufen ist, darüber sind sich die Historiker nicht einig; Arrian neigt in seinen Kommentaren dazu, gewöhnlich zugunsten des Königs zu urteilen. Von den persischen Satrapen im Paropamisos, in Karmanien, Susiane und Persis ist bekannt, daß sie alle umgekommen sind; zumindest drei Heerführer waren bereits von Medien nach Karmanien gebracht, dort der Korruption überführt und hingerichtet worden. In diesen Zusammenhang gehört auch Alexanders Entdekkung bei seiner Ankunft in Susa, daß Harpalos, sein Schatzmeister, mit 6000 Söldnern und 5000 Talenten nach Athen geflohen war. Er wurde später gefangengenommen, entkam aber nach Kreta und wurde dort ermordet.

Alexanders Aufenthalt in Susa wurde durch ein großes Fest gekrönt, das die Eroberung des persischen Weltreiches feiern und zugleich eine neue Politik fördern sollte – die der Verschmelzung von Makedonen und Persern zu einer Herrenrasse. Alexander, sein Freund Hephaistion und achtzig Offiziere heirateten persische Frauen; die 10000 Soldaten, die sich mit einheimischen Frauen zusammengetan hatten, erhielten eine Mitgift. Im Zug dieser Politik gab es weitere Aktionen, die unter den Makedonen äußerste Verstimmung hervorriefen, etwa die Ankunft von 30000 jungen Asiaten, die eine makedonische Militärausbildung hinter sich hatten, oder die Aufnahme von Orientalen aus Baktrien, Sogdiane und Arachosien in die Gardereiterei. Derartige Maßnahmen, die den Graben zwischen Siegern und Besiegten zuschütten sollten, erreichten einen kritischen Punkt in Opis im Jahr 324, als alle Makedonen außer der königlichen Leibwache meuterten. Daraufhin ließ Alexander – von dem Arrian (Anabasis 7, 8, 3) berichtet, »er war damals sehr erregbar und infolge der Kriecherei der Barbaren vor ihm gegen die Makedonen nicht mehr so huldvoll wie früher« – die dreizehn Rädelsführer hinrichten und gab den übrigen den Abschied. Der Widerstand brach zusammen und ein ungeheures Festmahl wurde veranstaltet, um die Aussöhnung zu feiern. Bei diesem Anlaß betete Alexander »um alles Gute und um Eintracht und Gemeinschaft des Reiches für Makedonen und Perser« (Arrian, Anabasis 7, 11, 9), womit er in aller Deutlichkeit seine Auffassung von einem gemeinsamen Staatswesen der beiden Völker (jedoch nicht auch anderer Völker, wie manche Historiker angenommen haben) zum Ausdruck brachte. Im selben Jahr übersandte Alexander Griechenland zwei Forderungen. Zunächst wurde durch Nikanor von Stageira ein Dekret nach Europa gebracht und in Olympia verkündet, das von den griechischen Städten verlangte, alle Verbannten samt ihren Familien wiederaufzunehmen (die Thebaner ausgenommen). Die zweite Forderung, eine Reaktion auf Hephaistions Tod in Ekbatana, ging darauf hinaus, diesen als einen Helden zu verehren und (vielleicht zur gleichen Zeit) Alexander selbst göttliche Ehren zuteil werden zu lassen. Was diese Forderungen bedeuteten, wird weiter unten erörtert werden.

Im Frühjahr darauf (323) empfing Alexander in Babylon Gesandtschaften aus verschiedenen Teilen des Mittelmeerraumes und beschäftigte sich mit Plänen für Forschungsexpeditionen (die das Kaspische Meer miteinschlossen); im Juni wurde er jedoch nach einem ausgedehnten Festmahl und Trinkgelage plötzlich krank und starb am 13. des Monats in Babylon, nicht ganz dreiunddreißig Jahre alt – nach einer Regierungszeit von zwölf Jahren und acht Monaten.

Alexanders Heer

Alexanders Biographie ist notgedrungen nur in Umrissen skizziert worden; sie wirft viele Probleme auf, die hier nicht näher behandelt werden können. Es ist allerdings besonders aufschlußreich, wenn man einmal genauer untersucht, bis zu welchem Grad sein Handeln Verhaltensweisen vorwegnimmt und auf Einrichtungen hinzielt, die charakteristisch für die hellenistische Welt sind, deren Initiator er in gewissem Sinn gewesen ist. Der Rest dieses Kapitels soll derartigen Handlungen Alexanders gewidmet sein.

Zunächst nimmt die Änderung in Alexanders Einstellung gegenüber Persien und sein Versuch, sein Heer aus einer vorrangig makedonischen Streitmacht – die noch immer die dem makedonischen Volk verbliebene Macht verkörperte – in eine kosmopolitische, internationale Streitmacht umzuwandeln, die nur ihm allein verpflichtet war, in gewisser Hinsicht jene militärische Ordnung vorweg, auf der die persönlich bestimmten Monarchien des hellenistischen Zeitalters dann beruhten. Um 323 war »König Alexander« der persönliche Herrscher über ein unermeßliches, durch Krieg erworbenes Reich, das wenig mit Makedonien zu tun hatte. Seine Nachfolger mußten gleichermaßen ihre Königreiche mit Hilfe von Heeren, die nur an sie persönlich gebunden waren, an sich reißen.

Alexanders Stellung als Herrscher

Desgleichen ist ein Ausbau der autokratischen Stellung Alexanders zu beobachten, was ebenfalls auf die hellenistischen Könige vorausdeutet. Indem er sich von Makedonien und seinen nationalen Traditionen distanzierte, hatte sich Alexander notwendigerweise autokratische Macht anmaßen müssen. Ihr Wachstum kann an Hand einiger Geschehnisse verfolgt werden, die Feindseligkeiten seitens des Heeres hervorriefen und oftmals die Ausschaltung seiner Gegner nach sich zogen. Der erste derartige Vorfall ereignete sich im Jahr 330 in Phrada, als die Hinrichtung des Philotas zum Vorwand diente, Parmenion ermorden zu lassen. Der nächste Vorfall geschah in Marakanda (heute Samarkand) im Jahr 328, als Alexander den Kleitos, einen seiner »Gefährten« (die Gruppe seiner engsten Berater) und Anführer der Reiterei, nach einem Streit während eines Trinkgelages umbrachte. Alexander trat danach mit einer theatralischen Zurschaustellung seiner Reue auf, wurde aber von dem Philosophen Anaxarchos dahingehend überzeugt, daß der König über dem Gesetz stehe (Plutarch, Alexander 52, 4).

Und damit sich seine Scham über den Mord verringere, beschlossen die Makedonen, Kleitos sei zu Recht getötet worden.

(Curtius Rufus 8, 2, 12)

In den hellenistischen Monarchien (Makedonien ausgenommen) hatten Königsdekrete gewöhnlich Gesetzeskraft und der König vermochte nichts Unrechtes zu tun.

Der dritte Vorfall ereignete sich im nächsten Jahr in Baktra (heute Balch) und ergab sich aus Alexanders Politik, sich sowohl mit Persern als auch mit Makedonen zu umgeben. Die Anwesenheit beider am Hof führte unvermeidlich zu mißlichen Situationen, da die beiden Völker sehr unterschiedliche Überlieferungen besaßen, vor allem was die Beziehung zwischen König und Untertan betraf. Für die Makedonen war der König der erste unter Ebenbürtigen, für die Perser war er der Herr, sie seine Sklaven; das äußere Zeichen dafür war ein Akt der Unterwerfung, die *proskynēsis,* die ein Makedone oder Grieche nur vor einem Gott zu vollziehen bereit war. Worin sie genau bestand, ist umstritten. Manche sind der Ansicht, daß sie das körperliche Niederwerfen miteinschließen mußte; andere meinen, daß sie nur aus dem Zuwerfen einer Kußhand – aus aufrechter, kniender oder liegender Haltung heraus – bestand. Wie immer auch ihre genaue Form gewesen sein mag, sie wirkte jedenfalls, wenn sie vor einem Menschen vollzogen wurde, auf Griechen und Makedonen abstoßend; als Alexander im Jahr 327 die Makedonen zu überreden versuchte, es den Persern, die ihm mit diesem Akt huldigten, gleichzutun, widersetzte sich der Grieche Kallisthenes. Es gibt zwei Versionen über die Geschehnisse. Der ersten zufolge fand eine Debatte zwischen Anaxarchos und Kallisthenes über Alexanders Ansinnen statt, bei welcher der letztere »durch solche Reden Alexander schwer erbittert, den Makedonen aber aus der Seele gesprochen« habe (Arrian, Anabasis 4, 12, 1), woraufhin der ganze Plan fallengelassen wurde. Der zweiten Version nach ließ Alexander einen Freundschaftsbecher kreisen, den jeder nehmen, die *proskynēsis* vollziehen und zuletzt einen Kuß vom König empfangen sollte. Kallisthenes verweigerte die *proskynēsis* und der Kuß wurde ihm versagt (Arrian, Anabasis 4, 12, 3–5). Was auch im einzelnen geschehen sein mag (beide Versionen könnten stimmen), der Vorfall führte jedenfalls zu Kallisthenes' Verderben; er wurde nämlich kurze Zeit später angeklagt, Mitwisser eines von Pagen des Königs geplanten Mordanschlages zu sein.

Aristoboulos aber sagt, daß sie (die Verschwörer) auch Kallisthenes als Anstifter zu dem Verbrechen genannt hätten. Und dasselbe sagt Ptolemaios. Die Mehrzahl der Autoren stimmt jedoch hiermit nicht überein, sondern es hätte Alexander, da er schon etwas gegen Kallisthenes gehabt hätte, ohne Bedenken das Schlechteste über Kallisthenes geglaubt.

(Arrian, Anabasis 4, 14, 1)

Kallisthenes wurde gefoltert und hingerichtet; die Quellen widersprechen sich nur in Details. Der Vorfall als Ganzes hat den üblen Beigeschmack der Hofhaltung eines Tyrannen.

Alexander und die griechischen Städte

Alexanders Autoritätsanspruch offenbarte sich, ebenso wie der seiner Nachfolger, in seinem Verhältnis zu den Griechen. Für den Asienzug, wie ihn Philipp geplant hatte, wurde als Rechtfertigung die Ahndung der Übeltaten angeführt, die die Griechen durch die Perser hatten erleiden müssen. Bei seinem Aufbruch war es Alexander sehr darum zu tun gewesen, den panhellenischen Aspekt des Krieges zu betonen (s. S. 30 über die Rüstungen, die Alexander nach der Schlacht am Granikos nach Athen weihte); bedauerlicherweise reichen unsere Zeugnisse nicht aus, um klären zu können, welchen Status Alexander den »befreiten« griechischen Städten in Kleinasien zugestand. Nach Arrian ließ er überall ... die Oligarchien auflösen und Demokratien einrichten und den einzelnen Städten ihren Besitz wiedergeben; auch die Tribute erließ er ihnen, die sie den Barbaren hatten leisten müssen.

(Arrian, Anabasis 1, 18, 2)

Eine Inschrift aus Priene (Tod II 185) zeigt jedoch, wie weit Alexander in die Angelegenheiten der Städte eingriff: Obgleich die Bewohner Prienes für »frei und autonom« und ledig der »Beitrags«-Zahlungen erklärt wurden – das dafür verwendete Wort *syntaxeis* legt die Vermutung nahe, daß es sich wohl eher um bisher geleistete Zahlungen an Alexander zur Durchführung seines Krieges handelte als um an Persien gezahlte Tribute –, so ist doch nicht klar, was »frei und autonom« für den König bedeutete. Einige Forscher meinen, daß die griechischen Städte in Kleinasien Mitglieder des Korinthischen Bundes wurden. Das scheint für die Inselstädte der Ägäis zugetroffen zu haben, denn eine Inschrift aus Chios, die sich mit Alexanders Rückführung der dortigen Verbannten beschäftigt (wahrscheinlich im Jahr 332), erklärt, daß »von denen, die die Stadt an die Barbaren verraten haben ... alle noch dort Verbliebenen fortgebracht und vor den Rat der Griechen gestellt werden« sollen (Syll.[3] 283; Tod II 192; Austin 5); das legt die Mitgliedschaft von Chios im Korinthischen Bund nahe. Es gibt aber keinen hinreichenden Beweis, daß das auch für die Städte Kleinasiens zutraf. In Wirklichkeit mußten sie sicher befolgen, was Alexander befahl, wie etwa Ephesos, wo er die Demokratie wiedereinführte, aber »er ordnete an, die Abgaben, die sie bisher den Barbaren geleistet hatten, der Artemis darzubringen« (Arrian, Anabasis 1, 17, 10).

Das galt gewiß auch für die Städte des Korinthischen Bundes, wie die Ereignisse des Jahres 324 deutlich beweisen. Als Alexander sich in Asien dem Problem von Männern ohne Grund und Boden gegenübersah – erwerbslose Söldner, politische Verbannte und Kolonisten, die (wie 3000 aus Baktrien) ihre neuen Siedlungen aufgegeben hatten und auf dem Rückweg nach Griechenland waren –, veröffentlichte er einen Erlaß, der ihre Wiederaufnahme anordnete. Gemäß Diodor (18, 8, 4) erklärte er darin: »Wir haben darüber dem Antipatros (der verwaltungshalber in Europa geblieben war) geschrieben, daß er die Städte, wenn sie nicht wollen, zwinge, euch (die Verbannten) wieder aufzunehmen.« Um diesem Erlaß ein Höchstmaß an Öffentlichkeit zu sichern – er hatte, wie eine Inschrift aus Mytilene (OGIS 2; Tod II 201) zeigt, für Asien und Europa gleichermaßen Geltung –, wurde Nikanor, der Adoptivsohn des Aristoteles, nach Olympia gesandt, um den dort zu den Spielen versammelten Griechen den Erlaß laut vorzulesen, wonach »ihr (die Verbannten), die Verbrecher ausgenommen, in die Heimat zurückkehren dürft« (Diodor 18, 109, 1). Eine Inschrift aus Samos (Syll.[3] 312) bekundet, daß Alexander eine ähnlich lautende Erklärung schon früher dem Heer gegenüber abgegeben hatte. Wenngleich Diodor behauptet, daß das Dekret begrüßt worden sei, so rief es sicherlich in jeder Stadt (wie Inschriften eindeutig bezeugen) Verwirrungen hervor, ja ein Chaos wegen des Besitztums, das konfisziert und verkauft worden war; dem Antipatros kann es schwerlich gefallen haben. Daß Alexander einen solchen Schritt unternehmen konnte, ohne die Städte zu konsultieren, zeigt das Ausmaß seiner Mißachtung ihrer Rechte. Wie in so vielem anderen, war auch hierbei sein Vorgehen willkürlich und autoritär. Die überlieferten griechischen Rechte wurden mißachtet.

Alexander als Gott

Sowohl Alexander als auch später die hellenistischen Könige unterstrichen ihre autokratische Macht durch Ansprüche auf Göttlichkeit. Um dieselbe Zeit, da er die Rückkehr der Verbannten verfügte, ließ Alexander eine weitere Verordnung in Griechenland bekanntmachen, die geteilte Aufnahme fand. Nach Ailianos (Poikilē historia 2, 19) »gebot Alexander den Griechen, sie sollten ihn durch Volksbeschlüsse für einen Gott erklären«; andere Quellen bestätigen dies, geben allerdings auch nicht den genauen Zusammenhang an, in dem diese Forderung stand. Immerhin sagte der athenische Redner Hypereides (in einer 323 gehaltenen Rede), die Athener seien gezwungen worden

> mit anzusehen, wie Menschen Opfer dargebracht werden, wie Standbilder und Altäre und Tempel für die Götter ohne Eifer, für Menschen aber mit großem Eifer ins Werk gesetzt werden, und wie wir deren Kammerdiener als Heroen zu verehren genötigt werden.
>
> (Hypereides, Epitaphios 6, 21)

Das muß sich auf die Anbetung Alexanders und auf die Heroenehrungen, die er seinem toten Freund Hephaistion hatte angedeihen lassen, beziehen. Im Frühjahr 323 wurde Alexander in Babylon von Gesandtschaften aus Griechenland aufgesucht, die »wie Festgesandte, die zur Ehrung eines Gottes kommen, bekränzt waren« (Arrian, Anabasis 7, 23, 2). Angesichts dieses Belegs und einer Anzahl anderer Stellen – oftmals ironisch wie der Bericht von Damis' Antrag in Sparta: »Wenn Alexander ein Gott sein will, sei er es« (Plutarch, Ap. Lak. Damis: Moralia p. 219e) – scheint der Erlaß vermutlich zur gleichen Zeit wie die Aufforderung zur Wiedereingliederung der Verbannten ergangen zu sein; indessen spricht wenig für Sir William Tarns* Ansicht, daß »seine Vergottung ... ihm in den Städten eine rechtliche Stellung (gab), die er anders nicht hätte erlangen können«.

Der Anspruch auf göttliche Ehren scheint viel eher ein letzter Schritt in jene Richtung gewesen zu sein, in die sich Alexanders Vorstellungen schon seit geraumer Zeit bewegt hatten. Sein Vater Philipp II. war zu Eresos auf Lesbos durch die Errichtung von Altären für Zeus Philippios geehrt worden (Tod II 191, Z. 5–6); eine ihm gewidmete Statue stand im Tempel der Artemis zu Ephesos (Arrian, Anabasis 1, 17, 11) – was freilich nicht unbedingt für einen Kult zu sprechen braucht – und auch zu Aigai in Makedonien, da er »sich wegen der Größe seines Reichs zu den zwölf Göttern beizählte« (Diodor 16, 95, 1). Eine erst kürzlich gefundene (noch unveröffentlichte) Inschrift bestätigt die Existenz eines ihm gewidmeten Kults in Philippi. Was nun Alexander selbst betrifft, so war er als Pharao und damit als ein göttliches Wesen anerkannt worden (s. S. 222); Anfang 331 hatte er das Orakel des Ammon (Amun) in Šiwa in der libyschen Wüste aufgesucht, wo nach Kallisthenes (bei Strabon 17, 1, 43) »der Priester dem König sagte, er, Alexander, sei ein Sohn des Zeus«, was wohl heißt, daß der Priester Alexander als »Sohn des Ammon« begrüßte. Kurz danach, doch völlig unabhängig davon, verbreiteten die Orakel von Didyma und Erythrai dieselbe Geschichte »über Alexanders Abstammung von Zeus« (Strabon, ebd.). Unter Griechen und Makedonen war es gang und gäbe, fremde Götter mit den eigenen gleichzusetzen; Kallisthenes spricht von Ammon als Zeus ebenso wie Pindar dies in seiner Hymne an Ammon (Frg. 36 Maehler; in der er ihn als »Ammon, Herr des Olymp« anredet) und in der vierten pythischen Ode (in der er v. 16 von Zeus Ammon spricht) getan hatte. Daß Alexander seine Verbindung mit Zeus – als dessen Sohn oder (wie Philipp) gar gleichgesetzt mit ihm –

* *Alexander der Große.* Darmstadt 1968, S. 705.

unterstreichen wollte, erhellt aus einem silbernen Zehndrachmenstück das später geprägt wurde, um Alexanders Sieg über Poros zu feiern. Die Münzvorderseite stellt Alexander hoch zu Pferd dar, wie er Poros (auf einem Elefanten) angreift; die Rückseite zeigt ein Bild von Zeus, der in ein fremdartiges Gewand gehüllt ist und einen Donnerkeil in der Rechten schwingt – eine Darstellung, in der man eben auch Alexander gesehen hat.

Als eine weitere Stufe auf dem Weg zur Vergöttlichung kann das bereits (S. 38) erörterte Vorhaben Alexanders in Baktrien gelten, die *proskynēsis* einzuführen. Anaxarchos, der Philosoph aus Abdera, der dazu bereit war und den Auftrag hatte, das Problem aufzuwerfen, versicherte:

Alexander müsse mit weit größerem Recht als Dionysos und Herakles für einen Gott angesehen werden; es bestehe ohnehin kein Zweifel, daß die Makedonen ihn, wenn er eines Tages aus dem Bereich der Lebenden entrückt werde, als Gott verehrten. Um wieviel berechtigter sei es dann, ihn schon bei seinen Lebzeiten zu ehren statt erst nach seinem Tode, da er dann doch von einer solchen Ehrung nichts mehr hätte.

(Arrian, Anabasis 4, 10, 6–7)

Aber wie verführerisch diese Beweisführung für Alexander selbst auch immer sein mochte, von den Makedonen wurde sie, wie bereits oben dargelegt, übel aufgenommen; der Plan, die *proskynēsis* einzuführen, mußte aufgeschoben werden, vor allem angesichts des Einspruchs von Kallisthenes.

Die letzte Stufe war mit der Forderung im Jahr 323 erreicht, in deren Folge griechische Alexanderkulte in Athen, wahrscheinlich in Sparta, und möglicherweise auch anderswo entstanden. Aber Alexander starb bald darauf, und die eingeführten Kulte scheinen nicht lange gehalten zu haben, jedenfalls nicht im eigentlichen Griechenland. Die in Kleinasien begründeten Kulte scheinen oftmals an Alexanders dortige Feldzüge (um 334/33) anzuknüpfen und keine Reaktion auf die Anweisung von 323 zu sein. Diese Kulte gingen häufig mit der Einführung einer neuen Zeitrechnung einher (so in Priene und Milet), was einen unmittelbaren Ausdruck der Dankbarkeit für die »Befreiung« darstellte. Die Griechen im Mutterland hingegen brauchten keinen Befreier; dort wurden Kulte nur unter Zwang eingeführt und verschwanden bald wieder. Dieser Unterschied verdient Beachtung. Gerade die asiatische Tradition wirft Licht auf das Wesen des hellenistischen Herrscherkults während der nächsten zwei Jahrhunderte (s. S. 271 ff.).

Alexanders Stadtgründungen

Zuletzt müssen wir einen Blick auf die Alexanderstädte werfen. In allen Ländern, durch die sein Zug führte, gründete er Alexandreias – zwar nicht siebzig, wie Plutarch (De Alexandri fortuna 1, 5: Moralia p. 328e) versicherte, aber doch eine beträchtliche Anzahl, etwa an die zwanzig –, die hauptsächlich östlich des Tigris lagen, wo es bis dahin wenige städtische Zentren gegeben hatte. Die meisten dieser Gründungen sind nichts als Namen auf dem Papier; überdies handelt es sich um amtliche Namen, die nicht immer identisch mit denen sind, unter denen die Städte später bekannt wurden. Sie sollten einer Vielfalt von Zwekken dienen: Die einen sollten strategisch wichtige Punkte, Pässe und Furten schützen, die anderen größere Gebiete überwachen. Voraussetzungen waren genügend Land, das die Kolonisten ernähren konnte und vor allem eine einheimische Bevölkerung, die zu Ackerbauarbeiten gezwungen werden konnte. Einige dieser Gründungen sollten später zu Handelszentren erblühen, während andere dahinwelkten und abstarben. Es scheint sicher, daß die Mehrzahl der Siedler griechische Söldner waren. Das läßt sich aus Berechnungen ableiten, die auf belegbaren Truppenbewegungen beruhen, und wird durch Äußerungen in unseren Quellen bestätigt. Um die letzteren anzuführen: Diodor berichtet von den Griechen, die Alexander in den äußeren Satrapien (insbesondere Baktrien) angesiedelt hatte:

> Sie sehnten sich nach griechischer Sitte und Lebensart zurück und hielten die Verbannung an die äußersten Grenzen des Reiches nur aus Furcht, solange der König lebte, aus; nach seinem Tod aber vereinigten sie sich zu einem Aufstand. (Diodor 18, 7, 1)

Die Zahl dieser Siedler betrug tatsächlich 23000; sie waren in den Osten gegangen, um ihr Glück zu machen, doch ihr Schicksal war es, von den Makedonen entwaffnet, niedergemetzelt und ausgeplündert zu werden. Das Bild der sich auflehnenden Siedler erfährt eine Ausschmückung durch die Rede, die Arrian dem Makedonen Koinos in den Mund legt, als die Truppen im Pandschab meuterten, anstatt weiter nach Osten zu marschieren. Nachdem er die Zurücksendung der Thessalier aus Baktrien erwähnt hat, fährt er fort:

> Von den übrigen Griechen sind die einen in den von dir gegründeten Städten angesiedelt, und nicht einmal diese bleiben alle gern dort. Die anderen aber, zu denen auch Makedonen gehören, haben mit dir Stra-

pazen und Gefahren bestanden, zum Teil sind sie im Kampf gefallen, während andere durch ihre Verwundungen zu Invaliden geworden und hier und da in Asien verstreut zurückgeblieben sind.

(Arrian, Anabasis 5, 27, 5)

Genaue Zahlen fehlen uns, aber Guy Griffith* hat errechnet, daß Alexander im Verlauf seiner Expedition zumindest 60000 (wahrscheinlich sogar 65000) neue Söldner angeworben und als Garnisonssoldaten oder Ansiedler wenigstens 36000 zurückgelassen hat. Zusammen mit den nicht überlieferten Zahlen und den Verlusten an Gefallenen und an Krankheiten Verstorbenen müssen es gerade ebensoviel gewesen sein wie die neu Rekrutierten.

(In Babylon) entließ (Alexander) die älteren Soldaten nach Hause (Diodor 17, 109, 1 beziffert ihre Zahl auf 10000) und befahl, 13000 Mann Fußvolk und 2000 Reiter auszuwählen, die er in Asien behalten wollte; er glaubte nämlich, mit einem nur mäßig großen Heere könne er Asien behaupten, weil er ja an verschiedenen Orten Besatzungen eingerichtet und die erst kürzlich gegründeten Städte mit Kolonisten aufgefüllt hatte, welche jeden Umsturz verhindern würden.

(Curtius Rufus 10, 2, 8)

Der Aufstand in Baktrien zeigt, wie falsch Alexander das Naturell dieser Siedler eingeschätzt hatte.

Nicht alle jedoch rissen sich los. Obwohl viele der Städte (wie Baktra) sich ein starkes einheimisches Element einverleibt haben werden, behielten sie doch ihre griechische Struktur bei und wurden unter den Seleukiden durch neugegründete Niederlassungen gestärkt. Deren Beschaffenheit wird weiter unten (S. 134ff.) erörtert werden. Hier soll die kurze Darlegung von Alexanders Programm – es nahm die weit späteren Gründungen seiner hellenistischen Nachfolger vorweg – mit dem Hinweis abgeschlossen werden, daß sein erstes Alexandreia, das er im Frühjahr 331 am Nil gegründet hatte und das seine einzige Gründung westlich des Tigris war, weiterbestand, ja eines der bedeutendsten Zentren des römischen Reiches und noch späterer Zeiten wurde.

* *The Mercenaries of the Hellenistic World.* Cambridge 1935, S. 20ff.

3. Die Entstehung der Diadochenreiche (323–276 v. Chr.)

Überblick

Bei seinem Tod hinterließ Alexander ein Reich, das von der Adria bis zum Pandschab und von Tadschikistan bis Libyen reichte. Vieles in diesem Reich war jedoch nur lose aneinandergefügt; Teile des nördlichen Kleinasiens waren sogar nie unter makedonische Herrschaft geraten. Ob Alexander, falls er länger gelebt hätte, diese unvollständige Machtgefüge tatsächlich organisieren und zu einer harmonischen Einheit hätte zusammenfassen können, ist eine müßige Frage. Ohne ihn schien jedenfalls die bloße Weiterexistenz des Reiches als eines Ganzen unwahrscheinlich. Die Geschichte der nächsten zwanzig Jahre – von 323 bis 301 – besteht aus erbittertsten Kämpfen zwischen Alexanders Feldherren um alles, was sie nur immer an sich zu bringen vermochten. Eine Zeitlang ging es durchaus noch um das Ganze. Die Annahme des Königstitels durch verschiedene der Kontrahenten seit dem Jahr 306 sowie Niederlage und Tod des Antigonos I. Monophthalmos bei Ipsos im Jahr 301 stellten jedoch zwei entscheidende Abschnitte im Prozeß der Auflösung dar. Diese Vorgänge können bis ins einzelne verfolgt werden, da der Zeitraum bis 301 gut dokumentiert ist; der zuverlässige Bericht des Hieronymus liegt nämlich den uns erhaltenen Quellen zugrunde, insbesondere Diodor, dessen bis zu diesem Zeitpunkt reichende Darstellung vollständig erhalten ist.

Unter denen, die sich in Babylon aufhielten, als Alexander starb, waren am wichtigsten Perdikkas (der oberste Hipparch und – wahrscheinlich seit dem Tod von Alexanders Günstling Hephaistion – Chiliarch, d. h. etwa Wesir), Meleagros (der Anführer der Phalanx), Ptolemaios und Leonnatos (beide mit dem Königshaus verwandt), Lysimachos, Aristonous und Peukestas (der Satrap von Persis und Susiane). Andere, die später eine Hauptrolle spielen sollten, waren Seleukos (Kommandant der Elitetruppe der Hypaspisten), Eumenes von Kardia (Alexanders Kanzler und der einzige Grieche unter den führenden Makedonen) und Kassandros (der Sohn des Antipatros). Antipatros war von Alexander als Reichsverweser in Makedonien zurückgelassen worden; Krateros, der unterwegs war, um ihn abzulösen, hatte bereits Kilikien erreicht. Schließlich gab es noch Antigonos I. Monophthalmos (den »Einäugigen«), einen Mann der älteren Generation wie Antipatros, der Satrap von Phrygien war. Der Kampf brach unvermittelt aus und sollte in vielerlei Abwandlungen bis etwa 270 dauern. Da alle Kontrahenten – mit Ausnahme des Eumenes – Makedonen waren, spielte Makedonien in der Auseinandersetzung eine besondere Rolle. Vielleicht ist es nicht nur Zufall, daß gerade Makedonien der letzte größere Teil des Reiches war, der eine stabile Dynastie erhielt.

Die zwanzig Jahre, die wir nun betrachten wollen, zerfallen in zwei Perioden. Die erste – von 323 bis 320 – wird von dem Versuch des Perdikkas bestimmt, eine Kompromißlösung für die Thronfolge zu erreichen, die Legitimität zu beanspruchen vermochte, die Macht aber in seinen Händen beließ. Sie endete mit seinem gewaltsamen Tod. Die zweite Periode dauert länger; sie umfaßt die Jahre von 320 bis 301 und wird von den Versuchen des Antigonos beherrscht, das ganze Reich, oder zumindest soviel als möglich davon, in seine Gewalt zu bekommen. Die Einzelheiten sind verworren. Der Schauplatz wechselt von Asien nach Europa und wieder zurück nach Asien, wo eine Koalition seiner Feinde im Jahr 301 bei Ipsos Niederlage und Tod des Antigonos herbeiführte. Nach 301 dauerte der Kampf mit Demetrios Poliorketes, dem Sohn des Antigonos, fort, der den Versuch unternahm, das Reich seines Vaters von einer Basis in Griechenland und Makedonien aus wiederzugewinnen; ein Bündnis zwischen Lysimachos und einem neuen Widersacher, Pyrrhos von Epeiros, sorgte für Demetrios' Sturz, und er starb in Gefangenschaft. Die Schlacht bei Ipsos hatte letzten Endes die Existenz selbständiger Dynastien in Ägypten (Ptolemaios), Babylonien und Nordsyrien (Seleukos) und Nordanatolien und Thrakien (Lysimachos) bestätigt. Nur das Schicksal des Kernlandes Makedonien war noch unentschieden. Zwischen 288 und 282 machte Lysimachos einen entschlossenen Versuch, es an sich zu reißen, zuerst zusammen mit Pyrrhos, dann allein; im Jahr 282 wurde er aber von Seleukos in der Ebene von Kurupedion geschlagen, wo er im Kampf fiel. Nach einer fast anarchischen Periode, in der es Einfälle der Kelten und rasche dynastische Wechsel gab, erhielt schließlich auch Makedonien einen ständigen Herrscher in Antigonos II. Gonatas, dem Sohn des Demetrios.

Die territoriale Aufteilung des Alexanderreichs war somit im wesentlichen festgelegt und überdauerte mit nur geringen Ver-

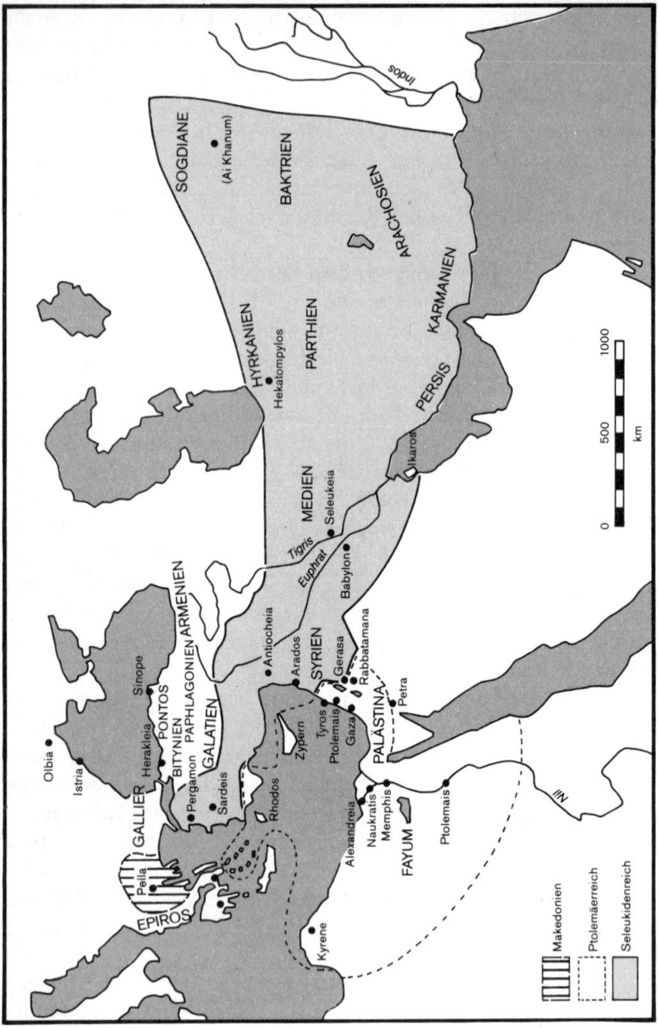

Die Diadochenreiche um 275 v. Chr.

änderungen die beiden nächsten Jahrhunderte. Im vorliegenden Kapitel soll kurz der Verlauf der Ereignisse betrachtet werden, die zu dieser Aufteilung von Land und Macht führten, zur Zersplitterung des Weltreichs in eine Reihe rivalisierender Königreiche und zu einem zwar nicht offiziell anerkannten, doch tatsächlichen Gleichgewicht der Kräfte.

Von Alexanders Tod bis Triparadeisos (323–320)

Alexanders Tod beschwor wegen der Nachfolgefrage beinahe einen Bürgerkrieg zwischen Reiterei und Fußvolk seines Heeres herauf. Perdikkas schlug vor, die Geburt des noch ungeborenen Kindes von Alexander und Rhoxane abzuwarten und – sollte es ein Knabe sein – ihn zum König zu machen; die Phalanx jedoch, geführt von Meleagros, schob Philipps II. schwachsinnigen natürlichen Sohn Arrhidaios vor. Nur dank Eumenes wurde der Kompromiß geschlossen, beide als gleichberechtigt gelten zu lassen. Sie wurden in der Folge als Philipp III. und Alexander IV. anerkannt, waren aber von Anfang an bloß Faustpfänder im Kampf um die Macht. Perdikkas berief nun einen Rat von Freunden ein, um die Machtbereiche abzustecken. Das Heer beschloß:

> Antipatros solle Feldherr *(stratēgos)* in Europa sein, Krateros Schutzherr *(prostatēs)* der *basileia* des Arrhidaios, Perdikkas Chiliarch der Chiliarchie, die Hephaistion beherrscht hatte – was die Macht über die ganze *basileia* bedeutete –, Meleagros schließlich solle dem Perdikkas nachgeordnet sein.
>
> (Arrian, Ta meta Alexandron, Frg. 1 a 3 = FGrHist 156 F 1.3)

Die Stellung des Krateros in diesem Abkommen ist alles andere als klar, da *basileia* sowohl »Königreich« als auch »Königtum« bedeuten kann; erstere Bedeutung hat es bei dem Hinweis auf den Machtbereich des Perdikkas. Auch das Amt eines *prostatēs* kann sehr verschieden gedeutet werden. Andere Quellen enthalten darüber hinaus etwas abweichende Versionen; so bezeichnet etwa Curtius Rufus (10, 7, 8–9) Perdikkas und Leonnatos als Vormünder von Rhoxanes Kind, ohne Arrhidaios auch nur zu erwähnen. Alles in allem scheint Perdikkas als Chiliarch über Krateros gestanden zu haben, der nicht in Babylon weilte; jedenfalls sorgte Perdikkas sehr bald für die Ermordung des Meleagros, woraufhin sich Krateros' Macht auf eine

Teilung der Herrschaft über Makedonien mit Antipatros beschränkt zu haben scheint. Vielleicht war deshalb sein Amt als *prostatēs* ein zeitlich begrenztes Zugeständnis an die Phalanx und Meleagros.

Perdikkas nahm nunmehr eindeutig die Führung in Anspruch, obgleich, wie Arrian vermerkt, »jedermann mißtrauisch gegen ihn und er mißtrauisch gegen alle war« (FGrHist 156 F 1.5). Ptolemaios wurde mit Ägypten abgefunden, wo er bald danach seine Stellung dadurch aufwertete, daß er den Leichenzug Alexanders, der dessen einbalsamierten Körper mit sich führte, in seine Provinz hinzulenken wußte. Antigonos bekam das ganze westliche Kleinasien (einschließlich Großphrygien, Lykien und Pamphylien); Lysimachos erhielt Thrakien, das von Makedonien abgetrennt wurde, und Leonnatos – der allerdings bald starb – das hellespontische Phrygien; Eumenes schließlich sollte den einheimischen Fürsten Ariarathes aus Kappadokien und Paphlagonien vertreiben. Von all diesen Männern erwiesen sich Ptolemaios, Antigonos, Eumenes und Lysimachos während der nächsten Jahrzehnte als die zähesten; sie spielten die Hauptrollen in der Auseinandersetzung. Perdikkas wurde bald beseitigt. Während Krateros und Antipatros unter der Leitung des letzteren zusammenarbeiteten, um einen griechischen Aufstand niederzuschlagen (der sogenannte Lamische Krieg endete mit einer verheerenden Niederlage für die Griechen, insbesondere für Athen), übernahm Perdikkas die Oberaufsicht und machte sich Antipatros abgeneigt, weil er eine Ehe mit dessen Tochter zurückwies, um Alexanders Schwester Kleopatra heiraten zu können. Eine Koalition, die aus Antipatros, Krateros, Antigonos, Lysimachos und Ptolemaios bestand, bildete sich gegen ihn und nur seine Ermordung in Ägypten (320) verhütete einen Krieg. Der erste Abschnitt im Diadochenkampf war vorüber; bei einer Zusammenkunft der Verbündeten in Triparadeisos in Nordsyrien (320) wurde Antipatros zum Reichsvorstand ernannt (Krateros war bei einem Feldzug gegen Eumenes umgekommen). Er verlegte den Hof nach Makedonien. »Antigonos«, so berichtet Diodor (18, 40, 1), »wurde zum Feldherrn in Asien ernannt und zog, um den Krieg gegen Eumenes zu führen, die Truppen aus dem Winterlager zusammen.« Sein Titel »Feldherr« läßt auf eine Teilung des Reiches mit dem greisen Antipatros schließen, der Feldherr in Europa war; er hatte niemals viel Interesse an Asien gezeigt. Bereits deswegen hatte der Versuch, das Reich in einer Hand zusammenzuhalten, einen schweren Rückschlag erlitten. Makedonien, Asien und Ägypten unterstanden verschiedenen Herrschern. Wenngleich die Dynastien, die über die ersten beiden regierten, später abtreten sollten, begann sich doch das Grundmuster der hellenistischen Welt allmählich abzuzeichnen.

Antigonos' Aufstieg bis zum Diadochenfrieden (320–311)

Die nächsten zwanzig Jahre (320–301) werden von Antigonos geprägt. Es wurde allgemein angenommen – Polybios (5, 102, 1) äußert dies unpassenderweise im Zusammenhang mit Philipp V., auf den es nicht zutrifft –, daß das Geschlecht des Antigonos immer nach der Universalherrschaft gestrebt hatte. Wir wissen nicht ganz sicher, was die persönliche Absicht des Antigonos war, die Quellen jedenfalls betonen nachdrücklich, daß er niemals gewillt war, sich mit weniger als dem ganzen Reich abzufinden.

Die Jahre bis 316 galten dem Ziel, Eumenes aufzureiben und auszuschalten. Im Jahr 319 befand er sich in der Gewalt des Antigonos, aber als dieser hörte, daß Antipatros gestorben war, nachdem er einen von Philipps II. Offizieren, nämlich Polyperchon, zum Reichsverweser bestimmt hatte, versöhnte er sich mit Eumenes und tat sich mit Lysimachos, Ptolemaios und Kassandros, dem Sohn des Antipatros, zu einer neuen Allianz gegen Polyperchon zusammen. Dem letzteren gelang es trotz einer Proklamation, »die Städte in Griechenland für frei zu erklären und die von Antipater eingesetzten Oligarchien abzuschaffen« (Diodor 18, 55, 2) nicht, Unterstützung in Griechenland zu finden, da sein Versprechen offenbar als eine Propagandaübung eingeschätzt wurde; im Handumdrehen waren die Truppen des Kassandros in Piräus, und Athen stand unter der Kontrolle seines Schützlings, des aristotelischen Philosophen Demetrios von Phaleron. Inzwischen erklärte sich in Makedonien Philipps III. Gemahlin, Eurydike, für Kassandros. Polyperchon konterte mit einer Einladung an Alexanders Mutter Olympias, die sich in Epeiros aufhielt; sie bewerkstelligte den Tod Philipps III. und Eurydikes, wurde dafür aber von den Streitkräften des Kassandros, die in Makedonien eingefallen waren, verurteilt und hingerichtet. Das legitime Geschlecht Alexanders des Großen wurde nun nur noch von Alexander IV. repräsentiert. In

Asien nahm Antigonos bald wieder den Krieg gegen Eumenes auf, der einige Erfolge in Kleinasien, Phönizien und Babylonien verzeichnen konnte, bis er 316/15 von seinen Soldaten an Antigonos verraten und von diesem verurteilt und hingerichtet wurde. Dieser Sieg gab Antigonos die Möglichkeit, seine Macht bis in den Iran auszudehnen; es ließ ihn zum erklärten Feind aller übrigen werden.

Im Abkommen von Triparadeisos war Babylonien dem Seleukos zugesprochen worden. Im Jahr 315 wurde er von Antigonos, der von einem Besuch aus dem Osten zurückgekehrt und nun Herr aller Länder von Kleinasien bis zum Iran war, vertrieben und suchte Zuflucht bei Ptolemaios. Im wesentlichen auf sein Betreiben hin stellten Ptolemaios, Kassandros und Lysimachos dem Antigonos ein Ultimatum, in dem er aufgefordert wurde, die meisten seiner Landgewinne abzutreten, Babylonien an Seleukos zurückzugeben und die Schätze des Eumenes mit ihnen zu teilen (Diodor 19, 57, 1). Daß Antigonos sich dem beugen würde, war schwerlich zu erwarten; er tat es auch nicht. Statt dessen setzte er seine Eroberungen fort, eignete sich Syrien, Bithynien und Karien an und ging ein kluges Bündnis mit Polyperchon ein. Überdies veröffentlichte er im Jahr 314 in Tyros eine Proklamation, die einen dreizehnjährigen Krieg mit Kassandros heraufbeschwor.

Nachdem er eine allgemeine Versammlung sowohl der Krieger als auch der anwesenden Freunde einberufen hatte, (...) stellte er den Antrag, Kassandros solle zum Feind erklärt werden, sofern er nicht die (vor kurzem) errichteten Städte Thessalonike und Kassandreia niederreiße und den König und dessen Mutter Rhoxane aus der Haft freilasse und den Makedoniern übergebe, überhaupt, sofern er nicht dem Antigonos Gehorsam leiste, der als Feldherr bestimmt worden sei und die Reichsverwaltung übernommen habe; auch sollten sämtliche Griechen frei, ohne Besatzung und autonom sein *(eleutheros, aphrourētos, autonomos).*

(Diodor 19, 61, 1–3)

Hauptsächlich als Propaganda gedacht, sollte diese Erklärung weitreichende Auswirkungen haben, denn im letzten Satz wurde eine Forderung erhoben, die schon Polyperchon 319 als Kampfmittel gegen Kassandros eingesetzt hatte (s. S. 51), und die später, im hellenistischen Zeitalter, immer wieder zu hören war, bis schließlich die Römer sie aufgriffen und sie ihren eigenen Zielen anpaßten. (Wir werden in Kapitel 7 darauf zurückkommen.) Hier soll nur erwähnt werden, daß

Ptolemaios, welcher hörte, was die Makedonen mit Antigonos bezüglich der Freiheit der Griechen beschlossen hatten, eine ähnliche Erklärung verfaßte, denn er wollte die Griechen wissen lassen, daß ihm ihre Unabhängigkeit nicht weniger als dem Antigonos angelegen sei.

(Diodor 19, 62, 1)

Für Antigonos blieb das jedenfalls bis zum Ende seines Lebens ein wesentliches Anliegen seiner Griechenlandpolitik; er hat wahrscheinlich um diese Zeit und in Übereinstimmung mit diesem Programm den Zusammenschluß der griechischen Inseln in der Ägäis – den Nesiotenbund, von dem wir nur aus Inschriften wissen – gefördert. Einige Gelehrte haben die Gründung dieses Bundes den Ptolemäern zugeschrieben und auf das Jahr 308 oder sogar noch später – auf 287 – angesetzt. Eine Inschrift des Bundes (IG XI 4, 1034 = Durrbach, Choix 13) erwähnt jedoch, daß in Delos in jährlichem Wechsel die Feste *Antigoneia* und *Dēmētrieia* genannt werden; allem Anschein nach handelt es sich erstens um Bundesfeste und zweitens bei Demetrios und Antigonos, deren sie gedenken, um Antigonos I. und Demetrios I. Wenn das zutrifft, wird der Bund, auch wenn er später an die Ptolemäer fiel, ursprünglich ein Werkzeug der antigonidischen Politik gewesen sein. Daß Delos sich von Athen trennte, versetzte der Stadt, die nun der Kontrolle des Kassandros unterstand, einen schweren Schlag.

Als Reaktion auf einen Vorstoß des Kassandros in Karien (313) überquerte Antigonos den Tauros, sandte mehrere Militärbefehlshaber auf die Peloponnes, um dort Unruhe zu stiften, und ging selbst gegen Lysimachos in Thrakien vor, wo er eingriff, um Kallatis und anderen aufständischen pontischen Städten beizustehen (312). Im selben Jahr kam es am Hellespont zu einem ergebnislosen Zusammentreffen mit Kassandros (Diodor 19, 75, 6). Inzwischen aber wurde Demetrios, der zur Aufsicht über Palästina zurückgelassen worden war, von Ptolemaios angegriffen und bei Gaza in die Flucht geschlagen. Seleukos nutzte die Gelegenheit, um mit Truppen, die Ptolemaios ihm zur Verfügung stellte, Babylon zurückzuerobern; Antigonos mußte seine Kämpfe im Norden abbrechen, um statt dessen die Situation in Syrien zu bereinigen. Beide, sowohl Antigonos als auch Ptolemaios, waren nunmehr zum Frieden bereit; dieser sogenannte Diadochenfrieden wurde auf der Grundlage des *status quo* im Jahr 311 geschlossen.

Kassandros, Ptolemaios und Lysimachos schlossen Frieden mit Antigonos, und in der Vertragsurkunde war bestimmt, daß Kassandros bis zur Volljährigkeit Alexanders, des Sohnes der Rhoxane, Feldherr in Europa sei, Lysimachos über Thrakien, Ptolemaios über Ägypten und die benachbarten libyschen und arabischen Städte herrschen, Antigonos aber über ganz Asien gebieten und die Griechen autonom sein sollten. Indessen hielten sie sich nicht lange an diese Bestimmungen, sondern jeder strebte nach Vergrößerung und fand dazu leicht einen schicklichen Vorwand. (Diodor 19, 105, 1)

Der Vertrag von 311 bedeutete für die Ambitionen des Antigonos einen Rückschlag, aber in einem Brief an die griechischen Städte, von dem sich eine Inschrift in Skepsis (heute Kurşunla Tepe) gefunden hat, stellt er ihn als einen Erfolg dar und bezeichnet die Freiheit der Griechen als sein Hauptanliegen:

Welchen Eifer wir in dieser Angelegenheit gezeigt haben, wird, wie ich meine, euch und allen anderen aus den Vereinbarungen selbst offenbar sein. Nachdem die Vereinbarungen mit Kassandros und Lysimachos von uns vervollständigt worden waren, (...) sandte Ptolemaios Botschafter an uns, um uns zu ersuchen, daß auch mit ihm ein Waffenstillstand geschlossen und er in den nämlichen Vertrag miteinbezogen würde. Wir erkannten, daß es keine geringe Sache war, seine Bestrebung zum Teil aufzugeben, für die wir nicht wenig Mühe auf uns ge[nommen und] viele Ausgaben gemacht hatten, und zwar auch noch, als ein Abkommen mit Kassandros u[nd Lysima]chos erreicht worden war und die verbliebene Aufgabe leichter war. Weil wir aber meinten, daß nach einem Übereinkommen mit ihm die Angelegenheit mit Polyperchon schneller erledigt werden könnte, da dann niemand mehr im Bündnis mit ihm stehen würde wegen unseres Verhältnisses zu ihm (?), und noch mehr, weil wir sahen, daß ihr und unsere anderen Bundesgenossen durch den Kriegsdienst und seine Kosten belastet wart, hielten wir es für gut, nachzugeben und auch mit ihm den Waffenstillstand abzuschließen. (...) Wißt also, daß der Waffenstillstand vereinbart und Frieden geschlossen ist. Wir haben in dem Vertrag geschrieben, daß alle Griechen einander Eide zu schwören haben, daß sie sich gegenseitig bei der Bewahrung ihrer Freiheit und Autonomie helfen werden, denn wir meinen, daß diese nach aller menschlichen Voraussicht während unserer Lebenszeit geschützt sind, daß aber danach die Freiheit für alle Griechen eher gesichert wäre, wenn sowohl sie als auch die Machthaber durch Eide gebunden sind.

(OGIS 5; Welles RC 1; StV III 428, Z. 24–61 mit Ausl.; Austin 31)

In dem Brief wird, was nicht überrascht, die Niederlage des Demetrios bei Gaza von Antigonos nicht erwähnt. Das Schreiben ist deshalb von Interesse, weil es den Beweis liefert, daß Polyperchon noch immer aktiv auf der Peloponnes war; es zeigt zudem, daß Antigonos, der jetzt 71 Jahre alt war, zu überlegen beginnt, was nach seinem Tod geschehen soll. Jedenfalls könnte er aufgrund der geleisteten Eide die Griechen noch unverzüglicher zu Hilfe rufen, wenn sich in Zukunft ein Vertragsbruch stichhaltig nachweisen ließe.

Die neuen Könige (311–301)

Durch den Diadochenfrieden hatte die Einheit des Reiches einen vielleicht entscheidenden Schlag erhalten; stillschweigend wurde darin nämlich die Existenz von vier unabhängigen Mächten anerkannt – ganz zu schweigen von Seleukos und Polyperchon, die beide davon ausgeschlossen waren. Kurz danach zog Kassandros den gefühllosen, aber logischen Schluß, Alexander IV. und Rhoxane ermorden zu lassen.

> Somit waren Kassandros, Lysimachos, Ptolemaios und Antigonos von der Gefahr, die ihnen von dem König drohte, befreit. Denn da nun kein Erbe des Reiches mehr vorhanden war, so hatte von jetzt an jeder, der über Völker oder Städte gebot, Hoffnung auf die Königswürde und betrachtete das ihm unterworfene Land wie ein speergewonnenes (erobertes) Königreich. (Diodor 19, 105, 3–4)

Antigonos nutzte den Frieden als Atempause vor seinem nächsten Schritt. Die Ereignisse der zehn Jahre, die nun folgten, sind kompliziert, weil trotz der allgemeinen Einstellung gegen Antigonos seine Rivalen auch gegeneinander intrigierten und sogar zeitweilige Vereinbarungen mit dem gemeinsamen Feind trafen. Es spricht einiges dafür, daß diese Periode mit einem erfolglosen Versuch des Antigonos begann, die östlichen Satrapien zurückzugewinnen, daß er aber, nachdem er von Seleukos besiegt worden war, einen Vertrag mit ihm schloß, der Seleukos den Iran überließ und ihm den Rücken frei gab, um Sandrokottos (Candragupta) in Indien zu bekriegen. Dieser Krieg endete um 303 mit der Abtretung von (zumindest) Gandhara, Ost-Arachosien und Gedrosien durch Seleukos. »Seleukos gab sie an Sandrokottos für ein Heiratsbündnis und für den Empfang von fünfhundert Elefanten« (Strabon 15, 2, 9). Diese Elefanten sollten sich als eine hervorragende Bereicherung der hellenistischen Kriegführung erweisen. Währenddessen eignete sich Ptolemaios Zypern an; vermutlich ging er zu diesem Zeitpunkt auch eine Allianz mit dem mächtigen, unabhängigen Seestaat Rhodos ein. Die Herrschaft über die Ägäis war ein ständiger Streitpunkt zwischen Ptolemaios und Antigonos, von denen jeder sich als Wächter der griechischen Freiheit gebärdete. Als Kassandros einen Frieden mit Polyperchon zuwege brachte (der Preis dafür war die Ermordung des Herakles, eines vorgeblichen natürlichen Sohns Alexanders des Großen, den Polyperchon benutzte, um Unterstützung zu bekommen), schlossen sich Ptolemaios und Antigonos unter uns unbekannten Bedingungen zusammen. Die Eintracht war nicht von Dauer. Angesichts der Allianz zwischen Kassandros und Polyperchon wandten sich die griechischen Städte an Ptolemaios, der auf die Peloponnes im Jahr 308 vordrang, aber dann, da er nur wenig tatkräftige Unterstützung erfuhr, bald Frieden mit Kassandros schloß (wenngleich seine Garnisonen in Korinth und anderen griechischen Städten stationiert blieben). Während Kassandros sich im Jahr 307 in Epeiros aufhielt, begab sich Demetrios mit der Flotte nach Athen, vertrieb den Demetrios von Phaleron und führte die Demokratie ein; im Jahr 306 sandte ihn Antigonos nach Zypern, wo er einen gewaltigen Sieg über den ptolemäischen Statthalter und danach über Ptolemaios selbst errang. Zypern ging in antigonidische Hände über, doch war eine weitere Folge dieses Sieges noch bedeutsamer:

Nunmehr rief die Menge zum erstenmal Antigonos und Demetrios als Könige aus. Dem Antigonos banden die Freunde zugleich ein Diadem um, dem Demetrios schickte sein Vater ein Diadem und redete ihn in dem Brief, den er dazu schrieb, als König an. In Ägypten rief man, als diese Nachricht anlangte, den Ptolemaios ebenfalls zum König aus, damit nicht der Eindruck entstände, als habe man wegen der Niederlage den Mut verloren. Und aus Eifersucht griff der Titel auch auf die anderen Diadochen über. Lysimachos begann ein Diadem zu tragen und Seleukos nun auch im Verkehr mit den Griechen, nachdem er mit den Barbaren schon vorher als König verhandelt hatte. Kassandros hingegen fuhr fort, während ihn die anderen im schriftlichen wie im mündlichen Verkehr als König titulierten, selbst seine Briefe in der gewohnten Form zu schreiben. (Plutarch, Demetrios 18, 1–2)

Antigonos nahm die Königswürde im Jahr 306 an, Ptolemaios kurze Zeit danach (etwa 305/04), und Seleukos, wie wir aus keilschriftlichen Zeugnissen wissen, ebenfalls 305/04. Eine Keilschrifttafel, die ein Verzeichnis der babylonischen Könige während der hellenistischen Ära enthält (s. S. 25 mit Fußnote), liefert uns folgende Information:

Jahr 7 (seleukidische Ära = 305/04), welches ist (sein) erstes Jahr, Seleukos (regierte als) König. Er regierte 25 Jahre. Jahr 31 (seleukidische Ära = 281/80), 6. Monat, Se(leukos) der König wurde getötet im Land (der) Khāni.

(Iraq 16 [1954] 202–212: Vorderseite Z. 6–7; Austin 138)

Dieser Text, der uns den Zeitpunkt des Todes von Seleukos nennt (zwischen dem 25. August und 24. September 281), besagt, daß sein erstes Regierungsjahr (305/04) das siebente Jahr in der seleukidischen Ära war, die infolgedessen 312/11 begann (tatsächlich im Oktober 312 nach griechischer beziehungsweise im April 311 nach babylonischer Zeitrechnung). Das Dokument beweist, daß Plutarchs Feststellung, Seleukos hätte schon vorher mit den Barbaren als ein König verhandelt, nicht buchstäblich zu nehmen ist. Auch sollte seine Aussage über Kassandros nicht für die Behauptung herangezogen werden, dieser habe es grundsätzlich abgelehnt, den Königstitel zu führen, denn er wird auf Münzen »König Kassandros« genannt; in einer Inschrift aus Kassandreia, vermutlich eine Bestätigung über eine Landschenkung, heißt es:

Der König der Makedonen, Kassandros, verleiht an Perdikkas, den Sohn des Koinos, das Land in Sinaia und jenes in Trapezous, das seinem Großvater Polemokrates und seinem Vater in der Regierungszeit Philipps (II.) als Landlos zustand . . . (Syll.^{3} 332)

Die plötzliche Vermehrung von Königstiteln markierte einen weiteren Schritt in Richtung des Auseinanderbrechens des Alexanderreiches, obgleich wir darüber, wie jeder dieser Könige seinen Titel auffaßte, nur Spekulationen anstellen können. Es ist unwahrscheinlich, daß jeder Feldherr einen Anspruch auf das gesamte Reich erhob – vielleicht hegte nur Antigonos diese Vorstellung. Viel eher wollten sie, wie der (S. 55) zitierte Abschnitt aus Diodor nahelegt, den Tod Alexanders IV. dazu nutzen, den Königstitel innerhalb ihrer eigenen einzelnen Territorien zu führen, nicht aber die Königswürde über solche Territorien zu beanspruchen. Ptolemaios war für die einheimische Bevölkerung bereits König von Ägypten, aber niemals nennt er in einem griechischen Dokument sich selbst König von Ägypten. Und über welches Königreich – wenn überhaupt – war denn Antigonos König? Die spätere Laufbahn des Demetrios, der für einige Jahre ein König ohne Königreich war, stellt einen gewissen Hinweis dar, daß diese Monarchien als etwas Persönliches empfunden wurden und nicht unbedingt mit den Ländern verbunden sein mußten, wo der König herrschte. Sie verkörperten die Anerkennung eines Anspruchs, der auf der hohen militärischen Leistung von Männern beruhte, die aufgrund ihres Einsatzes »Völker oder Städte« beherrschten. Die Ausnahme bildete Makedonien; hinter der eben zitierten Inschrift, in der Kassandros sich selbst »König der Makedonen« nennt, steckt möglicherweise das Motiv, eine einzigartige Position zu behaupten, die von keinem seiner Rivalen besetzt werden durfte (was wahrscheinlicher ist, als daß er einfach seine Machtbefugnis betonen wollte, um eine Landzuweisung innerhalb des Königreichs Makedonien für rechtsgültig zu erklären, wie von anderen Forschern vermutet wurde).

Demetrios ließ seinem Sieg auf Zypern den berühmten Angriff auf Rhodos folgen (305), der ihm seinen Beinamen Poliorketes, »Städtebelagerer«, einbrachte. Dieser Angriff war eine weitere Herausforderung für Ptolemaios, den engen Verbündeten von Rhodos. Die Belagerung dauerte ein Jahr und wurde weithin bekannt wegen der Belagerungsmaschinen, die Demetrios einsetzte, um die Stadt einzunehmen – allerdings ohne Erfolg. Der Kampf endete mit einem Kompromißfrieden (304), gemäß dem die Rhodier hundert Geiseln stellten und ihre Zustimmung gaben, daß sie »Bundesgenossen des Antigonos und Demetrios sein sollen außer gegen Ptolemaios« (Plutarch, Demetrios 22, 4). In den Jahren 304/03 besetzte Demetrios den Isthmos von Korinth; 302 erneuerte er – bei der Vorbereitung auf einen Krieg mit Kassandros – den Korinthischen Bund von Philipp und Alexander, »weil er glaubte, die Herstellung der Unabhängigkeit der Griechen werde ihm großen Ruhm bringen« (Diodor 20, 102, 1). Eine in Epidauros gefundene Inschrift (IG IV^2 1, 68; Moretti I 44; StV III 446; Austin 42) enthält die rechtliche Vereinbarung, die den Bund begründete. Darin wurde ein regelmäßiges Zusammentreffen des Rates festgelegt; Antigonos und Demetrios, den Führern des Bundes, wurde eine noch straffere Kontrolle zugebilligt, als selbst Philipp und Alexander sie über ihren Korinthischen Bund ausgeübt hatten. Die Inschrift von Epidauros ist nur sehr fragmentarisch erhalten, aber ihre Hinweise können anhand einer delphischen Inschrift ergänzt werden, die einen Brief des Adeimantos von Lampsakos an Demetrios enthält (Moretti I 9), sowie anhand eines athenischen Beschlusses zu Ehren des Adeimantos (Moretti II 72). Diese Inschriften zeigen, daß Demetrios den Vorsitz des Bundes persönlich regelte, solange der Krieg mit Kassandros dauerte, und daß ferner Adeimantos, bisher hauptsächlich als Schmeichler des Königs und Freund von Philosophen bekannt, eine bedeutende Rolle als Vertreter von Demetrios im Rat des Bundes spielte, vielleicht auch bei dem Vorschlag, ein Fest zu Ehren der beiden Könige zu stiften.

Dem Bund war jedoch keine lange Lebensdauer beschieden, denn eine Koalition aus Kassandros, Lysimachos und Seleukos (der seine 500 Elefanten mitbrachte) zwang im Jahr 301 die vereinten Armeen von Antigonos und Demetrios (den sein Vater aus Europa zurückbeordert hatte) zur Schlacht bei Ipsos in Phrygien und brachte ihnen dort eine entscheidende Niederlage bei; Antigonos kam um und Demetrios floh. Beim Verteilen der Beute nahm sich Lysimachos den Großteil Kleinasiens bis zum Taurosgebirge, während Ptolemaios, der in Palästina einen getrennten Feldzug unternommen hatte, sich alles Land südlich von Arados und Damaskus aneignete, zudem Kilikien und Teile von Lykien und Pisidien. Ipsos bedeutete das Ende für jede etwaige Vorspiegelung eines einzigen großen Reiches; obgleich sich das Königreich des Lysimachos über beide Seiten der Meerengen (Bosporos und Hellespont) ausdehnte, gingen Asien und Europa nun ihre eigenen Wege.

Die Festigung der neuen Reiche (301–276)

Zwischen 301 und 286 versuchte Demetrios, seine Erfolge in Griechenland zu wiederholen; eine Weile behauptete er Makedonien (nach dem Tod von Kassandros) gegen den Druck, den Pyrrhos von Epeiros ausübte. Von 289 an verschlechterte sich jedoch seine Lage. Er verlor seine ägäischen Besitzungen und Athen an Ptolemaios und wurde von den vereinten Streitkräften des Lysimachos und des Pyrrhos aus Makedonien vertrieben. Im Jahr 285 nahm Seleukos ihn gefangen; zwei Jahre später starb er an Trunksucht. Nach dieser Episode war über den Besitz Makedoniens noch immer nicht entschieden. Nach der Vertreibung des Demetrios hatte sich Lysimachos das Land zunächst mit Pyrrhos geteilt, es später – 285 – aber zustandegebracht, sich das Ganze anzueignen. Die Nemesis erreichte aber auch ihn. Er wurde von seiner dritten Gemahlin, Arsinoe, überredet, seinen Sohn Agathokles hinrichten zu lassen (zum Vorteil von Arsinoes Kindern). Die Witwe des Agathokles, Lysandra, und ihr Bruder Ptolemaios Keraunos – sie waren Halbschwester und Halbbruder von Arsinoe, und alle drei waren Kinder des Ptolemaios – drängten deshalb den Seleukos dazu, Lysimachos herauszufordern. Im Jahr 282 fiel Seleukos in Kleinasien ein und Anfang 281 wurde Lysimachos bei Kurupedion geschlagen und getötet. Als er nach Europa übersetzen wollte, wurde der nun überflüssige Seleukos von seinem Verbündeten Ptolemaios Keraunos ermordet; dieser bestieg den Thron von Makedonien.

Zwei Jahre später (279) wurde das Land, das durch die Niederlage des Lysimachos geschwächt war, von einer Schar keltischer (gallischer) Marodeure überrannt, die Teil einer umfangreichen Wanderungsbewegung waren. Eine andere Gruppe gründete ein Königreich in Thrakien, wieder andere erreichten Delphi, wurden aber von den Aitolern vernichtend geschlagen; weitere Banden setzten nach Kleinasien über und ließen sich in einem Gebiet nieder, das von da an unter dem Namen Galatien bekannt wurde. Was danach in Makedonien vor sich ging, ist nicht geklärt. Eine Abfolge schwacher Regierungen unter anarchischen Verhältnissen gab Antigonos II. Gonatas, dem Sohn des Demetrios, der sich auf Defensivposten in Korinth, Chalkis und Demetrias (eine Gründung seines Vaters am Golf von Pagasai) hatte halten können, die Gelegenheit, auf die er gewartet hatte. Nachdem er im Jahr 276 einen aufsehenerregenden Sieg über die Kelten bei Lysimacheia errungen hatte, setzte er sich selbst als König in Makedonien und Thessalien ein. So nahm die Dynastie, die von Antigonos I. Monophthalmos begründet worden war, das letzte noch nicht verteilte Territorium, ihr Mutterland Makedonien, in Besitz.

Lysimacheia bestätigte das Ergebnis von Ipsos. Nun war die hellenistische Welt der territorialen Staaten entstanden – mit den Antigoniden in Makedonien, den Ptolemäern in Ägypten und den Seleukiden im syrisch-mesopotamisch-iranischen Raum. In jeder dieser Monarchien nahmen die Söhne oder (im Fall Makedoniens) Enkelsöhne der Diadochen, der Nachfolger Alexanders, den Thron ein – Antiochos I., Ptolemaios II. und Antigonos II.; damit war das dynastische Prinzip fest begründet. Politisch war das Reich Alexanders zerbrochen, doch hatten die neuen Königreiche vieles gemeinsam. Ehe wir uns den einzelnen Königreichen widmen, wollen wir deshalb zunächst untersuchen, bis zu welchem Grad die hellenistische Welt ein homogenes Ganzes bildete und inwieweit die Koexistenz von Griechen und Makedonen mit den einheimischen Bevölkerungen Probleme für beide Volksgruppen aufwarf.

4. Die hellenistische Welt: eine homogene Kultur?

Griechische Philosophie und Sprache

Gegen Mitte des dritten vorchristlichen Jahrhunderts errichteten die Bewohner einer griechischen Stadt (ihr antiker Name ist nicht bekannt), die an der Stelle des heutigen Ai-Khanum an der Nordgrenze Afghanistans lag, im Gymnasion an den Ufern des Oxos (heute Amu-Darja) eine Säule, die mit rund 140 moralischen Lebensregeln beschriftet war – eine Kopie der Inschrift auf einer ähnlichen Säule, die in der Nähe des Apollonheiligtums in Delphi stand, also in fast 5000 Kilometer Entfernung. Eine hinzugefügte Versinschrift lautet:

> Diese weisen Worte berühmter Männer alter Zeit sind geweiht im heiligen Pytho (Delphi). Von dort nahm sie Klearchos und schrieb sie mit Sorgfalt ab, um sie, die weithin scheinen, im geheiligten Bezirk des Kineas anzubringen. (...) (CRAI 1968, 422; Austin 192)*

Kineas – sein Name läßt vermuten, daß es sich um einen Thessaler handelt – dürfte der Stadtgründer gewesen sein, dessen Altar innerhalb des Gymnasions errichtet war; Klearchos ist von dem französischen Gelehrten Louis Robert als der aristotelische Philosoph Klearchos von Soloi identifiziert worden, der sowohl Interesse an Delphi als auch an der Religion und Philosophie der indischen Asketen, der persischen Magier und der jüdischen Priester zeigte. Wenn es sich hier tatsächlich um diesen Klearchos handelt, so ist das der erste Hinweis, daß er eine Reise weit in den Osten unternommen und dort abgelegene griechische Gemeinwesen vorgefunden hat; sie waren für seine Lehren offen und bereit, auf seine Anregung hin eine beglaubigte Abschrift delphischer Weisheit im Gymnasion, jener typisch griechischen Einrichtung für die Ausbildung und Übung der Jugend, anzubringen. Delphische Lebensregeln in einem Gymnasion anzubringen, war durchaus üblich. Beispiele kennen wir aus Thera (IG XII 3, 1020) und aus Miletopolis in Mysien (Syll.[3] 1268). Die Aufstellung in Ai-Khanum ist bruchstückhaft, und eigentlich haben sich nur fünf Maximen erhalten; vergleichbare Aufstellungen an anderen Orten ermöglichten es Louis Robert jedoch, die ganze Sammlung wiederherzustellen

* L. Robert, *De Delphes à l'Oxus.* CRAI [Comptes rendus de l'Académie des Inscriptions et Belles-Lettres (Paris)] 1968, S. 416–457.

– ein schlagender Beweis dafür, wie eine Inschrift, von der das meiste verlorengegangen ist, doch gelegentlich mit ziemlicher Sicherheit rekonstruiert werden kann. Ein interessanter Teilaspekt der Inschrift von Ai-Khanum besteht darin, daß trotz der Abgelegenheit der Stadt die Buchstaben keineswegs grob oder provinziell wirken. Sie weisen vielmehr höchste Qualität auf und reihen sich in die beste Tradition der griechischen Steinmetzkunst ein, würdig des Königreichs Baktrien, wo auch einige der schönsten griechischen Münzen des hellenistischen Zeitalters geprägt worden sind.

Zusammen mit dieser Inschrift wurde im Jahr 1966 eine weitere entdeckt, die eine Widmung zweier Brüder, nämlich des »Triballos und Straton, Söhne des Straton, für Hermes und Herakles« enthielt (Robert, ebd.), welche die Schutzgötter des Gymnasions waren; spätere Ausgrabungen haben die vollständige Anlage des Gymnasions ans Tageslicht gebracht, darin auch eine Sonnenuhr von einem zwar aus literarischen Bezeugungen bekannten, bis dahin aber nie archäologisch nachgewiesenen Typ. Ferner gab es ein Theater, das 5000 Zuschauer faßte, sowie – etwa aus dem Jahr 150 – ein weitläufiges Verwaltungszentrum von palastartigen Ausmaßen. Dort hat man Vorratsgefäße mit griechischen Kennzeichnungen ausgegraben, auch ein großes quadratisches Mosaik von 5,70 m Seitenlänge und – der beachtlichste Fund – als offenbares Überbleibsel einer Bibliothek den noch teilweise lesbaren Abdruck eines zerfallenen Papyrusstücks auf dem feinen, aus zerriebenen Mauersteinen bestehenden Boden. Es handelte sich anscheinend um eine Seite aus einem philosophischen Werk, geschrieben von einem Anhänger der aristotelischen Schule, zu der auch Klearchos selbst gehörte. Diese Funde lassen das Bild einer Stadt erstehen, in der trotz ihrer späteren Isolierung griechische Traditionen aufrechterhalten wurden, bis sie in der zweiten Hälfte des zweiten vorchristlichen Jahrhunderts durch die Nomaden aus den Steppen zerstört wurde.

Ai-Khanum war jedoch keineswegs die erste Stelle, an der epigraphische Belege eines starken Weiterlebens des Hellenentums in Baktrien entdeckt wurden. Nur wenige Jahre zuvor waren zwei griechische Inschriften bei Kandahar gefunden worden, eine davon mit einem Duplikat in Aramäisch.* Sie

* D. Schlumberger, *Une nouvelle inscription grecque d'Açoka.* CRAI 1964, S. 126–140.

enthielten Bruchstücke aus den moralisierenden Erlassen des Maurya-Königs Aśoka (Aschoka); auch sie waren mit beachtlicher Fertigkeit in den Stein geschrieben und in einem ausgezeichneten Griechisch abgefaßt, das eine intime Kenntnis des Vokabulars griechischer Philosophie verriet sowie eine bemerkenswerte Gewandtheit, die Gedanken eines buddhistischen Konvertiten auf Griechisch wiederzugeben. In seinem Bestreben, seine Lehren den Bewohnern jener Gebiete zu vermitteln, die nun zu seinem Herrschaftsbereich gehörten, bediente sich Aśoka des Aramäischen, der Amtssprache des persischen Reiches, und natürlich des Griechischen. Erst kürzlich hat man wieder eine griechische Inschrift in Kandahar gefunden*; weitere Funde sind zu erwarten.

Diese Verwendung der griechischen Sprache, die in der volkstümlich-kosmopolitischen Form *koinē* genannt wurde, die »Gemeinsprache«, kennzeichnet das gesamte riesige Gebiet, über das sich Alexanders Eroberungen erstreckten. Spätere Grenzen vermochten sie nicht zu beeinträchtigen; sie diente dazu, das Ganze in einen einzigen kulturellen Zusammenhang zu bringen. Ihre weite Verbreitung beruhte nicht nur auf politischer Macht, sondern auch auf einer gewaltigen Kolonisationsbewegung, die unter Alexander begann und sich wie eine Woge bis etwa 250 v. Chr. fortsetzte, ehe sie verebbte. Zu Ai-Khanum ist dafür eindeutig der Beweis erbracht worden, denn eine Untersuchung der Besiedlungsspuren in einem weiten Umfeld der Stadt ergab, daß sie unter den Achämenidenherrschern tatsächlich unbewohnt war, während sie in der hellenistischen Zeit eine große Bevölkerungsdichte aufwies.

Griechen und Makedonen

Unter Alexander waren die Träger der Kolonisation im wesentlichen Söldner, die er zurückließ, um strategisch wichtige Punkte zu halten. Die Bedingungen waren hart, bar jeder zivilisatorischen Annehmlichkeit, und reizten daher leicht zu Aufständen (s. S. 45). Die Funde von Ai-Khanum und Kandahar sind aber nicht die einzigen Zeugnisse dafür, daß die Bedingungen sich um die Mitte des dritten Jahrhunderts oder sogar schon früher

* Peter Fraser, Afghan Studies 2 (1979, veröff. 1980) 9–18.

gebessert hatten. Das zahlenmäßige Anwachsen der Kolonisten hatte auch eine Vertiefung der griechischen Kultur mit sich gebracht, keineswegs nur in Baktrien; wir können diesen Prozeß gelegentlich verfolgen. Ein Erlaß, den die Stadtversammlung von Antiocheia am Orontes verabschiedete, erkennt die übernationale Bedeutung des Festes der Artemis Leukophryene in Magnesia am Maiandros an und verweist auf die Verwandtschaft zwischen den beiden Städten; als nämlich Antiochos I. (281–261) darum bemüht gewesen war, die Bevölkerung von Antiocheia zu vergrößern, hatten die Bürger von Magnesia seine Aufforderung damit erwidert, daß sie »Männer, ausreichend an Zahl und hervorragend für den Zweck geeignet« (OGIS 233, Z. 18; Austin 180) entsandt hatten. Eine Generation später erinnerte man sich dieser Verbindung immer noch. Wie bei der großen europäischen Auswanderungswelle nach Amerika im 19. und frühen 20. Jahrhundert zogen viele in Gruppen fort, andere aber mögen allein die Heimat verlassen haben, um ihr Glück in einem neuen Land zu versuchen. Die neuen Städte im Osten nahmen Griechen aus allen möglichen Landstrichen und sozialen Schichten auf, eine zusammengewürfelte, bunte Schar, die ebenso aus den Hauptzentren der Zivilisation wie auch aus entlegenen Randgebieten stammen mochte.

Sobald sie in ihrer neuen Heimat waren, gaben diese Griechen und Makedonen ihre vielen Eigenheiten auf und wurden zur neuen Herrenschicht; Alexanders Vorstellung von einer zusammengefügten griechisch-persischen Oberschicht war niemals zu verwirklichen. Gleich von Anfang an bildeten die Neuankömmlinge in den Gebieten, wo sie sich niederließen, die bestimmende Minderheit. Eines der großen Probleme der Epoche besteht darin, die wechselnden Beziehungen zwischen dieser Minderheit und den Völkern, in deren Ländern sie lebte, genau zu definieren und zu analysieren. Es war keineswegs immer ein feindliches Verhältnis. Strabon (11, 14, 12) beschreibt, wie Kyrsilos von Pharsalos und Medios von Larissa, Kommandeure im Heer Alexanders, versuchten, eine kulturelle Beziehung zwischen Armenien und Medien einerseits und ihrer Heimat Thessalien andererseits herzustellen. Ihre Einstellung war eindeutig offen und freundlich, doch was sie zu erreichen hofften war nicht etwa, jene Menschen in ihrer eigenen Umwelt zu verstehen, sondern zu beweisen, daß sie eigentlich auch eine Art Griechen waren. Hierbei handelt es sich, wie wir sehen werden (S. 223), genau um dieselbe Haltung, die manche Griechen zeigten, als sie sich mit dem Phänomen »Rom« auseinandersetzten. Gelegentlich – vor allem in der Anfangsphase – fand eine Osmose zwischen den verschiedenen Kulturen statt. Eine Widmung von »Diodotos, Sohn des Achaios, an König Ptolemaios Soter« (OGIS 19) ist zweisprachig, in Griechisch und in demotischem Ägyptisch gehalten; auf weitere, ähnliche Zeugnisse wird weiter unten Bezug genommen (S. 119f.). Somit liegt eine Art kultureller Austausch nahe, aber er ist minimal und seine Bedeutung darf nicht überbetont werden; auch ist es keinesfalls ratsam, aus Zeugnissen eines Gebiets verallgemeinernde Schlußfolgerungen für andere Gebiete zu ziehen. Bemerkenswert ist, daß die Inschrift aus Antiocheia am Orontes die Entsendung von Männern aus Magnesia erwähnt, nicht aber von Frauen – vermutlich weil sie bei ihrer Ankunft bereits Frauen vorfinden würden, griechische oder wahrscheinlicher barbarische. Auch in Ai-Khanum wird es sicherlich einen erheblichen Anteil an Nichtgriechen gegeben haben, und vermutlich stieg ihre Zahl auch im Lauf der Zeit. Aber es scheint doch ziemlich eindeutig – nimmt man als gegeben, was Klearchos zum Aufstellen der delphischen Lebensweisheiten veranlaßt hat –, daß im frühen dritten Jahrhundert einheimische Baktrer nicht in das Gymnasion zugelassen wurden; angesichts einer großen nichtgriechischen Bevölkerungsgruppe um sich herum bestand die übliche Reaktion der Griechen und Makedonen darin, die Reihen dichter zu schließen und auf die griechischen Institutionen der Regierung, Religion und Erziehung – kurzum, auf ihr Griechentum – Nachdruck zu legen.

Griechische Vereine

Das Griechentum fand seinen unmittelbaren Ausdruck im Gymnasion, aber es gab auch noch andere Institutionen, die sich um das private und soziale Leben der Bürger hellenistischer Städte kümmerten, und zwar sowohl der neuen wie der alten. Ihnen kam eine besondere Bedeutung in den neuen Städten mit ihrer gemischten Bevölkerung und dem Mangel an Traditionen zu, doch hatten sie auch wesentlich Anteil am Leben in den älteren Städten. Diese Vereinigungen sind unter den Namen *eranoi, thiasoi,* auch spezielleren wie *Poseidoniastai* bekannt, die sie jeweils an eine bestimmte Gottheit binden, welche als

Schutzpatron der Vereinigung verehrt wird. Das ausgeprägte Gefühl der Ergebenheit für solche Gemeinschaften von seiten ihrer Mitglieder läßt sich deutlich aus Inschriften ablesen. Hier sei ein Beispiel aus Rhodos (2. Jahrhundert v. Chr.) angeführt:

In der Priesterschaft des Theophanes, als der oberste *eranistēs* Menekrates, der Sohn des Kibyratas, war, versprachen am 26. Tag des (Monats) Hyakinthios die folgenden *eranistai* Beitragszahlungen für die Wiedererrichtung der Mauer und der Denkmäler, die bei dem Erdbeben zusammengestürzt waren: Menekrates, der Sohn des Kibyratas, (versprach) die Mauer und die Denkmäler auf seine eigenen Kosten wiederaufzubauen. Das Geld, das von den (anderen) versprochenen Summen eingeht, soll der Vereinigung zur Verfügung stehen [... Dion-]ydos 10 [...] (hier bricht die Inschrift ab). (Syll.[3] 1116)

Die »Mauer« ist jene des Gemeinschaftshauses, die »Denkmäler« sind die Grabstätten verstorbener Mitglieder; derartige Vereinigungen verbanden nämlich häufig die Funktionen eines Sozialvereins, eines Speiselokals und eines Beerdigungsinstituts miteinander. In einer Stadt wie Rhodos waren sie ein wichtiger Teil im privaten Leben, und in den neuen Zentren im fernen Osten waren sie Hilfsmittel für den Aufbau neuer Verbindlichkeiten inmitten einer zunächst recht eintönigen und fremden Welt. Dabei waren sie weit weniger exklusiv und betont »griechisch« als die Gymnasia. Obgleich ihre Struktur und ihre Verfahrensweisen oftmals jene der städtischen Einrichtungen zu imitieren schienen, waren sie doch offen für jedwede Mitglieder und nahmen häufig ebenso Griechen wie Barbaren, Freie wie Sklaven, Männer wie Frauen auf. Sie boten Gelegenheit für eine Vermischung, die im Rahmen der städtischen Institutionen weniger leicht möglich war.

Im öffentlichen Leben stellten Griechen und Makedonen die Oberschicht dar. Sie bildeten einen geschlossenen Kreis, zu dem Einheimische nur stufenweise und in sehr geringer Zahl Zugang fanden – und dann gewöhnlich nur dadurch, daß sie sich der Mühe einer kulturellen Umwandlung in Griechen unterzogen. Die Entstehung dieser Oberschicht war das unmittelbare Ergebnis der von den Heeren und Feldherren Alexanders getroffenen Entscheidung, die nach seinem Tod energisch seine Verschmelzungspolitik zurückwiesen und sehr bald alle Meder und Perser aus Machtpositionen hinausdrängten. Die Gründung der Diadochenreiche änderte nichts an diesem Verhalten. Es ist (anhand einer zufälligen Auswahl von mehreren hundert Namen) errechnet worden, daß sogar im Seleukidenreich, das sich den größten Problemen kultureller Auseinandersetzung gegenübersah, nach zwei Generationen nie mehr als 2,5 Prozent Einheimische gehobene Positionen einnahmen; die meisten dieser 2,5 Prozent waren Befehlshaber örtlicher Truppeneinheiten (s. S. 128). Das entsprang keineswegs irgendwelcher Unfähigkeit oder Dienstunwilligkeit auf seiten der Orientalen (was auch als Erklärung angeführt worden ist), sondern ergab sich aus der festen Entschlossenheit der Griechen und Makedonen, die Früchte ihres Siegs voll zu genießen.

Wenn wir deshalb von der Einheit und Homogenität der hellenistischen Kultur sprechen, dann meinen wir jene der griechisch-makedonischen Schicht, also einer Minderheit in jedem Staat, repräsentiert von Männern, die aus allen Teilen der griechischen Welt und aus verschiedensten sozialen Milieus stammten, was aber in der neuen Umgebung vergessen werden konnte. Wie Amerikaner heutzutage, so verteidigten diese Einwanderer lebhaft ihr Andenken daran, woher sie oder ihre Eltern gekommen waren; ihre Herkunft hatte aber wenig Bedeutung, abgesehen von einer gefühlsmäßigen, wenn man sie mit der Wirklichkeit ihrer neuen Heimat und ihrer neuen sozialen Position verglich. Die einstigen Reibereien zwischen der einen Stadt und der anderen, der einen Gesellschaftsschicht und der anderen, wurden durch das Zusammengehörigkeitsgefühl als griechische Minderheit in einer neuen Umwelt ausgeglichen. Ihre Bedeutsamkeit beruhte auf der Tatsache, daß die hellenistischen Könige auf diese griechisch-makedonische Minderheit angewiesen waren, um die Verwaltungssysteme auf den höheren Ebenen besetzen zu können. Ihre Rolle im ptolemäischen Ägypten und im seleukidischen Asien wird uns später beschäftigen, wenn wir diese Staaten detaillierter betrachten. Zunächst einmal ist es dienlich, auf jene Wesenszüge und Institutionen der hellenistischen Welt einen Blick zu werfen, die den Griechen in der fremden Umgebung Ägyptens und über die weiten Räume Asiens hinweg einen Zusammenhalt gaben und ihre eigenen Verschiedenheiten untereinander im Lauf der Zeit immer mehr verwischt haben.

Auf zwei Punkte sollte vielleicht gleich von Anfang an hingewiesen werden. Zum einen: Die besonderen Probleme, die eine griechische Minderheit in einer fremden Umgebung aufwarf, treten weder im eigentlichen Griechenland und in Makedonien auf, noch in den Städten der Ägäis oder (jedenfalls nicht mehr, als dies schon immer der Fall gewesen war) in den Städten des westlichen Kleinasiens. Diese Gebiete dienten weiterhin ebenso als ein Reservoir der griechischen Kultur wie für den Nachschub an Menschen (solange die Auswanderungswelle anhielt). Die Griechen, die in den Diadochenreichen lebten, hatten noch Verbindung mit der Welt der Stadtstaaten, die bisher den Hintergrund für jede griechische Kultur dargestellt hatten. Zum anderen: Obwohl Alexanders Eroberungen zu einer ungeheuren Ausdehnung des Hellenismus über Mittelasien geführt hatten, war doch um 303 Gandhara, das östliche Arachosien und Gedrosien von Seleukos an Sandrokottos abgetreten worden (s. S. 55), und in der Folgezeit löste sich Baktrien von den Seleukiden. Von da an verlagerte sich, auch wenn die griechische Kultur in den östlichen Provinzen fortbestand und sogar in Indien im zweiten Jahrhundert wiederauflebte, das politische Schwergewicht des Seleukidenreiches mehr zum Mittelmeer hin; Antiocheia begann nun Seleukeia am Tigris als Hauptzentrum der Seleukiden zu verdrängen. Die Griechen in Baktrien und jener Zweig von ihnen, der in Indien nach dem Sturz des Maurya-Reiches ein Königreich errichtete, wurden zunehmend vom Hauptstrom hellenistischen Lebens abgeschnitten, vor allem nach dem Aufstieg der Parther im späten zweiten Jahrhundert. Anscheinend kam es unter diesen Bedingungen und angesichts der drohenden Gefahren von seiten der Steppenvölker hier zu einer engeren Zusammenarbeit zwischen Griechen und Einheimischen als anderswo. Im zweiten Jahrhundert lagen die großen Zentren griechischer Kultur direkt am Mittelmeer oder zumindest in seiner Nähe – Pergamon, Alexandreia, Athen, Antiocheia. Somit war das Mittelmeer selbst ein Faktor, der für Homogenität in der hellenistischen Kultur sorgte, denn es erleichterte den Verkehr und den wechselseitigen Austausch.

Die Erleichterung des Reisens zwischen den verschiedenen Teilen der hellenistischen Welt war sowohl Ursache als auch Ergebnis der allgemeinen Kultur, an der die Griechen nun teilhatten; weit mehr als in der Vergangenheit waren alle Arten von Reisenden jetzt ständig unterwegs. Die vielleicht auffälligste Gruppe war die der Söldner. Sie machten einen beträchtlichen Teil jedes hellenistischen Heeres aus und kamen, wie die von Marcel Launey* aufgestellte Prosopographie darlegt, aus allen Teilen Griechenlands, aus Makedonien und von der übrigen Balkanhalbinsel, aus Kleinasien, aus Syrien, Palästina und Arabien, aus Mittelasien und Indien, aus Nordafrika, aus Italien und dem Westen. Unter den Griechen zeichneten sich vielleicht die Kreter am meisten aus. In einem Bericht über die Karriere seines Urgroßvaters, den er als einen Militärexperten beschreibt, erzählt Strabon:

> Wegen seiner Erfahrung in militärischen Angelegenheiten wurde er (von Mithridates V. Euergetes, dem König von Pontos) beauftragt, Söldner anzuwerben; er besuchte nicht nur oft Griechenland und Thrakien, sondern auch die Söldner auf Kreta, jedenfalls ehe die Römer im Besitz der Insel waren und als die Zahl der Söldner auf der Insel, aus der auch die Piratenbanden sich zu ergänzen pflegten, noch groß war.
> (Strabon 10, 4, 10)

Bemerkenswert ist, daß für viele Männer Piratentum und Söldnerdienst die zwei Alternativen waren, für den Lebensunterhalt zu sorgen; wir werden auf die Bedingungen, die zu dem einen oder dem anderen anreizten, noch eingehen (S. 168). Für den Augenblick aber beschäftigen wir uns mit den Auswirkungen des Söldnertums, das eine große Zahl von mehr oder weniger entwurzelten Männern ständig dorthin in Bewegung setzte, wo immer Kriege ihren Dienst verlangten. Manchmal ließen sie sich nieder, sofern sie eine Stadt fanden, die bereit war, ihre geschrumpfte Einwohnerschaft mit Männern aufzufüllen, welche die Bürger hatten kennenlernen können. Eine Inschrift in Dyme im westlichen Achaia, vermutlich aus dem Jahr 219, leitet eine Liste der Namen von zweiundfünfzig Männern mit folgender Feststellung ein:

* *Recherches sur les armées hellénistiques.* 2 Bde, Paris 1949–1950, S. 1111–1271.

Die folgenden wurden von der Stadt zu Bürgern ernannt, weil sie bei den Kämpfen während des Krieges teilgenommen und die Stadt zu retten geholfen haben; jeder Mann wurde einzeln ausgewählt.

(Syll.[3] 529)

Dyme, nahe an der Grenze zu Elis gelegen, nahm eine exponierte Stellung ein; bei dem Krieg handelte es sich offensichtlich um den gegen Aitolien (220–217). Wahrscheinlich sind jene Namen die von Söldnern, obwohl sie auch zu einer makedonischen Garnison gehört haben könnten, denn einer der Namen, Drakas, ist makedonischen Ursprungs. In beiden Fällen veranschaulicht die Einschreibung neuer Bürger – die der zwei Jahre später von Larissa in Thessalien vollzogenen gleichgesetzt werden kann (Syll.[3] 543; Austin 60) und wohl ebenfalls von Philipp V. von Makedonien angeregt worden war, der zu dieser Zeit enger Bundesgenosse Achaias war – die verbesserten Möglichkeiten für eine Ansiedlung nicht nur in den neugewonnenen Gebieten. Wie wir sehen werden, war das Bürgerrecht noch anpassungsfähiger.

Gesandte

Söldner waren die hervorstechendsten, aber bei weitem nicht die einzigen Leute, die unterwegs waren. Im Frühjahr 169 fiel Antiochos IV. von Syrien in Ägypten ein, woraufhin die Obrigkeit von Alexandreia beschloß,

die Gesandten aus Griechenland, die nach Ägypten gekommen waren, zu Antiochos zu schicken, um mit ihm über den Frieden zu verhandeln. Es waren dies zwei Gesandtschaften des Achaiischen Bundes, eine zur Erneuerung der Freundschaft, unter Führung von Alkithos, dem Sohn des Xenophon, aus Aigion, und Pasiadas, eine zweite wegen der Festspiele zu Ehren des Antigonos (III. Doson), aus Athen eine Gesandtschaft wegen eines Geschenks (das entweder Ptolemaios überreicht werden oder für dessen Vergabe durch ihn gedankt werden sollte) unter Führung von Demaratos, und zwei Festgesandtschaften, eine wegen der Panathenaia, der Kallias, Sieger im *pankration* (einer Sportart), vorstand, die andere wegen der Mysterien, deren Wort- und Verhandlungsführer Kleostratos war. Aus Milet waren Eudemos und Hikesios, aus Klazomenai Apollonides und Apollonios gekommen.

(Polybios 28, 19, 2–5)

Wir erfahren zufällig, daß sich in diesem besonderen Augenblick sieben verschiedene Gesandtschaften oder »heilige« Delegationen in Alexandreia aufhielten. Wenn wir diese Zahl vervielfachen, um alle griechischen Staaten und die wichtigen Zentren Griechenlands und der hellenistischen Welt insgesamt in Betracht zu ziehen, können wir einen gewissen Eindruck davon gewinnen, wer alles in den ständigen diplomatischen Austausch verwickelt war, der auch dann unvermindert anhielt, als die Römer die Bühne betreten hatten. Vom frühen zweiten Jahrhundert v. Chr. an waren die großen Gesandtschaften jedoch in zunehmendem Maße an Rom direkt oder an die römischen Befehlshaber im Feld gerichtet.

Schauspieler

Zwei der Gesandtschaften, die Polybios für das Jahr 169 in Alexandreia erwähnt, galten Festspielen. Wenn diese die Aufführung von Theatervorstellungen miteinschlossen, war die Teilnahme berufsmäßiger Schauspieler, der sogenannten »Artisten *(technitai)* des Dionysos«, notwendig, die regelmäßig auf Tournee waren. Die *technitai* waren in Gilden organisiert, und zwar in Athen, am Isthmos von Korinth und in Teos, einer Stadt, die einige Zeit der Herrschaft der Attalidendynastie in Pergamon unterstand. Aufgabe der *technitai* war es, die Spezialisten zu stellen, die für die Durchführung von Festen gebraucht wurden. Offiziell war die Zunft in Teos eine religiöse Körperschaft. Eine Inschrift bestätigt dies:

> Kraton (der in diesem Beschluß der Gilde Geehrte) hat alles getan, was sich für die Ehre und das Ansehen des Dionysos und der Musen und des pythischen Apollon und der anderen Götter und ebenso der Könige und der Königinnen und der Brüder des Königs Eumenes (II.) zierte.
> (Durrbach, Choix 75, Z. 11–13; Austin 123)

Die Macht und der Einfluß dieser Gilde war derart, daß sie beinahe wie ein unabhängiger Staat innerhalb des kleinen Staats Teos agierte; nach einer Reihe hitziger Streitigkeiten mußten die *technitai* trotz eines Vermittlungsversuchs von Eumenes II. – wie in einer langen, aber nur noch in Bruchstücken erhaltenen Inschrift aus Pergamon (Welles, RC 53) berichtet wird – nach Ephesos fliehen und wurden später durch Attalos III. nach Myonnesos zurückgebracht. Sie hatten einen üblen Ruf, und es gab sogar eine Lehrübung über das Thema: »Warum sind es in der Regel schlechtere Menschen, die am Dionysostheater mitwirken« (Aristoteles, Problemata p. 956b 11). Die Theaterleute wurden, da sie ein unstetes Leben führten, natürlich von den seßhaften Bürgern, die sie nur zu Festspielzeiten zu Gesicht bekamen, mit Argwohn betrachtet; tatsächlich waren sie unablässig unterwegs, von einem Fest zum anderen: zu den Festen der *Pythia* und *Sotēria* in Delphi, zu der *Mouseia* in Thespiai, der *Herakleia* in Theben, der *Dionysia* in Teos, dem Fest der Artemis Leukophryene in Magnesia. Genauso wie eine Stadt schickten sie heilige Gesandte *(theōroi)* zu den Mysterien in Samothrake, und sie hielten auch ihr eigenes Fest ab. Wie immer ihre Moral gewesen sein mag – sie stellten zweifellos einen Kanal für den kulturellen Austausch von Stadt zu Stadt dar.

Ärzte

Bisher haben wir hauptsächlich organisierte Gruppen betrachtet, doch waren auch viele einzelne Menschen auf Reisen, sei es aus Handels- oder sonstigen Berufsgründen. Auf die Händler und ihre Bedeutung werden wir genauer in Kapitel 9 und 11 eingehen; unter die Reisenden zählten jedoch auch Philosophen wie Klearchos von Soloi, von dessen Namen wir an den Ufern des Oxos einen Nachweis gefunden haben (S. 61), und Ärzte (von denen viele auf Kos ausgebildet waren, wo die Erinnerung an den großen Arzt und Lehrer Hippokrates weiterlebte und der berühmte Asklepiostempel stand), die sich auf Hilfegesuche aus anderen befreundeten Staaten hin auf den Weg gemacht hatten. So verzeichnet eine Inschrift, die ins späte dritte Jahrhundert gehört und im Asklepiosheiligtum auf Kos gefunden wurde, die Danksagungen, die von den Bürgern von Knossos auf Kreta für das »Ausleihen« eines Arztes an die Stadt Gortyn übermittelt wurden. Daraus ergibt sich ein interessantes Bild von den Zuständen auf jener turbulenten Insel, wo zu jener Zeit die Stadt Gortyn infolge eines Bürgerkriegs (Polybios 4, 54, 7–9) unter die Herrschaft ihrer alten Rivalin Knossos geraten war.

Die *kosmoi* und die Stadt Knossos grüßen den Rat und das Volk von Kos. Weil nun, als das Volk von Gortyn eine Gesandtschaft mit der Bitte um einen Arzt zu euch schickte, und ihr mit großzügiger Eile den Arzt Hermias dorthin (zu uns) entsandt habt, und als der Bürgerkrieg in Gortyn ausgebrochen war und wir gemäß unserem Bündnis gekommen waren, um an der Schlacht teilzunehmen, die [unter den Bürgern] in der [Stadt] begonnen hatte, und als es dabei geschah, daß einige unserer Bürger [sowie] andere, die unsere Partei in den Kampf begleiteten, verwundet wurden, und einige wurden infolge [ihrer] Wunden auch bedrohlich krank, legte Hermias, der ein trefflicher Mann ist, bei dieser Gelegenheit jede Mühe zu unseren Gunsten an den Tag und rettete viele von uns [aus] großer Gefahr, und fuhr danach fort, die Wünsche jener, die nach [ihm] riefen, ohne Zögern zu erfüllen, auch, als eine weitere Schlacht nahe Phaistos stattfand und [viele] Verletzungen erlitten und infolge ihrer Wunden in Lebensgefahr schwebten, legte er jede Mühe an den Tag, sie zu pflegen, und rettete sie aus großer Gefahr, und [weil er auch jetzt fortfährt, sich mit Eifer für jene zu verwenden, die nach ihm rufen . . .] (Syll.[3] 528; Austin 124)

Hier bricht der ziemlich monotone Bericht ab, doch kann der Zusammenhang der beschriebenen Schlachten durch die Berichte über diesen Krieg bei Polybios (4, 54–55) hergestellt werden. Ein anderes Beispiel für eine Stadt, die einen Arzt ehrt, sind die Verleihungen von Ilion (Troja) an Metrodoros von Amphipolis (s. S. 153). Die Vergütung der Ärzte wurde in vielen Städten als eine öffentliche Pflicht betrachtet. Auf Samos etwa bestimmte die Bürgerversammlung das Honorar, und in einigen Städten wurde eine spezielle »Arztsteuer« *(iatrikon)* erhoben, um dem Arzt ein festes Gehalt zu sichern (vgl. Syll.[3] 437).

Sportler

Die große Bedeutung des Gymnasions in den griechischen Gemeinwesen hing mit der Leidenschaft für Wettkampfspiele seit altersher zusammen; Athleten aller Altersstufen reisten in der gesamten griechischen Welt umher und brachten ihren Städten und sich selbst Ruhm ein, wenn sie bei internationalen Festspielen Preise errangen. Ein Beispiel dafür bietet eine Inschrift des späten zweiten Jahrhunderts aus Kedrai, einer kleinen Stadt unter dem heutigen Şehir Ada am Golf von Keramos in der südwestlichen Türkei, die damals zu Rhodos gehörte.

Der Bund der Chersonesier grüßt Onasiteles, den Sohn des Onasistratos, den Sieger im Stadionlauf, dreimal in der Klasse der Knaben bei den Isthmia, in der Klasse der Jünglinge bei den Nemea und bei den Asklepieia in Kos, in der Klasse der Männer bei den Dorieia in Knidos, bei den Dioskoureia und den Herakleia, in der Klasse der Knaben und der Epheben bei den Tlapolemeia, für den Sieg im Stadionlauf und im

Zweistadionlauf in der Klasse der Knaben bei den Dorieia in Knidos, in der Klasse der Epheben bei den Poseidania, im Stadionlauf und im Waffenlauf bei den Herakleia und zweimal im Dauerlauf in der Klasse der Männer, im [Fackella]uf von der ersten Stelle an (?) in der Klasse der Männer, bei den großen [He]liaia und zweimal bei den kleinen Heliaia, zweimal bei den Dioskoureia, zweimal bei den Poseidania, [im Stadionlauf und] im Waffenlauf in der Klasse der M[änner]. . .

(Syll.[3] 1067)

Noch viele solcher Listen ließen sich zitieren, denn Sieger in athletischen Wettkämpfen, insbesondere bei jenen Festspielen, die den Olympischen Spielen gleichgestellt worden waren *(isolympia)*, wurden hoch geehrt wegen des Ansehens, das sie ihren jeweiligen Heimatstädten verschafften.

Künstler

Unter den Leuten, deren Beruf sie in viele Städte und häufiger noch an die Höfe der Könige führte, wo sie eher einen Beschäftigungsauftrag erwarten konnten, fanden sich Ingenieure, Baumeister und Lehrer von jeglichem Rang. Auch Musiker und Dichter (sowie Dichterinnen) zogen von Ort zu Ort in der Hoffnung auf Zuhörerschaft, wobei sie ihre Dichtungen jeweils dem Ort ihres Vortrages anzupassen suchten. Auf diese Weise wurde ein Gesandter aus Teos namens Menekles, der wegen Zugeständnissen für seine Stadt auf Kreta unterwegs war, in Knossos hochgerühmt um seiner während seines dortigen Aufenthalts häufigen Darbietungen auf der *kithara* (einem Saiteninstrument) willen, bei denen er die Lieder von Timotheos und Polyidos und anderen alten Dichtern sang, »in einer Weise, die einem gebildeten Mann wohl anstand«; zu Priansos trug er außerdem einen »kretischen Liederzyklus« vor, Lieder über die Götter und Heroen der Insel, die von Poeten und Geschichtsschreibern gesammelt worden waren. Die Bewohner von Priansos zollten ihm besonderes Lob wegen seiner kulturellen Tätigkeit (SGDI 5186–7). Zweifellos machte Menekles sich um seine Heimatstadt sehr verdient.

Aus Lamia, einer Stadt des Aitolischen Bundes, stammt eine Inschrift von 218/17, die einen denkwürdigen Erfolg verzeichnet:

Mit gutem Glück! [Die Stadt] Lamia hat beschlossen: Da nun Aristodama, Tochter des Amyntas aus Smyrna in Io[nien], eine Dichterin, in die Stadt kam und verschiedene V[orträge] ihrer eigenen Gedichte hielt, in denen die aitolische Nation [und] die Vorfahren des Volkes (von Lamia) würdig behandelt wurden, soll sie ein *proxenos* der Stadt und Wohltäter (genannt) sein, und ihr sollen das Bürgerrecht, das Recht auf Erwerb von Land- und [Haus-]besitz, Weiderecht, *asylia* und Sicherheit zu Land und M[eer] in Frieden oder im Krieg gewährt sein, ihr und ihren Kindern und ihrem Besitz auf alle Zeit, diese Vorrechte und alle weiteren, die den anderen *proxenoi* und Wohltätern gewährt worden sind. Dem O[...]neus, ihrem Bruder, mit seinen Kindern sollen die Rechte der *proxenia,* das Bürgerrecht und *asylia* zuteil werden.

(Syll.[3] 532)

Ein *proxenos* war ursprünglich der Repräsentant eines fremden Staates in einer anderen Stadt – etwa wie heute ein Konsul; in der hellenistischen Zeit war die Verleihung der *proxenia* zumeist eine rein nominelle Ehrung, obwohl sie von praktischem Nutzen sein konnte, da sie Zutritt zu allen Gerichten der Stadt, welche die *proxenia* verliehen hatte, gewährte. Sowohl auf diese Institution als auch auf die Gewährung von *asylia* wird im einzelnen im 8. Kapitel eingegangen. O[...]neus (sein Name ist teilweise unleserlich) hatte offenbar Aristodama auf ihrer Reise begleitet, denn eine ehrbare Dame würde nicht allein umherreisen. Das Fehlen jeglicher Erwähnung ihres Ehemannes legt die Vermutung nahe, daß die Verleihung der Ehren an die Kinder üblich war und sich auch auf alle weiteren Kinder, die sie noch haben würde, bezog.

Um letztendlich unser Bild von der Welt der Reisenden abzurunden, müssen wir noch eine Reihe anderer Leute erwähnen, zu denen die Richter und Schiedsmänner gehören (siehe S. 147) sowie Pilger, die auf ihrem Weg zu den Orakeln zwischen den alten Städten Griechenlands und den neuen Zentren innerhalb der Diadochenreiche verkehrten und dabei Neuigkeiten, Klatsch und neue Ideen verbreiteten. Wohin auch immer sie kamen, trafen sie Menschen ihresgleichen an, die dasselbe Griechisch sprachen und unter ähnlichen (freilich nicht gleichen) zivilrechtlichen Systemen in den Städten lebten, welche wiederum nach demselben vertrauten Schachbrettmuster angelegt waren und Tempel enthielten, die denselben griechischen Göttern geweiht waren. Vor allem hatte die Lebensweise innerhalb der gesamten hellenistischen Welt durch die Existenz der neuen monarchischen Staaten, den Nachfolgern von Alexanders Weltreich, eine gewisse Homogenität erhalten.

Die hellenistische Monarchie

Für das klassische Griechenland war die Monarchie – mit wenigen Ausnahmen, etwa der von Sparta mit seiner archaischen Institution zweier Könige – etwas, das der fernen Vergangenheit angehörte oder gemeinhin nur in Gebieten am Rand von Hellas zu finden war, etwa auf Zypern, in Epeiros und in Makedonien oder in eindeutig barbarischen Ländern wie Illyrien, Dardanien und Thrakien. Selbstverständlich war der König *par excellence* ein Barbar – nämlich der König von Persien. Der Aufstieg Philipps II. hatte noch einmal die Monarchie im Herzen Griechenlands wiederhergestellt. Philipp war kein absoluter Herrscher, sondern der nationale König der Makedonen; diese besaßen tatsächlich gewisse überlieferte, freilich begrenzte Machtvollkommenheiten und übten sie auch aus, einschließlich des Rechts, ihren König durch Abstimmung selbst zu wählen und in Fällen von Hochverrat selbst als Richter zu fungieren. In der Praxis wogen diese Rechte nicht allzuviel, ja ihre bloße Existenz ist sogar von einigen Forschern angezweifelt worden. Wir werden die Belege für diese Rechte im nächsten Kapitel prüfen. Natürlich waren solche Rechte unter den Bedingungen während Alexanders Feldzug kaum auszuüben; Alexander selbst war in zunehmendem Maß autoritär geworden. Sein großes Vielvölkerreich unterhielt nur ganz schwache Verbindungen zur makedonischen Monarchie. Nach seinem Tod zeigten sich seine Nachfolger zunächst darum bemüht, ihre Heere zu Rat zu ziehen, oder jedenfalls jene Bestandteile daraus, die verfügbar waren, was teils der öffentlichen Wirkung wegen geschah, teils, weil Alexanders eigene Erfahrung erwiesen hatte, daß man die Truppen auf seiner Seite haben mußte. Nach der Errichtung der Königreiche (und vermutlich noch ehe die Diadochen den Königstitel anzunehmen begannen) mußte eine Lücke in der Verwaltung ausgefüllt werden. Die Möglichkeit persischer Hilfe war zurückgewiesen worden; zudem konnten Alexanders Nachfolger – anders als er selbst – keinen Anspruch auf die Loyalität des makedonischen Adels erheben, zu dem sie allerdings selbst gehörten. Ihre Herrschaft war personengebunden, in keinerlei Hinsicht national (Makedonien ausgenommen); obgleich nämlich die Ptolemäer und die Seleukiden in ihren Reichen die Nachfolge der Pharaonen beziehungsweise der Könige von Persien und Babylon antraten, hatte dies für die Griechen, auf die sie sich stützten, keine Bedeutung. Diese

Doppelrolle ist für die Entwicklung beider Monarchien wichtig; durch die Existenz einer in sich einheitlichen einheimischen Bevölkerung unterscheidet sich die Position der Ptolemäer von jener der Seleukiden in Antiocheia oder der Attaliden in Pergamon. Die Unterschiede seien jedoch vorerst beiseite gelassen, bis die Diadochenreiche im einzelnen untersucht werden. Unser Interesse gilt zuerst den Ähnlichkeiten und gemeinsamen Aspekten der hellenistischen Monarchien, den Formen und Strukturen, die sie entwickelten; diese traten nicht nur in den größeren Monarchien zutage, sondern auch in den kleinen anatolischen Staaten wie Kappadokien, Bithynien, Pontos und sogar in dem weit westlich gelegenen Syrakus. Dort ließ Hieron II., dessen Aufstieg zur Macht weitgehend die typische Laufbahn eines griechischen Tyrannen wiederholte, durch seine Herrschaft über ein Reich, das eigentlich nur aus Griechen bestand, viele der Wesenszüge einer hellenistischen Monarchie zur Entfaltung kommen.

Die »Freunde« des Königs

Wir können die äußeren Zeichen des Königtums außer acht lassen, nämlich das Tragen eines Diadems und die Rituale, die zwar im frühen dritten Jahrhundert fast völlig verschwunden waren, im zweiten Jahrhundert aber wieder an Bedeutung gewannen. Eine viel interessantere und in mancher Hinsicht einzigartige Erscheinung der hellenistischen Monarchie sind Wesen und Zusammensetzung der Beratergruppe des Königs, seiner »Freunde«. Hellenistische Könige waren Könige kraft Eroberung oder Erbschaft; zumindest für eine Weile gab es so etwas wie Legitimität nicht. Es gab auch, wie wir gesehen haben, keine Gruppe, an die sie sich kraft ihrer Stellung um Unterstützung hätten wenden können. Deshalb wählten sie ihre Freunde persönlich aus, wann und wo immer es ihnen gefiel, ohne viel Rücksicht auf Stand, Geburt, Vermögen oder Staat. Der Rat des Königs, der ständig, wenn auch nicht formell tätig war, die Kommandos über das Heer, die Staatsämter, die Gesandtschaften – all dies wurde Männern nach des Königs Wahl, eben seinen »Freunden« anvertraut. Sie kamen aus allen Teilen der griechischen Welt, angezogen von der Hoffnung auf Reichtümer, Beförderung und Machtausübung. Die Könige warfen ein weites Netz aus. Wir treffen viele Flüchtlinge und Verbannte unter ihren Freunden an, denn sie hatten die erforderlichen Erfahrungen und würden am ehesten loyal bleiben. Doch gehörten auch Künstler, Schriftsteller, Philosophen, Ärzte und Gelehrte dazu, die an den hellenistischen Höfen als Ratgeber, Gesandte und Feldherren dienten – ähnlich wie in heutigen Konzernen spezialisierte Wissenschaftler verschiedener Disziplinen ins Management aufrücken können.

Zeitgenössische Quellen veranschaulichen die Position dieser Männer innerhalb der Reiche; sie waren nicht nur Diener, sondern Teilhaber der Macht. Ein Erlaß der Stadt Ilion zu Ehren von Antiochos I., der sich auf die Unterdrückung eines Aufstands in Seleukis (im nördlichen Syrien) durch den König bezieht, berichtet:

> Er hat einen ehrenvollen und gerechten Plan gefaßt und hat nicht nur mit der bereitwilligen Unterstützung durch seine Freunde und Streitkräfte beim Kampf um seine Anliegen, sondern auch mit dem Wohlwollen und der Unterstützung der Gottheit den Städten Frieden und dem Reich seinen früheren Zustand gebracht.
>
> (OGIS 219, Z. 8–12; Austin 139)*

Später berichtet dieselbe Inschrift, wie zehn Gesandte abgeordnet wurden, um ihre Wünsche für die Gesundheit »dem König, seiner [Schwester und Königin und seinen Kindern,] seinen Freunden und den [Streitkräften]« zu überbringen (Zeilen 44f.). Das Verhältnis zwischen den Freunden und dem König beruhte auf gemeinsamen Vorteilen und hing vom gegenseitigen Vertrauen ab. Als Lysimachos im Jahr 292 von seiten einer thrakischen Armee bedroht wurde,

> rieten ihm seine Freunde, sich zu retten, wie er immer könnte (...), er aber antwortete ihnen, es sei nicht recht, wenn er seine Truppen und seine Freunde verlasse und schimpflicherweise nur für seine eigene Rettung sorge. (Diodor 21, 12)

Er wurde tatsächlich gefangengenommen (allerdings später wieder befreit).

Im Lauf des zweiten Jahrhunderts ging mit der Institution der Freunde eine wesentliche Veränderung vor sich. Sobald die verschiedenen Reiche Dynastien erhielten, kamen allmählich Legitimitätsvorstellungen auf; das hatte Auswirkungen auf die Freunde. Die Macht, die ein König nunmehr allein deshalb aus-

* Vgl. M. Holleaux, *Etudes d'épigraphie et d'histoire grecques.* Bd. III, Paris 1942, S. 118.

üben konnte, weil er der König war, läßt sich gegen Ende des dritten Jahrhunderts an der Reaktion des Rebellen Molon ablesen, als dieser Antiochos III. von Syrien gegenüberstand. »Molon«, sagt Polybios (5, 52, 9), »bedachte, wie gefährlich und schwierig ein Kampf bei Tage, Auge in Auge, für den Abtrünnigen gegen den rechtmäßigen König sei, und beschloß daher einen nächtlichen Angriff auf Antiochos.« Molons Befürchtungen waren voll gerechtfertigt, denn als er trotz allem doch gezwungen war, eine reguläre Schlacht bei Tag zu führen, erlebte er, daß »der linke Flügel, kaum des Königs ansichtig geworden, zum Feind überging« (Polybios 5, 54, 1); Molon beging daraufhin Selbstmord. Kurz danach war ein anderer Thronanwärter, Achaios, ein Mitglied des seleukidischen Königshauses, bis Lykaonien vorgestoßen, als seine Truppen meuterten, »die – zu Recht – vermuteten, daß sie gegen den angestammten König geführt werden sollten« (Polybios 5, 57, 6). Aus dieser Zunahme der Legitimitätsauffassung ergab sich folgerichtig die Unterteilung der Freunde in eine Reihe von hierarchisch geordneten Rängen, die ihr gegenseitiges Verhältnis bestimmten und jeden von ihnen eng an den König banden.

Eine derartige Entwicklung kann in mehr als einer Monarchie beobachtet werden, aber nur die reichen Zeugnisse aus Ägypten haben es ermöglicht, sie bis ins einzelne zu verfolgen. So finden wir etwa in Alexandreia im frühen zweiten Jahrhundert eine ganze Stufenfolge von Titeln wie »Verwandte«, »erste Freunde«, »oberste Leibwächter«, »Freunde«, »Begleiter« und »Leibwächter«; eine Weile später kamen ergänzende Titel hinzu wie »jene mit gleichen Ehren wie Verwandte« und »jene mit gleichen Ehren wie erste Freunde«. Zudem wurde das, was als System begonnen hatte, um einzelne ihrem Verdienst gemäß zu belohnen, nun institutionalisiert, so daß die Titel eng an das Bekleiden eines bestimmten Postens in der Bürokratie gebunden waren. Ob sich die gleiche Entwicklung auch im Seleukidenreich vollzog, läßt sich anhand der Zeugnisse bis jetzt noch nicht sagen.

Die strukturelle Ähnlichkeit der verschiedenen Monarchien verschaffte hochbefähigten Männern – Männern also, die Qualitäten hatten, welche die Könige benötigten – ohne weiteres die Möglichkeit, sich überall umzusehen und ihr Glück zu machen; ebenso konnten Männer von geringerer sozialer Herkunft und mit eher alltäglichen Talenten sich selbst und ihr Glück erproben, indem sie in eine neue Kolonie auswanderten oder sich als

Söldner im einen oder anderen königlichen Heer einschreiben ließen. Ein gutes Beispiel für solche Mobilität stellt der Aitoler Skopas dar:

> Er hatte sein Amt verloren und hoffte nunmehr auf Alexandreia ... Als er dort ankam, wies ihm der König, abgesehen von der Beute aus den Feldzügen, über die er ganz allein verfügen konnte, als täglichen Lohn zehn Minen an, während die ihm nachgeordneten Offiziere nur je eine Mine erhielten. (Polybios 13, 2, 1 und 3)

Skopas war ein Söldnerführer, aber binnen drei Jahren finden wir ihn als Befehlshaber des Heeres von Ptolemaios V. in jenem Feldzug wieder, der zur Schlacht von Paneion führte.

Für Griechen war dies damals eine einheitliche Welt, in der man sich ohne Schwierigkeiten bewegen konnte – eine Welt, die hohe Stellungen und Reichtümer anbot, wenn man bereit war, sein Glück zu wagen. Es war aber keine einheitliche Welt mehr, sobald man sich außerhalb der griechisch-makedonischen Oberschicht befand. Die zahlreichen verschiedenen Völker in Asien und Ägypten, die als Untertanen der griechischen Herren leben mußten, hatten alle ihre eigene Kulturgeschichte; ihre Erfahrungen verursachen die Probleme, die man erkennt, wenn man die einzelnen Reiche genauer betrachtet. Die Unterschiede in den Sprachen, Religionen, gesellschaftlichen Traditionen, Systemen der Landvergabe, Einstellungen gegenüber dem König und dem Staat – all das trennte die Völker der einzelnen Reiche voneinander. In den nächsten drei Kapiteln sollen einige dieser Unterschiede und die Reaktionen der makedonischen Herrscher in den verschiedenen Staaten näher untersucht werden.

5. Makedonien und Griechenland

Das makedonische Königtum

In einem wichtigen Teil der hellenistischen Welt kam es nicht zu dem Zusammenprall der Kulturen, der für die östlichen Herrschaftsgebilde typisch ist. Das war die Heimat Philipps II. und Alexanders des Großen, das Königreich Makedonien, das von 276 bis zu seiner Auflösung durch Rom im Jahr 168 von der Antigonidendynastie regiert wurde. Wie bereits in Kapitel 3 dargelegt, war Makedonien das letzte der drei Großreiche, das eine kontinuierliche Herrscherdynastie bekam. Es unterstand der Herrschaft des Kassandros, vom Jahr 316 bis zu dessen Tod, 297 v. Chr. Er führte seit dem Jahr 305 den Titel eines Königs (s. S. 57). Während der nächsten zwanzig Jahre wurde das Land jedoch von den Kämpfen heimgesucht, die die Rivalen Demetrios, Pyrrhos, Lysimachos, Seleukos und Ptolemaios Keraunos um Besitz und Herrschaft führten. Stabilität kehrte erst wieder mit dem Auftritt des Antigonos II. Gonatas im Jahr 276 und dem Tod des Pyrrhos wenige Jahre später ein. Als Sohn des Demetrios Poliorketes gehörte Antigonos II. Gonatas einer Familie an, die länger als jede andere an ihrem Anspruch auf das gesamte Weltreich Alexanders festgehalten hatte. Als er König von Makedonien wurde, war ein derartiger Anspruch bereits bedeutungslos geworden, doch unterschied sich seine Stellung in anderer Hinsicht von der seiner Rivalen in Ägypten und Syrien.

In Makedonien war, wie schon (S. 76) erwähnt, die Monarchie eine nationale Institution. Traditionsgemäß mußten die makedonischen Könige gewisse Gewohnheitsrechte des Volkes respektieren. Die Erfahrungen seines Vaters und seines Großvaters (und seine eigenen) dürften Antigonos II. an eine personengebundene Monarchie gewöhnt haben, wie die hellenistische Welt sie zu verstehen gelernt hatte. In Makedonien hatte er jedoch nationalen Einstellungen Rechnung zu tragen. Inwieweit diese Einstellungen in einer echten Beteiligung an der Staatsmacht ihre Entsprechung fanden, läßt sich nicht leicht herausschälen. Eine Inschrift*, in der die Rechenschaftsberichte

* J. Bousquet, *Le compte de l'automne 325 à Delphes.* In: *Mélanges helléniques offerts à Georges Daux.* Paris 1974, S. 21–32.

des für die Verwaltung von Delphi verantwortlichen Amphiktyonischen Rates verzeichnet sind, stellt im Herbst 325 fest, daß die makedonischen Delegierten *(hieromnēmones)* »von Alexander« bestimmt sind, daß aber die Bezahlung in Höhe von 10000 Stateren »von den Makedonen« aufgebracht wurde; Diodor (16, 71, 2) berichtet, daß Philipp II., nachdem er die Thraker niedergeworfen hatte (343–342), »den bezwungenen Barbaren die Entrichtung eines Zehnten an die Makedonier auferlegte«. Es fällt allerdings schwer, sich einen »nationalen« makedonischen Staatsschatz vorzustellen, gesondert von dem, den der König verwaltete, aus dem die Amphiktyonie zu bezahlen war; die Makedonen werden hier vielleicht nur als solche erwähnt, weil die anderen Mitglieder der Amphiktyonie Völker (nicht Herrscher) waren. Desgleichen mag Diodors Bezugnahme auf die Makedonen eine Floskel ohne Bedeutung sein.

Die makedonische Heeresversammlung

Andererseits gibt es zweifellos Gelegenheiten, bei denen die Makedonen von ihrem König unterschieden werden. Iustin berichtet uns (24, 5, 14), daß nach dem Tod des makedonischen Königs Ptolemaios Keraunos im Jahr 279 ein gewisser Sosthenes, »einer von den vornehmsten Makedonen«, erfolgreich feindliche Angriffe abwehrte, doch »obgleich er vom Heere zum König ausgerufen worden war, so nötigte er die Soldaten, auf ihn nicht als König, sondern als Heerführer zu schwören«. Diese Stelle bezeugt, daß das Heer (wahrscheinlich in Vertretung des Volkes) normalerweise dem neuen König einen Eid schwor. Welche Form dieser Eid hatte, ist nicht überliefert; etwas aber wissen wir immerhin aus Plutarchs Biographie des Pyrrhos, die hier wahrscheinlich auf Hieronymos von Kardia fußt:

> Für die Könige im (benachbarten) Reich der Molosser (in Epeiros) war es üblich, in (...) Passaron dem Zeus Areios zu opfern und dabei den Bürgern zu schwören, daß sie nach den Gesetzen herrschen würden, die Bürger aber schwören zu lassen, daß sie die Königsherrschaft nach den Gesetzen aufrechterhalten würden. (Plutarch, Pyrrhos 5,2)

Es mag wohl sein, daß der Eid der Makedonen ähnlich beschaffen war, aber sicher ist das keineswegs. Auch wissen wir nicht, wie oft die Makedonen zusammengerufen wurden. Zu Beginn der Herrschaft Philipps, als sich die Moral auf einem Tiefpunkt befand, »erhielt er die Makedonen rege durch beständige Volksversammlungen und flößte ihnen durch beredte Aufforderungen Tapferkeit ein« (Diodor 16, 3, 1). Das kann aber eine Ausnahme gewesen sein. Vielleicht ist es kein Zufall, daß bis heute keine Inschrift mit einem von einer makedonischen Volksversammlung erlassenen Dekret gefunden worden ist.

Einiges spricht für die Vermutung, daß das makedonische Volk oder das Heer (in einem Staat wie dem der Molosser oder der Makedonen sind die beiden Gruppen fast nicht zu unterscheiden) das traditionelle Recht besaß, beim Tod eines Königs dessen Nachfolger zu bestimmen (und nicht nur zu akklamieren). So übernahm etwa Philipp II. »vom Volke gedrängt« die Herrschaft (Iustin 7, 5, 10), und nach der Ermordung von Kassandros' Sohn Alexander im Jahr 294 v. Chr.

riefen die Makedonen, weil sie Antipatros (einen anderen Sohn des Kassandros) als Muttermörder haßten und keinen Besseren hatten, Demetrios zum König der Makedonen aus und führten ihn sogleich (aus Larissa in Thessalien, wo diese Ereignisse stattfanden) nach Makedonien. (Plutarch, Demetrios 37, 1–2)

Allerdings sind die Beweise für dieses Recht des Volkes ziemlich spärlich. Im Fall des Demetrios waren »die Makedonen« ganz einfach jener Teil des makedonischen Heeres, der Alexander nach Thessalien begleitet hatte; wir wissen nicht, welche rechtliche Bedeutung dieser Akklamation zum König zukam. An ihrem praktischen Wert für Demetrios bestand natürlich kein Zweifel. Ebensowenig überrascht die aktive Rolle der makedonischen Streitkräfte in Babylon unmittelbar nach dem Tod Alexanders des Großen und auch anderswo während der ersten Jahre der Diadochenherrschaft, wenn man die ungewöhnlichen Umstände bedenkt. Die aktive Rolle der Heere zu jener Zeit könnte ihre Ursache in Widerspenstigkeit der Truppen gehabt haben oder das Ergebnis gezielter Überlegungen der verschiedenen Feldherren gewesen sein, die sich natürlich das Wohlwollen ihrer Streitkräfte erhalten wollten; es muß nicht unbedingt bedeuten, daß traditionelle makedonische Volksrechte geltend gemacht wurden.

Das andere Recht, das dem makedonischen Volk bzw. Heer zugeschrieben wurde, bestand darin, über Fälle von Hochverrat zu urteilen. Den Hauptbeweis dafür liefert eine allgemeine Darlegung des Curtius Rufus über das Wesen von Verratsprozessen in Makedonien; Curtius Rufus fügt sie im Zusammenhang mit

Alexanders Vorgehen gegen Philotas, dem Hochverrat zur Last gelegt worden war, ein:

Über todeswürdige Verbrechen hielt nach alter Makedonensitte das Heer das Verhör ab *(inquirebat exercitus)* – im Frieden war dies Sache des Volkes – und die Amtsgewalt *(potestas)* des Königs galt nichts, wenn sich zuvor nicht sein persönlicher Einfluß *(auctoritas)* durchgesetzt hatte. (Curtius Rufus 6, 8, 25)

Der historische Wert dieser Passage ist zweifelhaft, da den Worten *potestas* und *auctoritas* der Beigeschmack jener Zeit anhaftet, die kurz vor der Schriftstellertätigkeit des Curtius Rufus lag; beide stehen nämlich in zentraler Stelle der *Res Gestae Divi Augusti,* einem Bericht, die kurz nach dem Tod des Augustus im Jahr 14 n. Chr. veröffentlicht wurde, und sind Begriffe, die zu Beginn des Prinzipats nur allzu bekannt waren. Sie mögen deshalb in den Bericht des Curtius Rufus über die Macht der makedonischen Könige drei Jahrhunderte zuvor in anachronistischer Manier eingefügt worden sein. Jedenfalls scheint die Textstelle auszudrücken, daß das Heer den Prozeß führte – denn eine *inquisitio* ist eine juristische Untersuchung – und daß der König den Urteilsspruch trotz seiner königlichen Macht zwar nicht bestimmen, wohl aber beeinflussen konnte aufgrund seines Ansehens, vielleicht durch Intervention während des Prozesses. Das Problem ist überflüssigerweise durch die weitverbreitete Übernahme einer Emendation des Textes noch kompliziert worden, die sinngemäß lautet: »Der König hielt bei Verbrechen das Verhör ab, das Heer sprach das Urteil *(inquirebat [rex, iudicabat] exercitus)*«. Diese Emendation stützt sich auf eine spätere Textstelle (Curtius Rufus 6, 9, 34), wo Alexander zu Philotas sagt: »Vor Makedonen stehst du als deinen Richtern«, sowie darauf, daß Philotas in seiner Rede das Heer als seine Richter anspricht. Tatsächlich sind es aber Alexander und seine Begleiter – nicht das Heer –, welche die letzte Entscheidung treffen, nachdem das Heer entlassen worden ist. Da die Stelle also derartige Widersprüche aufweist, ist es ratsam, am Text des Curtius Rufus (6, 8, 25) nichts zu emendieren. Man darf also annehmen, daß das Volk (oder das Heer) traditionsgemäß in Hochverratsfällen Macht ausübte; diese richterlichen Funktionen des Volkes sowie die weitaus unklareren Rechte, die ihm am Ende einer Regierungszeit zustanden, scheinen dem König von Makedonien eine Position zuzuweisen, die sich von der seiner Rivalen in anderen Ländern unterscheidet.

In der Praxis wurden diese Rechte jedoch wenig beachtet:

(Nach dem Tod von Demetrios II. im Jahr 229) beriefen die vornehmsten Makedonen, aus Furcht vor einer Anarchie (weil Demetrios' Sohn Philippos noch ein Kind war), den Antigonos, einen Vetter des Verstorbenen, vermählten ihn mit der Mutter des Philippos und ernannten ihn zuerst zum Vormund und Feldherrn und danach, als sie ihn als einen Mann von Mäßigung und Sinn für das Gemeinwohl kennengelernt hatten, zum König. (Plutarch, Aemilius Paulus 8, 2)

Der Bericht, der keine Volksversammlung erwähnt, schreibt die Entscheidung »den vornehmsten Makedonen« zu; sogar bei den Gelegenheiten, zu denen eine Versammlung einberufen wurde, wird es wohl die Entscheidung dieser führenden Makedonen gewesen sein, die wirklich zählte.

Die Rechte des Volkes bzw. Heeres waren somit in Makedonien eigentlich verkümmert. Die führenden Makedonen verkörperten allerdings ein Element im Staat, für das es weder in Syrien noch in Ägypten eine Parallele gab, wo die Freunde des Königs vom König selbst aus allen Teilen der hellenistischen Welt gewählt wurden (s. S. 77ff.) und nur aufgrund persönlicher Verpflichtungen an ihn gebunden waren (jedenfalls während des dritten Jahrhunderts). Derartige Hofleute und Administratoren waren am Hof der Antigoniden nicht unbekannt – auch früher, am Hof Philipps II. nicht – aber zu allen Zeiten hatten die Könige von Makedonien auf den einheimischen Adel Rücksicht nehmen müssen, dessen Treue für die Sicherheit und das Wohlergehen des Königreichs ausschlaggebend sein konnte.

Das *koinon* der Makedonen

Die Makedonen als solche blieben als ein Grundbestandteil des Staates erhalten, wie schwach und geringgeschätzt ihre Macht auch immer gewesen sein mag. In einem unvollständig überlieferten Vertrag zwischen Antigonos III. Doson und der kretischen Stadt Eleutherna (StV III 501) verbürgte sich offensichtlich deren Bevölkerung, kein Bündnis einzugehen, das »den Vereinbarungen mit Antigonos und den Makedonen zuwiderläuft«; in einer Weiheinschrift in Delos, die nach dem Sieg von Antigonos III. über Sparta im Jahr 222 verfaßt worden ist, heißt es: »König Antigo[nos, Sohn des Königs] Demetrios und [die Makedonen] und die Bundesgenossen (weihen dies) [aus der Beute der] Schlacht [bei] Sellasia an Apollon« (Syll.^{3} 518; Durrbach, Choix 51; StV III 507). In dieser Inschrift sind unter »Bundesgenossen« die Mitglieder des Hellenischen Bundes zu verstehen, den Antigonos III. Doson gegründet hatte (s. S. 100); obgleich das Wort »Makedonen« auf dem Stein nicht mehr lesbar ist, handelt es sich doch um eine gesicherte Wiederherstellung, die durch den Text des Vertrags zwischen dem karthagischen Feldherrn Hannibal und Philipp V. bestätigt wird, von dem Polybios berichtet (7, 9, 1). Dort wird der Abgesandte erwähnt, »den König Philipp, der Sohn des Demetrios, als Bevollmächtigten für sich, die Makedonen und für deren Bundesgenossen« zu Hannibal abgeordnet hat; im weiteren werden diese drei als Parteien in dem Vertrag aufgeführt. Die Makedonen werden auch mit dem Namen *koinon* belegt, einem griechischen Wort mit vielen Begriffsinhalten, das aber ursprünglich die Bedeutung »Gemeinwohl« oder »Staat« oder »öffentliche Autorität« oder (zu dieser Zeit sehr häufig) »Bund« besaß. Eine Weiheinschrift in Delos, die sich in einer von Philipp zu Beginn seiner Regierungszeit errichteten Säulenhalle befindet, lautet: »Das *koinon* der Makedonen zu Ehren von König Philippos, Sohn des Königs Demetrios, aufgrund seiner Verdienste und seines Wohlwollens ihnen gegenüber« (Syll.[3] 575; Durrbach, Choix 55). Für dieses *koinon* läßt sich ein Gegenstück im Königreich der Molosser finden, wo eine Inschrift aus Dodona*, etwa aus der Zeit 370–368, als Neoptolemos König war, die Verleihung eines Bürgerrechts durch »das *koinon* der Molosser« verzeichnet. Unseren Zeugnissen nach zu urteilen besaß das makedonische *koinon* jedoch weit weniger Macht als das der Molosser; sobald sie den Thron innehatten, regierten die Antigoniden in autokratischer Manier und waren zu Zugeständnissen nur bereit, wenn sie sich das Wohlwollen des Volkes und der Adligen sichern mußten.

Die Belege dafür weisen alle in dieselbe Richtung. Makedonische Verträge wurden gewöhnlich im Namen des Königs allein abgeschlossen. Die Nennung der Makedonen in den Verträgen mit Eleutherna und mit Hannibal stellt eine Ausnahme dar; sie mag mit einer Nennung von griechischen Bundesgenossen zusammenhängen, die im Vertrag mit Karthago erhalten ist, und die im Vertrag mit der kretischen Stadt ergänzt werden darf. Es gibt nirgendwo einen Hinweis bei dem zeitgenössischen Historiker Polybios, daß die Antigoniden Rücksicht auf irgendeine

* N. G. L. Hammond, *Epirus*. Oxford 1967, S. 530f.

beigeordnete Autorität zu nehmen hatten. Die Makedonen legten freilich immer eine traditionelle Freimütigkeit ihrem König gegenüber an den Tag. Polybios (5, 27, 8) betont dies in seinem Bericht über die ungenierte Art, mit der eine makedonische Truppeneinheit verlangte, daß ihr Befehlshaber, der in Gewahrsam war, nicht in ihrer Abwesenheit vom König verhört werden dürfe. Überdies machten die Makedonen – im Gegensatz zu den Städten innerhalb des Landes und manchen außerhalb – ihren König niemals zum Gegenstand eines Herrscherkults. Trotz all dieser Einschränkungen verkörperten die Antigoniden den Staat, soweit es praktische Ziele betraf.

Der makedonische Staat

In anderer Hinsicht wuchs Makedonien ebenso unaufhaltsam wie die übrigen hellenistischen Staaten, von denen es sich freilich in seiner nationalen Grundlage der Monarchie und der Tatsache unterschied, daß König wie Volk zum gleichen Stamm gehörten. So wurden die Freunde des Königs sowohl außerhalb als auch innerhalb des Königreichs ausgewählt. Als der junge Philipp V. seine Unabhängigkeit zum Ausdruck bringen wollte, machte er sich sofort daran, jene Gruppe von Makedonen abzuschütteln, die er als seine Freunde von Antigonos III. Doson übernommen hatte – Apelles, Megaleas, Leontios, Krinon und Ptolemaios. Anschließend besetzten Außenstehende die wichtigen Plätze der Berater, Männer wie Aratos von Sikyon, Demetrios von Pharos, Herakleides von Tarent, Kykliadas aus Achaia sowie Brachylles aus Boiotien, den freilich schon Antigonos III. Doson in makedonische Dienste genommen hatte, als er ihn 222 zum Verweser von Sparta machte (Polybios 20, 5, 12). Wir hören auch, hauptsächlich aus der Zeit Philipps V., für die Polybios als Quelle zur Verfügung steht, von vielen jener Ämter, die für die hellenistischen Höfe so charakteristisch sind, etwa vom Staatskanzler, vom Hauptmann der Wache, vom Schatzmeister und von den Leibwächtern (einer Gruppe von Offizieren, die vom König für vertrauliche Aufgaben ausersehen waren).

Das Makedonien der Antigoniden erfuhr auch eine zunehmende Urbanisierung, die es dem kulturellen Niveau des südlichen Griechenlands näher brachte. Unter Philipp und Alexander waren die Hochländer in Bezirke eingeteilt gewesen, die von ihren eigenen Fürsten regiert wurden; wenn man die griechischen Kolonien an den Küsten außer acht läßt, etwa Amphipolis und Pydna, so gab es in den tiefer gelegenen Teilen Makedoniens nur wenige Städte, von denen die meisten kaum größer als Marktorte waren. Unter Philipp waren die griechischen Kolonien einverleibt worden; es gibt Belege, daß einige der Griechen, die eine wichtige Rolle als Alexanders Ratgeber spielten und in seiner Flotte dienten, mit Ländereien innerhalb des Territoriums von Amphipolis belohnt worden waren und auf diese Weise makedonisches Bürgerrecht erworben hatten. Zur Zeit der Diadochen wuchs die Zahl der Städte. Im Jahr 316 gründete Kassandros zwei bedeutende Städte, Kassandreia auf der Halbinsel Pallene (Diodor 19, 52, 2) und Thessalonike, einen Verbund *(synoikismos)* von verschiedenen Orten an der Spitze des Golfes von Therme (Strabon 7, Frgg. 21 u. 24 p. 330). Beide Städte hatten eine überwiegend griechische Bevölkerung, und es ist vielleicht ein Zeichen zunehmender Einheit und wachsenden nationalen Bewußtseins, daß in dieser Zeitspanne Männer aus allen Städten Makedoniens, welcher Herkunft sie auch sein mochten, sich selbst als Makedonen fühlten. Äußerlich hatten die Städte die Struktur und die Institutionen der demokratischen griechischen Staaten. Vier Inschriften aus Kos, die Beschlüsse von Philippoi, Kassandreia, Pella und Amphipolis wiedergeben (SEG 12 [1955] 373–374) und die Befreiung von Repressalien *(asylia)* gegenüber dem Asklepiostempel im Jahr 242 versprechen, liefern Informationen über die Organisation dieser Städte. Kassandreia hatte einen Rat *(boulē)* und Thessalonike sowohl einen Rat als auch eine Volksversammlung *(ekklēsia)*. Eine Volksversammlung ist auch für Philippoi und Amphipolis nachgewiesen; höchstwahrscheinlich besaßen alle Städte, einschließlich der älteren makedonischen wie Pella und Aigai, beide Institutionen. Wie die Städte anderswo waren sie in Phylen und Demen eingeteilt; Befehlshaber, Gesetzeshüter, Schatzmeister, Archonten und Priester werden in verschiedenen Städten erwähnt. Andere Inschriften zeigen, daß die makedonischen Städte sich auch beim Austausch von Botschaften und Ehrenverleihungen der *proxenia* (s. S. 152 ff.) mit Städten der ganzen übrigen griechischen Welt eifrig betätigten, so, als wären sie unabhängige Stadtstaaten. In Wirklichkeit unterstanden sie eindeutig der vollständigen Kontrolle des Königs. Ein Brief Philipps V. an Andronikos, seinen Vertreter in Thessalonike, beweist, daß die städtischen Behörden die Einkünfte des Sarapistempels ohne Erlaubnis des königlichen Vorstehers *(epistatēs)* und der Richter nicht anrühren durften (IG X 2, 1, Nr. 3). Solche *epistatai* gab es in den größeren Städten Makedoniens und anderer Gebiete, die dem König unterstanden; ihnen zur Seite standen Finanzbeamte, wie Harpalos aus Beroia, an den Demetrios II. (damals noch Kronprinz) 248/47 einen Brief schrieb:

> Demetrios sendet dem Harpalos Grüße. Die Priester des Herakles berichten mir, daß etwas von den Einkünften des Gottes in jene der Stadt einverleibt worden ist. Sieh deshalb zu, daß es dem Gott zurückerstattet wird. Möge es dir wohl ergehen. (Syll.[3] 459)

Diese Beamten garantierten dafür, daß alle wichtigen Entscheidungen die Zustimmung des Königs hatten. Im Rahmen solcher Einschränkungen verfügten die Städte jedoch über lokale Selbständigkeit, kontrollierten ihre eigenen Geldmittel und waren berechtigt, das Bürgerrecht ihrer eigenen Stadt an Makedonen aus anderen Städten zu verleihen.

Zur Wirtschaft Makedoniens

Es ist nicht leicht, die wirtschaftlichen Verhältnisse Makedoniens im dritten Jahrhundert genau einzuschätzen. Ein gewaltiger Fortschritt war unter Philipp II. erreicht worden, der, wie wir sahen (S. 28), aus den fellbekleideten Schafhirten der Hochländer zivilisierte Bauern und Stadtbewohner machte und nicht nur das Wachstum der einheimischen Bevölkerung anreizte, sondern ihre Zahl auch mit Skythen, Thrakern und Illyrern vergrößerte. Er hatte zudem der Landwirtschaft durch Bau von Dämmen, durch Entwässerung und Abholzungen neues Land erschlossen. Dieses Programm war durch die Erwerbung und Ausbeutung der Silberminen von Pangaion in der Nähe von Amphipolis, Philippoi und Damastion nahe dem Ochrida-See finanziert worden; der Reichtum an Metallen, der aus diesen Quellen stammte, floß auch in die kostspieligen militärischen Aufwendungen, die Philipp für seine Expansionspläne und den persischen Feldzug brauchte. Der Feldzug selbst kam Makedonien sowohl an Männern als auch an Geld teuer zu stehen. Wenn auch einige wohlhabend zurückkehrten, so muß in den 50 Jahren nach Alexanders Tod die Zuwanderung in die neuen Städte des Ostens am Wohlstand Makedoniens ebensosehr gezehrt haben wie die ständigen Kriege. Der Erlös aus einer ergiebigen und zuverlässigen Silbermünzprägung unter Antigonos II. Gonatas ist allerdings als Beweis dafür angeführt worden, daß während seiner Regierungszeit Wohlstand herrschte; auch läßt seine neue Seepolitik gegenüber Ägypten auf den Besitz irgendwelcher Geldmittel schließen. Von der Mitte des dritten Jahrhunderts an sind die Zeugnisse jedoch spärlich.

Über die Verhältnisse unter Philipp V. (221–179) und Perseus (179–168) wissen wir etwas mehr, da als Ergänzung zu der fragmentarischen Schilderung bei Polybios und der auf ihm fußenden Erzählung des Livius verschiedene Inschriften Licht auf die wirtschaftlichen Zustände Makedoniens werfen. Ein aktives Militärprogramm und eine Politik der Unterstützung für größere und kleinere religiöse Zentren im Ausland waren die beiden Mittel, um das Gleichgewicht gegenüber wohlhabenden Rivalen in anderen Reichen zu behaupten; aber beides bedeutete eine schwere Belastung für die Finanzen Philipps V. Seine Niederlage im Zweiten Makedonischen Krieg gegen die Römer (200–197) bürdete ihm eine Schadenersatzleistung von 1000 Talenten auf; kurz danach ließ er sich auf eine Politik ein, die seine Einkünfte erhöhen sollte.

Er vergrößerte die Einnahmen seines Königsreiches nicht nur durch die Abgaben auf den Bodenertrag und die Hafenzölle, sondern er nahm auch die alten Bergwerke, die stillgelegt worden waren, wieder in Betrieb und legte an vielen Stellen neue an. Um aber die alte Bevölkerungszahl, die sich durch die Verluste im Krieg verringert hatte, wiederherzustellen, sorgte er nicht nur für Nachwuchs aus seinem Volk, indem er alle zwang, Kinder zu zeugen und aufzuziehen, sondern er hatte auch eine große Menge Thraker nach Makedonien hinübergeführt, und als er eine Zeitlang vor Kriegen Ruhe hatte, war er mit aller Sorgfalt darum bemüht gewesen, die Machtmittel seines Königreiches zu vergrößern. (Livius 39, 24, 2–4)

Die Ähnlichkeit mit den Methoden Philipps II. ist auffallend und vermutlich Absicht. Auch Philipp V. ließ riesige Mengen an Münzen prägen; zum erstenmal in der Geschichte der Dynastie wurden Münzen von regionalen Münzstätten und von verschiedenen makedonischen Städten ausgegeben. Wir besitzen Exemplare von Bronzemünzen, ausgegeben im Namen der Makedonen, der Bottiaier und zweier Völker Paioniens an der Nordgrenze, ferner Münzen aus Amphipolis, Thessalonike, Aphytos, Apollonia in Mydonien und Pella. Es gibt keine Belege, daß sie für die Anwerbung von Truppen gedacht waren; die lokalen Bezeichnungen hätten sie für diesen Zweck untauglich gemacht. Ein gutes Münzsystem konnte dem Handel dienen, und die Bezirke und Städte haben wohl für das Münzprägerecht zahlen müssen. Zwanzig Jahre später (169/68) regte Antiochos IV. von Syrien ebenfalls die Münzprägung durch Städte in seinem Reich an. Es ist glaubwürdig dargelegt worden*, daß es sein Ziel war, die Städte »zu aktiven Partnern bei der inneren Wiedererstarkung seines Königreichs« zu machen. Vielleicht verfolgte Philipp ein ähnliches Ziel, obgleich die lokalen Münzprägungen in diesem Fall von keiner Lockerung der zentralisierten Macht der Monarchie begleitet waren.

Philipps Anstrengungen, seine Geldquellen auszubauen, wurden von seinem Sohn Perseus fortgesetzt, dem ebenfalls eine Steigerung des Wohlstandes gelang. Livius, der hier Polybios folgt, berichtet von Beschuldigungen durch Perseus' Feind Eumenes von Pergamon vor dem römischen Senat, die seine Geldmittel am Vorabend des Dritten Makedonischen Krieges betrafen; dieser Zusammenhang macht die Angaben freilich etwas suspekt.

Für 30000 Fußsoldaten und für 5000 Reiter habe er für zehn Jahre Getreide gespeichert, so daß er seine eigenen Felder und die der Feinde nicht brauche, um sein Heer zu verpflegen. Geld schließlich habe er so viel, daß er außer für die makedonischen Truppen für 10000 Söldner Sold für ebenso viele Jahre bereitliegen habe neben den jährlichen Einkünften, die er aus den königlichen Bergwerken erhalte. Waffen habe er sogar für drei so große Heere in seinen Arsenalen zusammengetragen. Um junge Mannschaft ... hernehmen zu können, falls sie in Makedonien einmal ausgehe, sei Thrakien unterworfen worden.

(Livius 42, 12, 8–10)

Zutreffender ist vielleicht diese Angabe: Die Größe der Heere, die Perseus in seinem Krieg mit Rom (172–168) ins Feld führte, zeigt, daß seit 197 die Zahl der Rekruten um 9000 gestiegen war.

Die Urbanisierung Makedoniens machte unter seinen Königen von Philipp II. bis Perseus größere Fortschritte, als einst angenommen wurde; Ausgrabungen haben ergeben, daß Demetrias in Thessalien, das die meiste Zeit unter makedonischer Herrschaft blieb, sich zwischen 200 und 150 zu einer großen, blühenden kosmopolitischen Hafenstadt entwickelte. Thessalien wurde von den Königen Makedoniens, solange sie es halten

* O. Mørkholm, *Antiochus IV of Syria*. Kopenhagen 1966, S. 130.

konnten, stets als ein Teil ihres eigenen Reiches betrachtet; Demetrias, von Demetrios I. im Jahr 293 gegründet, war eine von den Antigoniden besonders bevorzugte Stadt; jüngste Ausgrabungen haben dort ihren Palast ans Tageslicht gebracht. Viele Makedonen lebten aber noch immer auf dem Land als Bauern oder bewirtschafteten als Pächter die Güter des Königs oder der Adligen. Keine Informationen besitzen wir über den politischen Status der Arbeiter, die aus Skythien, Illyrien und Dardanien ins Land gebracht wurden; die Zeugnisse, die wir haben, legen die Annahme nahe, daß, von einigen Haussklaven in den Städten abgesehen, die Sklaverei in Makedonien nicht sehr verbreitet war.

Das Land erreichte niemals den Grad an Wohlstand, der in Ägypten und einigen anderen hellenistischen Staaten zu finden war. Plutarch (Aemilius 28, 3) berichtet, daß nach dem römischen Sieg bei Pydna im Jahr 168 den Makedonen eine »Zahlung von hundert Talenten (Silber) an die Römer« auferlegt wurde, »eine Summe, die weniger als die Hälfte dessen betraf, was sie ihren Königen hatten zahlen müssen«. Wenn trotz aller Bemühungen von Philipp V. und Perseus, die Ertragsfähigkeit Makedoniens anzuheben, die Landsteuer nur wenig über 200 Silbertalente pro Jahr betrug, dann muß von einem Land mit sehr bescheidenen Ressourcen gesprochen werden. Im Jahr 196 verlangten die Römer, die ziemlich genau abzuschätzen wußten, was wirtschaftlich geleistet werden konnte, vom Antigoniden Philipp V. eine Entschädigung von 1000 Talenten, und im Jahr 188 vom Seleukiden Antiochos III. eine Zahlung von über 15000 Talenten (zusätzlich zu 3000 Talenten, die bereits übergeben worden waren). Der Unterschied stellt einen gewissen Maßstab dar für den unterschiedlichen Wohlstand der beiden Mächte.

Makedonien und Griechenland

Seine Lage garantierte Makedonien eine unmittelbare Beziehung zum griechischen Mutterland, enger als irgendeinem der anderen hellenistischen Staaten – und das aus dem einfachen Grund, weil Makedonien für dessen Sicherheit unentbehrlich war.

T. Quinctius Flamininus stellte bei einer im Jahr 198 – wäh-

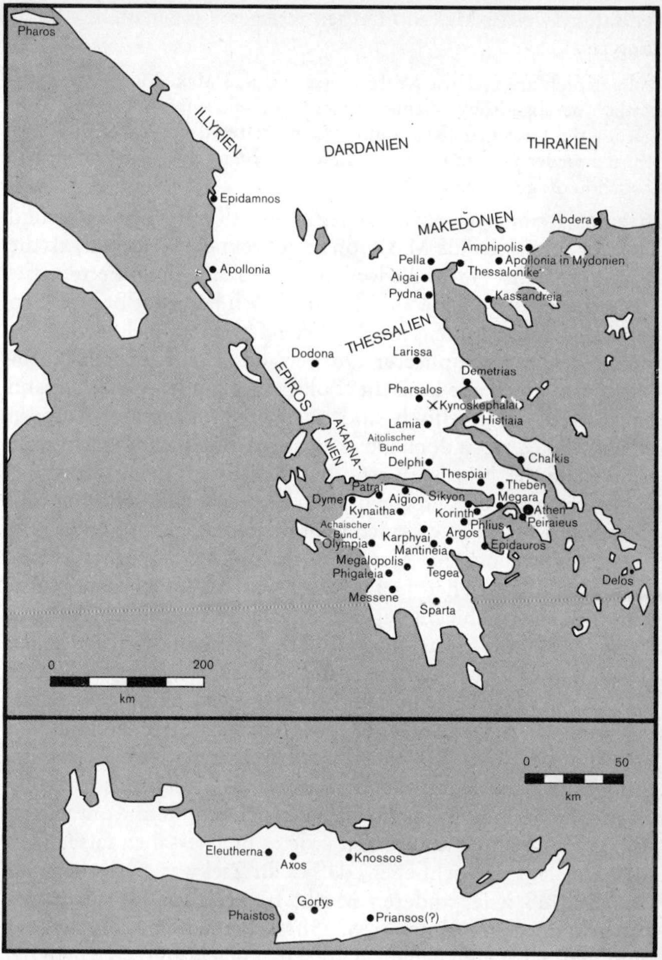

Griechenland, Makedonien und Kreta

rend des Zweiten Makedonischen Krieges – abgehaltenen Beratung fest:

Es liegt auch im griechischen Interesse ..., daß Makedonien zwar wesentlich herabgedrückt, keinesfalls aber ausgelöscht wird. Denn dann würden die Griechen alsbald unter Gewalttaten der Thraker und Kelten, die weder Gesetz noch Völkerrecht achten, zu leiden haben, wie das schon oft geschehen ist. (Polybios 18, 37, 8–9)

In einer Reihe von Kriegen gegen die Illyrer, Dardaner und Thraker schützten die Makedonen indirekt die Griechen; als die Römer im Jahr 148 Makedonien als Provinz annektierten, fiel ihnen dieselbe Aufgabe zu. Man muß sich bei jeder Beurteilung der Rolle Makedoniens in der hellenistischen Welt vergegenwärtigen, daß trotz unserer Quellen, die ganz natürlich Nachdruck auf die makedonische Politik gegenüber Griechenland legen, weil sie griechisch sind oder auf griechischen Autoren fußen, Makedonien doch gleichermaßen eine Balkanmacht war, für welche die Nord-, West- und Nordostgrenzen immer lebenswichtig waren und für die starke Befestigungsanlagen und periodische Strafexpeditionen über die Grenze zum Fundament ihrer Politik gehörten. Man erinnere sich daran, daß Lysimachos einst thrakischer Gefangener war, daß Ptolemaios Keraunos in einer Schlacht gegen die Gallier fiel, daß der Tod von Demetrios II. und von Antigonos III. Doson mit Kriegen gegen die Dardaner zusammenhing, und daß die Römer die Unterstützung der Dardaner in ihrem Krieg gegen Philipp gewannen.

Waren die Makedonen für den Norden Griechenlands ein lebensnotwendiges Bollwerk, so betrachteten wiederum die Antigoniden die Kontrolle Griechenlands als lebensnotwendig für ihre Sicherheit; da sie niemals versuchten, diese Kontrolle in völlige Eroberung umzusetzen (wie es in Thessalien tatsächlich geschah), läßt sich schließen, daß es ihr Ziel war, Griechenland vom Einfluß jeder anderen Macht freizuhalten – Ptolemaios, Pyrrhos, der Aitolerbund (s. S. 158f.), Pergamon –, die für Makedonien selbst eine Gefahr hätte darstellen können. Zudem fiel ins Gewicht, was vorausgegangen war. Philipp II. hatte Griechenland seine Hegemonie aufgedrängt und Demetrios hatte viele Schlüsselpositionen besetzt. Es war für Antigonos II. Gonatas wahrscheinlich Ehrensache, ihnen nicht nachzustehen.

Seit der Zeit Philipps II. bildete Makedonien einen Gegenstand leidenschaftlicher, ideologisch bedingter Auseinandersetzungen in Griechenland. Eine im Jahr 210 in Sparta gehaltene Rede soll der Aitoler Chlaineas, der für Spartas Anschluß an das

Bündnis mit den Römern gegen Makedonien warb, nach Polybios (9, 28, 1) mit dem Gemeinplatz eröffnet haben: »Männer von Sparta! Daß die Herrschaft der Makedonen für die Griechen den Anfang der Knechtschaft bedeutet hat, dies wird, wie ich überzeugt bin, niemand zu bestreiten wagen.« Er fährt fort, die Gewalttätigkeiten im einzelnen zu beschreiben, die sich Philipp II., Alexander der Große und ihre Nachfolger im dritten Jahrhundert den griechischen Städten gegenüber herausgenommen haben. Damit stand er in der großen Tradition des Demosthenes, der die Staatsmänner aus Arkadien, Messenien, Argos, Thessalien und Boiotien wegen ihrer Zusammenarbeit mit Philipp II. als Verräter gebrandmarkt hatte – eine Anschuldigung, die von Polybios energisch zurückgewiesen wurde, da er von diesen Leuten meint:

> Indem sie Philipp in die Peloponnes riefen und mit seiner Hilfe die Spartaner demütigten, haben sie zum erstenmal den Bewohnern der Peloponnes die Möglichkeit gegeben, aufzuatmen und den Gedanken der Freiheit zu fassen, haben ferner das Land und die Städte zurückgewonnen, welche die Spartaner zur Zeit ihrer Macht den Messeniern, Megalopoliten, Tegeaten und Argivern weggenommen hatten, und unzweifelhaft die Blüte ihrer Städte begründet. (Polybios 18, 14, 6)

Solche Äußerungen zeigen deutlich, daß das Verhältnis zu Makedonien im dritten und zweiten Jahrhundert ein noch ebenso schwerwiegendes Problem darstellte wie im vierten Jahrhundert. Die makedonische Politik einer Kontrolle über Griechenland stand der griechischen Leidenschaft für Freiheit und Selbständigkeit entgegen. Allerdings hatten einige Staaten (wie die auf der Peloponnes) aus der Verbindung zu Makedonien ihren Nutzen gezogen und waren weiterhin bereit, mit dem makedonischen König gegen ihre Nachbarn zusammenzuwirken.

Die »griechische Freiheit«

Man kann in den Bemühungen, die über anderthalb Jahrhunderte lang von den makedonischen Königen unternommen wurden, um eine feste Kontrolle über Griechenland zu erlangen und zu behaupten, ein Grundmuster erkennen. Die üblichste Methode war, zentrale Punkte in Griechenland mit Garnisonen zu belegen. Sie wurde jedoch abgewandelt oder gelegentlich ergänzt durch Deklarationen der griechischen Unabhängigkeit und – unter Antigonos III. Doson – durch die Errichtung einer Organisation griechischer Staaten nach dem Vorbild von Philipps II. Korinthischem Bund (s. S. 11). Von diesen Maßnahmen war die erste im allgemeinen nicht mehr als ein inhaltsleeres Schlagwort. Die zweite war, wie wir sehen werden (S. 100), dazu bestimmt, die Griechen zur Unterstützung der makedonischen Politik zusammenzuschließen; sie erwies sich letztlich als Katastrophe für Griechenland.

Bei seinem Tod hinterließ Antipatros den Polyperchon als Reichsverweser von Makedonien (s. S. 51). Dieser berief im Jahr 319 den Rat seiner Freunde ein; um den Drohungen von Kassandros, dem Sohn des Antipatros, entgegenzuwirken, wurde beschlossen:

> Die Städte in Griechenland sollen für frei erklärt und die von Antipatros eingesetzten Oligarchien abgeschafft werden. So hoffte man, am leichtesten Kassandros' Einfluß zu schwächen und sich großen Ruhm und viele wichtige Bundesgenossen zu erwerben. (Diodor 18, 55, 2)

Das Schlagwort von der »griechischen Freiheit« wurde, sobald es geschaffen war, weiterverbreitet als ein Propagandamittel, um die griechische Unterstützung zu gewinnen. Vier Jahre später war es, verallgemeinert zu einem Aufruf an alle Griechen, in das Ultimatum eingegliedert, das Antigonos I. Monophthalmos an Kassandros richtete (s. S. 53); danach sollten »sämtliche Griechen frei, ohne Besatzung und autonom sein« (Diodor 19, 61, 3). Tatsächlich blieb dies die erklärte Politik des Antigonos. Eine Klausel in demselben Sinn wurde auch in den Diadochenfrieden von 311 aufgenommen (Diodor 19, 105, 1).

Unglücklicherweise gewannen Freiheit und Autonomie weder in der Realität noch als bloße Begriffe (was sie für gewöhnlich blieben) Einfluß in Griechenland; Antigonos I. und sein Sohn Demetrios Poliorketes versuchten 304/03 den Korinthischen Bund Philipps II. wiederzubeleben, um die Griechen so gegen Kassandros einsetzen zu können. Dieses interessante Unterfangen überstand jedoch den Tod des Antigonos bei Ipsos im Jahr 301 nicht; in den nächsten fünfundzwanzig Jahren dienten Griechenland und Makedonien als Schlachtfeld für verschiedene Feldherren, die hofften, von Alexanders Geburtsland Besitz ergreifen zu können. Im Jahr 276 beendete Antigonos II. Gonatas, der Sohn des Demetrios, das Chaos, indem er sich den makedonischen Thron aneignete; sein Rivale Pyrrhos von Epeiros unternahm aber einen letzten Versuch, ihn zu entthronen, indem er 272 auf der Peloponnes einfiel. Bei dieser Gelegenheit erklärte er spartanischen Gesandten, »er sei gekommen, um die von Antigonos unterworfenen Städte zu befreien« (Plutarch, Pyrrhos 26, 7).

Antigonos und Demetrios hatten aber nicht alle ihre Karten auf den Korinthischen Bund gesetzt. In der Festung Akrokorinth lag nach wie vor eine starke Garnison; als Antigonos II. Gonatas König von Makedonien wurde, unterhielt er diese Festung weiter als ein unersetzliches Glied seines Kontrollsystems über Griechenland. Die Griechen selbst machten sich keine Illusionen über die Bedeutung der Garnison. Im Winter 198/97 wurden griechische Vertreter nach Rom entsandt, um Philipps V. endgültige Vertreibung aus Griechenland zu bewerkstelligen:

> Vor allem (...) waren sie bemüht, dem Senat die Überzeugung beizubringen, daß es für die Griechen keinen Gedanken an Freiheit gebe, solange Chalkis, Demetrias und Korinth in makedonischer Hand wären. Denn die Äußerung, die Philipp selbst getan hatte, jene Plätze seien die Fesseln Griechenlands, sei nur allzu wahr. Weder die Peloponnesier könnten aufatmen, solange eine Besatzung des Königs in Korinth säße, noch die Lokrer, Boioter und Phoker sich sicher fühlen, wenn Philipp Chalkis und das übrige Euboia besetzt halte, noch auch die Thessaler und die Leute von Magnesia jemals die Freiheit genießen, wenn Philipp und die Makedonen Demetrias besetzt hielten.
>
> (Polybios 18, 11, 4–7)

Mit Hilfe dieser Garnisonen, die viele Jahre lang durch Truppen in Athen und Piräus ergänzt wurden, strebte Antigonos II. Gonatas danach, sich Südgriechenland zu sichern. Dagegen kämpfte eine starke Opposition. 268/67 trugen die Intrigen von Ptolemaios II. Frucht, als ein griechischer Aufstand gegen Makedonien ausbrach; er ist als Chremonideischer Krieg bekannt (nach dem Athener Chremonides, der ein Bündnis zwischen Athen, Sparta und den Bundesgenossen Spartas auf der Peloponnes und Kreta zustandebrachte). Die Motive, die Ptolemaios bewegten, sind nicht klar, doch dürfte die wahrscheinlichste Erklärung für seine Initiative sein, daß die Entscheidung des Antigonos, eine Flotte zu bauen, seine eigene maritime Vormacht zu bedrohen schien; dank ihrer war er nämlich Herr der kleinasiatischen Küste und der ägäischen Inseln. Der Erfolg des Chremonides bei der Schaffung des antimakedonischen Bündnisses wird in einer athenischen Inschrift aus dem Jahr 268 festgehalten; eine Stelle daraus lautet:

Damit nun, wo die Griechen eine gemeinsame einträchtige Haltung gegen die, die neulich gegen jeden Vertrag den Städten Unrecht getan haben (nämlich Antigonos), angenommen haben, und sie (die Griechen) als bereitwillige Streiter an der Seite des Königs Ptolemaios stehen und auch untereinander zusammenhalten und somit in Zukunft einträchtig die Städte bewahren, ist – mit gutem Glück – beschlossen worden, daß Freundschaft und Bündnis *(symmachia)* sein soll zwischen Athenern, Lakedaimoniern, Eleern, Achaiern, Tegeaten, Mantineern, Orchomeniern, Phi(g)aleern, Kaphyern und Kretern, die im Bündnis mit den Lakedaimoniern und (dem König) Areus stehen; und zwar (soll dies) gelten für alle Zeit und so, wie es die Gesandten eingebracht haben. (Syll.[3] 434/5, StV III 476, Z. 31–42; Austin 49)

Von dem Krieg selbst sind nur wenige Einzelheiten überliefert. Ägyptische Münzen von Ptolemaios II., die ausnahmsweise (s. S. 25) in Attika gefunden wurden, und verschiedene zeitgenössische Befestigungen auf attischem Boden weisen wohl auf ptolemäische Hilfe hin, doch erwies diese sich als unzureichend. Der Krieg endete mit einer verheerenden Niederlage der Griechen; im Jahr 261 mußte Athen kapitulieren. Areus von Sparta wurde im Kampf in der Nähe von Korinth getötet; über zehn Jahre lang blieb die Herrschaft des Antigonos über Griechenland unangefochten. Als Statthalter von Korinth war sein Halbbruder Krateros eigentlich ein unabhängiger Herrscher, aber nach seinem Tod übernahm sein Sohn Alexander den Oberbefehl und revoltierte gegen Antigonos. Das war ein schwerer Schlag für die makedonische Machtstellung; obgleich Antigonos im Jahr 245 Korinth durch eine List von Alexanders Witwe zurückgewann, verlor er es zwei Jahre später erneut an den achäischen Führer Aratos (243). Zwanzig Jahre mußten verstreichen, bis die makedonische Position in Südgriechenland wiederhergestellt wurde. Vermutlich in den Jahren unmittelbar nach Alexanders Aufruhr begünstigte Antigonos ein System von Tyrannenherrschaften auf der Peloponnes; zwar sind nicht alle datierbar und zumindest einige, wie etwa jene der Familie des Aristippos in Argos, wohl früher anzusetzen. Dennoch sollte Antigonos als Stütze der Tyrannen in Erinnerung bleiben; Chlaineas rief in seiner Rede in Sparta (s. S. 94 f.) aus:

Was aber Kassandros, Demetrios und Antigonos (II.) Gonatas angerichtet haben, das weiß jeder: die Dinge sind erst vor so kurzer Zeit geschehen, daß sie noch in frischester Erinnerung sind. Sie haben makedonische Besatzungen in die Städte gelegt oder Tyrannen eingesetzt, so daß keine Stadt von der Schmach der Knechtschaft verschont blieb. (Polybios 9, 29, 5–6)

An anderer Stelle bemerkt Polybios (2, 41, 10) von Antigonos II. Gonatas, daß »keiner eine größere Zahl (von Tyrannen) in Griechenland eingesetzt hat als dieser.«

Nach dem Verlust Korinths sah sich Antigonos (wie nach ihm sein Sohn Demetrios II.) nicht mehr in der Lage, die Tyrannen gegen einen großangelegten Feldzug unter dem Achaier Aratos zu verteidigen. Einer nach dem anderen wurde verjagt und ihre Städte dem Achaiischen Bund angeschlossen, der vom Beginn des dritten Jahrhunderts an ebenso mächtig auf der Peloponnes wurde wie der Aitolische Bund in Mittelgriechenland. Beide Institutionen sollen in Kapitel 8 behandelt werden. Sie boten, seit 239 verbündet, den makedonischen Bestrebungen unter Demetrios II. (239–229) energischen Widerstand; als Demetrios 229 starb und einen achtjährigen Sohn, Philipp, als Erben zurückließ, geriet Makedonien in ernsthafte Schwierigkeiten. Die vornehmen Makedonen wählten einen gewissen Antigonos III. Doson, den Vetter des Demetrios, zum Regenten und sehr bald zum König (s. S. 87). Unter seiner Regierung gewann Makedonien ganz unerwartet seine Stellung zurück. Zunächst allerdings war die Situation verzweifelt. Die Dardaner hatten die Nordgrenzen überschritten, die Aitoler große Gebiete von Thessalien besetzt, Südboiotien schwankte in seiner Loyalität, Athen hatte seine Freiheit von dem makedonischen Garnisonsbefehlshaber erkauft, und die Tyrannen in Argos, Hermione und Phleious hatten alle ihre Herrschaft niedergelegt und sich Achaia angeschlossen. Diese achaischen Erfolge fielen jedoch zusammen mit dem Aufstieg eines energischen jungen Königs in Sparta, Kleomenes III., der das Programm einer sozialen Revolution mit einer spartanischen Expansionspolitik zu koppeln versuchte. Die jahrelangen Feldzüge hatten Achaia in ein Chaos gestürzt, und Aratos wurde zu einer aufsehenerregenden Kehrtwendung gezwungen,

> die für keinen Griechen schicklich, für ihn aber am schimpflichsten und seiner bisherigen Taten, ja seiner ganzen bisherigen Politik am unwürdigsten war: Antigonos nach Griechenland zu rufen und die Makedonen in die Peloponnes hineinzulassen, die er selbst als junger Mann aus der Peloponnes vertrieben hatte, als er Akrokorinth befreite.
>
> (Plutarch, Kleomenes 16, 3)

Aratos befand sich in einer Zwickmühle, doch veranlaßten ihn seine Furcht vor sozialer Revolution – es war (ganz unnötig) weithin in Achaia befürchtet worden, daß Kleomenes im Fall seines Sieges Neuverteilungen des Landes und Schuldstreichungen vornehmen würde (s. S. 177ff.) – und seine Besorgnis, von Kleomenes aus seiner führenden Stellung, die er über zwanzig Jahre behauptet hatte, verdrängt zu werden, Makedonien Sparta vorzuziehen. 224 war Antigonos im Besitz von Korinth.

Diesmal sollte die makedonische Machtstellung eine neue Grundlage bekommen; eine Allianz von föderativen Organisationen unter der Führung des Königs von Makedonien, der sehr bald nicht mehr Antigonos war (er starb 221), sondern der junge Philipp (V.), der Sohn des Demetrios, für den Antigonos die Thronfolge offengehalten hatte. Die neue Allianz bedeutete eine Rückkehr zur Politik von Philipp II. und Antigonos I., mit dem Unterschied, daß sie nicht mehr Stadtstaaten, sondern Konföderationen umfaßte – ein Wandel, der eine neue Phase in der politischen Gestaltung Griechenlands ankündigt (die wir in Kapitel 8 untersuchen werden). Die Gründungsmitglieder der neuen »Symmachie« waren Achaier, Makedonen, Thessaler, Epeiroten, Akarnanier, Boioter und Phoker. Der Rat der Symmachie konnte durch den Vorsitzenden einberufen werden und trug die Verantwortung für Frieden und Krieg, für Angelegenheiten der Versorgung und der Mitgliedschaft. Es gab jedoch keinen Staatsschatz, und die Entscheidungen mußten von den Mitgliedsstaaten gebilligt werden; von daher rührte die fundamentale Schwäche, die diese Vereinigung daran hinderte, jemals eine unabhängige Kraft zu entfalten. Die Symmachie stellte von Anfang an einen Kompromiß zwischen dem griechischen Ideal der Freiheit und dem makedonischen Streben nach Kontrolle dar; sie war aber jedenfalls gleichbedeutend mit einem Verzicht auf das Tyrannensystem des Antigonos II. Gonatas.

Die Symmachie umschloß Aitolien von beiden Seiten und wurde zunächst eingesetzt, um einen (erfolglosen) Krieg gegen den Aitolischen Bund zu führen (220–217). In der Folgezeit fiel ihr jedoch die fatale Rolle zu, die Achaier und die anderen griechischen Bundesgenossen in einen verheerenden Krieg mit Rom zu ziehen, den die Ambitionen des jungen Philipp ausgelöst hatten. In diesem Krieg stand Aitolien auf der Seite Roms; der Ausbruch eines zweiten Krieges zwischen Rom und Makedonien im Jahr 200 forderte einer Allianz, die aufgehört hatte, den Griechen Vorteile zu bringen, allzuviel ab. Im Jahr 198 traten die Achaier dafür ein, sich mit Rom zu verbünden; Philipps Niederlage bei Kynoskephalai (197) hatte seine Beschränkung auf die alten Grenzen Makedoniens zur Folge. Bei den Isthmischen Spielen im Jahr 196 gab es eine theatralische Erklärung, die zeigte, daß die Römer rasch gelernt hatten, das alte Propagandaschlagwort von der griechischen Freiheit für sich auszunutzen.

Der römische Staat und der Prokonsul T. Quinctius (Flamininus) entlassen nach dem Sieg über König Philipp und die Makedonen in die Freiheit und Autonomie, ohne Besetzungen hineinzulegen, ohne Tributzahlungen zu fordern, die Korinther, Phoker, Lokrer, Euboier, phthiotischen Achaier, die Leute von Magnesia, Thessaler und Perrhaiber. (Polybios 18, 46, 5)

Die erwähnten Völker waren alle makedonischer Herrschaft unterworfen gewesen, manche – wie die Thessaler – seit der Zeit Philipps II. Im römischen Krieg gegen den Seleukiden Antiochos III. (192–189) kämpfte Philipp V. auf römischer Seite und gewann einige Gebiete an den Grenzen Thessaliens, Demetrias miteingeschlossen, zurück; in einer Reihe von ungünstigen Entscheidungen nahmen die Römer Makedonien diese Gebiete jedoch nach und nach wieder ab. Ihre Feindseligkeit gegen Philipps Nachfolger Perseus (179–168) gipfelte im Dritten Makedonischen Krieg und dem Ende des Antigonidenreichs. Von 168 bis 150 bestand Makedonien in Form von vier unabhängigen, tributpflichtigen Republiken weiter; nach einem Aufstand, den ein Thronprätendent namens Andriskos – er gab vor, der Sohn des Perseus zu sein – anführte, wurde es zur römischen Provinz.

Auch für Griechenland führte die Erklärung auf dem Isthmos nicht zu einer Periode glorreicher Unabhängigkeit, aber immerhin zu bedingter Freiheit – bedingt insofern, als alle gewichtigen Probleme Rom unterbreitet werden mußten (s. S. 238). Der Krieg mit Antiochos und Aitolien führte zu neuen Entscheidungen und auch zu mehr römischen Vollmachten. Im Jahr 146 endete schließlich der Aufruhr des Achaiischen Bundes mit der Zerstörung Korinths, der Auflösung des Bundes und der Unterstellung vieler Staaten unter die Kontrolle des Statthalters von Makedonien. Die volle Bedeutung der römischen Beherrschung Griechenlands und der hellenistischen Welt im allgemeinen ist jedoch ein eigenes Thema, dem das letzte Kapitel gewidmet sein wird.

6. Ägypten unter den Ptolemäern

Außerägyptische Besitzungen der Ptolemäer

(Als nach Alexanders Tod in Babylon die Aufteilung der Provinzen erfolgte,) wurde es dem Ptolemaios, dem Sohn des Lagos, übertragen, Ägypten zu regieren und Libyen und jene Länder der Araber, die an Ägypten angrenzten; Kleomenes, der von Alexander zum Statthalter dieser Satrapie gemacht worden war, wurde dem Ptolemaios unterstellt.

(Arrian, Ta meta Alexandron 1a 5 = FGrHist 156 F 1.5)

Ptolemaios ließ Kleomenes jedoch sehr bald beseitigen, »weil er ihn als treu dem Perdikkas gegenüber, aber nicht sich gegenüber erachtete« (Pausanias 1, 6, 3). Mit seiner ägyptischen Basis stellte Ptolemaios von Anfang an ein Hindernis für jeden dar, der Alexanders Weltreich wiedervereinigen wollte. Dabei herrscht über seine eigenen Ziele und die seiner Nachfolger alles andere als Klarheit. Sicher scheint nur, daß Ptolemaios I. seinerseits keine Ambitionen hatte, sich das ganze Weltreich untertan zu machen. Doch welches Ziel verfolgte er dann mit seinen überseeischen Erwerbungen? Die Frage wird an einer Stelle von Polybios angesprochen, der die Situation nach der Thronbesteigung durch Ptolemaios IV. Philopator im Jahr 221 beschreibt:

(Der neue König) zeigte sich unbekümmert um die Geschäfte, schwer zugänglich (. . .), nachlässig und gleichgültig auch gegenüber denen, die mit der Führung der auswärtigen Angelegenheiten betraut waren, denen doch seine Vorgänger nicht weniger, sondern weit mehr Sorge zugewandt hatten, als der Regierung von Ägypten selbst. Sie hatten daher, im Besitz von Koilesyrien und Zypern, den Königen von Syrien zu Wasser und zu Lande schwer zu schaffen gemacht und hatten den Dynasten in Kleinasien, ebenso aber auch den Inseln hart im Nacken gesessen, da sie die bedeutendsten Städte, festen Plätze und Häfen an der ganzen Küste von Pamphylien bis zum Hellespont und der Gegend von Lysimacheia beherrschten. Auch für Thrakien und Makedonien waren sie gefährliche Nachbarn gewesen, da sie Ainos, Maroneia und einige noch weiter gelegene Städte in ihrer Gewalt hatten. Da sie also ihre Hände so weit ausgestreckt und sich durch diese entfernten Besitzungen wie durch einen Gürtel von Vorfeldbefestigungen gesichert hatten, hatten sie niemals für ihr ägyptisches Reich zu fürchten brauchen. Dies war der Grund gewesen, weshalb ihr Hauptinteresse den auswärtigen Angelegenheiten zugewandt gewesen war.

(Polybios 5, 34, 2–9)

Ptolemaios hatte Koilesyrien im Jahr 319 nach der Konferenz von Triparadeisos in Besitz genommen (s. S. 50), aber bald den nördlichen Teil an Eumenes verloren. Kurze Zeit nach dessen Tod befand sich das ganze Gebiet in den Händen des Antigonos. Im Anschluß an die Schlacht bei Ipsos im Jahr 301 besetzte Ptolemaios die südliche Hälfte der Provinz und weigerte sich, sie an Seleukos abzutreten; letzterer drängte nicht sofort auf die Herausgabe, da er bei Ptolemaios politisch in der Schuld stand. Koilesyrien blieb aber ein Zankapfel zwischen den beiden Reichen und bildete einen ausschlaggebenden Anlaß für die fünf Kriege zwischen den Ptolemäern und den Seleukiden im Lauf des dritten Jahrhunderts; schließlich wurde im Jahr 200 Antiochos III. nach seinem Sieg bei Paneion zum Herrn über Syrien und Phoinikien.

Ptolemaios I. stellte früh Verbindungen zu Zypern her, besetzte bald darauf die Insel und ernannte im Jahr 301 seinen Bruder Menelaos zum dortigen Strategen. Nach Ipsos verlor er Zypern vorübergehend an Demetrios, eroberte es aber im Jahr 294 für immer zurück. Wahrscheinlich um 310 schloß er ein Bündnis mit Rhodos, dessen Bewohner »ihre meisten Einkünfte von den nach Ägypten fahrenden Handelsleuten bezogen; ja dieses Königreich war es überhaupt, welches der Stadt ihre Nahrung verschaffte« (Diodor 20, 81, 4) – eine Feststellung, die zumindest teilweise von der großen Anzahl rhodischer Amphoren, welche man in Alexandria gefunden hat, bestätigt wird. Etwas später – vermutlich zwischen 291 und 287 – übernahm Ptolemaios die Schirmherrschaft über den Nesiotenbund, der ursprünglich von Antigonos aufgebaut worden war (s. S. 53). Die Entschlossenheit des Ptolemaios, wichtige Gebiete außerhalb Ägyptens zu kontrollieren, zeigt sich somit von einem frühen Zeitpunkt an; nach dem Bericht des Polybios hatte er auch viele Besitzungen an der Küste Kleinasiens. Polybios behauptet zudem, daß diese Besitzungen die Gewähr boten – und er meint damit, daß dies auch von vornherein ihr Zweck war –, daß die Ptolemäer bis hin zu Ptolemaios III. Euergetes »niemals für ihr ägyptisches Reich zu fürchten« brauchten. Für den griechischen Historiker war demnach die ptolemäische Politik defensiver Natur.

Seine Ansicht muß ernstgenommen werden, selbst wenn er vielleicht allzusehr vereinfacht oder sogar manche Fakten verdreht. Polybios glaubte nicht nur, daß Ptolemaios IV. die Außenpolitik vernachlässigte – eine fragwürdige Beurteilung –, sondern auch, daß beim antiägyptischen Bündnis zwischen Philipp V. und Antiochos III. (kurz nach dem Tod von Ptolemaios IV. im Jahr 204) Ägypten selbst einen Teil der Kriegsbeute Philipps darstellen sollte. (Vgl. Polybios 3, 2, 8: »Philipp ging daran . . ., sich mit Gewalt der Besitzungen in Ägypten, in Karien und auf Samos zu bemächtigen.« Einige Gelehrte haben ungerechtfertigt den Text korrigiert und »Ägäis« anstatt »Ägypten« gelesen.) Er kritisiert Philipp sogar, weil es diesem nach seinem Sieg über die Rhodier bei Lade im Jahr 201 »offensichtlich freigestanden hätte, die beabsichtigte Fahrt nach Alexandreia durchzuführen« (Polybios 16, 10, 1), er es aber nicht tat. Als ein Staatsmann im besten Mannesalter hatte Polybios erlebt, wie Ägypten von Antiochos IV. überfallen worden war; das mag sein Urteil beeinflußt haben. Jedenfalls scheint es für ihn das vordringliche und unmittelbare Ziel der ptolemäischen Außenpolitik zu sein, Angriffe auf Ägypten zu verhüten. Derartige Angriffe konnten hauptsächlich von Syrien ausgehen; der Besitz von Koilesyrien und Zypern diente sicherlich der Verteidigung gegen Attacken aus diesem Bereich. Es ist aber auch behauptet worden, die ptolemäische Kontrolle der Ägäis sei dazu bestimmt gewesen, den makedonischen Einfluß in Griechenland einzudämmen. Tatsächlich gab es einen antimakedonischen Zug in der ptolemäischen Außenpolitik; er tritt offen zutage im Chremonideischen Krieg (s. S. 97), der von Ptolemaios II. angestiftet und finanziert wurde. Dieser Krieg scheint jedoch eine Reaktion auf den Aufbau einer Flotte durch Antigonos gewesen zu sein; es sieht ganz so aus, als fürchteten die Ptolemäer eher die Expansion der Antigoniden nach Kleinasien als die makedonische Kontrolle über Griechenland. Allerdings waren sie stets bereit, zum Zweck der Absicherung und der Drohung politische Hitzköpfe in Griechenland zu unterstützen, wie etwa Aratos von Sikyon oder kurzfristig Kleomenes III. von Sparta. Insgesamt aber wurde das ptolemäische Vorgehen gegen Makedonien in Griechenland in eher geringem Umfang gehalten.

Danach scheint Syrien die eigentliche Bedrohung verkörpert zu haben. Zur Verteidigung Ägyptens gegen die Seleukiden genügte aber nicht bloß die Errichtung einer Pufferzone unter ptolemäischer Oberhoheit. Erforderlich waren auch ein wohlausgerüstetes Heer und eine Flotte, doch fehlten dafür in Ägypten die meisten wesentlichen Voraussetzungen – Metalle, Bauholz, Pech, Geld und geeignete Mannschaften. Eine »geeignete

Mannschaft« bestand natürlich aus Griechen, Makedonen und Anatoliern, die nur zu gewinnen waren, wenn Geldmittel zur Verfügung standen. Es gab etwas Gold in Nubien, doch im großen und ganzen mußten die anderen Bestandteile ebenso importiert werden wie die vielen Dinge, die gebraucht wurden, um den vornehmen Lebensstil eines hellenistischen Herrschers einhalten zu können (zum Beispiel Wolle, Purpurfarbe, Marmor, edle Weine, Pferde). Man sollte deshalb in Betracht ziehen, daß die Kontrolle über Koilesyrien, Zypern, die kleinasiatische Küste und die ägäischen Inseln dem weiteren Zweck diente, sich mit Gütern zu versorgen, die es im Niltal und im Delta nicht gab.

Die Erzeugnisse der auswärtigen ptolemäischen Besitzungen dürften in Form von Tributzahlungen nach Alexandreia gekommen sein. Die Güter aus anderen Ländern und die Anwerbung von Truppen erforderten jedoch Geld. Ptolemaios I. erbte zwar nützliche 8000 Talente (Diodor 18, 14, 1) von Kleomenes, der Ägypten weidlich ausgebeutet hatte, doch für die Verteidigung Ägyptens auf Dauer und die militärische Besetzung von Kyrene, das Ptolemaios nicht mit Ägypten verknüpft, sondern sich persönlich zugeschlagen hatte (ähnlich wie Thessalien den Königen von Makedonien gehörte), sowie für den Schutz der übrigen auswärtigen Besitzungen war eine kontinuierlich fließende Quelle des Reichtums von wesentlicher Bedeutung. Um für derartigen Reichtum zu sorgen, wurden einige der typischsten Züge des ptolemäischen Regimes in Ägypten ersonnen; nachdem das System aber einmal vorhanden war, entfaltete es die Tendenz, sich selbst zu verewigen. Deshalb scheint die Vermutung nahe zu liegen, daß dieses Regime in seiner ursprünglichen Form bis auf Ptolemaios I. zurückgehen muß, wenngleich sich das System im ganzen unter Ptolemaios II. – vielleicht dank der Aktivitäten seines *dioikētēs* (Kanzlers) Apollonios – entwickelt und verfeinert hat. Von der Regierungszeit dieses Königs an stehen uns Einzelheiten in aller Ausführlichkeit zur Verfügung.

Ptolemäische Wirtschaft

Man kann dieses System als ein großangelegtes Experiment mit dem bürokratischen Zentralismus und dem Merkantilismus betrachten, insofern es auf die Anhäufung wertvoller Metalle durch Handelskontrolle und die Unterordnung der Wirtschaft unter die Staatsgewalt abzielte. Klar dargelegt wird eine solche Politik in einem Brief aus dem Jahr 258, den Demetrios, der wahrscheinlich für die Münzstätte in Alexandreia zuständig war, an Apollonios, den *dioikētēs* von Ptolemaios II., sandte. Nach den üblichen Begrüßungsformeln heißt es darin:

Ich kümmere mich um das, was du mir aufgetragen hast: Ich habe 57000 Stück Gold erhalten, das ich zu Münzen schlug und zurückgab. Wir hätten ein Vielfaches davon erhalten können, denn – wie ich dir bereits schrieb – die Fremden, die mit dem Schiff hier eintreffen, die Kaufleute, die Händler und andere bringen uns sowohl ihr heimisches Geld aus unvermischtem Metall als auch die goldenen Pentadrachmen *(trichrysa)*, um daraus gemäß dem Erlaß, der uns zur Entgegennahme und Rückgabe verpflichtet, neues Geld für sie prägen zu lassen; weil aber Philaretos (?) mir nicht erlaubt, es entgegenzunehmen, wissen wir nicht, auf wen wir in dieser Sache verweisen können, und sind zur Ablehnung genötigt.

(P. Cairo Zen. 59.021 Z. 4–20: Select Papyri 409; Austin 238)

In dem Brief wird weiterhin berichtet, daß unter den Leuten Unzufriedenheit herrsche, weil ihr Geld untätig herumliege; es könne weder umgewechselt »noch ins Land gebracht werden, um Waren zu kaufen«. Desgleichen wären »alle in der Stadt (Alexandreia) Ansässigen« nicht in der Lage, ihr abgenutztes Gold umzutauschen; vor allem jedoch würden an sämtlichen Staatseinkünften Einbußen entstehen. Denn, so meint Demetrios,

ich halte es für einen Vorteil, wenn soviel Geld als möglich aus dem Ausland eingeführt wird und das Geld des Königs stets gut und neu ist, ohne daß ihm Unkosten entstehen. (Ebd. Z. 42–46)

Aus diesem Brief ergibt sich, daß Ptolemaios II. kurze Zeit nach 285 zu Maßnahmen griff, die Teile einer ganzen Reihe von Verordnungen waren, mit der das Steuerwesen in Ägypten geregelt wurde; sie waren dahingehend ausgerichtet, sämtliches ausländisches Geld aus Ägypten auszuschließen und die ausländischen Händler zu zwingen, beim Betreten ägyptischen Bodens ihr Geld umzuwechseln. Beim Umtausch erhielten sie neue ptolemäische Münzen, die nach einem leichteren Münzfuß geschlagen worden waren als jene, die sich anderswo im hellenistischen Bereich im Umlauf befanden; er ähnelte dem sogenannten phönikischen Münzfuß, wie er in Kyrene üblich war, ohne aber mit ihm identisch zu sein. Weshalb Ptolemaios I. bald nach dem

Jahr 300 den leichteren Münzfuß übernommen hatte, ist nicht geklärt. Einerseits wurde angenommen, daß er damit sein Geld für bestimmte ausländische Handelsbereiche verwendbar machen wollte, andererseits wurde damit eine Änderung im relativen Wert von Gold und Silber in Zusammenhang gebracht, da der Goldwert während der ersten Jahrzehnte des dritten Jahrhunderts gefallen war. Vielleicht sollte man es aber eher als einen Schritt in Richtung eines geschlossenen monetären Systems in Ägypten und seinen Besitzungen ansehen, innerhalb derer der Umlauf fremder Währungen ausgeschlossen war. Falls dies zutrifft, untermauert die Anordnung von Ptolemaios II., auf die sich Demetrios in seinem Brief bezieht, jene Konzeption, indem sie ihr das Gepräge eines Gesetzes verleiht. Interessanterweise findet sich das geschlossene monetäre System der Ptolemäer ein Jahrhundert später als Nachahmung durch die Attaliden von Pergamon wieder, deren *kistophoroi* – Münzen, die nach dem auf ihnen abgebildeten heiligen Schrein, der *kistē*, so genannt wurden – ebenfalls als eine ausschließliche Währung benutzt werden.

Die Bemerkungen des Demetrios hinsichtlich einer Wünschbarkeit der Goldanhäufung werfen ein Licht auf das merkantilistische Denken, das der Wirtschaftspolitik von Ptolemaios II. zugrundelag. Sie stützte sich auf eine intensive Kontrolle der Produktion, die sich zu dem Zweck, den Zufluß der Reichtümer in die Schatzkammern des Ptolemaios auf das Höchstmögliche zu steigern, über das ganze Königreich erstreckte. Das erste Instrument hierfür war eine effiziente Bürokratie, wobei die Ptolemäer auf dem pharaonischen System aufbauen konnten; dieses teilte das Land in etwa vierzig *nomoi* (Gaue), die in *topoi* (Gebiete) und *kōmai* (Dorfschaften) unterteilt waren und unter Nomarchen, Toparchen und Komarchen standen. Darauf pfropften nun die Ptolemäer ein komplexeres System, demzufolge Truppen überall im Land unter dem Kommando von *stratēgoi* (Generälen) stationiert und feiner gegliederte Finanzämter unter *oikonomoi* errichtet wurden. Im Verlauf der Zeit kam den *stratēgoi* zunehmend mehr Macht zu, vor allem während des zweiten Jahrhunderts, als ihre anderweitigen Pflichten so umfangreich wurden, daß ihre rein militärischen Funktionen von eigenen Offizieren wahrgenommen wurden, den sogenannten *epistratēgoi*, die den Oberbefehl über verschiedene Gaue innehatten. Da Ptolemaios seine Aufmerksamkeit überwiegend der Vermehrung seines Reichtums widmete, wuchs der Einfluß seines obersten Beamten, des *dioikētēs*, des Finanzministers in Alexandreia, allmählich in jedem Sektor der staatlichen Angelegenheiten. Wie wir bereits gesehen haben (S. 23), stellt die Korrespondenz zwischen Apollonios, dem mächtigen *dioikētēs* des Ptolemaios, der von etwa 260 bis 246 amtierte, und Zenon, dem Verwalter seines großen Guts – Ptolemaios hatte es ihm im Gau der Arsinoe, dem heutigen Faijum, geschenkt –, eine der Hauptquellen dar, aus dem wir unser Wissen über den Funktionsablauf des Verwaltungssystems der damaligen Zeit schöpfen. Wenn der Historiker die reiche Fülle des Materials, das in diesem Dossier enthalten ist, heranzieht, darf er keineswegs übersehen, daß er sich möglicherweise eher mit den Belegen für ein mehr oder weniger kurzlebiges Experiment befaßt als für ein System, das bis in die spätere Phase der ptolemäischen Epoche dauerte. Mit diesem Vorbehalt können wir die Zenon-Papyri dazu benützen, um ein bemerkenswert ausgeklügeltes Administrationssystem zu erhellen.

Unter dem *dioikētēs* standen die *oikonomoi*, denen die undankbare Aufgabe zufiel, aus der Bevölkerung Abgaben und Steuern herauszupressen und gleichzeitig dafür Sorge zu tragen, daß die Bauern nicht dermaßen entmutigt wurden, daß sie – wie es gelegentlich vorkam – ihre Landstellen aufgaben und davonliefen. Aus einer Abschrift der Anweisungen, die im dritten Jahrhundert wahrscheinlich ein *dioikētēs* an einen *oikonomos* gab – wobei es sich um die reguläre Dienstanweisung für jeden *oikonomos* bei Übernahme seines Amtes gehandelt haben mag –, läßt sich ein gewisser Einblick in die Aufgaben des letzteren gewinnen:

> Bemühe dich bei deinen Inspektionsreisen an jedem Ort, an den du hingelangst, darum, alle Leute aufzumuntern und sie in bessere Stimmung zu versetzen. Dein Bemühen sollte aber nicht nur darin bestehen, mit ihnen zu sprechen; wenn sie sich über die Dorfschreiber oder die Komarchen beklagen wegen irgend etwas, das mit der Landwirtschaft zu tun hat, dann solltest du es nachprüfen und soweit als möglich in Ordnung bringen ... Du hast es als eine von deinen unabdinglichsten Pflichten anzusehen, darauf zu achten, daß im Gau jene Getreidesorte ausgesät wird, die laut Anweisung vorgeschrieben ist. Sollten irgendwelche Leute wegen ihrer Abgaben unter starken Druck gesetzt oder völlig ausgesaugt werden, dann darfst du das nicht ohne eine Untersuchung durchgehen lassen.
>
> (P. Tebt. 703 Z. 40–49: Select Papyri 204; Austin 256)

Der Brief, dem diese Auszüge entnommen sind, vermittelt einen umfassenden Überblick der unterschiedlichen Formen amtlicher Ausbeutung, denen die streng reglementierten Fellachen unterworfen waren. Er enthält Richtlinien, gemäß denen der *oikonomos* handeln sollte, damit sichergestellt wurde, daß keine Einkommensquelle seinem amtlichen Auge verborgen blieb; so mußte er zum Beispiel die Jahreszeit der Nilflut benutzen, wenn das Vieh notgedrungen auf dem Hochufer zusammengedrängt war, um eine Zählung des Viehbestandes zum Zweck der Besteuerung durchzuführen. Nicht allein die Bauern verdienen ein gewisses Quantum an Mitgefühl, sondern auch der *oikonomos,* der sie bei guter Laune halten mußte, während er ihnen sein Pfund Fleisch herausschnitt.

Die auferlegten Steuern und Abgaben waren bis zum äußersten aufgefächert und wurden auf jede mögliche Einkommensquelle erhoben. Sie sind uns aus einer ganzen Fülle von Papyri bekannt, die Zahlungsanweisungen, Quittungen, Verträge, Kostenvoranschläge und anderes Material aus dem fiskalischen oder wirtschaftlichen Alltagsleben enthalten. Ein typisches Beispiel stellt die folgende Anweisung für die Entrichtung einer Abgabe dar, die vielleicht ein General um 244/43 geschrieben hat:

An Achoapis: Was das Gut des Alketas anbetrifft, eines der Gefangenen aus Asien im Gebiet von Psenarpsenesis, das nach der Aussaat des vierten Jahres wieder vom König an sich gezogen worden ist, so hat Apollonios, der Beamte für die Verträge, uns einen Vertrag vorgelegt, der nach seiner Aussage von Alketas mit Heliodoros, dem Landwirt des Pachtguts, für eine festgelegte Pacht von dreißig *artabai* an Weizen vereinbart worden war, und sie haben den herkömmlichen Schwur geleistet, daß es für diesen Betrag verpachtet worden ist. Laß deshalb die oben erwähnte Pacht für den König auswiegen.

(P. Petrie 104: Select Papyri 392)

Hierbei bedürfen verschiedene Punkte einer Erläuterung; dazu aber müssen wir das System der Landbelehnungen in Ägypten betrachten.

Ptolemaios I. behandelte sämtlichen Grund und Boden in Ägypten, gleichviel, ob er ihm zugeteilt oder von ihm besetzt worden war, als sein eigenes Besitztum. Nach der Konferenz der Feinde des Perdikkas in Triparadeisos im Jahr 320 (s. S. 50) gab es eine Neuverteilung der Satrapien durch Antipatros, wovon Diodor berichtet:

Dem Ptolemaios wies er die bisherige Satrapie an, denn es war nicht möglich, ihn zu versetzen, da er Ägypten wie ein durch seine Tapferkeit speergewonnenes Land zu besitzen schien. (Diodor 18, 39, 5)

Dennoch wurde nur ein Teil des Bodens in Ägypten unmittelbar als »Kronland« bewirtschaftet. Einen großen Teil hatten die mächtigen alteingesessenen Tempel inne, deren Priesterschaft am ehesten einer bodenständigen Adelsschicht gleichkam. In der Theorie wurde das Tempelland auch zum Eigentum des Königs gerechnet; die Könige unternahmen zudem Schritte, um den Anbau dort zu überwachen und die Ernteerträge einzuziehen, indem sie den Tempeln nur das Notwendige beließen. Hierin konnten sie jedoch nur zum Teil Erfolge verzeichnen; mit dem Niedergang der königlichen Macht im zweiten Jahrhundert gelang es den Priestern, den Umfang der Tempelländereien ebenso zu vergrößern wie den Einfluß, den sie selbst ausübten. Erwähnenswert sind auch die großen und eindrucksvollen Tempelbauten in der ptolemäischen Epoche, zum Beispiel in Denderah, Karnak, Edfu und Kom Ombo.

Die Ländereien, die in der Hand des Königs verblieben waren, wurden von den Bauern der Krone bewirtschaftet, denen Parzellen meistens nur kurzfristig verpachtet wurden. Der zuständige *oikonomos* hatte sich vor allem mit diesen Leuten zu befassen, wobei er sorgsam darauf bedacht war, ihre Fähigkeit, Steuern zu bezahlen, zu erhalten; bei dieser Aufgabe standen ihm viele einfache Beamte, die selbst Ägypter waren, zur Seite – verschiedene Aufseher, der Komarch und der Dorfschreiber (wie in dem Brief erwähnt). Die Männer auf den unteren Verwaltungsebenen waren notwendigerweise Ägypter, weil sie unmittelbar in ägyptischer Sprache mit der einheimischen Bevölkerung zu verhandeln hatten. Das Saatgetreide wurde von der Krone zur Verfügung gestellt, doch mußte sein Gegenwert nach der Ernte zurückerstattet werden; wie bereits erwähnt, wurde zentral festgelegt, was die Pächter anpflanzten, und darüber in der Aussaatliste Buch geführt. Ferner wurde manches Land als Geschenk übergeben, etwa an Tempel oder an Einzelpersonen wie an den *dioikētēs* Apollonios, auf dessen im Faijum gelegenen Gut mit über 2800 Hektar bereits (S. 23) hingewiesen worden ist, oder es wurde an Reservesoldaten ausgeteilt, die als Kleruchen (oder nach 217 manchmal als *katoikoi*) bekannt sind.

Um Ägypten sicher gegen alle Rivalen halten zu können, waren die Ptolemäer auf ein großes Heer angewiesen; es gibt eine Überfülle an Quellenbelegen für den großen Zustrom von Ausländern aller Nationalitäten in den ersten fünfzig Jahren der ptolemäischen Herrschaft. Die Ptolemäer förderten dies. So schickte zum Beispiel nach der Schlacht von Gaza (312) »Ptolemaios die ... gefangenen Kriegsleute nach Ägypten und befahl, sie auf die *nomoi* zu verteilen« (Diodor 19, 85, 3–4). Ihre Zahl betrug mehr als 8000. Da für die Bedürfnisse der Einwanderer gesorgt werden mußte, wurde die wichtige Kategorie des »Kleruchenlandes« geschaffen. Landparzellen, deren Größe zwischen 1,5 und 30 Hektar schwankte, und die über das Reich verteilt waren, wurden an Reservisten verteilt, die dafür eine doppelte Pflicht übernahmen: das Land zu bebauen und im Bedarfsfall im Heer Dienst zu leisten. Diese Männer ersparten dem König eine beträchtliche Summe wertvoller Geldmittel, die er sonst für Söldner hätte ausgeben müssen. In einigen Fällen verpachtete der Kleruch sein Stück Land an einen Landwirt, entweder zu einem Teil, wenn das Ganze zu groß für ihn war, um es allein zu bebauen, oder im Ganzen, wenn er zu seinen militärischen Dienstleistungen einberufen wurde. In dem oben (S. 109) angeführten Brief an Achoapis war Alketas, bei dem es sich vielleicht um einen Kriegsgefangenen aus dem Laodikeischen Krieg gegen die Seleukiden (246–241) handelte, Soldat im Heer von Ptolemaios III. geworden, hatte ein *klēros* (Landparzelle) erworben und es an einen gewissen Heliodoros verpachtet. Da Alketas bei den Behörden übel angeschrieben worden war, wurde seine Parzelle von der Regierung eingezogen, die nunmehr die Verpachtung untersuchte und anordnete, daß die Pacht – die in Weizen, nicht in Geld beglichen werden mußte – an den König zu leisten war. Ursprünglich waren die Landparzellen an die Person gebunden, aber um die Mitte des dritten Jahrhunderts erwähnt ein Papyrus aus dem arsinoitischen Gau einen Kleruchen, »dem und dessen Nachkommen das Land gehört« (P. Lille 4); mehr erfahren wir aus einer Amnestie, die im Jahr 118 von Ptolemaios Euergetes II., von seiner Gemahlin und von seiner früheren Gemahlin gewährt wurde:

Sie haben verfügt, daß alle Empfänger von Landschenkungen und alle Inhaber von Tempelland und von anderem Land *en aphesei* (das von der Regierung übertragen wurde), und zwar sowohl jene, die sich unberechtigt Tempelland angeeignet haben, als auch alle jene anderen, die mehr als ihren eigenen Anteil innehaben, von ihrer Verantwortlichkeit entbunden sein sollen für die Zeitspanne bis zum einundfünfzigsten Jahr und den gesetzmäßigen Besitz des Landes genießen sollen, insofern sie alle Übergriffe aufgeben und sich erklären und eine Jahrespacht entrichten.

(P. Tebt. 5 Z. 36–42: Corp. Ord. Ptol. 53; Select Papyri 210; Austin 231)

Aus diesem Dokument läßt sich ersehen, daß zu jener Zeit das Kleruchenland sich dem Privateigentum anzunähern begann. Die Kleruchen lebten, ob sie nun ihre eigenen Anteile an Grund und Boden bebauten oder nicht, jedenfalls nicht ständig auf ihren *klēroi.* Als Reservesoldaten mußten sie von Zeit zu Zeit einrücken. Wir hören auch von Soldaten, denen Quartiere zugewiesen wurden, was gewöhnlich auf Kosten der einheimischen Ägypter geschah. Das führte zu erheblicher Verbitterung. Noch mehr Ärger allerdings wurde ausgelöst, als gegen Ende des zweiten Jahrhunderts damit begonnen wurde, Ägypter als Kleruchen auf dem Land anzusiedeln, und sie, wie es in einigen Fällen in Kerkeosiris im Faijum geschah, die griechischen Inhaber großer *klēroi* vertrieben.

Ebenso wie die Bauern der Krone waren auch die Kleruchen den verschiedenen Steuern unterworfen, die dazu beitrugen, die königlichen Einkünfte zu vergrößern. Wir hören von Abgaben auf Wolle und Leinen, von einer beim Tod zahlbaren Erbschaftssteuer, von einer fünfprozentigen Steuer auf Hausmieten, von einer zehnprozentigen Steuer auf Verkaufserlöse und einer zweiprozentigen bei Marktverkäufen, von einer Steuer in Höhe von 33⅓ Prozent auf den Gewinn bei Tauben (in Kerkeosiris ging das zugunsten des Gottes Soknebtunis), von einer ebenso hohen Steuer auf Weinberge, Obstanbau und Gärten zusammen mit einem Sechstel des Ertrags der Weinberge in Naturalien und einem Sechstel aus Obstanbau und Gärten in Geld (mit dieser sogenannten *apomoira* wurde der Totenkult für Arsinoë Philadelphos, die Gemahlin Ptolemaios' II., finanziert; siehe P. Rev. Laws, col. 37, 15–18), von einer Steuer auf Vieh und auf Sklaven, von einer Kopfsteuer und einer örtlichen Zollabgabe. Die Steuer auf Getreide mußte (anders als bei Wein, Oliven und anderen Fruchterträgen) in Naturalien entrichtet werden; die Bauern auf dem Königsland, die für ihre Ländereien noch dazu Pacht zu bezahlen hatten, mußten im Endeffekt an Pacht und Steuern zusammen über 50 Prozent ihrer Ernte abliefern. Was übrig blieb, nachdem der Landwirt und seine Familie sich ernährt hatten, wurde zum Kauf oder – was üblicher war – zum Tausch gegen andere lebensnotwendige Dinge verwendet. Wahrscheinlich beschränkte sich der Bauer auf dem Königsland weitgehend auf den Tauschhandel, ohne viel Gebrauch von Geldmünzen zu machen. Die Situation des Kleruchen war ein wenig leichter, insofern er nicht dermaßen viel Pacht abzuführen hatte, weil er einen Teil seiner Verpflichtung in Form des Militärdienstes abzuleisten vermochte.

Nicht alle Erzeugnisse konnten verkauft werden. Die Ptolemäer hatten nämlich außer den schweren Steuern, die sie eintrieben, zusätzlich noch viele Monopole errichtet. Ein bemerkenswertes Beispiel dafür ist das Monopol auf die ölerzeugenden Früchte, Sesam, Rizinusöl, Leinsamen, Safran und Rundkürbis; die diesbezüglichen Anordnungen sind in einem Gesetz aus dem Jahr 259 enthalten (P. Rev. Laws, col. 38–56: Select Papyri 203; Austin 236; vgl. S. 23). Anhand dieser Dokumente wird ersichtlich, wie der Staat eine vollständige Kontrolle über die Ölherstellung in jeder Phase ausübte, angefangen von der Aussaat der Pflanzen über die Verarbeitung in staatlichen, von den örtlichen Behörden überwachten Manufakturen bis zum Verkauf des Öls zu festen Preisen. Natürlich gab es Bestrebungen, diese Gesetze zu umgehen. Aus einem Papyrus aus dem Jahr 114 ergibt sich ein deutliches Bild von der Art und Weise, wie – manchmal mit persönlichem Risiko – die Auseinandersetzung mit dem Schwarzmarkt verlief. Apollodoros, der vertraglich berechtigt ist, mit Öl zu handeln und die damit verbundenen Steuern in Kerkeosiris einzusammeln, schreibt an Menches, den Dorfschreiber, wie er gehört habe, daß es »schwarzes« Öl im Haus des Sisois gebe, woraufhin er in Begleitung des Beauftragten des *oikonomos* dort eingedrungen sei, »da du und die übrigen Beamten mich nicht begleiten wollten«, von Sisois und dessen Frau aber angegriffen und hinausgeworfen worden sei. Als er später versuchte, Sisois einzusperren, überwältigte eine ganze Bande von dessen Freunden Apollodoros und seine Helfer, verprügelten sie und verletzten die Frau des Apollodoros an der rechten Hand. Apollodoros macht nun einen Verlust von zehn Kupfertalenten in Anbetracht seines Vertrages geltend, den er versucht, von den zuständigen Beamten ersetzt zu bekommen. Die Frage einer Entschädigung für die Körperverletzung wird jedoch nicht gestellt (P. Tebt. 39: Select Papyri 276).

Bergwerke, Steinbrüche, Salzgewinnung und die Gewinnung der (zum Walken benützten) Stoffe Salpeter und Alaun unterlagen ebenfalls dem staatlichen Monopol. Wir stoßen zudem in vielen anderen Wirtschaftszweigen auf eine derart straffe Kontrolle, daß sie einem förmlichen Monopol ziemlich nahekommt – zum Beispiel bei der Herstellung von Leinen, Papyrus und Bier (dem Nationalgetränk der Ägypter) –, oder auf eine Verbindung mit

Steuern bei der Vergabe von Lizenzen und Pachten, etwa in den Fällen der Imker, Schweinezüchter, Fischer und der meisten Händler. Wahrscheinlich trifft die Behauptung zu, daß kein Bereich der Landwirtschaft oder der Warenherstellung im ptolemäischen Ägypten dem regierungsamtlichen Interesse in der einen oder anderen Form entging; eine Kombination von hohen Steuern beinahe jeder denkbaren Sorte und festen Preisen bot die Gewähr dafür, daß die realen Gewinne in die Schatzkammern der Ptolemäer flossen. Ergänzend muß darauf hingewiesen werden, daß dieses System in gleicher Weise und zu dem gleichen Zweck in den auswärtigen Besitzungen der Ptolemäer angewendet wurde. An erster Stelle stand der Staat; in der offiziellen Ideologie wurde diese Priorität eingehämmert. »Niemand hat das Recht«, schrieb der *dioikētēs* an seinen *oikonomos,* »das zu tun, was er will, doch alles ist zum Besten geordnet« (P. Tebt. 703 Z. 230–232: Select Papyri 204; Austin 256).

Das ptolemäische System ist als eine ausgesprochene Planwirtschaft bezeichnet worden. Das ist eine mißverständliche Einordnung. In vielen Bereichen übernahmen die Ptolemäer einfach nur, was sie vorgefunden hatten, und pfropften das darauf, was sich infolge der Existenz einer neuen herrschenden Schicht aus Griechen und Makedonen einschließlich der Kleruchen als notwendig erwies. Die Einzelheiten ergaben sich oft aus ortsgebundenen Kompromissen; eine beachtliche Menge an Unzulänglichkeiten ist auch nicht zu leugnen. Das Ausbeutungssystem als solches war grobschlächtig und häufig unlogisch; es war mehr damit befaßt, Unregelmäßigkeiten auszuschließen als die effizientesten Ergebnisse zu erzielen. Seine eigentlichen Schwächen aber bestanden vermutlich in der offen eingestandenen Konzentration auf den einen Zweck, soviel Reichtum als möglich für den ptolemäischen Herrscher herauszupressen, und in seiner Vernachlässigung des Wohlbefindens der einheimischen Ägypter – wenn man von den schönen Worten, wie sie der *dioikētēs* an seinen *oikonomos* richtet, absieht.

Natürlich stieß das System auf Widerstand. Es lag im Interesse eines Ägypters, seine Notlage herauszustreichen und seine Zahlungsunfähigkeit zu übertreiben. Die Beamten sahen sich oftmals erbitterten Beschwerden jener Art gegenüber, für die der folgende Brief ein Beispiel abgibt; er wurde um die Mitte des dritten Jahrhunderts von Harentotes, einem Linsenröster aus Philadelphia, an Philiskos, wahrscheinlich den *oikonomos* in Krokodilopolis, geschrieben.

Ich habe im Monat einen Schuldbetrag von 35 *artabai* (an gerösteten Linsen) zu entrichten und ich tue mein Bestes, um die Steuer monatlich zu bezahlen, so daß du keine Klagen gegen mich hast. Jetzt rösten die Leute in der Stadt aber Kürbisse. Aus diesem Grund kauft zur Zeit niemand mehr Linsen von mir. Ich bitte und flehe dich an, daß mir, wenn du es für möglich hältst, mehr Zeit gewährt wird, um die Steuer an den König zu zahlen, gerade so wie es in Krokodilopolis gemacht worden ist. Die Leute setzen sich nämlich am Morgen geradewegs neben die Linsen hin und verkaufen ihre Kürbisse und lassen mir keine Gelegenheit, meine Linsen zu verkaufen.

(P.S.I. 402: Select Papyri 266)

Die niederen Beamten wurden mit derartigen Mitleid erregenden Beschwerden überschwemmt; dabei war es ihre Aufgabe, das Geld herbeizuschaffen.

Alexandreia

Das neue Element, das unter Alexander und danach unter den ersten Ptolemäern in Ägypten eingeführt wurde, bestand, wie wir gesehen haben, in einer herrschenden Schicht aus Griechen und Makedonen. Die Soldaten der Reserve wurden über das flache Land verteilt, da die Ptolemäer im Gegensatz zu den Seleukiden die Städte nicht bevorzugten, von denen Ägypten sowieso nur wenige besaß. Natürlich gab es Alexandreia, eine kosmopolitische Zusammenballung, das Herz der ptolemäischen Verwaltung, mit einer großen Bevölkerung aus Griechen, Makedonen, Juden und einheimischen Ägyptern. Dort befanden sich auch der königliche Palast und die Ministerien, aber verglichen mit Oberägypten und dem Faijum haben die Archäologen in Alexandreia beinahe nichts gefunden; der feuchte Boden hat sämtliche Papyri zerstört. Infolge einer Änderung des Meeresspiegels liegt ein erheblicher Teil der alten Stadt heute unter Wasser. Von Anfang an waren die Ptolemäer bestrebt, die ägyptische Bauernbevölkerung von der Niederlassung in Alexandreia abzuhalten; daß es vergeblich war, läßt sich aus Polybios' Schilderung der städtischen Bevölkerung in der zweiten Hälfte des zweiten Jahrhunderts entnehmen.

Die Einwohnerschaft besteht aus drei Klassen, erstens eingeborenen Ägyptern, erregbar und unruhig, zweitens den Söldnern, zahlreich, roh und aufsässig; denn schon in alter Zeit hielt man Söldner, die Waffen führten und wegen der Schwäche der Könige besser gelernt hatten zu befehlen als sich befehlen zu lassen. Die dritte Klasse bilden die eigentlichen Alexandriner, auch sie, aus denselben Gründen, nicht wirklich diszipliniert, aber doch besser als jene (Söldner *oder* beide Gruppen). Denn wenn sie auch von überallher zusammengewürfelt sind, so sind sie doch ihrem Ursprung nach Griechen und haben die allen Griechen gemeinsame Sitte nicht vergessen. (Polybios 34, 14, 1–5)

Alexandreia war somit weitgehend ein Sonderfall. Es wurde niemals ganz zu Ägypten gerechnet; seine offizielle Bezeichnung in römischer Zeit lautete »Alexandreia bei Ägypten«. Als das bedeutendste kulturelle Zentrum der hellenistischen Welt wird es weiter unten (in Kapitel 10) behandelt. Neben Alexandreia gab es noch Naukratis, eine alte griechische Ansiedlung, über die mehrere Jahrhunderte lang das Pharaonenreich den Handel mit der griechischen Welt abgewickelt hatte. Dazu kam Ptolemais in Oberägypten, die einzige ptolemäische Stadtgründung; sie ging auf Ptolemaios I. zurück. Sowohl die Traditionen des weitgehend zentralisierten ägyptischen Reiches als auch die Neigungen der ptolemäischen Dynastie richteten sich gegen die Gründung lokaler Zentren, da Städte eben zwangsläufig eine gewisse Autonomie erreichten, mochte sie auch noch so beschränkt sein. Eine zentralisierte Bürokratie war die beste Garantie für eine vollständige amtliche Kontrolle.

Zwei Volksgruppen in Ägypten

Schon vor Alexander hatten sich Griechen und Ägypter mit der Anwesenheit des jeweils anderen im Niltal abfinden müssen, doch erst mit der makedonischen Eroberung wurden die zwei unterschiedlichen Kulturen für beide Völker zum zentralen Problem. Während der Regierungszeit der ersten Ptolemäer gibt es kaum Nachweise einer tiefen Feindseligkeit zwischen den beiden Gruppen. Die Ägypter behielten ihre eigenen Gesetze und Gerichte; im zweiten Jahrhundert gab es besondere Gerichte, die sich mit Streitigkeiten zu befassen hatten, in die Ägypter und Griechen verwickelt waren, sowie königliche Richter *(chrēmatistai)* mit der Jurisdiktion über beide Völker. Aus der Regierungszeit von Ptolemaios II. ist eine Reihe königlicher Dekrete *(prostagmata)* mit Gesetzesgewalt überliefert, die gleichermaßen auf Griechen und Ägypter anzuwenden waren. Einige davon enthüllen – wie andere Dokumente auch –

eine beunruhigende Entwicklung, nämlich die Tendenz der Verwaltung, in die Rechtsprechung einzugreifen; so gibt beispielsweise im Jahr 259 Ptolemaios II. in einem Brief an seinen *dioikētēs* Apollonios Anweisungen

in Betreff gewisser Advokaten, die sich mit fiskalischen Fällen zum Schaden der Staatseinkünfte befaßt haben, weshalb du Befehl zu erteilen hast, daß jene, die als Advokaten gehandelt haben, dem König die zehnprozentige Kaution doppelt zu zahlen haben und es ihnen in Zukunft verboten ist, als Advokaten in irgendeinem Fall tätig zu werden.
(P. Amherst 33: Select Papyri 273)

Offenbar sollten die Behörden von keinen Beschwerdeführern mit Aussicht auf gesetzlichen Beistand belästigt werden.

Die Ägypter befanden sich insofern im Nachteil, als die neue herrschende Schicht ganz und gar aus Neuankömmlingen bestand. Die höheren Ränge der Beamtenschaft, die griechische Priesterschaft, die Kleruchen, die Inhaber der von den Königen geschenkten Ländereien, die Griechen von Alexandreia und den übrigen Städten sowie natürlich die Umgebung des Königs bildeten eine einzige Kaste, aus der selbst die wohlhabenderen einheimischen Ägypter ausgeschlossen waren. Der ägyptischen Priesterschaft, die sich ihrerseits als durchaus ebenbürtig mit den Neuankömmlingen hätte behaupten können, da die Tempel alt, reich und mächtig waren, gelang es nicht, dem Druck zu widerstehen, den der König ausübte, um sie wirtschaftlich in sein allgemeines System einzugliedern. Die Quellen ihres Reichtums wurden nunmehr auf das beschränkt, was zur Erhaltung der Tempel notwendig war. Das traf zumindest im dritten Jahrhundert zu. Später verbesserte sich ihre Situation, wie noch dargelegt wird.

Die engste Berührung zwischen den beiden Völkern spielte sich jedoch auf dem Land ab. Hier sind aus den Papyri Reibungen und Feindseligkeiten zu ersehen, die zu rassischen Ressentiments führten. In den Zenon-Papyri stoßen wir auf einen Kameltreiber – vermutlich einen Araber –, der sich darüber beklagt, daß er nicht ordnungsgemäß entlohnt worden sei, und dies der Tatsache zuschreibt, daß »ich ein Barbar bin« und daß »ich nicht weiß, wie man sich als Grieche benimmt *(hellēnizein)*« (P. Col. Zen. 66, Z. 19, 21). Ein wenig später – unter der Regierung von Ptolemaios III. – beschwert sich ein ägyptischer Priester aus hohem Rang, der in einen Rechtshandel mit einem bei ihm einquartierten Kleruchen verwickelt ist (das alte Übel!), daß der letztere »mich verachtet, weil ich ein Ägypter bin« (P. Yale 46, col. I, Z. 13). Manchmal war die Situation jedoch gerade umgekehrt. Ein gewisser Ptolemaios, Sohn des Glaukias, eines Makedonen, der in der Tempelanlage des Sarapis in Memphis lebt, beklagt sich bei verschiedenen Gelegenheiten in den Jahren 163, 161 und 158, daß er verfolgt worden sei, weil er ein Grieche – nicht ein Makedone! – sei (UPZ 7, 8, 15; Austin 257); das war allerdings kurz vor dem Aufstand des Dionysios Petosarapis, als eine gespannte Stimmung herrschte, und darüber hinaus mag persönliche Feindschaft gegen den betreffenden Mann eine Rolle gespielt haben. Deshalb wäre es unzulässig, verallgemeinernde Folgerungen aus einigen wenigen Textstellen dieser Art zu ziehen. In einem Zenon-Papyrus (P. Cairo Zen. 59.610) ist die Rede von der Schwierigkeit, Ägypter und Fremde zu gemeinsamer Arbeit zu veranlassen, doch scheinen die beiden Völker im wesentlichen auf der Basis eines vernünftigen *modus vivendi* miteinander ausgekommen zu sein.

Die Ägypter waren natürlich in wirtschaftlicher Hinsicht unterlegen und nahmen die unteren Ränge in der gesellschaftlichen Ordnung ein, da es auf dem Land wahrscheinlich keine Sklavenarbeit von nennenswertem Umfang gab. Die Sklaverei spielte eine Rolle in der Dienerschaft in Alexandreia wie in jeder anderen griechischen Stadt auch; bekannt ist ferner eine Weberei in Memphis, die Apollonios, dem *dioikētēs* von Ptolemaios II., gehörte und die mit Sklavenarbeit betrieben worden sein mag (P. Cairo Zen. 59.142). Die Existenz einer dem Namen nach freien Bauernschaft und der Umstand, daß alle Arten von Handarbeit (mit Ausnahme der Bergwerksarbeit) von freien Männern ausgeführt wurden, ließen jedoch keinen wirklichen Raum für Sklaverei außerhalb der Städte. Das Los der Bauern auf den Königsgütern war oftmals miserabel, doch blieb ihnen traditionsgemäß ein Ausweg: Arbeitsverweigerung mittels Davonlaufen, gewöhnlich gruppenweise; diese nicht selten angewandte Methode wurde mit dem festen Begriff *anachōrēsis* bezeichnet. Das Vorhandensein von Tempeln, die Asylrecht besaßen, begünstigte ein solches Verhalten. So muß zum Beispiel im Sommer des Jahres 256 Panakestor, der Verwalter des *dioikētēs* Apollonios und Vorgänger Zenons auf dessen geschenktem Gut, berichten, daß die Bauern auf dem Gut die Bedingungen des ihnen auferlegten Vertrages abgelehnt und in einem Tempel eine Zufluchtsstätte gefunden haben (P.S.I. 502). Um sie zur Arbeit zurückzuholen, ist er genötigt, die Art und Weise der Abgabenschätzung zu ändern. Anscheinend wird Panakestor selbst sich mit weniger begnügen müssen. Zwistigkeiten dieser Art, die sozialen Ursprungs waren, tendierten dazu, einen rassischen Aspekt anzunehmen, weil die Beamten, zumindest auf den höheren Ebenen, Griechen waren, die Bauern oder Arbeiter hingegen Ägypter. Dasselbe gilt für die Streitigkeiten wegen der Einquartierungen, die häufig in den Papyri ihren Ausdruck finden. So schreibt in einem Dokument aus der Mitte des dritten Jahrhunderts Ptolemaios II. an einen Untergebenen:

Was die Einquartierung der Soldaten anbetrifft, hören wir, daß hie und da mit unangemessener Gewalt vorgegangen worden ist. Wenn sie von den *oikonomoi* keine Unterkünfte erhalten, dringen sie selbst in die Häuser ein und besetzen sie mit Gewalt, indem sie die Bewohner hinauswerfen. Erteile deshalb Befehl, daß dies in Zukunft nicht mehr getan werden darf.

(P. Hal. 1, Z. 166–171: Corp. Ord. Ptol. 24; Select Papyri 207; Austin 249)

Er fährt mit der Beschreibung des korrekten Vorgehens, das zu beachten ist, fort, wobei er auf die Wiederinstandsetzung der Quartiere nach Verlassen dringt, und erläßt ein vollständiges Verbot jeglicher Quartiernahme in Arsinoe; falls Soldaten unbedingt dorthin müssen, sollen sie Hütten für sich errichten.

Im großen und ganzen hielten die Griechen selbst Abstand zu den Ägyptern. Es gibt allerdings Ausnahmen. Zu einigen Fällen von Eheschließungen der ärmeren Griechen, von denen wir an sich wenig wissen, mit Ägypterinnen gibt es seit dem Jahr 256 Hinweise. Die Widmung eines Schreins an die ägyptische Göttin Thoeris im Faijum, die zugunsten von Ptolemaios III. und Berenike »von Eirene und Theoxena, den Töchtern des Demetrios, die aus Kyrene stammen und deren Mutter Thasis war, und die auch die ägyptischen Namen Nephersuchus und Thaues tragen« (Wilcken, Chrestomathie 51, Z. 8–12) verfaßt wurde, belegt die ägyptische Seite einer Mischehe zwischen einem griechischen Mann und einer ägyptischen Frau. Den hier erwähnten Doppelnamen kommt eine andere Bedeutung zu als den Doppelnamen, auf die man oftmals bei Ägyptern stößt, die auf dem »Weg nach oben« sind, etwa den Inhabern von *klēroi* oder Männern, die für Griechen gehalten werden oder von den Griechen, mit denen sie in Berührung kamen, Anerkennung erfahren wollten; Beispiele dafür sind Menches, der Dorfschreiber von Kerkeosiris, der auch Asklepiades genannt wurde (P. Tebt. 164), oder Maron, der Sohn des Dionysios, ein *katoikos*, der früher Nektsaphthis, Sohn des Petosiris, hieß (P. Tebt. 61 a).

Auf einem Grabstein, über den unlängst berichtet wurde (Bull. Inst. franç. arch. or. 72 [1972] 139–167 Nr. 16), und der für einen Mann aus Magnesia namens Diphilos, Sohn des Thearos, aufgestellt worden war, wird die Mumie des Verstorbenen auf einer Totenbahre abgebildet, umgeben von verschiedenen übernatürlichen Gestalten, von denen eine den Kopf eines Schakals hat. Die Inschrift ist in einer Mischung aus griechischen Buchstaben und Hieroglyphen abgefaßt, wozu noch eine erläuternde demotische Inschrift gefügt ist. Dieser Stein, der aus dem frühen dritten Jahrhundert stammen dürfte, ist aber sicherlich eine Ausnahme und mag zu einer Familie gehören, die sich *vor* Alexander in Ägypten niedergelassen hatte. Die übliche Distanzierung der Griechen wurde noch verstärkt durch den Beitritt zum Gymnasion (s. S. 61ff.); es stellte nicht nur den Mittelpunkt ihrer Erziehung dar, wo die Heranwachsenden sich mit griechischer Literatur, Rhetorik und Mathematik beschäftigten und ihren Körper schulten, sondern es war auch der Brennpunkt ihres gesellschaftlichen Lebens und ihrer Kultur. Gymnasien gab es in Alexandreia, ebenso in den Hauptorten der Gaue und sogar auf dem Land. Ihre Ehemaligen, »die vom Gymnasion«, wie sie betitelt zu werden pflegten, bildeten Organisationen, die der Unterstützung dieser Einrichtung und der griechischen Lebensart gewidmet waren und als ein Klub oder Verein für alle jene fungierten, die eine griechische Erziehung und Ausbildung erhalten hatten; dabei wurden in zunehmendem Maß auch »Kulturgriechen« – die Leute mit Doppelnamen – dort aufgenommen. Bedauerlicherweise ist die genaue Beziehung zwischen »denen vom Gymnasion« und den als *politeumata* bekannten ethnischen Gruppen für die Ptolemäerzeit dürftig belegt. Allerdings ist bekannt, daß überall in Ägypten verstreute Griechen derartige *politeumata* bildeten, ebenso wie es andere ethnische Gruppen unter den Söldnern machten. Einen Sonderfall verkörpert das *politeuma* der in Alexandreia wohnenden Juden, die ihrem eigenen Ethnarchen unterstanden (s. Kapitel 12).

Soldaten

Bisher haben wir die Verhältnisse in Ägypten während der ersten hundert Jahre der ptolemäischen Herrschaft betrachtet.

Gegen Ende des dritten Jahrhunderts zeichnete sich jedoch ein Wechsel in den Beziehungen zwischen den beiden Gruppen ab. In seiner Darstellung der Zeitspanne nach dem Sieg von Ptolemaios IV. über den Seleukidenkönig Antiochos III. bei Raphia im Jahr 217 schreibt Polybios:

Für den König hat sich nämlich sein Entschluß, die Ägypter für den Krieg gegen Antiochos zu bewaffnen, zwar im Augenblick bewährt, für die Zukunft jedoch als ein schwerer Fehler erwiesen. Übermütig geworden durch den Sieg bei Raphia, waren sie nicht mehr bereit zu gehorchen, sondern suchten nach einem Führer oder einem, der diese Rolle spielte, überzeugt, sich im übrigen selber helfen zu können. Und das taten sie am Ende auch, nicht lange danach. (Polybios 5, 107, 1–3)

Die Situation ist komplizierter, als Polybios sie hier darstellt. Für den wachsenden Einfluß des ägyptischen Elements, wie er zweifelsohne seit 217 zu beobachten war, gab es mehr Ursachen als die Arroganz der 20000 einheimischen Soldaten, die zum erstenmal in die Phalanx aufgenommen worden waren. Ihre Anwerbung selbst lag bis zu einem gewissen Grad in einer finanziellen Verlegenheit begründet; darauf weist auf jeden Fall eine Verschlechterung der ägyptischen Währung unter Ptolemaios III. (246–221) hin. Ptolemaios IV. hielt ihre Anwerbung wohl für nötig, um einen Ausgleich für die Desertion von mehreren seiner Söldnerführer zu schaffen. Nach dem Krieg nahmen die finanziellen Probleme als eine Folge der Kriegslasten zu; das führte wiederum zu verstärktem Steuerdruck und wachsendem Widerstand gegen diesen Druck seitens der Bauern. Um die Verteidigung des Landes sicherzustellen, hatte sich Ptolemaios IV. zudem gezwungen gesehen, Zugeständnisse an die Priester zu machen, die nunmehr ihren Vorteil wahrnahmen. In einer auf Griechisch, Demotisch und in Hieroglyphen abgefaßten Inschrift, die das Dekret der Priestersynode festhält, die sich im November des Jahres 217 in Memphis versammelt hatte, um den Sieg zu feiern (als Raphiadekret oder Pithomstele bekannt*), wird Ptolemaios IV. mit der vollen Titulatur eines Pharao angesprochen, und zwar nicht nur in den ägyptischen Versionen, sondern auch in der griechischen. In der Folgezeit werden diese Titel stets aufgeführt, wie man sie auch in der berühmten Inschrift von Rosette aus dem Jahr 196 (OGIS 90; Austin 227) sehen kann, die zur Feier der Krönung von Ptolemaios V. im Herbst des Jahres 197 angefertigt wurde (s. S. 20).

* Vgl. H.-J. Thissen, *Studien zum Raphiadekret.* Meisenheim/Glan 1966.

Diese Zunahme des ägyptischen Einflusses und Selbstbewußtseins fiel zusammen mit einem lang hingezogenen Bürgerkrieg, in dem sich Oberägypten loslöste (es wurde von 207 bis 186 von eigenen Pharaonen nubischer Abstammung regiert), und mit dem Ausbruch eines vorwiegend einheimischen Räuberunwesens in Unterägypten einschließlich des Deltas. Derartige Anzeichen der Schwäche, wenn nicht gar des Zusammenbruchs des Regimes mögen teilweise auf eine nationalistische Stimmung zurückzuführen sein, aber in erster Linie spiegeln sie doch die wachsende soziale Notlage wider, die schon deshalb nationalistische Formen annahm, weil die Ausbeuterschicht aus Griechen bestand. Da der Zustrom der griechischen und makedonischen Einwanderer seit langem versiegt war, fühlten sich der König und sein Hof selbst geschwächt; von daher sah er sich gedrängt, wiederholt Zugeständnisse an die Tempel zu machen und Amnestien (euphemistisch als »Wohltaten« – *philanthrōpa* – bezeichnet) für die Bauern zu erlassen. Diese echten Zugeständnisse beraubten die herrschende Schicht aber ihrer Fähigkeit, entsprechende Einkünfte für die Zukunft sicherzustellen und schwächten so das Herrschaftssystem noch weiter – ein wahrer Teufelskreis.

Staatliche Zugeständnisse schlossen die Rückkehr zur Unterdrückung nicht aus – konnten es auch gar nicht; die allgemeine Tendenz begann jedoch sowohl die reichen als auch die armen Ägypter zu begünstigen. Nunmehr wurden Landparzellen für ägyptische Soldaten zugänglich *(machimoi);* den Nichtgriechen eröffneten sich auch Laufbahnen in der Bürokratie, insbesondere wenn sie eine griechische Ausbildung erwarben. Exemplarisch dafür ist Paos, der »einer der engsten Freunde« und General in der Thebais unter Euergetes II. (170–163, 145–116) war. Immer mehr Griechen und Leute mit griechischer Bildung wandten sich der Verehrung ägyptischer Götter zu, die sie oftmals mit jenen der Griechen gleichsetzten. So ist etwa eine Weihung von der Insel des Dionysos (Setis) am Katarakt (heute Essehel) aus dem späten zweiten Jahrhundert zugunsten von Ptolemaios VIII. Euergetes II. und Kleopatra und ihren Kindern durch Herodes, Sohn des Demophon von Berenike, oberster Leibwächter und General, und eine Vereinigung von Soldaten, die der Verehrung des Königshauses geweiht war, gerichtet an

Knoubis, der auch Ammon ist, Satet, die auch Hera ist, Anuket, die auch Hestia ist, Petempamentes, der auch Dionysos ist, Petensetis, der auch Kronos ist, Petensenis, der auch Hermes ist, die großen Götter und die übrigen Mächte, die den Katarakt beschirmen. (OGIS 130)

Die aufgeführten Götter sind alle lokale Gottheiten, die besänftigt werden mußten, vor allem da einige Mitglieder der Vereinigung Ägypter waren. Es war auch allgemein eine zunehmende Vermischung der Rassen einschließlich der Mischehen zu verzeichnen, wobei die Berührung um so seltener war, je höher jemand auf der gesellschaftlichen Rangleiter stand. Laut Plutarch (Antonius 27) war Kleopatra VII. die erste aus ihrer Dynastie, die der einheimischen Sprache mächtig war; sie bildete jedoch eine Ausnahme, da sie mindestens neun Sprachen beherrschte.

Religion

Die Weihegabe des Herodes wirft die Frage nach der Religion auf, die offensichtlich ein wichtiger Aspekt der Beziehungen zwischen Griechen und Ägyptern war. Die griechischen Einwanderer brachten natürlich ihre einheimischen Götter mit; die Ptolemäer waren jedoch von Anfang an bemüht, die altüberlieferten Götter in Ägypten zu ehren – was sie allerdings nicht davon abhielt, die Tempelländereien an sich zu ziehen und danach zu streben, die Macht der Priesterschaft zu brechen. Innerhalb des griechischen Pantheons erfuhr Dionysos eine besondere Ehrung durch Ptolemaios IV. (s. S. 216f.). Zwei Entwicklungen verdanken ihren Ursprung ausschließlich den Ptolemäern, der Kult des Königshauses und die Verehrung eines neuen Gottes, Sarapis.

Der Kult der Dynastie kann bis zu Alexanders Bestrebungen, sich die Vergöttlichung zu sichern, zurückverfolgt werden, obwohl es eigentlich schon früher Vorläufer für die Anbetung großer Männer in Griechenland gab; vermutlich besaß Alexandreia seit einem frühen Zeitpunkt einen Kult für Alexander als dem Stadtgründer. Das Wachstum des dynastischen Kults der Ptolemäer, dessen Anfänge unter Ptolemaios I. anzusetzen sind, wird jedoch am besten in dem allgemeinen Zusammenhang des Herrscherkults betrachtet, einer für die meisten hellenistischen Reiche typischen Erscheinung. Seine Entwicklung und Bedeutung sollen deshalb einer ausführlichen Behandlung in Kapitel 12 überlassen bleiben.

Die andere religiöse Erneuerung, für die Ptolemaios I. verantwortlich war, bestand im Kult des Sarapis. Verschiedene widersprüchliche Berichte über den Ursprung dieses Kults sind überliefert, doch ist es am wahrscheinlichsten, daß er aus einem Kult in Memphis hervorging; dort wurde der heilige Apisstier nach dem Tod mit Osiris gleichgesetzt und als Osor-Hapi verehrt (hellenisiert als Oserapis; siehe UPZ 1). Der alexandrinische Sarapis stellte eine Abwandlung des Osor-Hapi zu Memphis dar; laut Plutarch (Über Isis und Osiris 28: Moralia p. 326a) berieten der athenische Priester Timotheos und der hellenisierte ägyptische Priester Manetho (der eine Geschichte Ägyptens in Griechisch verfaßte) Ptolemaios I. bei der Einrichtung des Kults. Sein Ziel bestand vermutlich darin, die griechische Bevölkerung – vor allem die von Alexandreia – mit einer neuen Schutzgottheit zu versorgen, wenngleich der früheste Nachweis für einen Kult des Sarapis als eines spezifisch alexandrinischen Gottes sich in der Römerzeit findet. Sarapis war bei den Ägyptern niemals populär, doch fand sein Kult einen unerwarteten Anklang im Ausland; er taucht vor dem Ende des dritten Jahrhunderts mit einem ägyptischen Priester in Delos auf (IG XI 4, 1299) und breitet sich dann rasch über die griechische und später über die römische Welt aus. Sarapis wurde mit der Unterwelt in Verbindung gebracht, aber ihm eigneten auch einige Attribute eines heilenden Gottes.

Ausblick

Das ptolemäische Ägypten war die letzte der hellenistischen Monarchien, die Rom anheimfielen, doch lange, bevor Oktavian im Jahr 30 das Reich von Antonius und Kleopatra übernahm, waren die Verhältnisse anarchisch geworden. Aus den Papyri ergibt sich das Bild einer weitverbreiteten Korruption; die Bevölkerung stand der Bürokratie rundum feindselig gegenüber und rettete sich häufig in die Flucht, um den zunehmenden Forderungen seitens der königlichen Beamten zu entkommen. Letztere waren jeder wirklichen Kontrolle durch die Könige entglitten. Diese erließen in der Hoffnung auf die Erhaltung des Wohlwollens eine Reihe von Amnestien *(philanthrōpa)*, wie jene von Euergetes II. im Jahr 118 (s. S. 111); mit der letzten, die bekannt ist (etwa um das Jahr 60), wurden Zugeständnisse an die Reiterei-Kleruchen *(katoikoi)* des Gaues von Herakleopolis gemacht (Corp. Ord. Ptol. 71) und ihre Ansprüche auf erblichen Besitz ihrer Landparzellen ebenso bestätigt wie das Recht ihrer nächsten Verwandten, sie zu beerben, falls sie ohne Testament sterben sollten. Die Macht, der der König verlustig gegangen war, fiel in die Hände der Priester und gewisser einflußreicher Einzelpersonen, deren Fähigkeit, Flüchtlingen und anderen in Not befindlichen Leuten Schutz *(skepē)* zu bieten, die Verhältnisse im niedergehenden Römischen Reich ein halbes Jahrtausend später vorwegzunehmen scheint. Für den Zusammenbruch der ptolemäischen Herrschaft gibt es viele Gründe, von denen einige oben untersucht worden sind; zu ihnen muß aber noch eine unglückselige Außenpolitik, der Verlust an auswärtigen Märkten, die Einbußen infolge innerer Unruhen und Bürgerkriege, eine innenpolitisch unfähige Regierung, die Korruption in der Bürokratie und die Geldentwertung hinzugerechnet werden. Angesichts dieser traurigen Umstände fällt es schwer, nicht das Urteil von Edouard Will* zu wiederholen, wonach das ptolemäische Ägypten, das im Dienst von Interessen stand, die niemals seine eigenen waren, seinem eigenen Reichtum zum Opfer fiel.

* *Histoire politique du monde hellénistique.* Bd. I, Nancy ²1979, S. 200.

7. Die Seleukiden und der Osten

Landbesitz

In Ägypten standen die Ptolemäer und eine griechische Oberschicht einer einheimischen Bevölkerung mit einer mächtigen Priesterschaft und nationalen Überlieferungen, die vier Jahrtausende zurückreichten, gegenüber. Das ganze Land basierte auf dem Niltal und dem Delta. Die Länder, aus denen das rivalisierende Reich der Seleukiden gebildet war, stellten dazu beinahe in jeder Hinsicht das Gegenteil dar. So schwankte der Umfang ihres Herrschaftsbereichs zwischen dem Jahr 312, als Seleukos I. Babylon an sich riß (s. S. 52), und dem Jahr 129, als die auf den Tod von Antiochus VII. folgenden Einbußen der Dynastie nur mehr ein kleines Gebiet in Nordsyrien beließen, in extremer Weise. Im Jahr 303 wurde der fernere Osten zu den Herrschaftsgebieten des Seleukos hinzugeschlagen (Indien war allerdings verloren); in den nächsten zwanzig Jahren brachten er und sein Nachfolger, Antiochos I., den größten Teil Syriens, Mesopotamiens und Kleinasiens an sich. Von der Mitte des dritten Jahrhunderts ab löste sich jedoch Baktrien los und die Macht der Parther nahm zu; das Ergebnis war, daß alles östlich einer Linie, die sich vom Ostende des Kaspischen Meeres bis zur Mündung des Persischen Golfes zog, verloren war. Nicht einmal die Feldzüge, die Antiochos III. zwischen 210 und 205 in den Osten unternahm und die einen tiefen Eindruck bei den Griechen hinterließen (er legte sich deshalb auch den Beinamen »der Große« zu), hatten auf lange Sicht irgendeine Wirkung im ferneren Osten, auch wenn sie die seleukidische Machtstellung in Medien wiederherstellten.

Die seleukidische Macht in Kleinasien wurde ernsthaft erschüttert, als Seleukos II. (246–226) in einen Krieg mit seinem Bruder Antiochos Hierax geriet; er hatte ihn in Sardes festgesetzt, woraufhin Hierax die Galater (s. S. 60) zu Hilfe rief – mit verheerenden Auswirkungen. Die chaotischen Verhältnisse, die danach folgten, machte sich Attalos I. zunutze, dem das Fürstentum von Pergamon von seinem Onkel, dem Eunuchen Philetairos, einem halben Paphlagonier, der sich selbst während der Regierungszeit von Antiochos I. unabhängig gemacht hatte, vererbt worden war. Attalos erwarb sich großes Ansehen durch seinen Sieg über die Galater (Kelten); im zweiten Jahrhundert wurden die Attaliden – in erster Linie durch ihr frühzeitiges Bündnis mit Rom – zu einer Großmacht in Kleinasien, wobei sie von der geschwächten Stellung der Seleukiden profitierten. Nachdem nämlich Antiochos III. im Jahr 200 Koilesyrien an sich gebracht hatte, verlor er im Jahr 188 den größten Teil Kleinasiens; danach schrumpfte die Macht der Seleukiden allmählich zusammen, unter anderem auch infolge des jüdischen Aufstandes unter Führung der Makkabäer (s. S. 229ff.). Mit Recht läßt sich behaupten, daß der Gipfel der seleukidischen Macht bereits unter ihrem Begründer, Seleukos I., erreicht war.

Das andere Kennzeichen dieses Reiches ist die Vielfalt seiner Völker und Kulturen. Babylonien besaß eine alte Hochkultur, die der ägyptischen vergleichbar war, doch bestanden wenig Gemeinsamkeiten zwischen den griechischen Städten im westlichen Kleinasien und den iranischen Völkern in den östlichen Satrapien oder zwischen den Arabern im südlichen Palästina und den Neugründungen in Baktrien. Jegliche Einheit, die das seleukidische Reich aufweisen sollte, mußte ihm der König mit Hilfe der Bürokratie und des Heeres auferlegen. Antiocheia am Orontes, in Nordsyrien gelegen, war dem Namen nach die Hauptstadt, die Alexandreia entsprach. Sardes am Hermos, in Lydien gelegen, und Seleukeia am Tigris ergänzten Antiocheia jedoch als wichtige Verwaltungszentren und teilten mit ihm die Zuständigkeit für das weit ausgedehnte Reich. Insbesondere hatte sich der Statthalter von Seleukeia auch mit den oberen Satrapien von Medien, Susiana, Parthien und den noch weiter östlich gelegenen Gebieten zu befassen, so lange sie sich unter seleukidischer Kontrolle befanden.

Ebenso wie die Ptolemäer betrachteten die Seleukiden ihre Besitzungen als ein mit dem Schwert errungenes Gebiet. In aller Offenheit drückte diese Anschauung Antiochos III. bei einer Unterhandlung mit den Römern in Lysimacheia im Jahr 196 aus. Auf die Frage, weshalb er nach Thrakien übergesetzt habe, antwortete er nach dem Bericht des Polybios:

(Antiochos) sagte, nach Europa sei er mit den Streitkräften hinübergegangen, um seine Besitzungen auf der thrakischen Chersones und die Städte in Thrakien zurückzugewinnen. Denn er habe ein größeres Recht auf die Herrschaft über das Land als irgend jemand sonst. Es habe ehedem Lysimachos gehört, dann aber habe Seleukos (I.) Krieg gegen ihn geführt und ihn besiegt, wodurch das ganze Reich des Lysimachos ihm als speergewonnen zugefallen sei. (...) Er selbst nehme es jetzt nicht als Nutznießer an Philipps (V.) Unglück, sondern aufgrund seines eigenen Rechtsanspruchs wieder in Besitz. (Polybios 18, 51, 3–6)

Gleich den Ptolemäern und den anderen hellenistischen Königen regierten die Seleukiden mit der Unterstützung ihrer »Freunde« und einer griechisch-makedonischen Oberschicht, die von der einheimischen Bevölkerung, über die sie herrschte, gänzlich getrennt war. Eine Untersuchung der Zusammensetzung dieser herrschenden Schicht ergibt, daß Syrer, Juden, Perser und andere Iraner rund zwei Generationen lang völlig davon ausgeschlossen blieben; selbst später kamen sie, wie wir gesehen haben (s. S. 66f.), niemals auf mehr als 2,5 Prozent – ein Zahlenwert, der auf einer Untersuchung von mehreren hundert Namen fußt*. Bei den wenigen, die dort erscheinen, handelt es sich vornehmlich um Kommandeure von Einheiten einheimischer Soldaten. Eine Ausnahme, die tatsächlich die Regel bestätigt, ist Hannibal, der karthagische Feldherr im Exil, der Mitglied des Kriegsrates von Antiochos III. während des Krieges mit Rom war; seine Position war jedoch anomal und nicht unumstritten.

Die ausschließliche Verwendung von Griechen und Makedonen belegt ganz deutlich die Vorstellung des Seleukos, auf welche Weise er Zusammenhalt in seine heterogenen Herrschaftsgebiete bringen wollte. Wenn er die Perser als Partner bei der Herrschaftsausübung ablehnte, so befand er sich wahrscheinlich in Übereinstimmung mit der allgemeinen Einstellung seiner Freunde und seiner Soldaten. Alexanders Politik einer gemeinsamen Herrschaftsausübung (s. S. 36) hatte bei seinem Heer niemals Anklang gefunden. Die späteren Seleukiden gingen in dieser Ablehnung noch weiter. Antiochos I. war der Sohn des Seleukos und dessen baktrischer Gemahlin Apama, doch gab es später keine dynastischen Heiraten mit Iranierinnen mehr. Zweifellos bewies, wie Arnaldo Momigliano schrieb**, das seleukidische Regime eine tiefreichende Indifferenz gegenüber den Iraniern; das mag zu der Leichtigkeit beigetragen haben, mit der die Parther den gesamten Iran bis zum Euphrat noch vor dem Ende des zweiten Jahrhunderts an sich brachten.

* Chr. Habicht, *Die herrschende Gesellschaft in den hellenistischen Monarchien.* Vierteljahresschrift für Sozial- und Wirtschaftsgeschichte 45 (1958) 1–16, spez. 5.
** *Hochkulturen im Hellenismus.* BSR 190, München 1979, S. 146ff.

Bei der Konfrontation mit einer Vielfalt einheimischer Kulturen entschieden sich die Seleukiden dafür, ihre Macht auf dem aufzubauen, was ihnen vertraut war – die Kultur Griechenlands und Makedoniens. Deshalb mußten Einwanderer angeworben und in den Ländern Asiens angesiedelt werden; als Anreiz gewährten die Seleukiden Landschenkungen und gründeten Städte in einem Gebiet, in dem soziale Traditionen und wirtschaftliche Verhältnisse sich völlig von denen sowohl in Griechenland wie in Makedonien unterschieden. Zwar ist es gefährlich, aus Umständen, die sich von Gebiet zu Gebiet in beträchtlichem Ausmaß wandeln können, verallgemeinernde Schlüsse zu ziehen; doch eine Anzahl Inschriften vermittelt uns einen kleinen Einblick in die Bedingungen, unter denen die Bauern in Asien lebten, und in die Landschenkungen, die aufeinanderfolgende Könige ihren Freunden und anderen angedeihen ließen. Einige davon stammen aus dem dritten Jahrhundert, als Antigonos Kleinasien innehatte; es gibt aber keinen Grund zu der Annahme, Seleukos hätte irgendeine wesentliche Änderung in das System eingeführt, das er bei Antigonos angetroffen hatte. Auch Belege aus dem Reich von Pergamon können herangezogen werden, ohne daß man eine große Abweichung für die seleukidischen Gebiete befürchten müßte.

Eine Inschrift aus Sardes, die sich nicht genau datieren läßt, beschreibt ein Gut, das Antigonos einem gewissen Mnesimachos schenkte, im Detail:

Dies sind die [Einzel]posten, aus denen das Gut besteht, nämlich die Dörfer, die wie folgt heißen: Tobalmoura, ein Dorf in der Ebene von Sardis auf dem Hügel von Ilos; [zu] diesem [Dorf] gehören auch andere Dörfer, eines namens Tandos, sowie Kombdilipia; die jährlichen Abgaben *(phoros)*, die von den genannten Dörfern an die Chiliarchie des Pytheos zu leisten sind [. . .], betragen: fünfzig Goldstatere. (Nun werden weitere Dörfer und ihre Abgaben aufgezählt.) Es erhielten, als die Teilung stattfand, von all den Dörfern und den Parzellen *(klēroi)* und den dazugehörenden Wohnstätten und von den *laoi* mit all ihren Haushalten und Besitztümern und von den Weingefäßen und den Abgaben, die in Geld oder in Arbeit zu leisten sind, und von den Einkünften anderer Art, die aus den Dörfern zufallen, Pytheos und Adrastos ein Bauerngut in Tbalmoura (sic!) als besonderes Eigentum; außerhalb des Bauernguts sind die Häuser der *laoi* und *oiketai* und zwei Gärten . . . und Bauland in Periasasostra . . . sowie die *oiketai*, die an jenem Platz wohnen.

(Sardis VII 1 [1932] Nr. 1; Austin 181)

Zu dem Gut *(oikos)* gehören fünf Dörfer, verschiedene Parzellen *(klēroi)*, ein Bauernhof und mehrere Gärten, zusammen mit den Bauern; aufgezählt werden zudem Sklaven *(oiketai)*, wahrscheinlich Aufseher. Worum handelt es sich aber bei den in der Inschrift erwähnten Abgaben, die offensichtlich als Beweis für den Wert des Gutes gelten? Üblicherweise sieht man darin den Hinweis auf die Zahlung, die Mnesimachos, der Beschenkte, an die Regierung zu leisten hat, und zwar über verschiedene Chiliarchen, weil das Gut in einzelnen Teilen ihrer jeweiligen Jurisdiktion untersteht; er müßte diesen Betrag (und soviel mehr, wie ihm möglich war) aus den Pächtern herausholen, also den Inhabern der *klēroi* und den *laoi* (Bauern), die in den Dörfern lebten. Von Pierre Briant* ist aber geltend gemacht worden, daß die *laoi* ihre Abgaben weiterhin unmittelbar an die Chiliarchen bezahlten, die sie dann dem Mnesimachos aushändigten. Nach dieser Ansicht ist der letztere der Empfänger, nicht der Länderei mit ihren Bewohnern, sondern nur der daraus bezogenen Einkünfte; die *laoi* bleiben königliche Bauern.

Allerdings sind Fälle von dem König zugehörigen Bauern überliefert, die weiterhin in Dörfern lebten, die an Einzelpersonen übergeben worden waren. Ein Beispiel dafür bietet eine Inschrift (um 275 v. Chr.), die drei Briefe von Antiochos I. an Meleagros, den Statthalter *(stratēgos)* des hellespontischen Phrygien, enthält; sie handeln von Landschenkungen an Aristodikides aus Assos, die gemacht wurden, »weil er als unser Freund Dienste geleistet hat mit großem Wohlwollen und viel Hingabe«. Im ersten dieser Briefe steht eine Anweisung an Meleagros, die besagt:

Wenn die Königsbauern aus dem Gebiet, in dem Petra liegt, zu ihrem Schutz in Petra wohnen wollen, haben wir dem Aristodikides befohlen, sie dies tun zu lassen.

(OGIS 221, Z. 46–49; Welles, RC 11, 22–25; Austin 180)

Der Brief beweist aber nur, daß die *laoi*, die auf dem Land bei Petra lebten, welches in der Hand des Königs verblieb, nachdem Petra an Aristodikides übergeben worden war, gewöhnlich an diesem Ort wohnten und das auch weiterhin tun sollten. Nichts wird über den Status der *laoi* berichtet, die auf den Ländereien lebten, die tatsächlich dem Aristodikides übertragen waren; deshalb erfahren wir daraus nichts über die Lage der *laoi* auf dem Gut des Mnesimachos.

* *Actes du colloque 1971 sur l'esclavage (Besançon).* Paris 1972, S. 93–133.

Über den Status der *laoi* in Kleinasien und Palästina liegt aufgrund der Inschriften einiges an Informationsmaterial vor; für die Gebiete weiter östlich fehlen die Belege. Die *laoi* lebten in Dörfern, möglicherweise unter einem Komarchen, wenngleich ein derartiger Posten nur für das frühe vierte Jahrhundert, bei Xenophon und später in römischer Zeit bezeugt ist. Wenn die sogenannte »satrapische Wirtschaft«, die in der pseudo-aristotelischen Schrift *Oikonomika* (2, 1) skizziert ist, auf jener Kleinasiens im frühen dritten Jahrhundert basiert – was eine plausible Vermutung ist –, dann entrichteten die dortigen *laoi* den Zehnten, wohingegen sie in Koilesyrien anscheinend eine feste Abgabe zu zahlen hatten. Eine wichtige Inschrift, die auf die Stellung der *laoi* Bezug nimmt, stammt aus dem Apollontempel in Didyma und enthält einen auf 254/53 zu datierenden Brief, in dem Antiochos II. an Metrophanes, der vermutlich der Statthalter der hellespontischen Satrapie war, das Folgende berichtet:

Wir haben an Laodike (Antiochos' geschiedene Gemahlin) verkauft Pannoukome und das Herrschaftsgebäude *(baris)* und das zu dem Dorf gehörende Land, das begrenzt wird von dem Gebiet von Zelia und dem von Kyzikos und von der alten Straße, die vordem oberhalb Pannoukome verlief, die [aber von] den benachbarten Bauern aufgepflügt wurde, damit sie Platz für sich selbst gewinnen konnten – die heutige [Straße nach Pannakoume] ist später entstanden – und jegliche Weiler *(topoi)*, die auf diesem Land sein mögen, und die *laoi*, die dort leben mit ihren Haushalten und ihrem Hab und Gut und mit dem Einkommen aus dem neunundfünfzigsten Jahr, zu einem Preis von dreißig Silbertalenten, und gleicherweise alle *laoi*, die von diesem Dorf in andere *topoi* gezogen sind, zu den Bedingungen, daß sie (Laodike) keine Steuern an die Schatzkammern zu zahlen hat und daß sie das Recht hat, die Länderei mit jeglicher Stadt, die sie aussucht, zu verbinden.

(OGIS 225, Z. 1–10; Welles, RC 18, 1–14; Austin 185)

In dieser Transaktion, die für Laodike sehr vorteilhaft war und wahrscheinlich eine Scheidungsabfindung darstellt, waren die *laoi* einwandfrei miteingeschlossen; sie gehörten offensichtlich zum Dorf, selbst wenn sie anderswo hingezogen waren. Nichts weist darauf hin, daß ein solcher Umzug illegal war wie in den Fällen der *anachōrēsis*, die im ptolemäischen Ägypten vorkamen; ein Umzug schnitt aber nicht die Bande zum Herkunftsort ab und machte auch nicht von den Verpflichtungen frei, die mit einer solchen Verbindung zusammenhingen. Andererseits bieten diese Inschriften aber auch keine Anhaltspunkte für die

Annahme, daß der König lediglich die Einkünfte übertrug; sie beginnt mit den unzweideutigen Worten: »Wir haben an Laodike verkauft«, wobei die *laoi* in den Handel miteingeschlossen sind, nicht nur die Steuern, die sie bezahlen. Im Ganzen betrachtet spricht deshalb diese Inschrift gegen die Auffassung, daß Mnesimachos nicht im Besitz seines Gutes war, sondern nur in den Genuß von dessen Einkünften kam.

Aus dem Brief des Antiochos an Metrophanes ergibt sich fernerhin, daß Laodike ihr neues Gut an eine Stadt, die sie aussucht, anschließen kann. Eine ähnliche Verfügung ist in dem ersten Brief von Antiochos I. an Meleagros (s. S. 130) enthalten; sie besagt, daß das Land, welches dem Aristodikides übertragen wurde (die genaue Lage des zweiten Stückes ist der Entscheidung des Meleagros selbst überlassen), entweder dem Stadtgebiet von Ilion oder dem von Skepsis angefügt werden soll. Ein weiterer Brief, den Meleagros an die Stadt Ilion gerichtet hat, besagt, daß der Pfründenempfänger sich für diesen Ort entschieden hat. Wenn man hiermit den Brief, der das Gut der Laodike betrifft, vergleicht, muß man davon ausgehen, daß es für die Empfänger von Ländereien üblich war, aufgefordert zu werden, ihre Pfründen an Städte anzuschließen. Es wäre jedoch vorschnell, daraus zu folgern, daß sämtliches in privater Hand befindliche Land notwendigerweise an eine Stadt angeschlossen werden mußte. Eine Inschrift, die unweit von Beth Shean (Skythopolis) in Israel entdeckt worden ist*, berichtet von Ptolemaios, dem ersten seleukidischen Statthalter von Koilesyrien und Phoinikien nach der Inbesitznahme durch Antiochos III. im Jahr 200, daß ihm verschiedene Dörfer gehörten, »einige als privates Eigentum, andere in Erbpacht und wieder andere, die mir auf deinen (Antiochos' III.) Befehl hin übertragen worden sind«. In dem Text der Inschrift gibt es keinerlei Hinweise, daß eines dieser Dörfer an das Territorium einer Stadt, zum Beispiel Skythopolis, angeschlossen war. Natürlich ist es möglich, daß die Bedingungen in Palästina von denen in Kleinasien verschieden waren. Unbekannt ist, ob in den Fällen, in denen ein Gut an eine Stadt angeschlossen wurde (wie in dem Fall des Guts der Laodike oder bei der Landschenkung an Aristodikides), diese Verbindung irgendeine Änderung im rechtlichen Status der *laoi* bewirkte. Aus den Inschriften scheint eine große Vielfalt an Formen und Möglichkeiten auf; es besteht

* Y. H. Landau, Israeli Exploration Journal 16 (1966) 54–70.

kein Zweifel, daß viele Dörfer über Jahrzehnte hinweg schrittweise eine genossenschaftliche Gliederung errangen. Nach einer kürzlich veröffentlichten Inschrift* kamen die *laoi* aus zwei Dörfern in einer Versammlung zusammen und verabschiedeten eine Verfügung (im Jahr 267); das ist lediglich eine von vielen möglichen Formen der Entwicklung, die unter Umständen zur Gründung einer Stadt führen konnte, wie Michael Wörrle gezeigt hat.

Zu den Landschenkungen an Einzelpersonen kommen auch noch nachgewiesenermaßen die Schenkungen an Tempel. In Kleinasien gab es viele alte Tempelinstitutionen mit Ländereien, tempelzugehörigen *laoi,* einem erblichen Hohenpriester sowie oftmals Eunuchen und Tempelprostituierten. Strabon führt im zwölften Buch eine Liste der bedeutenderen Tempel mit ihren hauptsächlichen Eigenheiten und Tabus auf. Gemäß einer Inschrift (SEG 20 [1964] 411) aus Ikaros – der Insel Failaka vor Kuwait im oberen Teil des Persischen Golfes –, wo ein Tempel der Artemis (in Wirklichkeit handelte es sich wahrscheinlich um eine semitische Göttin) stand, führte der König einen Synoikismos durch, verlegte den Tempel und behandelte das Tempelland, als wäre es sein eigenes. Bei anderen Gelegenheiten wurden hingegen königliche Ländereien auf einen Tempel übertragen. So enthält etwa eine kaiserzeitliche Inschrift (OGIS 262; Welles, RC 70; Austin 178), die sich am Nordausgang des dem Zeus (Baal) geweihten Tempelbezirks von Baitokaike bei Apameia in Nordsyrien befindet, einen Brief von einem Antiochos (um welchen es sich dabei handelt, ist ungeklärt), in dem das Dorf Baitokaike, welches vormals einem gewissen Demetrios (wahrscheinlich ein Makedone) gehört hatte, dem Tempel überschrieben wird »mit all seinem Eigentum und Besitz« – eine Formulierung, die wahrscheinlich auch die *laoi* miteinbegriff. Ob nun diese Ländereien einschließlich des Dorfes früher dem Tempel gehört hatten (was die Ansicht von Heinz Kreissig** ist) und dem Demetrios geschenkt worden waren, wissen wir nicht; falls dem so war, fiel das Dorf mutmaßlich mit dem Tod des Demetrios an den König zurück. Nun scheint es jedenfalls mit sämtlichen Besitzungen an den Tempel abgetreten worden zu sein. Somit sind die Besitzverhältnisse bei Tempelland nicht

* M. Wörrle, Chiron 5 (1975) 59–87; Austin 142.

** *Wirtschaft und Gesellschaft im Seleukidenreich.* Berlin 1978, S. 110.

endgültig zu klären; es scheint aber vieles dafür zu sprechen, daß sich die Rechte der Tempel – ebenso wie in Ägypten – im Lauf der Zeit immer mehr durchsetzten.

katoikiai

Das Erscheinen einer 16000 Mann starken »Phalanx der Makedonen« in der Schlacht bei Magnesia im Jahr 189 v. Chr. (Appian, Syriake 32, 161) setzt die Existenz regulärer »makedonischer« Truppen im Seleukidenreich voraus; ob es sich bei ihnen allen um Makedonen im ethnischen Sinn gehandelt hat, läßt sich nicht mit Sicherheit sagen. Der Vorbeimarsch von wenigstens 20000 »Makedonen« in dem großen Festzug, den Antiochos IV. im Jahr 166 in Daphne veranstaltete (Polybios 30, 25, 5), ist als Beweis wenig überzeugend; bei einer derartigen Gelegenheit könnte die Zahl durch das Auffüllen mit orientalischen Soldaten, die für eine Aufstellung in der Schlachtreihe ungeeignet waren, erreicht worden sein. Am wahrscheinlichsten ist wohl, daß diese Makedonen in militärischen Niederlassungen auf dem Land untergebracht waren, die als *katoikiai* bekannt sind. Manche mögen tatsächlich als einzelne gesiedelt haben wie die ägyptischen Kleruchen – die *klēroi* auf den Ländereien, die dem Mnesimachos geschenkt worden waren (s. S. 129), könnten diesen Status besessen haben. Wenn dem so war, dann hatte der König einwandfrei das Besitzrecht zurückerhalten, denn sie waren in dem Gut des Mnesimachos miteinbegriffen. Kleruchische Niederlassungen sind im Reich von Pergamon zu finden; eine in Bruchstücken erhaltene Inschrift (Welles, RC 51), die nicht mit Sicherheit zu datieren ist, befaßt sich mit der Größe und der Erblichkeit von *klēroi*; es scheint wohl so gewesen zu sein, daß in Pergamon die Soldaten, denen sie gewährt wurden, oft in Ansiedlungen zusammengefaßt waren, die wie unter den Seleukiden *katoikiai* hießen. Drei zusammengehörende Dokumente aus Smyrna berichten über komplizierte Verhandlungen mit Magnesia am Sipylos, die damit endeten, daß den in Magnesia und an der offenen Außenseite der Stadt stationierten seleukidischen *katoikoi* (in diesem Fall wahrscheinlich einfache Soldaten) das Bürgerrecht in Smyrna gewährt und später die Vereinbarung auf eine Gruppe von *katoikoi* ausgedehnt wurde, zu der auch ein Trupp Perser gehörte, die früher in Magnesia stationiert gewesen waren, sich aber nunmehr in einer nahegelegenen Festung namens Palaimagnesia befanden. Das dritte dieser Dokumente hält im Hinblick auf die Gruppe in Palaimagnesia fest:

Es wurde entschieden, daß sie Bürger sein und alle die Rechte besitzen sollen, die andere Bürger besitzen; die beiden Landparzellen *(klēroi)*, die der rettende Gott Antiochos I. ihnen gewährt hat und von denen Alexander (wahrscheinlich ein Freund von Antiochos I.) geschrieben hat, werden vom Zehnten freibleiben; sollte das Land, das jene besitzen, die vormals *katoikoi* in Magnesia waren, in die Grenzen unserer Stadt miteinbezogen werden, sollen die drei Parzellen frei bleiben und ihre gegenwärtige Befreiung von der Steuer wird weitergelten.

(OGIS 229, Z. 100–102; StV III 492; Austin 182)

Die *katoikoi* in Palaimagnesia sind also Inhaber von *klēroi*, die ihnen eindeutig als einer Gruppe, nicht als Einzelpersonen, zugeteilt worden waren; die Anwesenheit von Persern zeigt, daß derartige Niederlassungen nicht den Griechen und Makedonen vorbehalten waren. Allerdings wäre das im weiteren Verlauf der Zeit nicht mehr durchführbar gewesen. In einem Brief an seinen Befehlshaber Zeuxis schrieb, wie Josephus berichtet, Antiochos III.:

Als ich vernommen hatte, daß in Lydien und Phrygien Unruhen ausgebrochen seien, glaubte ich, denselben die größte Beachtung schenken zu müssen. Ich habe mich nun mit meinen Freunden beratschlagt, was zu tun sei, und beschlossen, in den Festungen und den am meisten gefährdeten Plätzen zweitausend jüdische Familien aus Mesopotamien und Babylonien mit der nötigen Ausrüstung anzusiedeln.

(Josephus, Ant. Jud. 12, 3, 4)

Er fährt fort, indem er Anweisungen erteilt, das Land für den Häuserbau zu parzellieren, Landwirtschaft zu treiben, und Saatkorn sowie eine zehnjährige Steuerbefreiung für das gewachsene Getreide zu gewähren. Ob dieser Brief nun echt ist oder nicht, er liefert einen überzeugenden Bericht davon, wie eine militärische *katoikia* errichtet worden sein mag.

Solche militärischen Niederlassungen erfüllten einen dreifachen Zweck. Im Unterschied zu Alexanders Ansiedlungen gab es in ihnen kaum Veteranen, sondern hauptsächlich aktive Soldaten. Sie bildeten deshalb eine Reserve militärisch geübter Männer, auf die sich der König im Kriegsfall stützen konnte. In Friedenszeiten dienten die Mitglieder solcher Niederlassungen als Garnisonssoldaten, die die Ordnung aufrechterhielten und angreifbare Punkte gegen Eindringlinge verteidigten; sie oblagen zudem ihren zivilen Beschäftigungen, in erster Linie der Bebauung des Landes. Dennoch ist nicht jede anatolische *katoikia* eine Soldatenansiedlung. Es existieren Berichte über mehrere Dutzend ziviler *katoikiai*; viele, wenn nicht sogar die meisten ihrer Mitglieder kamen aus der einheimischen Bevölkerung und standen, falls sich die Notwendigkeit ergab, ohne Zweifel ebenso für die Einberufung zur Verfügung wie die militärischen *katoikoi*. Bedauerlicherweise ist es in vielen Fällen nicht möglich, mit Sicherheit zu sagen, welche Art von *katoikia* gerade vorliegt. Militärische *katoikiai*, die als solche zu erkennen sind, finden sich hauptsächlich im westlichen Kleinasien, und zwar sowohl auf seleukidischem als auch auf pergamenischem Gebiet. Die Attaliden siedelten verschiedentlich Söldner auf diese Weise an, Gallier (Kelten) miteingeschlossen. Erschreckt durch das störrische Verhalten seiner galatischen Söldner, versprach ihnen Attalos im Jahr 218,

> sie für jetzt an die Übergangsstelle (von Europa nach Asien) zurückzuführen, und ihnen geeignetes Land zur *katoikia* zu geben, für später, sie bei der Durchsetzung aller erfüllbaren und gerechtfertigten Wünsche zu unterstützen. (Polybios 5, 78, 5)

Der Organisation nach – insbesondere wenn es sich bei den *klēroi* um eine Inhabergemeinschaft handelte – ähnelten die *katoikiai* völlig den Dörfern, welche die Haupteinheiten der Gesellschaftsstruktur und der Produktion überall auf dem Land in Anatolien darstellten. Die Dörfer wurden natürlich von den Bauern, *laoi*, bewohnt, die Steuern in Naturalienform an die Landeigentümer entrichteten; gewöhnlich waren sie an das Dorf gebunden, doch die Möglichkeit, daß ihnen ein Umzug gestattet wurde, ist bereits oben (S. 130f.) erörtert worden. Einige Dörfer lagen auf städtischem Grund und Boden; in diesen Fällen bestand die Möglichkeit (freilich nicht mit Sicherheit) einer Verbesserung des Status als Einwohner (wie es den *katoikoi* in Palaimagnesia gelang). Andere Dörfer, die weiter im Osten gelegen waren, bildeten den Kern eines Tempelguts oder befanden sich auf Land, das einem Tempel gehörte. Die *katoikiai* standen also in vielen Punkten dem Dorf nahe, aber sie besaßen, vor allem wenn sie mit Makedonen besetzt waren, die Aussicht, in den Rang einer Stadt erhoben zu werden und dadurch eine neue Verwaltungsgliederung und viele speziellen Vorteile zu erwerben.

Die Gründung einer Kette neuer griechischer Städte, die sich über ihre ganzen Herrschaftsgebiete bis Baktrien und Sogdiana im ferneren Osten erstreckten, stellte die eindrucksvollste Leistung der Seleukidendynastie dar. Im Unterschied zu den alten Städten in Griechenland und im westlichen Kleinasien waren sie gewöhnlich nach einem geradlinigen Gittermuster angelegt, wobei natürlich auf die Beschaffenheit der Örtlichkeit Rücksicht genommen wurde. Ein gutes Beispiel dafür ist Priene, das um 350 wiederbegründet und nach einem solchen Plan angelegt ist. Soweit die neuen Städte sich gut entwickelten, boten sie ein hohes Ausmaß an Annehmlichkeiten. Eine lange Inschrift aus Pergamon, der Hauptstadt der Attaliden, beschäftigt sich im einzelnen mit den Aufgaben der *astynomoi,* der städtischen Beamten, die für die Beschaffenheit der Straßen, die Wasserversorgung und die öffentlichen Badeanstalten verantwortlich waren; die Geldstrafen für Verstöße gegen die Vorschriften sind genau aufgeführt (OGIS 483; Austin 216).

Der Großteil dieses Kolonisationswerkes fällt in die Regierungszeit der drei ersten Seleukidenkönige Seleukos I. (312 bis 281), Antiochos I. (281–261) und Antiochos II. (261–246). Einige Stadtgründungen im Osten gehören der Ära von Antiochos IV. (175–164) an, jedoch sind es weniger, als oft angenommen worden ist. Einzelheiten der Kolonisation sind fast überhaupt nicht überliefert. Die Bedeutung des griechischen und insbesondere des makedonischen Elements läßt sich jedoch aus den Namen der Ansiedlungen ableiten, von denen viele von den Landschaften und Städten Makedoniens und Nordgriechenlands übernommen sind. So finden wir in Nordsyrien, das Seleukos I. zum Kernland seines Reiches erwählte, Landschaften namens Pierien und Kyrrhestike, und daneben Städte, die Europos, Beroia, Edessa, Kyrrhos, Perinthos, Maroneia oder Apollonia heißen; in Palästina gab es Dion und Pella, in Mesopotamien Anthemousia, Ichnai und Ainos, in Medien Europos (ein anderer Name für Rhagai), in Persien Tanagra und Maitona (falls es sich hierbei um Methone handelt), in Baktrien oder Sogdiana Thera, Rhoitea und vielleicht Argos, an der arabischen Seite des Persischen Golfs Arethousa, Larissa und Chalkis. Die Existenz dieser Namen ist gelegentlich zum Beweis der Auffassung benützt worden, die Seleukiden hätten ohne Zweifel ein »makedonisches« Reich zu schaffen versucht; das ist jedoch eine allzu gewagte Schlußfolgerung. Viele dieser Namen mögen den spontanen Einfällen von Soldaten entstammen, die sich gern an die Heimat erinnern wollten, ähnlich wie bei den zahlreichen Ortsnamen in Nordamerika. Das Bestreben der Dynastie läßt sich deutlicher an den dynastischen Namen ablesen, die den bedeutenderen Gründungen und daneben noch vielen anderen verliehen wurden.

Zunächst einmal gab es die vier großen Städte in Nordsyrien: Antiocheia, die Hauptstadt, die wegen ihres Parks in Daphnai berühmt war und bis zur Regierungszeit von Antiochos IV. allmählich schrumpfte; Seleukeia in Pierien, die Hafenstadt Laodikeia am Meer; schließlich Apameia am mittleren Orontes, ein großes militärisches Zentrum, wo die Seleukiden ihre Reiterei und ihre Elefanten stationiert hatten. Die früheste Gründung des Seleukos in Babylonien war Seleukeia am Tigris, das als Verwaltungszentrum diente und den griechisch-makedonischen Einfluß in ganz Mesopotamien trug. Zusätzlich zu diesen Hauptgründungen wird aus allen Teilen des Reiches von einer Unzahl von Städten mit dynastischen Namen berichtet, die von denen der seleukidischen Könige und ihrer Gemahlinnen abgeleitet waren. In Syrien gab es zum Beispiel Laodikeia am Libanon und Antiocheia in Kyrrhestike, ein weiteres Apameia beherrschte den Euphratübergang bei Zeugma, und im nördlichen Mesopotamien fanden sich Antiocheia-Nisibis in Mygdonien und Antiocheia-Edessa (dessen einheimischer Name Orrhoe war) an der Biegung des Euphrats. Weiter im Osten wurden vielen alten Städten ein griechisches Aussehen und ein dynastischer Name verliehen. Susa wurde in Seleukeia am Eulaios umbenannt, und später, unter Antiochos IV., wurde Babylon wiedererrichtet, wie wir aus einer dort gefundenen Inschrift (OGIS 253) aus dem Jahr 167/66 wissen; der König wird darin als »Retter Asiens und Gründer und Wohltäter der Stadt« bezeichnet. Es gab noch viele weitere dynastische Gründungen, von denen manche heute nicht mehr als bloße Namen sind: Seleukeia in Susiana, Seleukeia am Erythraiischen Meer (also am Persischen Golf), Apameia in Mesene, Antiocheia in Persien (heute Buschir) und viele mit dem ursprünglichen Namen Alexandreia, die als Antiocheia wiederbegründet wurden. In Kleinasien etwa lagen Laodikeia Kaumene (»die Verbrannte«), Apameia-Kelaina, Seleukeia am Kalykadnos, Laodikeia am Lykos und viele mehr. In ihrer Gesamtheit zeigen sie mit aller Deutlichkeit die Absicht der Seleukiden, den persönlichen Charakter ihrer Herrschaft und die Rolle des Königs und seiner Familie als des einigenden Faktors im Reich zu betonen.

Ob diese Städte nun makedonische oder dynastische Namen trugen, sie unterschieden sich jedenfalls in enormer Weise in ihrer Beschaffenheit. Es läßt sich unterscheiden zwischen den alten griechischen Städten an der ägäischen Küste, wie etwa Smyrna und Ephesos, Neugründungen wie Seleukeia am Tigris, einheimischen Städten, die dynastische Namen erhielten wie Jerusalem, das nun Antiocheia hieß (2. Makk. 4, 9; s. S. 229f.), und einheimischen Städten, die völlig hellenisiert wurden, um Verwaltungszentren mit Beamten und mit einer Garnison zu werden. Die Ausmaße des griechischen und makedonischen Einflusses in den eigentlichen Neugründungen wechselten von einer Stadt zur anderen erheblich. Eine Inschrift* aus dem zweiten Jahrhundert belegt, daß es in Laodikeia am Meer städtische Beamte gab, die *peliganes* genannt wurden. Das Wort *peligan* hängt mit einem in Epeiros und Makedonien vorkommenden Wort zusammen, das »alt« bedeutet (Strabon 7, Frg. 2 p. 329) – ein Hinweis auf ein starkes balkanisches Element in der ursprünglichen Einwohnerschaft von Laodikeia. Die gleichen Folgerungen kann man für Seleukeia am Tigris ziehen, weil das merkwürdige Wort *adeiganes,* mit dem Polybios die Beamten dieser Stadt an einer Stelle (5, 54, 10) bezeichnet, nunmehr mit Sicherheit in *peliganes* verbessert werden kann. Vermutlich haben aber in beiden Städten auch Orientalen gelebt, wie es in Apameia in Kleinasien der Fall war; wie Strabon (12, 8, 15) nämlich berichtet, »war es Kelaina, dessen Bewohner Antiochos (I.) Soter in das heutige Apameia umziehen ließ, die Stadt, die er nach seiner Mutter Apama benannt hatte«. Einige Städte wurden von Kolonisten gegründet oder wiederbelebt, die auf das Gesuch des Königs aus einer der alten griechischen Städte gesandt worden waren; ein Beispiel dafür ist Antiocheia in Persien, dem Kolonisten aus Magnesia am Mäander zugeteilt wurden (s. S. 64). Wie aber bereits oben (S. 135) dargelegt wurde, verlieh Smyrna seinerseits sein Bürgerrecht an eine Einheit mit persischen Soldaten aus Palaimagnesia. Stratonikeia in Karien enthielt einige karische Demen.

Der Status einer Stadt schloß die in Griechenland normalen Organisationsformen mit ein: Phylen, einen Rat, Beamte, ein

* P. Roussel, *Décret des Péliganes de Laodicée-sur-Mer.* Syria 23 (1942/43) 21–32.

(gewöhnlich in Demen aufgeteiltes) Territorium, ein Stadtrecht und zumindest eine einfache Finanzverwaltung. Eine Stadtmauer zur Verteidigung war im allgemeinen notwendig und eine Volksversammlung üblich, wenn auch nicht überall vorhanden. Die wirtschaftliche Lebensgrundlage bildete im allgemeinen der Ackerbau, ob er nun von den Bürgern oder von unterjochten Bauern ausgeübt wurde; in den östlichen Städten scheint es eine Zunahme an Handel und Gewerbe gegeben zu haben, obwohl das weit eher den Umfang als grundsätzlich neue Wesenszüge betraf (s. Kapitel 9). Nach außen agierten die Städte, von denen wir Genaueres wissen, wie souveräne Staaten, indem sie Dekrete erließen und Gesandte mit anderen Staaten und Städten austauschten; es ist oft darauf hingewiesen worden, daß auf jeden Fall die älteren Städte an der ägäischen Küste tatsächlich echte Unabhängigkeit besaßen. Das ist jedoch eine bezweifelbare Annahme. Alexander konnte, wie wir (S. 40) sahen, Priene für »frei und selbständig« erklären und sich dennoch ausgiebig in die Angelegenheiten der Stadt einmischen und »Beiträge« von ihr erzwingen; Antigonos I. erklärte in Tyros im Jahr 314 alle Griechen für »frei, selbständig und ohne Besatzung« (s. S. 52) und bezeichnete später in seinem Brief an Skepsis die Durchsetzung dieses Ziels als sein Hauptanliegen zur Zeit des Friedens von 311 (s. S. 53f.), zeigte aber keine Verlegenheit, die Erklärung zu mißachten, wann immer es seinen Absichten dienlich war. Zum Beispiel griff er in Kyme ein, um einen Gerichtshof aufzustellen (OGIS 7), und sandte (um 303) detaillierte Anweisungen nach Teos, um einen Synoikismos zwischen Teos und Lebedos (Syll.[3] 344; Welles, RC 3–4; Austin 40) zu regeln; das fand in beiden Städten wenig Anklang, wie aus den Bezugnahmen auf Verzögerungen in den Briefen zu ersehen ist. Schon früher wurden, wie wir von Strabon (13, 1, 52) erfahren, »die Bürger von Skepsis durch Antigonos nach Alexandreia (Troas) eingegliedert, dann aber durch Lysimachos freigegeben, damit sie in ihre eigene Heimat zurückkehren konnten«. Wahrscheinlich intervenierte Lysimachos in ähnlicher Weise, um den Synoikismos von Teos und Lebedos zu Fall zu bringen.

Willkürakte dieser Art hielten jedoch Antigonos und nach ihm die Seleukiden nicht davon ab, den Anspruch auf die Befreierrolle zu wiederholen. Es war ein Anspruch, an den die Griechen selbst – und das nicht unverständlicherweise – immer von neuem appellierten. So schickte, entsprechend einer Entschließung, die einige Zeit nach dem März des Jahres 268 ergangen war, der Ionische Bund Gesandte an Antiochos I., die ihn zu ermahnen hatten, »jegliche Sorgfalt für die ionischen Städte zu zeigen, so daß sie in der Zukunft frei und demokratisch und mit Entschlossenheit regiert sein würden gemäß den Gesetzen ihrer Vorfahren« (OGIS 222, Z. 15–16; Austin 143). In einer Inschrift aus dem Tempel des Apollon in Didyma (OGIS 226) findet sich ein Hinweis auf Hippomachos von Athen, »der Freiheit und Demokratie von König Antiochos (II.), dem Gott, zurückbrachte«; in der Inschrift, die sich mit der Vereinbarung zwischen Smyrna und den *katoikoi* zu Palaimagnesia befaßt (s. S. 135), wird festgestellt, daß Seleukos II. »Selbständigkeit und Demokratie für das Volk von Smyrna gesichert hat« – wobei es höchstwahrscheinlich so gewesen ist, daß die komplizierten Verhandlungen mit Magnesia und Palaimagnesia auf seine Befehle hin durchgeführt wurden. Die mit den verschiedenen *katoikoi* getroffene Vereinbarung schließt Eide mit ein, »die Selbständigkeit und Demokratie« in Smyrna zu bewahren (OGIS 229, Z. 67ff.; StV III 492; Austin 229). In ähnlicher Weise wird in einem Dekret aus Delphi (OGIS 228) Seleukos II. gepriesen, weil er Smyrna als »heilig und frei von Repressalien« *(asylos)* und als »frei und ohne Tribute« erklärt hatte. Ein Dekret der Delphischen Amphiktyonie vom Ende des dritten Jahrhunderts (OGIS 234) lobt Antiochos III. »wegen der Bewahrung der Demokratie und des Friedens für das Volk von Antiocheia« (d.i. Antiocheia in Chrysaorien, ein neuer Name für das karische Alabanda). Die Beispiele könnten mit Leichtigkeit vervielfacht werden. Die Schwierigkeit besteht darin, zu bestimmen, was mit »Freiheit«, »Demokratie« und »Selbständigkeit« in diesen unterschiedlichen Kontexten gemeint ist; bis zu einem gewissen Grad sind die Worte nämlich austauschbar, so daß »Demokratie« in einigen Dekreten gleichwertig mit »Freiheit« zu sein scheint. »Freiheit« ist jedoch etwas, das viel weniger bedeutet, als im fünften oder vierten Jahrhundert. In seinem Brief an Meleagros (s. S. 130) bezieht sich Antiochos I. auf »Städte in seinem Reich und Bündnis«, wodurch also eine Unterscheidung zwischen diesen und den anderen Städten getroffen wird. Die »Städte im Bündnis« (den Ausdruck »Bündnis« bevorzugten auch die Attaliden) mußten jedoch ihre Politik so einrichten, daß sie zu der Politik des Königs paßte; auch konnte »Freiheit«, die »gewährt« war, kaum als echte Freiheit betrachtet werden. Somit konnte Antiochos II. in einem Schreiben an die Stadt Erythrai (um 260 v. Chr.) bemerken:

Wir loben euch für eure Dankbarkeit in allen Dingen, denn ihr scheint das allgemein als eure Politik anzusehen (...) Da (die Gesandten) Tharsynon und Pythes und Bottas dargelegt haben, daß eure Stadt unter Alexander und Antigonos selbständig und steuerfrei war (...), gewähren wir euch Befreiung nicht nur von anderen Steuern, sondern sogar von Beiträgen zum Keltenfonds (eine Sondersteuer, die die Kosten eines Angriffs- oder Verteidigungskrieges gegen die Galater [Kelten] decken sollte).

(OGIS 223, Z. 14–15, 21–23, 27–28; Welles, RC 15; Austin 183)

Die Gewährung der Freiheit von Steuern und Garnisonen wird unterschieden von der Gewährung von »Freiheit und Selbständigkeit« oder von »Selbständigkeit und Demokratie«; wenn jedoch die erstere fehlt, wird es schwierig, herauszufinden, was die letzteren bedeutet haben können. In Wirklichkeit war es wohl so, daß die Entrichtung eines Tributs an den König das normale Los aller Städte war, soweit sie nicht eigens davon ausgenommen waren. Dieser Umstand bildete später eine Richtschnur für die Römer, als sie in die Fußstapfen der hellenistischen Könige traten. Ein herausragendes Recht, das in der Vergangenheit die echte Freiheit einer Stadt anzeigte, fehlt: das Recht der Münzprägung; als unter Antiochos IV. (und in Makedonien unter Philipp V.) eine städtische Münzprägung entsteht, stellt sie ein neues Element dar, das auf eine veränderte Haltung gegenüber den Städten schließen läßt. Wie Edouard Will* aber festgestellt hat, gibt es zwar Hinweise auf eine Tendenz, die Beziehungen zwischen den Seleukiden und den Städten neu zu definieren, nunmehr auf der Basis von königlicher Liberalität und gegenseitigem Wohlwollen, doch die Zeitspanne war zu kurz, um das noch zu verwirklichen. Im Grunde genommen spielten sich während der ganzen Geschichte der Seleukidendynastie die Beziehungen zu den Städten weit mehr nach Aspekten der Macht als nach solchen des Rechts ab; für die übrigen Herrscherhäuser gilt das nicht weniger.

Es versteht sich von selbst, daß die neuen Städte im Osten niemals unabhängig waren; allein aus dem Jahr 109, zu einem Zeitpunkt, als die Seleukidendynastie in niederschmetterndem Ausmaß an Macht und Territorium Einbußen erlitten hatte, gibt es das einzige überlieferte Beispiel einer Gewährung der Freiheit für eine jener Städte. Es findet sich in einem Brief von

* E. Will, C. Mossé, P. Goukowsky, *Le Monde Grec et l'Orient.* Bd. II, Paris 1975, S. 458.

Antiochos VIII. oder IX. an Ptolemaios IX. und betrifft Seleukeia in Pierien. Die diesbezügliche Klausel lautet:

Die Einwohnerschaft von Seleukeia in Pierien, der Stadt, die heilig und *asylos** ist, unterstützte [seit altersher] unseren Vater und erwies ihm stets und immerdar ihr Wohlwollen auf deutliche Weise ... Nunmehr, da wir bestrebt sind, sie angemessen zu belohnen mit der ersten [und größten Wohltat, haben wir beschlossen, daß sie für] alle Zeit frei [sein soll]. (OGIS 257, Z. 4–6, 11–13; Welles, RC 71; Austin 173)

Eigentlich waren die neuen und die alten Städte in der gleichen Situation; sie waren höchstens unterschiedlichen Graden der Unterdrückung ausgesetzt. War eine Stadt steuerfrei und ohne Garnison, stand sie noch am besten; im schlimmsten Fall hatte sie eine königliche Besatzung in ihrer Burg und einen königlichen Statthalter *(epistatēs)*, dessen Pflichten vorrangig militärischer Natur waren, oftmals jedoch richterliche Vollmachten (wie im Fall des Kleon, des attalidischen Statthalters in Aigina; s. OGIS 329; Austin 209) sowie auch andere, dem Ort und den Umständen entsprechende Verfügungsgewalt miteinschlossen. Wie die Städte auf derartige Belastungen und Unterdrückungen reagierten, sei der Erörterung in Kapitel 8 vorbehalten.

Baktrien

Die neuen Städte bildeten Ausgangspunkte der Hellenisierung, der Ausbreitung der griechischen Kultur, ihrer Institutionen und Ideen sowie der griechischen Sprache bis weit nach Afghanistan und Indien. Wie dargelegt worden ist, waren sie dem Ursprung nach erheblich unterschieden (die echten Gründungen gehören hauptsächlich dem Anfang des dritten Jahrhunderts an, ehe der Zustrom an Menschen aus Makedonien und Griechenland zu versiegen begann) und ebenso ihrer Größe nach. Laut Polybios (5, 70, 5) hegte Antiochos III. nach der Inbesitznahme von Philotereia (am See Genezareth) und Skythopolis (Beth Shean) die Zuversicht, daß »das diesen Städten untertänige Land ohne Schwierigkeit sein ganzes Heer mit Proviant ... versehen konnte«. Andere Städte, etwa Aspendos, waren hingegen ganz klein. Die Städte waren nicht gleichmäßig über die seleukidischen Territorien verteilt. Kleinasien und

* Die Formulierung »heilig und *asylos*« erscheint auf seleukidischen Münzen im ausgehenden zweiten Jahrhundert.

Nordsyrien nahmen die Hauptmasse der Kolonisten auf, aber auch weiter im Osten sind sie in großer Zahl zu finden, vor allem in Baktrien, so daß der Hellenismus dort weit über den Zeitpunkt (um die Mitte des dritten Jahrhunderts) hinaus andauerte, zu dem die Seleukiden die politische Kontrolle verloren.

Die politische Geschichte der Griechen in Baktrien und Indien ist eine undurchsichtige Angelegenheit, für deren größten Teil nur zweitrangige Quellen und einige beachtenswerte Münzen – die zur Unterstützung einiger überspitzter Hypothesen herangezogen worden sind – zur Verfügung stehen. Kurz vor dem Jahr 250 muß Diodotos, der vermutlich der Satrap von Baktrien war, sich gegen die Seleukiden erhoben haben, um ein unabhängiges Reich zu errichten; wenig später eroberten die Parther das Gebiet östlich des Kaspischen Meeres. Als Seleukos II. die Provinz zurückzugewinnen suchte, besiegten sie ihn und bestätigten damit ihre Unabhängigkeit. In Baktrien regierten Diodotos und sein gleichnamiger Sohn eine beachtliche Zeit lang; als jedoch Antiochos III. weit in den Osten vorstieß, fand er einen gewissen Euthydemos auf dem baktrischen Thron vor: Vermutlich hatte dieser den Diodotos II. getötet und sich an seine Stelle gesetzt. Euthydemos und sein Sohn Demetrios erweiterten und festigten das Territorium Baktriens gegen die Parther; spätere Könige überquerten den Hindukusch und errichteten ein griechisches Königreich in Paropamisadai und Gandhara. Auch in Indien herrschten Griechen bis weit ins erste Jahrhundert hinein. Schließlich wurde dieser interessante Außenposten der hellenistischen Welt von drei Barbarenvölkern überrannt: von den Sakas (die chinesische Quellen als Sai bezeichnen), den Skytho-Parthern (oder Pahlawa) und den Yuëh-Chih. Die Aśoka-Inschriften und die Ausgrabungen in Ai-Khanum (s. S. 61 ff.) lassen darauf schließen, daß im Boden von Zentralasien und Nordindien noch reichhaltiges Informationsmaterial über diese östlichen Griechen ruht. Wenngleich sie auch an ihrer hellenischen Kultur unbeirrt festhielten, waren sie doch schon lange zuvor von den Kerngebieten der hellenistischen Welt abgeschnitten; die letzteren stützten sich deshalb mehr auf das mediterrane Element (s. S. 68). Die große Leistung der Seleukidenherrschaft bestand in der Hellenisierung der syrischen Küstenstriche und eines großen Teils von Kleinasien; sie hielt an, bis der Islam kam – und in einigen Gebieten sogar noch länger.

8. Die Beziehungen zwischen den Städten und die Staatenbünde

Die Städte

Die meisten Griechen lebten im Zeitalter des Hellenismus noch in *poleis,* in Städten. Die Stadt selbst aber hatte sich gewandelt; ihre Rolle war dank der neuen Monarchien oftmals prekär geworden. Die Niederlage Athens und Thebens gegen Makedonien bei Chaironeia (338 v. Chr.) hatte die Schwäche der Stadtstaaten offenbart, sobald sie sich einem mächtigen Berufsheer und einem fähigen Monarchen gegenübersahen. Die Machtbasis der Monarchien übertraf nunmehr jene der Städte bei weitem; nur eine besondere Stadt wie Rhodos in ihrer Insellage brauchte die Hoffnung auf eine unabhängige Politik nicht aufzugeben, doch sogar sie war eng mit den Ptolemäern verbunden. Die politische Unabhängigkeit der meisten Städte wurde von der Macht der benachbarten Könige eingeschränkt. Das hochgepriesene Recht, vor dem Eintritt in den Krieg mit seinem Gegner in Verhandlungen einen Ausgleich zu erreichen, besaß wenig Anziehungskraft, da es die Intervention eines Königs veranlassen konnte, die einen Gesichts- oder, was schlimmer war, Freiheitsverlust nach sich zog. Außer der Bedrohung, die von den Königreichen verkörpert wurde, war das Leben zudem in einem beachtlichen Ausmaß einer mehr oder minder institutionalisierten Gewalt in Form von Repressalien für wirkliche oder vorgebliche Vergehen, von Räuberei und Piraterie, ausgeliefert. Daher suchten die Städte Vereinbarungen untereinander und mit den Königen auszuhandeln, um sich Schutz gegen diese vielfältigen Formen der Gewalt zu verschaffen. Derartige Vereinbarungen bedeuteten zwar eine Sackgasse für die Freiheit, doch waren sie das kleinere Übel. Die Städte konnten in der einen oder anderen Form Druck auf die Könige ausüben. So konnten zum Beispiel Freiheitserklärungen für Städte innerhalb eines Herrschaftsbereichs, die als politische Geste gemacht worden waren (s. S. 140), oftmals zugunsten der Stadt ausgenützt werden. Die Art von Politik, zu der so etwas führte, unterschied sich zutiefst von jener aus den Tagen, als die griechische *polis* wirklich unabhängig war. Die Griechen paßten sich aber an und wurden nicht müde, neue Bereiche zu finden, in denen sie ihren Patriotismus und ihren Ehrgeiz zur Geltung zu bringen vermochten.

Somit waren die Städte der hellenistischen Welt aus vielerlei Gründen, die von der Suche nach größerer Sicherheit bis zur Schaffung neuer bürgerlicher Werte reichten, gezwungen, die Äußerungen des politischen Lebens zu ändern. Nun wurde mehr Zeit auf Tätigkeiten verwendet, die nicht eigentlich neu waren – im einzelnen können sie vorwiegend mit solchen im fünften und vierten Jahrhundert verglichen werden –, denen aber in der neuen Atmosphäre eine wachsende Bedeutung zukam. Ein immer größerer Teil der politischen Energien wurde jetzt in formale Aktionen verschiedener Art investiert, die reiche Bürger in die Lage versetzten, ihr Geld und ihre Kraft zugunsten der Stadt auszugeben, etwa als Gesandte auf eigene Kosten oder als großzügige Wohltäter. Ein herausragendes Beispiel eines solchen Spenders ist Protogenes; die Aufzählung seiner Geschenke an die verarmte Stadt Olbia an der Mündung des Hypanis (Bug) in Südrußland gegen Ende des dritten Jahrhunderts umfaßt beinahe 200 Zeilen einer jetzt in Leningrad aufbewahrten Inschrift (Syll.^{3} 495; Austin 97). Auch viele andere Städte standen in der Schuld von lokalen Wohltätern, die Geld verliehen, um Getreide für die Zeit der Hungersnot zu kaufen, die wohltätige Stiftungen errichteten, die Kosten öffentlicher Bauten übernahmen und ihren Einfluß bei den Königen zugunsten ihrer Stadt geltend machten. Das trifft sowohl auf die Neugründungen innerhalb der hellenistischen Reiche als auch auf die alten, »unabhängigen« Stadtstaaten zu. Überall wurde nun viel Zeit und Mühe darauf verwendet, Gesandtschaften betreffs religiöser Festlichkeiten auszusenden und anzuhören, die Anerkennung der Befreiung von Repressalien *(asylia)* zu sichern, Privilegien und Bürgerrechte zu fordern und zu gewähren, juristische Probleme zu lösen und Grenzstreitigkeiten auszutragen.

Von den Erlassen, die als Antwort auf all diese Aktivitäten herauskamen, sind manche rein formal, viele aber befassen sich mit realen und wichtigen Angelegenheiten wie dem Eigentum an Ländereien und der Festlegung von Grenzlinien. Um die Entscheidung öffentlich bekannt zu machen, wurde sie gewöhnlich auf einem Stein eingeschrieben, der entweder in der betreffenden Stadt oder in einem öffentlichen Heiligtum wie Olympia oder Delphi aufgestellt wurde. Aus diesen Inschriften, soweit sie erhalten sind, und aus Bemerkungen bei Schriftstellern läßt sich das Bild der Gesellschaft entwerfen, in der diese mannigfaltigen Aktivitäten eine bedeutsame Rolle spielten.

Unnötige Kriege zu vermeiden und im Kriegsfall die Härten zu mildern war ein Hauptziel der Politik der Städte; um das zu erreichen, riefen sie häufig die Könige zu Hilfe – oder bekamen diese Hilfe sogar aufgenötigt, da ein König einen Krieg, den er nicht selbst geplant hatte, leicht als störend oder unzeitig ansehen konnte. Aus den Inschriften läßt sich eine wesentliche Zunahme in der Anwendung von Schiedssprüchen herauslesen, die entweder von einer hinzugezogenen dritten Partei oder einem der Könige gefällt wurden. Die meisten Streitigkeiten betrafen weiterhin die Besitzrechte an Ländereien, die an der Grenze zwischen zwei Städten lagen. Ein typisches Beispiel ist der Zwist zwischen Korinth und Epidauros, beide Mitglieder des Achaiischen Bundes (s. S. 159ff.), wegen des Besitzrechtes auf das Vorgebirge am Kap Spiraion im Saronischen Golf. Irgendwann zwischen 242/41 und 238/37 wurde die Beurteilung dieser Angelegenheit einem anderen Bundesmitglied, nämlich Megara, übertragen, das jenseits des Golfs, gegenüber dem strittigen Gebiet lag; dessen Untersuchungsergebnisse wurden im Asklepieion in Epidauros festgehalten, da die Epidaurier, zu deren Gunsten die Entscheidung ausgefallen war, ein klares Interesse an deren Veröffentlichung hatten. Die Inschrift lautet:

> Wie folgt entschieden die Megarer für die Epidaurier und die Korinther betreffs des Landes, das diese sich streitig machten, Sellanys und Spiraios, indem sie ein Gericht aus 151 Männern gemäß dem Erlaß der Achaier entsandten. Als die Richter das Gebiet erreichten und das Land den Epidauriern zuerkannten, bestritten die Korinther die Abgrenzung, woraufhin die Megarer erneut aus ihren Richtern 31 Männer aussandten, um die Grenzen gemäß dem Erlaß der Achaier zu bestimmen. Diese Männer kamen zu dem Gebiet und grenzten es so ab: ... (es folgt eine vollständige Beschreibung der Grenzlinien)
>
> (Syll.^{3} 471; Austin 136)

Derartige Entscheidungen erwiesen sich nicht immer als dauerhaft, wenn der Boden knapp war oder die Emotionen hochgingen. Zum Beispiel waren die Milesier um das Jahr 140 in einer Auseinandersetzung zwischen Messene und Sparta tätig, bei der es um das sogenannte denthaliatische Gebiet an den Westhängen des Taygetos ging (Syll.^{3} 683). Aus anderen Quellen ist bekannt, daß die dabei gefällte Entscheidung nur ein Kapitel in einem langen und erbitterten Zwist war, der mindestens vom Jahr 338, als Philipp II. das Gebiet den Messeniern zugesprochen hatte, bis zu einer ähnlichen Entscheidung seitens des römischen Kaisers Tiberius im Jahr 25 n. Chr. (Tacitus, Annalen 4, 43) andauerte. Beim Schiedsspruch des Jahres 140 »wurde ein Gerichtshof aus dem ganzen Volk (von Milet) gebildet, der größte, den das Gesetz erlaubt, der aus 600 Richtern bestand« (Syll.[3] 683, Z. 68–69). Für die große Anzahl der Mitglieder in diesem und in dem megarischen Schiedsgericht mit seinen 151 Richtern entschloß man sich vermutlich deshalb, um das Risiko der Bestechung möglichst gering zu halten. Es gab aber keine festgelegte Regel für die Mitgliederzahl, denn bei einem anderen Schiedsverfahren, das Epidauros und diesmal Hermione betraf, gab es insgesamt nur sechs milesische Richter, die sich wegen anderer Geschäfte auf der Peloponnes aufgehalten zu haben scheinen (Moretti I 43).

Nicht nur zur Schlichtung von Streitigkeiten zwischen der einen und der anderen Stadt wurden auswärtige Richter herbeigerufen. In vielen Städten gerieten – aus einer Vielzahl von Gründen – die internen Rechtsaffären in derart chaotische Zustände, daß sich oftmals ein Rückstand an unerledigten Fällen bei den Gerichten aufhäufte. Polybios (20, 6, 1) berichtet, daß im Jahr 192 »die politischen Zustände in Boiotien ... einen solchen Grad der Zerrüttung erreicht hatten, daß fast 25 Jahre lang die Rechtsprechung in Privat- und Strafprozessen bei ihnen völlig ausgesetzt hatte«. Bei derartigen Verhältnissen (wenn auch nicht in dem gerade erwähnten Beispiel) wurde eine befreundete Stadt gebeten – es konnten auch ein, zwei Städte zusammenarbeiten –, eine kleine Kommission herzusenden, um die ausstehenden Fälle zu entscheiden. Wo solche Städte im Herrschaftsgebiet oder innerhalb der Kontrolle eines Königs lagen, wurde er normalerweise bei dem Ersuchen miteinbezogen. Ein derartiges Schiedsgericht aus Richtern von Kos wurde entsandt, um Rechtsfälle in Naxos »in Übereinstimmung mit den Anweisungen von König Ptolemaios (I.)« abzuwickeln. Unter ihnen befand sich Bakchon, der Nesiarch (leitender Beamter) des Nesiotenbundes, zu dem sowohl Kos als auch Naxos gehört haben werden (OGIS 43; Austin 268). Kommissionen dieser Art setzten die Verfügbarkeit von Männern voraus, die umfassende Gesetzeskenntnisse besaßen und in der Lage waren, das Recht anderer Städte zu beherrschen und anzuwenden; vielleicht förderten sie auch die Tendenz, daß die Rechtssysteme der einzelnen Städte sich einander möglichst annäherten. Obschon nämlich diese Männer oftmals nur als einfache Vermittler wirkten, gab es doch viele Gelegenheiten, die eine auf Billigkeit oder Gesetzesnorm fußende juristische Entscheidung verlangten; die Tätigkeit der Kommissionen trug dazu bei, die Rechtssysteme der verschiedenen Städte zusammenzubringen und eine Art von gemeinsamem griechischen Recht zu schaffen. Obwohl jede Stadt ihr eigenes Gesetzbuch hatte, war Theophrast dennoch imstande, in seinem Werk *Über Verträge* eine Theorie des Verkaufs mit allgemeiner Anwendung zu entwerfen. Andererseits existierten in gewissen Bereichen – wie etwa den Erbschaftsgesetzen oder den Maßnahmen gegen Schuldner – deutliche Unterschiede zwischen den einzelnen Städten. Es entstanden daraus Schwierigkeiten, aber Städte wie Rhodos und Priene erwarben sich einen Ruf wegen der Geschicklichkeit und der unparteiischen Haltung ihrer Schiedsrichter, die sehr begehrt waren.

asylia

Die Tätigkeit der Schiedsgerichte setzte die Wahrscheinlichkeit, daß zwischen Nachbarn Krieg ausbrach, herab. Der Krieg war aber nicht der einzige Störfaktor, dem die Städte unterworfen waren. Eine Praxis, die friedliche Beziehungen unterbrechen und sich verheerend für unschuldige Bürger auswirken konnte, war die Ausübung der *sylē*; darunter versteht man den gesetzlichen Gebrauch von Repressalien durch eine Stadt gegen Bürger einer anderen Stadt, weil ein Bewohner der letzteren für schuldig befunden wurde, eine Übeltat verursacht zu haben. Im hellenistischen Zeitalter nimmt die Zahl der erfolgreichen Bemühungen von Städten zu, sich selbst als *asylos* (befreit von der Ausübung der *sylē*, der Repressalien) zu erklären. Tatsächlich handelt es sich hierbei um die Ausweitung eines Privilegs, das eigentlich den Tempeln vorbehalten war; deshalb wird oft erst darum ersucht, nachdem ein Gott oder eine Göttin erschienen ist *(epiphaneia)* oder es einem Orakel übertragen hat, seinen bzw. ihren Wunsch auszusprechen, wonach das Gebiet der Stadt (und nicht nur der Tempel) für »heilig und befreit von *sylē*« (*hiera* und *asylos*) erklärt werden soll. Umso besser war es, wenn man hierfür die Unterstützung eines Königs zu gewinnen vermochte. Das war in einer der frühesten Forderungen nach diesbezüglicher Immunität, jener von Smyrna, der Fall, anläßlich derer – wahrscheinlich im Jahr 246 – Seleukos II. »an die Könige, Dynasten, Städte und Völker schrieb, indem er sie drängte, den Tempel der Aphrodite Stratonike als *asylos* anzuerkennen und unsere Stadt als heilig und *asylos*« (OGIS 229, Z. 11–12; Austin 182). Eine kürzlich entdeckte Inschrift zeigt, daß Bemühungen der Stadt Teos in den Jahren 204/03 um Gewährung einer solchen Immunität ebenfalls viel der Unterstützung durch Antiochos III. verdankten; nachdem er die Stadt von Pergamon übernommen hatte, leitete er den Schritt ein,

indem er in die Volksversammlung kam und in höchsteigener Person unsere Stadt und unser Gebiet als heilig, *asylos* und tributfrei erklärte und versprach, daß wir durch ihn von den anderen Abgaben befreit werden sollten, die wir an König Attalos entrichtet hatten.

(P. Hermann, Anadolu 9 [1967] 34, Z. 17–20; Austin 151)

Das Ersuchen von Teos um Befreiung von Repressalien *(asylia)* war insbesondere an die Städte Aitoliens und Kretas gerichtet, die bekannt waren für die Ausübung der Piraterie und somit eine dauernde Gefahr für andere Seestädte bedeuteten. Es kann nur wenig Zweifel geben, daß Forderungen nach *asylia*, die in Kreta und Aitolien erhoben wurden, kaum etwas damit zu tun hatten, die Ausübung der gesetzlichen *sylē* in Schranken zu halten, sondern vielmehr auf die Eindämmung der Piraterie abzielten. Eine zweite Reihe von Inschriften aus Teos aus dem späteren zweiten Jahrhundert (wahrscheinlich um das Jahr 160) belegt, daß die Bürger von Teos wiederum an kretische Städte herantraten, um eine »Erneuerung« der Gewährung von *asylia* zu erreichen (offensichtlich waren die früheren zu wertlosen Versprechungen geworden); ferner wollten sie sich ein Verfahren durch die Gewährung von *isopoliteia* sichern – dem Namen nach ein potentieller Austausch der Bürgerrechte, in diesem Fall aber ein Mittel, um sich Zugang zu den Gerichten der kretischen Stadt zu verschaffen, wo Piratenüberfälle, wie man hoffte, aktenkundig sein könnten (über *isopoliteia* s. S. 156f.).

Die Forderung von Teos in den Jahren 204/03 war ungewöhnlich, da sie nicht mit einer göttlichen Erscheinung oder einem Orakelspruch in Zusammenhang gebracht worden war. Hingegen war all dies gegeben bei einer der am besten belegten Bemühungen, sich der *asylia* zu versichern: Sie wurde 207/06 von der Stadt Magnesia am Mäander zu ihren eigenen Gunsten und zu denen des Tempels der Artemis Leukophryene unternommen. Ein Bruchstück einer Kultgeschichte von Magnesia, das auf der Steinmauer einer Säulenhalle in der Stadt erhalten blieb, beschreibt die Erscheinungen sowohl des Apollon als auch der Artemis Leukophryene (letztere 221/20). Apollon wurde daraufhin in Delphi befragt, wo das Orakel erklärte, »daß es besser und erstrebenswerter wäre, daß jene, die den pythischen Apollon und die Artemis Leukophryene verehrten, die Stadt und das Gebiet von Magnesia am Mäander als heilig und *asylos* anerkannten«. (Syll.[3] 557, Z. 7–10) Aus einer Reihe von Inschriften wissen wir, daß vierzehn Jahre später – die Verzögerung kann auf verschiedene Weise erklärt werden –, also im Jahr 207/06, Gesandtschaften von Magnesia ausgingen, die um jene Anerkennung baten. Viele Städte, Völker und Herrscher gewährten sie tatsächlich und erklärten außerdem auch die alle vier Jahre stattfindenden Spiele zu Ehren der Artemis Leukophryene für gleichrangig mit den pythischen Spielen von Delphi und für »bekränzt«, *stephanitai*; die Bekränzung der Sieger übertraf eine Ehrung mit einem Geldpreis, der freilich in diesem Fall zusätzlich vergeben wurde.

Von den Königen, deren Antworten erhalten sind, gewährte jedoch nur Ptolemaios IV. die geforderten *asylia*, während Antiochos III., Philipp V. (beinahe sicher) und Attalos I. keinen Bezug darauf nehmen. Es sieht mit Gewißheit so aus, als ob sich diese Könige die Möglichkeit offen halten wollten, Magnesia bei passender Gelegenheit an sich zu reißen; dann nämlich wäre eine frühere Garantie der *asylia* als Hindernis empfunden worden.

Die Feste

Das Fest der Artemis Leukophryene war nur eines unter vielen, die damals veranstaltet wurden. In Kapitel 4 haben wir schon einen Blick auf jene geworfen, die von den aus Teos kommenden *technitai* des Dionysos beschickt wurden, und auf andere Feste, bei denen Onasiteles Preise gewann (s. S. 73f.). Zwischen dem Tod Alexanders und dem römischen Sieg über Antiochos III. im Jahr 189 wurden fünf kleinere jährliche Feste, einschließlich jenes der Artemis Leukophryene, in vierjährliche Festlichkeiten mit Kränzen als Preisen umgewandelt. Im Jahr 248 erkannten die *technitai* des Dionysos, die auf dem Isthmos und in Nemea versammelt waren, die *Mouseia* von Thespiai als ein »bekränztes« Fest (Syll.[3] 457) und als gleichrangig mit den pythischen Spielen an (wie wir aus der athenischen Antwort an die thespischen Gesandten wissen). Im Jahr 276 hatten die Aitoler ihren Sieg über die Kelten, die Delphi angegriffen hatten, durch die Einrichtung eines delphischen Festes, genannt die *Sōtēria*, gefeiert. Vermutlich im Jahr 246 machten sie daraus ein alle vier Jahre stattfindendes Fest und »in der musikalischen Sparte gleich den pythischen Spielen und in den athletischen und reiterlichen Sparten gleich den nemeischen Spielen in ihren Altersgruppen und Preisen« (Syll.^{3} 402, Z. 15–16 [Chois]; vgl. Syll.^{3} 408, Z. 16–18 [Athen]). Die Änderung der Form und des Ansehens dieses Festes verfolgte die politische Absicht, überall in der griechischen Welt auf die Bewachung des panhellenischen Heiligtums in Delphi durch die Aitoler aufmerksam zu machen. Auch die Feste in Kos und Milet wurden ähnlich umgewandelt. Bei derartigen Entscheidungen spielte oftmals ein wirtschaftliches Motiv mit, denn eine erhöhte Festlichkeit würde viele Besucher zu ihren Wettkämpfen heranlocken. Auch Könige schätzten den politischen Vorteil und das Ansehen, die sich aus der Einrichtung besonderer Feste ergaben; ein bemerkenswertes Beispiel für die königliche Aktivität in dieser Richtung waren die *Ptolemaieia*, die 280/79 von Ptolemaios II. zu Ehren seines drei Jahre zuvor verstorbenen Vaters ausgerichtet wurden. In einem Erlaß desselben Jahres erkannte der Nesiotenbund, der von Alexandreia kontrolliert wurde, das neue Fest als gleichrangig im Ansehen mit den olympischen Spielen an (Syll.^{3} 390; Austin 218). Eine andere königliche Festlichkeit von Bedeutung war die *Nikēphoria* in Pergamon, ein »bekränztes« Fest mit »der musikalischen Sparte gleich den pythischen Spielen, den athletischen und reiterlichen Sparten gleich den olympischen Spielen« (Syll.^{3} 629, Z. 9). Zahllose *Rhōmaia* zu Ehren Roms wurden seit dem Jahr 189 eingerichtet. Diese Feste boten Wettkämpfern die Möglichkeit, Ruhm für sich selbst und für ihre Städte zu gewinnen; indem sie große Menschenmengen in einer friedlichen Atmosphäre zusammenbrachten, trugen sie dazu bei, die alte Abgeschlossenheit des Stadtstaates zu durchbrechen.

proxenia

Ein anderes Merkmal des hellenistischen Lebens, das dazu führte, die scharfen Trennlinien zwischen der einen Gemeinschaft und der anderen zu verwischen, war die zunehmende Gepflogenheit, Bürgerrecht, *proxenia* und *asylia* für Einzelpersonen aus anderen Staaten zu gewähren; manchmal wurden diese Rechte ganzen Städten oder Völkern gewährt. Ein bereits angeführtes Beispiel ist das der *proxenia,* die Lamia (s. S. 74f.) der Aristodama aus Smyrna und ihrem Bruder in Anerkennung ihrer poetischen Aufführungen gewährte. Einem *proxenos* wurde dieser Status ursprünglich von einer anderen Stadt gewährt und mit der Pflicht verknüpft, sich um die Interessen von deren Bürgern zu kümmern, wenn sie seine Stadt besuchten. Die *proxenia* war eng mit der alten Institution der Gastfreundschaft verbunden. Sie umfaßte persönliche Bindungen und Verpflichtungen und war üblicherweise erblich. Aber bereits im vierten Jahrhundert finden wir Gewährungen der *proxenia,* die in Anerkennung von geleisteten Diensten gemacht wurden; so verabschiedeten zum Beispiel im Jahr 386 die Athener einen Erlaß für Phanokritos von Phaneion und seine Nachkommen,

weil er die Feldherren über die vorbeisegelnden Schiffe benachrichtigte und, hätten die Feldherren auf ihn gehört, die feindlichen Triremen gekapert worden wären. Für dies wird ihm *proxenia* gewährt und der Status eines Wohltäters verliehen. (Syll.^{3} 137; Tod II 116)

Den betreffenden Feldherren dürfte dieses Dekret wohl kaum Freude bereitet haben. Später, im Lauf des dritten Jahrhunderts, wurden die Gewährungen der *proxenia* viel häufiger und waren oft mit anderen Ehrungen verbunden, einschließlich der Gewährung der Bürgerrechte, was im strengen Sinn unvereinbar mit dem ursprünglichen Konzept des *proxenos* war. So ehrte die Stadt Ilion einen Arzt, Metrodoros von Amphipolis, für seine Dienste bei König Antiochos (vermutlich Antiochos I.), der am Hals verwundet worden war. Er wird zum *proxenos* und zum Wohltäter von Ilion erklärt, aber zusätzlich wird ihm gewährt »das Bürgerrecht, das Recht zum Landerwerb in Ilion (eine wertvolle Konzession!) und der Zugang zu Rat und Volksversammlung gleich nach der Opferung« (OGIS 220, Z. 14–19). Eine Inschrift aus Histiaia auf Euboia um das Jahr 266 führt 31 *proxenoi* aus verschiedenen Städten an, die bekannt dafür sind, enge Handelsbeziehungen mit Histiaia zu pflegen (Syll.^{3} 492). Es ist unwahrscheinlich, daß man von all diesen Männern erwartete, die traditionellen Pflichten der *proxenoi* zu erfüllen; die Verleihungen dürften Zeichen des Wohlwollens gewesen sein, dazu bestimmt, die Beziehungen auch in der Zukunft zu erleichtern. Von derart umfangreichen Zugeständnissen ist es nur ein kleiner Schritt, um ganze Gruppen oder Gemeinschaften zu *proxenoi* zu erklären. So werden 266 Söldner, unter ihnen viele barbarische Mysier, die in einer von Attalos I. von Pergamon gesandten Truppe dienten, von der phokischen Stadt Lilaia im Jahr 208 zu *proxenoi* erklärt; jedem von ihnen wurde zugleich *asylia,* Bürgerrecht und der Titel eines Wohltäters verliehen (Fouilles de Delphes III 4, Nr. 132–135). Diese Männer entstammten unterschiedlichen Nationalitäten, doch im letzten Teil des dritten Jahrhunderts erneuert die molossische Gemeinde der Aterargoi die gegenseitige Freundschaft und *proxenia* mit den Bürgern von Pergamon und ihren Nachkommen »für alle Zeit« (SEG 15 [1957] 411). Diese Verleihung knüpft ein enges, dauerhaftes Band zwischen zwei benachbarten Gemeinden. In manchen Fällen besaß die *proxenia,* ähnlich wie die *isopoliteia* (s. S. 156), einen praktischen Nutzen, indem sie ihrem Empfänger Zugang zu den Gerichten der Stadt, die das Recht erteilt hatte, verschaffte; in zunehmendem Maße lag der Gewährung der *proxenia* aber bloß die Absicht zugrunde, den Empfänger zu ehren, und ebenso war sie zunehmend mit anderen, spezifischen Privilegien verknüpft.

Bürgerrecht

Wir haben bisher die *asylia* erwähnt, den Titel des Wohltäters, den Zutritt zu Rat und Volksversammlung und das Recht des Landerwerbs. Weitere Verleihungen, die damit verbunden waren, betreffen die Befreiung von der Besteuerung *(ateleia),* das Recht, auf derselben Grundlage wie einheimische Bürger steuerlich eingestuft zu werden *(isoteleia),* die Freiheit, die Stadt zu betreten und zu verlassen und Güter ein- und auszuführen, rechtliche Privilegien vor Gericht, den Zugang zum Gemeindeland, das Recht, Bauholz zu schlagen, einen Ehrenplatz bei den Spielen sowie Speiserechte des Wohltäters in der Stadthalle während seiner Besuche. Die Gewährung von Heiratsrechten ist selten, doch scheinen in der Praxis die Eheschließungen zwischen Bewohnern verschiedener Städte auch ohne eine solche Gewährung weitgehend üblich gewesen zu sein. Letztlich hatten all diese Privilegien den Effekt, daß es in jeder Stadt eine große Gruppe von Fremden gab, die eine Vielfalt von Rechten genossen, die sie mit den ansässigen Bürgern teilten.

Dazu gehörte, wie erwähnt, das Bürgerrecht, das eindeutig allen übrigen Privilegien übertraf. Viele Städte, die an Entvölkerung litten, benützten derartige Verleihungen, um ihre eigene Einwohnerschaft aufzufüllen (s. S. 172). Oftmals kam der Anstoß von einem König. In den Jahren 217 und 215 erhielt Larissa in Nordthessalien, eine Stadt an einer strategisch wichtigen Stelle an der Südgrenze Makedoniens, zwei Briefe von Philipp V., in denen er auf die Gewinnung neuer Bürger drängte. Im zweiten Schreiben offenbart Philipp sein damaliges Interesse an den Römern, gegen die er in Kürze kämpfen sollte:

Am allerbesten ist es, wenn dadurch, daß so viele als möglich am Bürgerrecht teilhaben, die Stadt stark und das Umland nicht wie jetzt schändlich entvölkert ist. Dem wird, so meine ich, keiner von euch widersprechen; man kann ja auch andere beobachten, die in ähnlicher Weise Bürger aufnehmen, einschließlich der Römer, die sogar Sklaven nach der Freilassung das Bürgerrecht zugestehen und ihnen einen Anteil an den Ämtern gewähren. Solcherart haben sie nicht nur ihre eigene Stadt vergrößert, sondern auch noch Kolonisten an nahezu siebzig Orte entsandt. (Syll.[3] 543, Z. 29–34)

Dem Interesse Philipps steht die Genauigkeit seiner Information entgegen: Freigelassenen Sklaven war in Rom der Zugang zu den Ämtern nicht gestattet und die Anzahl der Kolonien ist beträchtlich übertrieben. Ein ähnliches Beispiel für die Aufnahme von Bürgern aus der gleichen Zeit gibt es, wie wir (S. 69f.) gesehen haben, in Dyme in Achaia, das 52 Soldaten – wahrscheinlich Söldner – als Bürger anerkannte.

In Fällen wie diesen wurde das Bürgerrecht aus internen Gründen gewährt, viele Verleihungen haben aber die Form der *isopoliteia,* die einem weitgehend anderen Zweck diente, weil sie ein potentielles Bürgerrecht gewährte, das erst in Kraft trat, wenn der Empfänger seinen Wohnsitz in der verleihenden Stadt nahm. Diese Art der Konzession ist in einem gemeinsamen Beschluß der Volksversammlungen von Temnos und Pergamon definiert, der aus dem frühen dritten Jahrhundert, der Zeit des Lysimachos oder des Philetairos, des Vorfahren der Attaliden, stammt und folgendermaßen lautet:

Beschlossen wurde von der Volksversammlung von Temnos und von Pergamon (...), daß die Bürger von Temnos das Bürgerrecht von Pergamon genießen sollen und die von Pergamon das von Temnos, und sie sollen aller Rechte teilhaftig sein, deren andere [Bürger teilhaftig] sind, und das Recht auf Land- und Hausbesitz soll der [Bürger von Temnos] in Pergamon haben und der von Perg[amon in Temnos . . .]*

(OGIS 265, Z. 13–16)

Die Einzelheiten eines derartigen Austauschs der Bürgerrechte wurden oftmals in epischer Breite dargestellt. Eine Inschrift, die von einer solchen Vereinbarung zwischen Milet und Herakleia am Latmos berichtet (um das Jahr 180), umfaßt mehr als 125 lange Zeilen (Syll.[3] 633).

isopoliteia und *sympoliteia*

Die *isopoliteia* wird manchmal an Einzelpersonen verliehen, gelegentlich von einem Staat an einen anderen, so etwa im Jahr 200, als die Athener als Dank für Hilfe zur See »für alle Rhodier die gleichen politischen Rechte in Athen, wie sie die eigenen Bürger besaßen« beschlossen (Polybios 16, 26, 9). Es gibt aber auch Gewährungen der *isopoliteia,* die von wirtschaftlichen Zugeständnissen begleitet werden; das Motiv der Gewährung scheint oftmals eher kommerzieller als politischer Natur gewesen zu sein. In anderen Fällen wiederum konnte – wie wir (S. 150) gesehen haben – die *isopoliteia* ein Mittel sein, um Bürgern einer Stadt, der *asylia* gewährt worden ist, Zugang zu den Gerichten der gewährenden Stadt zu erlauben; das trifft insbesondere auf Gewährungen seitens kretischer Städte zu, da es unwahrscheinlich ist, daß viele Griechen von anderswo gewünscht haben sollten, ihr Bürgerrecht mit dem einer Stadt auf dieser unruhevollen Insel zu vertauschen.

Noch um eine Stufe weiter im Einigungsprozeß der Städte geht es, wenn zwei Gemeinden vollständig verschmelzen, um einen einzigen Staat zu bilden, und damit schaffen, was als *sympoliteia* beschrieben wird. Ein Beispiel dafür bieten die beiden phokaiischen Städte Stiris und Medeon im zweiten Jahrhundert; eine Inschrift berichtet darüber:

Die Bürger von Stiris und Medeon wurden Mitglieder eines einzigen Staates, wobei ihre heiligen Bauten, die Stadt, das Land, die Häfen und alle Dinge frei (von Pfandansprüchen) sind, zu folgenden Bedingun-

* Die ältere Forschung hat in der folgenden Lücke Vereinbarungen über ein Abstimmungsrecht in der jeweils anderen Stadt vermutet, was L. Robert, *Opera minora selecta.* Bd. I, Amsterdam 1969, S. 204–209 jedoch widerlegt hat.

gen: alle Bürger von Medeon sollen Bürger von Stiris sein mit völlig gleichen Rechten, und sollen an der Volksversammlung teilnehmen wie die (Bürger der) Stadt von Stiris, und wer das (vorgeschriebene) Alter erreicht hat, soll Richter in allen Rechtsfällen der Stadt werden.

(Syll.[3] 647; Austin 134)

Die Inschrift nennt weiterhin die Bereitstellung eines Kultverwalters, der aus der Bürgerschaft von Medeon zu wählen ist, und der sich des Kults nur in dieser Stadt anzunehmen hat (ein *synoikismos* mit Stiris durfte den Kult nicht antasten), der aber als einer der Beamten der neuen »Samtgemeinde« angemessen entlohnt werden sollte. Schließlich wird verfügt, daß keiner, der ein ziviles oder kultisches Amt in Medeon innegehabt hat, die von ihm dabei erworbenen Befreiungen von der Liturgie (d. h. der öffentlichen Ernennungen für besondere Pflichten, die vom Ernannten zu finanzieren waren) verlieren soll.

In dieser Epoche gab es viele solcher Fälle von *sympoliteia*; bei manchen wurden mehrere Städte einverleibt, etwa als Lysimachos die Bewohner von Kolophon und Lebedos nach Ephesos umsiedelte (Pausanias 1, 9, 7). Die rauhe Wirklichkeit gefährdete kleine Städte am meisten. Eine derartige Union war jedoch nicht immer unumstößlich. Eine Grenzkommission, welche die Grenzen der neuen Stadt, die aus der Union der beiden aitolischen Stadtgemeinden Melitaia und Pereia im phthiotischen Achaia entstanden war, festzulegen hatte, bestimmte, daß »beim Verlassen der Union durch die Pereoi ... sie einen Ratssitz behalten sollen« (Syll.[3] 546 B, Z. 16–18); diese Erwähnung sorgt zufälligerweise für den Nachweis, daß die Städte Vertreter zum Rat des Aitolischen Bundes je nach ihrer Größe entsandten.

Die Bünde

Der Aitolische Bund ist selbst ein Beispiel für eine wichtige Form der *sympoliteia,* die in Griechenland eigentlich im Lauf des dritten und zweiten Jahrhunderts an Stärke und Einfluß zunahm. Der Föderalismus, also die Verschmelzung einer Gruppe von Städten zu einer größeren Organisation, der die Städte einige, jedoch nicht alle ihrer souveränen Rechte übertragen hatten, um sich selbst zu stärken, war eine vernünftige und – wie man meinen sollte – selbstverständliche Entwicklung in einer Welt, in der Monarchen mit großen Territorien den kleinen Städten gegenüberstanden und die Nachteile der Abgeschlossenheit des alten Stadtstaates sich bereits klar abzuzeichnen begannen. Tatsächlich war es jedoch in erster Linie so, daß gerade in jenen Gebieten Griechenlands, wo der Stadtstaat bisher keine richtigen Wurzeln hatte fassen, eine Geschichte traditioneller Unabhängigkeit erwerben oder gar Hegemonie entwickeln können, die bedeutenderen Staatenbünde entstanden. Die beiden einflußreichsten gab es in Aitolien und in Achaia.

Der Aitolische Bund

Im fünften Jahrhundert war Aitolien noch ein Stammesvolk, doch um das Jahr 367 weiß eine athenische Inschrift (Tod II 137) zu berichten, daß die Volksversammlung einen Bruch der »allgemeinen Gesetze der Hellenen« durch die Stadt Trichonion, welche die athenischen Gesandten, die den Heiligen Frieden anläßlich der Großen Eleusinischen Mysterien verkünden sollten, eingesperrt hatte, dem *koinon* (Gemeinschaft) der Aitoler – das den Frieden bereits angenommen hatte – zur Erledigung überließ. Wahrscheinlich ist es kein Zufall, daß die – bisher – früheste Erwähnung des Aitolischen Bundes den Bruch einer allgemein akzeptierten Übereinkunft betrifft, denn während ihrer ganzen Geschichte waren die Aitoler wegen ihrer Gesetzlosigkeit und Piraterie berüchtigt. Im Aitolischen Bund gab es eine Hauptversammlung, die aus allen waffenfähigen Männern bestand und zweimal im Jahr, im Frühling und im Herbst, zusammentrat. Ihr oberster, jährlich neu gewählter Beamter war der Feldherr; ferner gab es einen Rat (*boulē* oder *syn[h]edrion*), der die Regierungsgeschäfte zwischen den Zusammenkünften der Volksversammlung wahrgenommen zu haben scheint, aber nicht mit den Entscheidungen der letzteren nach der normalen griechischen Art verknüpft war. Dieser Rat, der sich aus Vertretern der Städte zusammensetzte und im Verhältnis zu deren jeweiliger Bevölkerungszahl gewählt wurde (s. S. 157), wuchs auf mehrere hundert Mann an. Die Alltagsangelegenheiten wurden von einem kleinen Ausschuß des Rats, den *apoklētoi*, bearbeitet, etwas mehr als 30 Männern, die unter der Leitung des Feldherrn zusammenkamen; über schwerwiegende

Angelegenheiten der auswärtigen Politik wurde allerdings von der Volksversammlung entschieden.

Die Aitoler waren bemüht, das große Ansehen, das sie sich durch die Rettung Delphis vor den Kelten im Jahr 279 erworben hatten, erfolgreich auszuwerten (s. S. 152f.); in der Folgezeit dehnten sie ihren Bund über ganz Mittelgriechenland aus. Da sie immer mehr Gruppen aufnahmen, waren sie bald in der Lage, ihre Stimmen im Amphiktyonischen Rat, unter dessen Aufsicht Delphi stand, in die Waagschale zu werfen – ein Umstand, dem zu verdanken ist, daß die Einzelschritte ihrer Expansion aufgezeichnet wurden und datiert werden können. Die Bürger der betreffenden Völker und Städte wurden entweder als Vollmitglieder in Aitolien aufgenommen oder ihnen wurde die *isopoliteia* gewährt (s. S. 156f.). Das Mittel der *isopoliteia* wurde auch angewendet, um weiter entfernte Staaten wie Chios (SEG 2 [1925] 258 in Verbindung mit SEG 18 [1962] 245), Axos auf Kreta (Inscr. Cret. II, v. S. 64 Nr. 18 A [= StV III 585] und 19) oder Lysimacheia, Kios und Kalchedon (wenngleich Polybios 18, 3, 11, das Wort *sympoliteia* wahrscheinlich in einem allgemeinen, keineswegs juristischen Sinn gebraucht) an sich zu binden. Aufgrund dieser Expansion wuchsen die Aitoler zu einer Macht von einiger Größe an, die der König von Makedonien ernst nehmen mußte. Später wurden sie die Verbündeten Roms gegen Philipp V., was verheerende Folgen für Griechenland hatte.

Der Achaiische Bund

Von noch größerer Bedeutung für die Geschichte Makedoniens und des griechischen Mutterlandes war der Achaiische Bund. Seit früher Zeit hatten die Städte der Achaier an der Nordküste der Peloponnes eine Art Föderation gebildet, die aber unter Alexander und seinen Nachfolgern auseinandergefallen war. Im Jahr 280 schlossen sich die Städte Dyme, Patrai, Tritaia und Pharai zu einem neuen Bund zusammen, dem sich später Aigion, Bura, Keryneia, Leonteion, Aigeira, Pallene und schließlich vielleicht Olenos zugesellten (wenngleich um die Zeit, als Polybios im zweiten Jahrhundert schrieb, Olenos ebenso wie Helike nicht mehr existierte). Im Jahr 251 verjagte ein junger Mann aus Sikyon namens Aratos den örtlichen Tyrannen und gliederte seine dorische Heimatstadt in den Achaiischen Bund ein; 243 nahm er dem Antigonos II. Gonatas Korinth ab (s. S. 98). Zwischen 243 und 228 wurden die meisten Staaten am Isthmos, dazu Arkadien und Argos aufgrund der erfolgreichen Aggressionspolitik, die Aratos gegen sie betrieb, zu Bundesmitgliedern. Der Aufstieg von Kleomenes III. in Sparta bedrohte den Bund jedoch in seinem Zusammenhalt; im Winter 225/24 wurde die Entscheidung gefällt, Antigonos III. Doson zu Hilfe zu rufen. Der politische Hintergrund dieser Kehrtwendung des Achaiischen Bundes ist bereits dargelegt worden (o. S. 99f.); die revolutionäre Bewegung in Sparta, die Aratos zu diesem Schritt drängte, wird später (S. 176ff.) erörtert werden. Das Ergebnis war, daß Achaia, nachdem es vor allem durch eine Politik der Gegnerschaft zu Makedonien an Bedeutung gewonnen hatte, nunmehr von 224 bis 199 eng an den König gebunden war – als ein Mitglied einer von Antigonos begründeten und einige Zeit auch unter seinem Nachfolger Philipp V. tätigen Allianz von Staatenbünden (s. S. 100). Die Mitgliedschaft in dieser größeren Organisation bescherte Achaia den Zusammenstoß mit Rom im Ersten Makedonischen Krieg (215–205); als im Jahr 200 der Zweite Makedonische Krieg ausbrach, schwenkte Achaia notgedrungen auf einen Ergebenheitskurs gegenüber Rom ein. Als einem »Verbündeten« der Römer wurde Achaia gestattet, die ganze Peloponnes in den Bund aufzunehmen, doch fand sich Sparta niemals wirklich mit seiner Mitgliedschaft ab; schließlich gab ein Zwist mit Sparta Anlaß zu einem römischen Ultimatum (147/46), einem kurzen und vernichtenden Krieg und der Auflösung des Bundes. Die Geschichte von Achaia veranschaulicht sowohl die Vorteile, die ein Staatenbund bringen konnte, als auch die Grenzen, an die selbst eine so starke Föderation wie Achaia stoßen mußte, sobald sie mit der makedonischen Monarchie und dann gar mit Rom zusammenprallte.

Der Geschichtsschreiber Polybios, der in Megalopolis in Arkadien geboren war, wuchs als ein Bürger von Achaia auf und spielte eine aktive Rolle als Staatsmann in dessen Diensten. Seine Aufzählung der Meriten dieses Bundesstaats beleuchtet – wenn er auch zu dessen Gunsten voreingenommen war – die Ideale, von denen bis zu einem gewissen Ausmaß all jene erfüllt waren, die ihm dienten.

Während in früheren Zeiten viele versucht haben, die Peloponnesier auf ein gemeinsames Interesse hin zusammenzuführen, keiner aber dies zu erreichen vermocht hat, weil die einzelnen Staaten nicht auf die gemeinsame Freiheit, sondern auf die eigene Herrschaft bedacht waren, wurde zu unserer Zeit in dieser Richtung ein so bedeutender Fortschritt erzielt, ja eine vollständige Verwirklichung, daß nicht nur eine Gemeinschaft des Bündnisses und der Freundschaft bei ihnen entstand, sondern daß sie sogar dieselben Gesetze befolgten, sich der gleichen Gewichte, Maße und Münzen bedienten, ja sogar alle dieselben Amtsträger, Ratsherren und Richter hatten, kurz, daß die ganze Peloponnes sich nur darin von einer einzigen *polis* unterschied, daß ihre Bewohner nicht einen einzigen ummauerten Zufluchtsort (wie etwa die von Attika in Athen) besaßen. (Polybios 2, 37, 9–11)

Hierin übertreibt er einigermaßen. Die einzelnen Städte behielten ihr eigenes Recht bei, zu dem das des Bundes nur hinzukam; auch behielten sie ihre eigenen Münzen bis ins zweite Jahrhundert; Bundesmünzen wurden erstmals etwa um das Jahr 190 herausgebracht. Der Bund besaß allerdings einen für alle zuständigen Feldherren (nach 255), zehn *damiourgoi* und verschiedene weitere Beamte, darunter den Befehlshaber der Reiterei, den Sekretär, den Unterfeldherrn und den Flottenbefehlshaber.

Es gab auch eine Versammlung, deren Rolle und Zusammensetzung der Gegenstand langer Kontroversen der modernen Forschung gewesen ist. Die Quellenlage vermag keine völlige Klarheit zu verschaffen, aber es war doch wohl so, daß im dritten und im zweiten Jahrhundert (bis 146) eine Hauptversammlung, die allen männlichen erwachsenen Bürgern offenstand, viermal im Jahr zu den sogenannten *syn(h)odoi* zusammenkam, um normale Angelegenheiten zu erledigen. Bei diesen Treffen waren auch der Rat *(boulē)*, der für Männer ab 30 Jahren zugänglich war, und die Beamten zugegen. Die Gesetze legten jedoch – auf jeden Fall im zweiten Jahrhundert – fest, daß Fragen des Krieges oder des Bündnisses und die vom römischen Senat erhaltenen Botschaften in einer Sonderversammlung behandelt werden mußten; sie stand üblicherweise, wenn auch nicht immer, der ganzen männlichen erwachsenen Bevölkerung offen, doch erfolgte die Stimmenabgabe vermutlich nach Städten. Diese Regelung, die sicherstellen sollte, daß bestimmte Angelegenheiten den eigens zusammengerufenen Versammlungen vorbehalten blieben, war vermutlich eingeführt worden, sobald das Auftreten der Römer auf der politischen Bühne die Außenpolitik zu einer heiklen Sache werden ließ; sie bietet ein gutes Beispiel dafür, wie die Anwesenheit der Römer sowohl die Prinzipien als auch die Praxis der Regierung in den griechischen Staaten veränderte.

Für weitaus mehr als hundert Jahre spielte der Achaiische Bund eine wichtige Rolle in der griechischen Politik. Polybios gibt eine idealistisch klingende Antwort auf die Frage nach der Ursache für diesen Erfolg:

Offenbar wäre es nicht angemessen, von Zufall *(tychē)* zu reden, denn dies wäre töricht, sondern wir müssen vielmehr nach der Ursache *(aitia)* fragen. Denn ohne *aitia* kann nichts geschehen, weder etwas Begriffliches noch etwas scheinbar Unbegreifliches. Die Ursache liegt, wie ich meine, in folgendem: Eine reinere, von echterem Gemeinschaftssinn getragene Form der Gleichberechtigung, der Meinungsfreiheit, ja, der wahren Demokratie, als sie bei den Achaiern besteht, wird man nicht leicht finden. Diese Verfassung fand in einigen Peloponnesiern freiwillige Gesinnungsgenossen, viele gewann sie durch Überredung und Überzeugung hinzu, und wenn die Achaier einige bei sich bietender Gelegenheit mit Gewalt nötigten, so erreichten sie doch wiederum sogleich, daß die Gezwungenen mit der Aufnahme in den Bund einverstanden waren. Denn indem sie keinem der ursprünglichen Mitglieder ein Vorrecht ließen, sondern die jeweils Hinzutretenden jenen völlig gleichstellten, gelangten sie schnell an ihr Ziel, wobei sie zwei sehr wirksame ideelle Momente in die Waagschale zu werfen hatten, Gleichheit und Humanität. Daher muß man in dieser Verfassung die erste und eigentliche Ursache dafür erkennen, daß die Peloponnesier zur Einigkeit und dadurch zu ihrem jetzigen Glück und Wohlstand gekommen sind. (Polybios 2, 38, 5–9)

Der optimistische Tonfall dieser Passage, die eindeutig vor dem Zusammenbruch des Jahres 146 geschrieben worden ist, geht über die sehr realen Schwächen des Bundes hinweg. In politischer Hinsicht mag er demokratisch gewesen sein, insofern die vitalen Entscheidungen durch eine allen erwachsenen Männern offenstehende Versammlung gefällt wurden. Seine Beamten scheinen jedoch aus einer recht kleinen Gruppe von Familien und aus einigen wenigen Städten gekommen zu sein; sein Zusammenbruch vor dem Angriff des Kleomenes, der Aratos zwang, die Makedonen in die Peloponnes hereinzulassen, spiegelt eine fundamentale Schwäche wider, für die Plutarch folgende Gründe anführt:

Unter den Achaiern hatte schon eine Bewegung eingesetzt, und die Städte waren zum Abfall vom Bunde geneigt, weil die Massen sich Hoffnung auf Landverteilung und Schuldentilgung machten, während die Vornehmen vielerorts sich durch Aratos beschwert fühlten, einige auch gegen ihn erzürnt waren, weil er die Makedonen in die Peloponnes zog. (Plutarch, Kleomenes 17, 5)

Die erste dieser Ursachen wird in Kapitel 9 näher erörtert. Die Opposition der Oberschicht gegen die promakedonische Politik des Bundes legt nahe, daß viele es vorgezogen hätten, mit Sparta zusammenzugehen. Man vermag sich deshalb kaum der Schlußfolgerung zu entziehen, daß der Achaiische Bund die Zustimmung der Städte, die er sich einst mit Gewalt eingegliederte, nicht in dem Ausmaß gewonnen hatte, wie es Polybios behauptet.

Trotz dieser Schwächen verkörperten die Bundesstaaten von Achaia und Aitolien in einer Welt der monarchisch regierten Staaten die ungebrochene Fähigkeit der Griechen, auf eine neue politische Herausforderung mit neuen Lösungen zu antworten. Es drängt sich die Frage auf, ob nicht der Föderalismus, ein weiteres Jahrhundert ohne Rom vorausgesetzt, frische und fruchtbare Aspekte entwickelt hätte; auch wenn Gewalt angewendet wurde (was Polybios ja zugibt), stellten diese Bünde doch eine eigenständige politische Form der Griechen dar und unterschieden sich demzufolge in ihrem Wesen völlig von den Staatenbünden, dic Griechenland von Philipp II., Antigonos I. Monophthalmos, Demetrios I. Poliorketes und Antigonos III. Doson oktroyiert wurden. Der Föderalismus bot die Möglichkeit, die Begrenzungen von Größe und die relative Schwäche, die den einzelnen Stadtstaaten anhaftete, zu überwinden. Es fehlte nur die Zeit dazu.

9. Wirtschaftliche und gesellschaftliche Entwicklungen

Veränderungen in der Landwirtschaft

Wir haben bereits in Kapitel 4 feststellen müssen, wie schwankend die Grundlagen waren, auf denen die scheinbare Homogenität der hellenistischen Welt beruhte. Das wird noch offensichtlicher, wenn man die soziale und wirtschaftliche Lebensbasis in dem riesigen Gebiet betrachtet. Die Landwirtschaft war natürlich von höchster Wichtigkeit sowohl für die neuen griechischen Städte als auch für die einheimische Bevölkerung, in deren Mitte die Niederlassungen begründet worden waren. Aber damit hörte die Ähnlichkeit auch schon auf. Die Städte bildeten nicht nur Zentren der griechischen Kultur, sondern sie waren auch wirtschaftlich nach der für den griechischen Stadtstaat charakteristischen Weise organisiert; einer eng umgrenzten Bürgerschaft, die einen kleinen oder großen Anteil der Gesamtbevölkerung bilden mochte, gehörte das Land, das sie mittels Sklavenarbeit bebaute; die in der Stadt wohnenden Fremden nahmen am gesellschaftlichen, kulturellen und wirtschaftlichen Leben, jedoch nicht an der Regierung teil. Die so strukturierten Städte blieben Fremdkörper, die in die weiten Flächen des Ostens eingebettet waren, wo das Land letztlich dem König gehörte – auch wenn er es ziemlich oft einer privilegierten Gruppe von Gutsbesitzern überantwortete – und von Bauern, die in Dörfern lebten, bearbeitet wurde. In den Kapiteln 6 und 7 haben wir bereits einige der Varianten dieses sozialen und wirtschaftlichen Grundmusters beobachtet, für das der hellenistische Einfluß keine wesentliche Änderung brachte.

Ein Grund für diese Trägheit war die Tatsache, daß es in der Ära des Hellenismus keinerlei substantielle Veränderung der Produktionskräfte gegeben hat. Wir hören zwar durchaus von spezifischen Verbesserungen bei der Bewässerung und Trokkenlegung. So schreibt Strabon (16, 1, 9): »Alexander widmete den Kanälen (in Babylonien) große Aufmerksamkeit«; er führt dann Einzelheiten der beim Bau von Dämmen und der Vorbeugung gegen die Verschlammung angewandten Methoden an. Von Theophrast (*Die Ursachen der Pflanzen* 5, 14, 2) wissen wir von ähnlichen Arbeiten in Thessalien; neuere Ausgrabungen haben ein Netz von Kanälen auf der Krim freigelegt*. Auch die Ptolemäer führten neue Früchte und Getreide ein, ebenso wie es ihre Rivalen in Pergamon und Antiocheia taten. Von eisernen Pflügen wurde mehr Gebrauch gemacht, auch sonst gab es einige Verbesserungen bei der landwirtschaftlichen Ausrüstung; so wurde zum Beispiel die archimedische Schraube eingeführt, die bei der Bewässerung verwendet wurde, ferner neue Öl- und Weinpressen und vielleicht sogar eine Dreschmaschine (falls ein Papyrus aus dem dritten Jahrhundert, BGU 1507, richtig interpretiert worden ist). Das Gesamtergebnis all dieser Verbesserungen war jedoch nicht besonders eindrucksvoll. Die Bewässerung mochte infolge Vernachlässigung rasch versiegen, wie es in Kerkeosiris im Faijum im zweiten Jahrhundert geschah, wo eines Tages die Dämme brachen und das Land sich wieder in Wüste zurückverwandelte. Außer einem neuen, schnellwachsenden Weizen, der eine doppelte Ernte und einen höheren Ertrag abwarf (P. Cairo Zen. 59.155), dienten die meisten Neuerungen letztlich nur dazu, Luxusprodukte für eine Minderheit zu beschaffen, und so deren unerwünschte Einkäufe im Ausland zu verhindern.

Ein anderes Ergebnis der Eroberungen Alexanders und der darauffolgenden seleukidischen Kolonisation war die Ausbreitung der Geldwirtschaft in den Städten Asiens. Alexanders Eroberungen hatten erhebliche Mengen an wertvollen Metallen aus den Schatzkammern des Ostens freigemacht; dadurch wurde sowohl der Wert von Gold und Silber gedrückt als auch die Menge der in Umlauf befindlichen Münzen erhöht. Die hellenistische Welt zerfiel in verschiedene Zonen, innerhalb derer Münzen zirkulierten, die jeweils nach unterschiedlichem Standort geprägt wurden. Das griechische Festland einschließlich der Peloponnes prägte zum Beispiel Münzen nach einem reduzierten »aiginetischen« Münzfuß, bei dem die Drachme 5 g wog, wohingegen Euboia und die Inseln den rhodisch-phoinikischen Münzfuß mit einer Drachme zu 3,25–3,75 g benützten. Hierbei handelte es sich aber hauptsächlich um lokale Münzprägungen. Von weit größerer Bedeutung war die Übernahme des attischen Münzfußes durch Alexander selbst und später durch Lysimachos; letzterer brachte beachtliche Mengen von Silbermünzen mit dem Kopf Alexanders heraus, die in ganz Kleinasien im Umlauf waren. Die Drachme dieser Serie wog annähernd

* Vgl. Claire Préaux, *Le Monde hellénistique*. Bd. 2, Paris 1978, S. 476, die sich auf Angaben von Jan Pečirka beruft.

4,25 g, die sehr beliebte Tetradrachme 17 g. Viele Städte prägten Münzen zu diesem Münzfuß, der von den Antigoniden und Seleukiden verwendet und so zur Basis für eine im eigentlichen Sinn internationale Währung wurde. Die wichtigste Ausnahme stellte das Ptolemäerreich samt den außerägyptischen Besitzungen dar, dessen Währung auf dem leichteren sogenannten phoinikischen Münzfuß (mit einer Tetradrachme zu 13–15 g) beruhte und dazu verwendet wurde, ein monetarisches Monopol innerhalb eines geschlossenen Wirtschaftsgebietes durchzusetzen (s. S. 106ff.).

Die Ausbreitung der Geldwirtschaft hatte jedoch wenig Auswirkungen auf die einheimische Bevölkerung, die in ihren Dörfern lebte; der Tauschhandel und die Steuerentrichtung in Naturalien blieben für die meisten Gebiete außerhalb des unmittelbaren Einflusses einer Stadt weiterhin charakteristisch. Die Regierungen hatten ein besonderes Interesse an Getreide und Nahrungsmitteln, denn die Urbanisierung bedeutete eine zusätzliche Belastung der Ernährungskapazität des Landes. Viele Städte schufen eigene Behörden, die für Ankauf und Verteilung des Getreides verantwortlich waren. Somit belegt der Brief, den Antigonos I. zur Regelung der Union zwischen Teos und Lebedos schrieb (s. S. 140), daß der König nur zögernd seine Einwilligung gab, einen eigenen städtischen Fonds für Getreide anzulegen (wohl um über die Zeitspanne der tatsächlichen Unierung, des *synoikismos,* hinwegzukommen).

Wir haben früher nicht [gewollt, daß eine] Stadt das Recht zur Einfuhr von Getreide erhält oder sich einen (subventionierten) Getreidevorrat schafft, [da wir nicht wünschten, daß die] Städte für diesen Zweck unnötig große Summen Geldes ausgeben. Auch jetzt [wollen wir] dies nicht tun (die Erlaubnis nicht geben), da die Königsgüter nahe liegen: entsteht [also ein Bedarf an] Getreide, so meinen wir, es sei einfach, von [diesen soviel,] wie benötigt wird, kommen zu lassen.

(Syll.[3] 344; Welles, RC 3, Z. 80–85; Austin 40)

Die Städte zogen es allerdings vor, eine solche Abhängigkeit wenn irgend möglich zu vermeiden. Samos richtet im zweiten Jahrhundert v. Chr. einen Fonds ein, dessen Kapital ausgeliehen wurde; die Zinsen der Darlehen, die von eigens dafür bestellten Beamten, den *meledōnoi,* eingesammelt wurden, waren dem jährlichen Ankauf von Getreide vorbehalten, das dann gratis an die Bürger verteilt wurde. Das Getreide wurde meistens von jenen Ernteerträgen erworben, die der Göttin Hera, die Ländereien auf dem Festland gegenüber Samos besaß, als Zehnter entrichtet worden waren (Syll.[3] 976). Getreideknappheit wurde verständlicherweise allgemein gefürchtet; ihre Ursachen sind nicht leicht zu erahnen. Schlechte Ernten und die Störung des Marktes durch Krieg und Spekulation spielten ohne Zweifel eine Rolle; die hohen Unkosten und Schwierigkeiten des Transports über Land zusammen mit den Gefahren des Transports auf See verhinderten manchmal die Bemühungen, eine lokale Knappheit zu beheben.

Gewerbe und Handel

Nicht nur im Niveau der landwirtschaftlichen Produktion fand im hellenistischen Zeitalter kein grundlegender Wandel statt, sondern ebensowenig bei Handel und Gewerbe. Wie zuvor auch schafften es einige Städte, eine erfolgreiche, blühende Wirtschaft, vor allem durch den Handel, aufzubauen; das traf insbesondere auf die Handelsstadt Rhodos zu, die von einem Seefahreradel beherrscht wurde, der seine Geschichte in vielen Ehreninschriften hinterlassen hat. Bis zum Jahr 168, als der Zusammenstoß mit Rom erfolgte, gelang es der herrschenden Schicht auf Rhodos mit Erfolg, nach außen Frieden und Wohlstand zu sichern und den sozialen Problemen innerhalb der Stadt durch eine Art institutionalisierter Wohltätigkeit zuvorzukommen.

> Die Rhodier kümmern sich um das Volk, obwohl ihre Herrschaft nicht demokratisch ist; immerhin ist es ihnen ein Anliegen, für die Menge der Armen zu sorgen. Demzufolge wird das Volk mit Getreide beliefert und die Wohlhabenden unterstützen nach einem gewissen, von den Vorfahren übernommenen Brauch die Bedürftigen. Es gibt bestimmte solche Liturgien, gemäß denen Vorräte angelegt werden, so daß der Arme Nahrungsmittel erhält; zugleich hat der Staat keinen Mangel an nützlichen Männern, vor allem nicht an solchen für die Flotte.
>
> (Strabon 14, 2, 5)

Es gibt auch Nachweise für die Entwicklung des Gewerbes im Osten, etwa bei Metallarbeiten, Textilien und Bauten. Bezeichnend für das eigentümliche Verhalten von Antiochos IV. war es, daß er dem Hofleben zu entfliehen trachtete und »stattdessen hauptsächlich in den Werkstätten der Silber- und der Goldschmiede in Antiocheia zu finden war, wo er ausführliche Reden hielt und sich mit den Gießern und anderen Handwerkern über technische Einzelheiten unterhielt« (Polybios 36, 1, 2 = Athenaios 5, p. 193 d). Tyros und Sagalassos waren wegen ihrer Färbereien berühmt, Sidon wegen seiner Glaswaren, Tarsos wegen seines Leinens. Belege für die Art von Arbeit, die in diesen Unternehmen zur Anwendung kam, fehlen uns, doch scheint es unwahrscheinlich zu sein, daß es eine Zunahme in der Größenordnung gegenüber früheren Zeiten gegeben hat. Anzeichen für irgend etwas, das mit einer Massenproduktion vergleichbar wäre, existieren nicht. Die typische Werkeinheit blieb klein – vermutlich der Besitzer und ein oder zwei Sklaven; dazu kam ein erheblicher Anteil an Heimarbeit. In dieser Hinsicht setzen sich im hellenistischen Zeitalter nur die Bedingungen der früheren Stadtstaaten fort.

Manche Staaten, wie etwa Rhodos, verdankten – wie bereits erwähnt – den Löwenanteil ihres Reichtums dem Handel. Der Handel wurde jedoch durch eine unentwickelte Technologie eingeschränkt. Die Steuervorrichtung der Schiffe war primitiv, und obschon das Segeln gegen den Wind bekannt gewesen zu sein scheint, wurde es gewöhnlich nicht angewandt. Besonders schlimm war die Gefahr, die durch die Piraten drohte, einen »Berufsstand«, der in Zeiten von Krieg und Unordnung aufzublühen pflegte; Strabon (10, 4, 10) spricht bei der Erwähnung von Kreta, einem Gebiet, wo die Piraterie vor der Übernahme der Insel durch die Römer gang und gäbe war, von »den Söldnern auf der Insel, aus denen die Piratenbanden ihren Nachwuchs zu rekrutieren gewohnt waren«. Somit galten Piraterie und Söldnerdienst als zwei alternative Auswege in Zeiten der Not, des Elends und des Krieges. Die Piraten zählten zu den Hauptlieferanten des Sklavenmarkts; ihre Gefangenen konnten entweder ausgelöst oder verkauft werden, je nach den Umständen. Wie bereits dargelegt, bildeten die Sklaven eine wesentliche Komponente im wirtschaftlichen Leben der älteren griechischen Städte.

Die Wirtschaft der Städte

Bei der Erörterung städtischen Lebens im Hellenismus müssen wir uns größtenteils auf jene Städte beschränken, die schon *vor* der Regierungszeit Alexanders des Großen bestanden, da Zeugnisse für die Neugründungen bisher spärlich sind. Die durch Alexander verursachten großen politischen Veränderungen und was danach folgte, haben wir bereits betrachtet. Die meisten Städte erfreuten sich nun keiner echten Unabhängigkeit mehr. Wirtschaftlich brachte das sowohl Vor- als auch Nachteile mit sich. Zu den letzteren zählte nicht allein die Verpflichtung zur Leistung regelmäßiger Tributzahlungen (mit Ausnahme jener Städte, die ausdrücklich davon ausgenommen waren), sondern auch zur gelegentlichen Bereitstellung besonderer Abgaben in Kriegs- und anderen Sonderfällen. Plutarch berichtet, daß die Athener äußerst erbost über Demetrios I. Poliorketes waren, weil

er anordnete, schnell zweihundertfünfzig Talente aufzubringen und ihm abzuliefern, und nachdem die Eintreibung scharf und unerbittlich durchgeführt worden war und er das Geld beisammen sah, den Befehl gab, es Lamia und den anderen Dirnen ›für ihre Toilette‹ zu geben.

(Plutarch, Demetrios 27, 1)

Die Geschichte mag unwahr oder zumindest übertrieben sein, sie veranschaulicht jedenfalls den Groll, den solche willkürlichen Forderungen auslösten; diese nahmen umgekehrt wiederum zu infolge des Bedürfnisses, sogenannte freiwillige »Kränze« (in Wirklichkeit Geldbeträge) bereitzustellen, die anläßlich verschiedener festlicher Gelegenheiten verlangt wurden. Häufig mußten Städte auf reiche Wohltäter zurückgreifen, um über derartige Schröpfungen hinwegzukommen, zum Beispiel auf Boulagoras, der für den »Kranz aufkam«, den Ptolemaios III. Euergetes von Samos verlangte (SEG 1 [1923] 366; Austin 113), oder auf Protogenes von Olbia, offenbar ein Mann von märchenhaftem Reichtum, der, »da kein Geld in der Staatskasse vorhanden war« neben anderen Spenden 900 Goldstücke aufbrachte, die dem skythischen (oder sarmatischen) König Saitapharnes als eine Art Schutzgeld geschuldet wurden (Syll.^{3} 495, Z. 86ff.; etwa 230 v. Chr.). Ob es sich nun um Protogenes und später Nikeratos (Syll.^{3} 730) von Olbia oder um Agathokles von Istria (SEG 24 [1969] 1095) handelte – solche Männer konnten ihren ungeheuren Reichtum eigentlich nicht anders erworben haben als durch den lohnenden Sklavenhandel im Schwarzmeergebiet; man darf annehmen, daß sie zu einer bequemen Symbiose mit den angrenzenden Barbaren gekommen waren, mit denen sie Verhandlungen führten und Geschäfte abschlossen.

Es bedeutete eine Art Kompensation für diese Ausplünderungen, wenn die Könige – wohlgemerkt die hellenistischen

Könige, nicht die Herrscher der Barbaren jenseits der Nordgrenzen – zur Aufbesserung ihres eigenen Ansehens Geschenke an die Städte machten, indem sie in Zeiten der Hungersnot mit Darlehen einsprangen oder für den Bau von Tempeln, Säulenhallen und Theatern Geld gaben. Ein herausragendes Beispiel dafür bietet das, was nach einem verheerenden Erdbeben in Rhodos im Jahr 227 geschah und worüber Polybios berichtet:

Durch die Art, wie die Rhodier die Sache behandelten, indem sie nämlich das Unglück in den schwärzesten Farben schilderten, selbst aber auf den Gesandtschaftsreisen sowohl in den Audienzen wie im privaten Verkehr würdevoll und repräsentativ auftraten, brachten sie die Städte, vor allem aber die Könige dazu, sie nicht nur mit Geschenken zu überhäufen, sondern sogar noch zu meinen, sie schuldeten den Beschenkten Dank, daß sie sich beschenken ließen. (Polybios 5, 88, 4)

Derartige Geschenke an Städte waren nur in einer Gesellschaft möglich, die Könige und gewisse private Einzelpersonen in die Lage versetzte, riesige Vermögen anzuhäufen; diese wurden nicht etwa zur Investition in ein Unternehmen verwendet, das die Produktivität angehoben und so letztlich eine allgemeine Verbesserung der Lebensqualität ermöglicht hätte, sondern vielmehr zu prahlerischen Ausgaben oder zum Wucher sowie natürlich – insoweit Herrscher im Spiel waren – zur Finanzierung der Verteidigung oder eines Angriffskrieges. Die Bedingungen in Boiotien im frühen zweiten Jahrhundert waren vielleicht im allgemeinen typischer für Mittelgriechenland, als Polybios (der Boiotien nicht mochte) zuzugeben bereit war. Nachdem er die chaotische Situation in diesem Staat beschrieben hat, in dem die Gerichtshöfe fünfundzwanzig Jahre lang unbesetzt geblieben waren (s. S. 148) und Demagogen Richtlinien für staatliche Zahlungen an die Bedürftigen aufgestellt hatten (vielleicht durch die Auszahlung von Sold an unnötig rekrutierte Truppen), fügt Polybios hinzu:

Die Kinderlosen hinterließen nach dem Tode ihren Besitz nicht den nächsten Verwandten, wie es früher bei ihnen Sitte gewesen war, sondern bestimmten ihn für Festessen und Gelage und machten ihn so zum Gemeinschaftseigentum ihrer Freunde. (Polybios 20, 6, 5)

Die Erwähnung der Kinderlosigkeit schlägt einen Ton an, der auch anderswo zu hören ist. In einer allgemein gehaltenen Anklage des für ihn zeitgenössischen Griechenlands im zweiten Jahrhundert teilt Polybios mit:

> In unserer Zeit hat ganz Griechenland eine Kinderlosigkeit, ja eine Bevölkerungsarmut erfaßt, durch die die Städte verödeten und das Land brachlag, obwohl wir weder unter Kriegen von längerer Dauer noch unter Seuchen zu leiden hatten. (Polybios 36, 17, 5)

Er schreibt das der Weigerung, zu heiraten, und dem Brauch des Kindsmordes zu und verurteilt die innere Einstellung, die zu diesen Praktiken führt. Solche Einstellungen entstehen aber kaum im luftleeren Raum. Sie sind vielmehr eine Reaktion auf die Unsicherheit des Lebens inmitten von Krieg, Aufruhr und Piraterie, die im Gefolge des Auftretens der römischen Legionen auf dem Schauplatz alle im Zunehmen begriffen waren. Die nämlichen Bedingungen dürften wohl zu der Situation in Boiotien, wie Polybios sie beschrieben hat, beigetragen haben. Man sollte sich allerdings bei der Interpretation derartiger Berichte vor zu weitreichender Verallgemeinerung hüten. Bei der Erwähnung der Kinderlosigkeit und der auffallenden Verschwendung hat Polybios vermutlich in erster Linie seine eigene Schicht, die der reichen Landeigentümer, im Sinn und schreibt über diese. Seine Klage, daß es keine Leute mehr gebe, die den Boden beackerten, wird teilweise von der weitverbreiteten revolutionären Forderung nach einer Neuverteilung des Landes widerlegt, was doch eher auf eine Knappheit an Land als an Menschen schließen läßt; die große Zahl der Männer, die in Gebieten wie Kreta sich für Söldnerdienste anwerben ließen, weist auf einen ähnlichen Sachverhalt hin. Der Rückgang der Bevölkerungszahl traf vermutlich nur für bestimmte soziale Schichten und für bestimmte Gegenden zu.

Allerdings steht fest, daß auf dem Land in vielen Gegenden Elend und Not herrschten, was sowohl mit der Landknappheit als auch mit der Verschuldung zusammenhing – Mißstände, die in Griechenland für viele Jahrhunderte charakteristisch waren. Die Einzelheiten entziehen sich oftmals unserem Einblick und die Gründe sind ungewiß; sie dürften sich zudem von Ort zu Ort geändert haben. Doch werden ein niedriger Lebensstandard, das Fehlen eines Überschusses zur Vorsorge für magere

Jahre und die Unordnung infolge Wehrdienst und Krieg einen erheblichen Anteil beim Herabdrücken der Bauern in ein Abhängigkeitsverhältnis gehabt haben, aus dem es praktisch kein Entkommen mehr gab. In extremen Fällen ließen die Bauern ihre Landparzellen im Stich und suchten Zuflucht in Städten oder sie suchten ihr Glück im Ausland als Söldner, wenn sie nicht gleich zu Piraten wurden, wie es so oft auf Kreta und in Aitolien geschah. Diodor beschreibt beispielsweise, wie um das Jahr 307, als der makedonische Hauptmann Ophellas von Kyrene aufbrach, um Agathokles von Syrakus in seinem Krieg gegen Karthago beizustehen, sich viele Athener mit Begeisterung seiner Expedition anschlossen:

> Auch nicht wenige der übrigen Griechen beeilten sich, den Einfall mitzumachen, in der Hoffnung, bei der Verteilung der besten Gegend Libyens Land zu erhalten und den Reichtum Karthagos plündern zu dürfen. Griechenland war ja wegen der beständigen Kriege und der ehrgeizigen Händel der Machthaber untereinander geschwächt und heruntergekommen; daher hofften jene, sich nicht nur vielfältig bereichern, sondern auch aus ihrer bedrückenden Lage befreien zu können.
> (Diodor 20, 40, 6–7)

Eine solche Haltung trägt zur Erklärung bei, weshalb es vielen Städten an Bürgern mangelte, und sie genötigt waren, deren Anzahl durch die Aufnahme neuer Männer zu vergrößern. Beispiele dafür fanden wir bereits bei Larissa und Dyme (s. S. 70 u. 155); die gleichen Vorgänge sind in Pharsalos (IG IX 2, 234 + add. = Schwyzer 567) und in Phalanna (IG IX 2, 1228 + add. = Schwyzer 612) – beide Städte liegen wie Larissa in Thessalien – zu beobachten.

Gesellschaftliche Konflikte

Die wirtschaftlichen Nöte und die extremen Unterschiede zwischen Armen und Reichen lieferten die Grundlage für gesellschaftliche Unruhen; sie führten zur Gefahr einer sozialen Revolution im eigentlichen Griechenland und in den Gebieten rund um die Ägäis. Es gibt keinerlei Beweise, daß dies auch für die Siedlungen in den neuen Reichen galt, aber man darf sich vielleicht nicht allzusehr auf die bisher spärlichen Berichte verlassen. In Ägypten nahmen, wie schon (S. 122) erwähnt, Erhebungen infolge des sozialen Elends leicht eine nationalistische

Färbung an, da die Oberschicht aus Griechen bestand; der ägyptische Bauer suchte oftmals nur einer verzweifelten Situation zu entfliehen, indem er davonlief. Es waren hauptsächlich die Städte des alten Griechenlands, die wenig von der hellenischen Expansion in Asien zu gewinnen hatten, wo die soziale Revolution eine ernsthafte Bedrohung darstellte.

Hinweise darauf gibt es schon aus der Zeit lange vor Alexander. In einer fälschlich dem Demosthenes zugeschriebenen Rede *Über den athenischen Vertrag mit Alexander* wird behauptet:

In dem Vertrag heißt es, die Abgesandten und die mit der allgemeinen Aufsicht Beauftragten sollen dafür sorgen, daß es in den Städten, soweit sie dem Frieden(svertrag) beigetreten sind, weder Hinrichtungen noch Verbannungen gibt, welche den Gesetzen der jeweiligen Stadt zuwiderlaufen, noch Beschlagnahme von Eigentum noch Neuverteilung des Landes noch Aufhebung der Schulden noch Befreiung der Sklaven im Hinblick auf einen Umsturz. (Pseudo-Demosthenes 17, 15)

Ähnliches scheint in die Gründungsurkunde des Hellenischen Bundes hineingenommen worden zu sein, der von Antigonos I. Monophthalmos und Demetrios I. Poliorketes im Jahr 302 errichtet wurde (StV III 446, Z. 43; vgl. Austin 42); es drückt die klassische Formel des sozialen Aufstands aus, die ständig in Inschriften wiederkehrt. So enthält ein Treueschwur aus Itanos auf Kreta, der vermutlich von Neubürgern abzulegen war, das Gelöbnis: »Ich werde mich nicht umtun für eine Neuverteilung des Landes . . . oder eine Aufhebung der Schulden.« (Syll.^{3} 526, Z. 22–24; Austin 90)

Diese Beschäftigung mit der Möglichkeit eines Umsturzes, der auf gesellschaftliche und wirtschaftliche Veränderungen zielt, spiegelt eine tatsächliche Bedrohung wider, teilweise auch deshalb, weil die Unzufriedenen im Falle eines feindlichen Angriffs potentielle Verräter waren. Im vierten Jahrhundert v. Chr. hatte der Kriegsschriftsteller Aineias (Poliorketika 14) darauf hingewiesen, daß man im Gefahrenfalle den Schuldnern einen Teil oder das Ganze ihrer Schuld erlassen solle, »weil solche Männer viele an Zahl, auf der Suche nach einer Gelegenheit und außerordentlich gefährlich sind«. Ein Jahrhundert später verfaßte der Kyniker Kerkidas aus Megalopolis ein bissiges Gedicht über den Gegensatz von Reich und Arm:

Er (Zeus) machte Xenon zum Armenschwieliger, er brachte uns Geld herbei zum Unterhalt, das nutzlos ins Nichts verströmte.
Und was trat hindernd entgegen, falls jemand es entraffte für sich?

Wird es doch leicht für die Gottheit, jegliche Tat zu vollbringen,
auf die sie ihr Augenmerk richtet: dem schmutzigen Zinsfälscherich,
dem Leichenfledderschmidt, auch dem Wiederverschwenderich,
dem Vermögensvergeuder, beliebig den schweinischen
Reichtum wegzunehmen, dafür die schwindenden Mittelchen
dem Notdurftsnagemann, dem Gemeinkrugsbecherlutscher zuzuschanzen!
Niemals erlösche die Sehkraft der Dike (Gerechtigkeit)!

(Kerkidas, Meliambos 4 Powell = 1 Diehl*)

Er fährt fort, die Reichen zur Wohltätigkeit zu drängen, bevor die Katastrophe über sie hereinbricht.

Die Schwierigkeiten, die Kerkidas vorhersieht, bestehen in diesem Fall in der Revolution, doch in der Wirklichkeit konnten eine Revolution und ein von außen gesteuerter Staatsstreich kaum voneinander unterschieden werden. Bei der Schilderung des Hintergrunds zu einem verheerenden, blutigen Umsturz, den die Aitoler in einer achaischen Stadt durchführten, schreibt Polybios:

Die Bürger von Kynaitha, die Arkader sind, lebten seit langen Jahren in unaufhörlichen erbitterten Parteikämpfen, hatten vielfältig mit Mord und Verbannung gegeneinander gewütet, mit Raub des Eigentums, Neuverteilung des Grundbesitzes ... (Polybios 4, 17, 4)

Dieser Konflikt hatte zweifelsohne seinen Zündstoff zum Teil aus den Ereignissen unter der Regierung von Kleomenes III. von Sparta bezogen (die wir sogleich S. 176ff. erörtern werden), obschon Polybios es in idealistischer Manier vorzieht, ihn der Tatsache zuzuschreiben, daß die Bürger von Kynaitha sich nicht durch Musik humanisierten. Die sozialen Anliegen waren aber unvermeidlich in den Kampf zwischen der achaiischen und der aitolischen Partei in der Stadt hineinvermengt worden. Die Aitoler nützten nur die soziale Unzufriedenheit für ihre eigenen Zwecke aus. Im Jahr 205, nach dem Ersten Makedonischen Krieg, schlugen sie allerdings eine revolutionäre Gesetzgebung in ihrem eigenen Land vor. Bei der Erörterung der wachsenden Schuldenlast in Aitolien führt Polybios aus:

Da sie infolgedessen zu einer Änderung ihrer ererbten Verfassung geneigt waren (ein arges Manko in der konservativen Sicht des Polybios), wählten sie zu Gesetzgebern Dorimachos und Skopas, deren Hang

* J. U. Powell, *Collectanea Alexandrina.* Oxford 1925, S. 203f.; E. Diehl, *Anthologia Lyrica Graeca.* Fasc. 3, Leipzig ³1952, S. 142f.; deutsche Übersetzung von D. Ebener, *Griechische Lyrik.* (Bibliothek der Antike) Berlin, Weimar ²1980, S. 415.

zum Unruhestiften sie wohl kannten, und deren Vermögen durch viele private Verbindlichkeiten belastet war. Mit solcher Vollmacht ausgestattet, verfaßten diese beiden Männer neue Gesetze.

(Polybios 13, 1)

Ihnen trat aber ein Alexandros entgegen, der an anderer Stelle als der reichste Mann in Griechenland geschildert wird; es ist ungeklärt, ob die Gesetzesvorlage durchkam. Die beiden Männer, die das Gesetz vorgeschlagen hatten, traten später in ägyptische Dienste (über Skopas s. S. 80f.).

Im allgemeinen verliefen die Revolutionen, von denen wir wissen, ohne Erfolg, und zwar aus verschiedenen Gründen. Zunächst einmal zielten sie ganz simpel auf die Umkehrung der Rollen ab; die Armen sollten an die Stelle, wo die Reichen gewesen waren, und umgekehrt; ohne eine Hebung des Produktionsniveaus wäre etwas anderes auch nicht möglich gewesen. Zum anderen blieb die am schlimmsten unterdrückte Schicht, die der Sklaven, von der Bewegung ausgeschlossen; diese hatte niemals die Befreiung der Sklaven zu einem Teil ihres feststehenden Programms gemacht, obwohl aus Gründen der Zweckmäßigkeit Sklaven gelegentlich freigelassen wurden oder ihre Freiheit erkaufen konnten, um damit die Mannschaftsstärken zu erhöhen. Ein Beispiel dafür (s. S. 179) gab der spartanische König Kleomenes, der einige der Heloten ihre Freiheit erkaufen ließ; in dem von Pseudo-Demosthenes (S. 173) zitierten Vertrag hatte, wie wir sahen, die Schicht der Landeigentümer Furcht vor der Befreiung der Sklaven. Das Unvermögen, die Sklaven einzugliedern, ist jedoch nicht überraschend, da im antiken Griechenland der gesellschaftliche Standort durch eine machtvolle Ideologie bestimmt war; das wirtschaftliche Elend, das den armen Freien und den Sklaven gemeinsam war, wog wenig im Vergleich zu der Kluft, die im Bewußtsein des Freien zwischen ihm und dem Sklaven lag. Eine diesbezügliche Parallele aus modernen Zeiten verkörpert die Haltung der armen Weißen in den amerikanischen Südstaaten. Schließlich trug der Auftritt der Römer auf der Bühne (seit dem späten dritten Jahrhundert) zu einer Verzerrung der Situation bei, oft noch unterstützt durch Gewalttätigkeit und Verbrechen; das wirkte sich zugunsten der etablierten Oberschicht aus, von der nun Stabilität auszugehen schien.

Daß die Zahl der überlieferten Revolutionen im Griechenland dieser Epoche tatsächlich nicht sehr groß ist, selbst wenn man sie mit denen in Italien und Sizilien vergleicht, mag vielleicht als

Indiz für den weitreichenden Erfolg der Oberschicht in den griechischen Städten bei der Anwendung ihrer Beruhigungsmethoden gelten; billiges oder freies Getreide und andere »philanthropische« Maßnahmen hielten die Revolution in Schach, von jenen Fällen abgesehen, in denen die Unzufriedenen einen Sammelpunkt (und manchmal materielle Hilfe) im Ausland fanden.

Sparta

Das eindrucksvollste Beispiel einer zeitweilig erfolgreichen revolutionären Bewegung in der hellenistischen Welt war jene, die von den beiden spartanischen Königen Agis IV. (244–241) und Kleomenes III. (235–222, gestorben 219) sowie ihren Nachfolgern im späten dritten und frühen zweiten Jahrhundert angeführt wurde. Unsere Hauptquelle für die Lebenswege von Agis und Kleomenes sind Plutarchs Biographien der beiden Könige. Sein Bericht, der auf dem (uns nicht erhaltenen) spartafreundlichen Geschichtsschreiber Phylarchos fußt, zeigt beide Männer in einem eher idealisierten Licht als Philosophen. Unsere andere Hauptquelle, Polybios, zeigt in seinen Auszügen (nur sie sind erhalten) und für die späteren revolutionären Führer in dem auf ihn zurückgehenden Bericht des Livius, eine gegenüber den spartanischen Königen feindselige Einstellung; er schilderte sie als Tyrannen.

Die Anhäufung von Reichtum in Sparta war wegen der eigentümlichen agrarwirtschaftlichen Verhältnisse in diesem Staat besonders unheilvoll; jeder spartanische Vollbürger besaß sein eigenes Stück Land, das von Heloten, den Staatssklaven, die alle Arbeit zu verrichten hatten, bebaut wurde, während andere Zweige der Wirtschaft in der Hand von *perioikoi,* den »Umwohnern«, waren, die nicht zu den Bürgern zählten. Zu einem unbekannten Zeitpunkt

> setzte ein angesehener Mann, stolz und von harter Sinnesart, Epitadeus mit Namen, als er Ephor wurde, wegen eines Streites, den er mit seinem Sohn hatte, ein Gesetz durch, wonach es jedem gestattet sein sollte, sein Haus und sein Grundstück, wem er wolle, bei Lebzeiten zu schenken oder testamentarisch zu vermachen. Epitadeus brachte also den Antrag ein, um seinem persönlichen Groll Genüge zu tun; die anderen aber nahmen ihn aus Habsucht auf, machten ihn zum Gesetz und vernichteten so die vortrefflichste Ordnung.
>
> (Plutarch, Agis 5, 2–3)

Das Ergebnis war die Konzentration des Landes in der Hand einiger weniger (vor allem von Erbinnen). Um die Mitte des dritten Jahrhunderts

blieben nicht mehr als 700 Spartiaten übrig, und unter diesen waren es vielleicht 100, die Land und Erbteil besaßen. Das übrige Volk saß mittellos und gering geachtet mit in der Stadt, nahm ohne rechten Mut und Eifer an den auswärtigen Kriegen teil und lauerte nur stets auf eine Gelegenheit zum Umsturz und zur Änderung des gegenwärtigen Zustandes. (Plutarch, Agis 5, 4)

Die überlieferten Übungen, die gemeinsamen Mahlzeiten, alles, was den traditionellen Spartaner hatte entstehen lassen, war aufgegeben worden; so war gewissermaßen Dunkelheit über Sparta hereingebrochen, wobei der Verlust von Messenien im vierten Jahrhundert ein Markstein des Niedergangs gewesen war.

Agis entschied sich bei seinem Regierungsantritt dafür, das wiederherzustellen, was man unter dem alten Sparta mit seinen Landparzellen und der Gleichheit aller Spartaner verstand – kurz gesagt, das »System des Lykourgos«, des legendären Gesetzgebers, dem die gesamte Tradition zugeschrieben wurde. Als einer seiner Anhänger ins Ephorat gewählt wurde, ließ Agis durch ihn einen Gesetzesantrag einbringen,

dessen Hauptpunkte besagten, daß den Schuldnern ihre Schulden erlassen werden sollten und daß nach seiner Aufteilung das Land, das sich vom Pellene-Flußbett bis hin zum Taygetos, Malea und Sellasia erstreckt (also das eigentliche Stadtgebiet) zu 4500 Landlosen gemacht werden solle, das außerhalb zu 15000. Letzteres solle unter den waffenfähigen Periöken aufgeteilt werden, das Gebiet innerhalb unter den Spartiaten selbst; deren Zahl solle jedoch aus den Reihen der Periöken und Fremden ergänzt werden, soweit diese die Erziehung eines freien Mannes genossen hätten, körperlich tauglich seien und in der Blüte ihrer Jahre stünden. (Plutarch, Agis 8, 1–3)

Die öffentlichen Mahlzeiten und das strenge Reglement in Verbindung damit wurden ebenfalls wiedereingeführt. Zuerst schien sich alles gut anzulassen. Als sein Mitkönig Leonidas ihm Widerstand entgegensetzte, wurde dieser gezwungen, sich ins Exil nach Tegea zurückzuziehen. Doch im entscheidenden Punkt schlug der Plan von Agis fehl. Nachdem er die Annulierung der Schulden, die auf den Gütern lasteten, gesichert hatte, verhinderten seine Parteigänger, darunter sein Onkel Agesilaos, daß die Anordnung, das Land aufzuteilen, in Kraft trat. Agis wurde zu einem Feldzug gegen die Aitoler abberufen; bei seiner Rückkehr wurde er ermordet. Er scheiterte, weil es ihm nicht gelang, genügend Reiche und Arme dazu zu bringen, das Regime der traditionellen Einfachheit und Strenge mit dem Ziel zu akzeptieren, das Überleben Spartas zu sichern. Die meisten Revolutionen appellierten an Habsucht und Neid; der Idealismus des Agis rief allzu viele Feinde wach.

Sechs Jahre verflossen bis zur Thronbesteigung von Kleomenes III., Sohn des Leonidas, des Gegners von Agis. Kleomenes hatte die Witwe von Agis geheiratet; die Überlieferung schreibt ihr einen erheblichen Anteil daran zu, ihn für das Reformprogramm gewonnen zu haben. Seine »Bekehrung« war aber unmittelbar mit einer aggressiven Politik verbunden, deren Ziel es war, die Peloponnes für Sparta zu gewinnen; das brachte den Stadtstaat in direkten Gegensatz zum Achaischen Bund, dessen Führer Aratos ähnliche Ambitionen hegte. Im Jahr 229 überließ der Aitolische Bund die arkadischen Städte Tegea, Mantinea, Orchomenos und wahrscheinlich Kaphyai dem Kleomenes; kurz danach griff dieser eine Festung an den Grenzen von Megalopolis an. Im Jahr 227 führte er einen Staatsstreich durch, mit dem die Ephoren ausgeschaltet (die Einrichtung wurde für »nicht lykourgisch« erklärt), achtzig seiner Opponenten ins Exil geschickt und die Reformen des Agis in einer neuen Version durchgesetzt wurden; letztere beinhalteten auch neue Landlose und eine neue Phalanx von 4000 Bürgern, die aus den *perioikoi* rekrutiert wurden. Auch die alten Übungen wurden wiedereingeführt.

Mit dieser neuen Streitmacht errang Kleomenes mehrere überzeugende Siege, worauf der Achaiische Bund zu zerbröckeln begann. In einem völligen Mißverständnis sahen die Massen überall auf der Peloponnes in Kleomenes einen möglichen Retter. »Unter den Achaiern hatte schon eine Bewegung eingesetzt, und die Städte waren zum Abfall vom Bunde geneigt, weil die Massen sich Hoffnung auf Landverteilung und Schuldentilgung machten«, schreibt Plutarch (Kleomenes 17, 3). In seinem *Aratos* (39, 4) schildert er den achaiischen Führer, wie »er sah, wie die ganze Peloponnes wankte und die Städte überall von den Revolutionären aufgewiegelt wurden«. Doch die spartanische Revolution war nicht für den Export geschaffen. Angesichts der Auflösung des Achaiischen Bundes opferte Aratos seine antimakedonische Politik, um einen Handel mit Antigonos III. Doson zu schließen, der nach Süden marschierte und bald darauf Kleomenes in Lakonien einschloß. In dieser kritischen Lage setzte Kleomenes (. . .) diejenigen Heloten, welche fünf attische Minen zahlten, in Freiheit und bekam so fünfhundert Talente zusammen. Zweitausend von ihnen bewaffnete er auf makedonische Art . . .

(Plutarch, Kleomenes 23, 1)

Zu einer derart verzweifelten Maßnahme zwangen ihn die Umstände. Im Jahr 222 wurde er von Antigonos bei Sellasia im nördlichen Lakonien geschlagen – eine Schlacht, in der beinahe die gesamte spartanische Streitmacht vernichtet wurde –, floh nach Ägypten und kam dort drei Jahre später bei einem Aufruhr, den er gegen Ptolemaios IV. Philopator angestiftet hatte, ums Leben.

»Antigonos«, sagt Plutarch (Kleomenes 30, 1), ». . . behandelte die Lakedaimonier freundlich, beschimpfte und verletzte nicht die Würde Spartas, sondern gab ihnen ihre Gesetze und ihre Verfassung zurück«. Polybios bestätigt, daß er »ihnen auch die althergebrachte Verfassung zurückgab« (2, 70, 1); nach seiner Ansicht war die Regierung des Kleomenes eine Tyrannis, mit der Wiederherstellung der Verfassung ist also wohl die Rückkehr zur Lage *vor* den Reformen gemeint. Die Formulierung ist jedoch elastisch, denn Sparta blieb ohne Könige, wenn auch das Ephorat wiederhergestellt wurde. Als Sparta später, 189 v. Chr., genötigt wurde, dem Achaiischen Bund beizutreten, führt Livius (38, 34, 3), der sich dabei auf Polybios stützt, unter den auferlegten Bedingungen die folgenden an: »Sie sollten die Gesetze und Überlieferungen des Lykourgos abschaffen und sich an die Gesetze und Einrichtungen der Achaier gewöhnen.« Das kann bedeuten, daß einige der sozialen Aspekte der kleomenischen Reformen nach Sellasia weiterbestehen durften; andererseits kann sie auch der eine oder andere Nachfolger des Kleomenes erneut eingeführt haben.

Die revolutionäre Bewegung in Sparta ist wegen ihrer Fortdauer unter einer Reihe von neuen Führern bemerkenswert. Noch im dritten Jahrhundert gab es Lykourgos, Machanidas (der von dem achaiischen Führer Philopoimen in der Schlacht bei Mantinea im Jahr 207 im Zweikampf getötet wurde) und später Nabis, der in einer delischen Inschrift als »König Nabis, Sohn des Damaratos, ein guter Mann in seinen Beziehungen zum Heiligtum und zum Volk von Delos« gepriesen wird ($Syll.^3$ 584 = Durrbach, Choix 58). Polybios jedoch berichtet uns:

Er rottete die noch übrigen Angehörigen (der Königshäuser?) aus, verbannte alle, die durch großen Reichtum und Ruhm ihrer Ahnen ausgezeichnet waren, und verteilte ihr Vermögen und ihre Frauen unter die angesehensten der Verbleibenden und unter die Söldner. Diese waren Mörder, Räuber, Diebe und Einbrecher ... (Polybios 13, 6, 3)

An anderer Stelle (16, 13) beschuldigt er ihn der Freilassung von Sklaven (wahrscheinlich handelte es sich um Heloten). Wägt man die Einzelheiten ab, die uns überliefert sind, und stellt sogar die achaierfreundliche Voreingenommenheit von Polybios in Rechnung, so scheint doch Nabis all der Idealismus eines Agis und auch noch eines Kleomenes gefehlt zu haben; er dürfte der übelsten Sorte eines Tyrannen recht nahegekommen sein. Mit seiner Ermordung im Jahr 192 zerstreute sich die revolutionäre Bewegung; sie zerfiel in Gruppen von gegeneinander intrigierenden Exilanten, die unablässig Appelle an Rom richteten.

Sparta blieb nach seiner Eingliederung in den Achaiischen Bund ein Fremdkörper in dessen Bestand und löste schließlich durch seine Sezession in den Jahren 149/48 den Achaiischen Krieg und den Zerfall des Bundes aus. Um diese Zeit aber waren die sozialen Aspekte dessen, was trotz allen Auftrumpfens doch eine nach rückwärts gerichtete und letzthin kraftlose Bewegung war, verschwunden; lediglich ein politischer Konflikt war zurückgeblieben. Wie die Römer dann am Ende den Knoten zerschlugen, war geradezu symbolisch für die Art und Weise, wie Rom die Entscheidungsgewalt in Griechenland und in der griechischen Welt übernahm. Fortan stellten die hellenistische Gesellschaftsstruktur und die Probleme, die sie verursachte, lediglich einen der Faktoren dar, welche die römische Provinzialverwaltung tangierten.

10. Kulturelle Entwicklungen: Philosophie, Wissenschaft, Technologie

Die neuen »Musenhöfe«

Die griechische Expansion im Verlauf der frühhellenistischen Epoche führte zu einer weiten Verbreitung der schöpferischen Energie der Griechen. Aber aus verschiedenen Gründen – die wichtigsten waren Sicherheit, Reichtum und der Ehrgeiz der Herrscher – gab es auch eine gegenläufige Strömung, die zu einer Konzentration der kulturellen Tätigkeit in den großen Königsresidenzen wie Pergamon und Alexandreia führte. Die Förderung durch Monarchen stellte natürlich nichts Neues dar. Sizilien hatte Pindar, Aischylos und Platon angelockt und Makedonien Euripides, aber inzwischen waren die Gönner noch reicher und eindrucksvoller. Vor allem Alexandreia beherrschte das geistige Leben der griechischen Welt, insbesondere unter den ersten drei Ptolemäern (323–221); das geschah größtenteils durch die Begründung des berühmten Museions (wörtlich: das Heiligtum der Musen) und der Bibliothek. Die alexandrinischen Einrichtungen – die vielleicht durch das Museion und die Bibliothek des Lykeions, der Schule des Aristoteles in Athen, vorweggenommen wurden – könnten von Demetrios von Phaleron in der Regierungszeit von Ptolemaios I. Soter angeregt worden sein, wenngleich eine andere Überlieferung die große Bibliothek dem Ptolemaios II. Philadelphos zuschreibt.

Große Summen wurden ausgegeben, um Bücher zu kaufen und Gelehrte nach Alexandreia zu ziehen; die Bibliothek besaß zuletzt 500000 Schriftrollen. Das Museion, das in enger Verbindung mit der Bibliothek arbeitete, war eigentlich ein Forschungsinstitut; Alexandreia förderte vor allem das systematische Studium der Philologie, also der Sprach- und Literaturwissenschaft. Unter Gelehrten wie Zenodotos von Ephesos, Aristophanes von Byzanz und Aristarchos von Samothrake wurde der Text Homers ausführlich analysiert. Das große Problem, ob es nun *einen* Homer oder deren mehrere gab, war nur eines der Anliegen, das sie beschäftigte, denn sie befaßten sich ebenso mit dem geschichtlichen und geographischen Hintergrund der Dichtungen. Durch ihre Kommentare und ihre Studien über den Text und die Sprache legten diese Männer die Fundamente für die Renaissance und für die moderne Wissenschaft.

Die finanziellen Anreize des ptolemäischen Gönnertums lockten auch viele Dichter nach Alexandreia. Theokrit, der aus Syrakus stammende Verfasser von Hirtengedichten, hielt sich nur kurze Zeit dort auf; entweder zog er seine Vaterstadt oder (für eine Weile) Kos der großen ägyptischen Metropole vor oder es gelang ihm vielleicht nicht, die Gunst zu gewinnen, die er dort suchte. Seine *Syrakusanischen Frauen* (Idyll 15), eine pikante Unterhaltung zwischen zwei Damen aus Syrakus, die in Alexandreia wohnen und ausgegangen sind, um beim Fest des Adonis zuzuschauen, vermitteln ein lebendiges Bild der großen Stadt. Apollonios von Rhodos, der eine Zeitlang Bibliothekar war, veröffentlichte ein Epos über die Argonauten, das sich durch euripideische Empfindung und ein starkes Gefühl für Landschaft auszeichnet. Er geriet in Widerspruch zu Kallimachos, dem Dichter, der am ehesten typisch für den »alexandrinischen« Stil ist – einen Stil, der Witz und Bildung mit einer meisterhaften Beherrschung von Versmaß, Sprache und mythologischen Anspielungen verknüpft, weshalb sich diese Gedichte vorwiegend an den Intellekt wenden.

In Pergamon hielten sich (vor allem im zweiten Jahrhundert) die Könige aus dem Haus der Attaliden einen ähnlichen »Musenhof«. Ihre Bibliothek war die größte nach der von Alexandreia, und an ihrem Hof entfaltete sich eine Gruppe von Künstlern und Gelehrten, die uns in erster Linie durch das Werk des Antigonos von Karystos bekannt sind, eines Mannes, der nicht nur als Bildhauer tätig war und über Kunst schrieb, sondern auch eine Anzahl Biographien veröffentlichte, die voll anekdotischen Materials stecken. Er wurde von Polemon von Ilion angegriffen, der leidenschaftlich Nachrichten über Kunstwerke sammelte, von denen er einige auf ausgedehnten Reisen von Kleinasien bis Sizilien und Karthago zusammentrug. Eine andere berühmte Gestalt in Pergamon war der Homergelehrte Krates von Mallos, der Verständnisschwierigkeiten bei dem Dichter wegzuerklären suchte, indem er allegorische Deutungen einführte und dabei oft anachronistische stoische Auffassungen einbrachte. Krates brach bei einem Besuch in Rom im Jahr 168 sein Bein in einem offengelassenen Abflußkanal; er mußte zur Ausheilung eine Weile in der Stadt zubringen, hielt Vorträge und weckte so das Interesse an der Gelehrsamkeit. Ein anderer pergamenischer Gelehrter war der Historiker Neanthes von

Kyzikos; allerdings war Geschichte ein Literaturzweig, der insgesamt auch abseits der großen Königsresidenzen blühte. Hieronymos von Kardia ließ sich zwar in Pella nieder (s. S. 15f.), doch Timaios schrieb in Athen und Polybios in Rom (das er aber nicht selbst ausgewählt hatte) und in Megalopolis.

Philosophie

Athen blieb ein Zentrum von Bedeutung, trotz der Anreize der königlichen Musenhöfe; andere Städte mit starker kultureller Tradition waren Rhodos, Kos und (ganz am Ende der Epoche) Tarsos. Athen war vor allem als die Heimat der Philosophie bekannt. Dort hatten Sokrates, Platon und Aristoteles gelehrt; im Zeitalter nach Alexander entschieden sich die namhaftesten Philosophen aus allen Teilen der griechischen Welt für den Aufenthalt in dieser Stadt und begründeten dort ihre Schulen. Die Akademie, die Platon kurz vor 369 errichtet hatte, hatte unter der Leitung von Speusippos und Xenokrates, die das Interesse der Schule hauptsächlich auf ethische Fragen lenkten, an Bedeutung verloren. »Die Philosophie ist entdeckt worden«, schrieb Xenokrates (Frg.4 Heinze*), »damit sie das beschwichtigt, was Unruhe in unserem Leben hervorruft«; dieser Gesichtspunkt stand jenem Epikurs (s. S. 184f.) nahe. Unter Polemon, der die Leitung der Schule im Jahr 314 übernahm, erfuhr diese ethische Richtung eine noch ausgeprägtere Akzentuierung. »Polemon pflegte zu sagen, man müsse seine Kraft an den Aufgaben des Lebens üben, nicht an dialektischen Spitzfindigkeiten.« (Diogenes Laertios 4, 18) Das stellte einen Bruch mit Platon dar, der wie Sokrates der Dialektik als einer Quelle der Erkenntnis und damit der Tugend großen Wert beigemessen hatte. Von der Mitte des dritten Jahrhunderts an gewann die Akademie jedoch neue Farbe und neuen Elan unter Arkesilaos von Pitane (in Kleinasien), der alle Formen des Dogmatismus ablehnte – er soll aus diesem Grund nichts veröffentlicht haben – und statt dessen die Lehre von der »Zurückhaltung vom Urteil« entwikkelte, die sehr an den Skeptizismus des Pyrrhon von Elis (gest. um 275–270) erinnert; dieser glaubte, Glück entspringe dem Gleichmut, der sich aus der Verweigerung jeder ausdrücklichen

* R. Heinze, *Xenokrates*. Leipzig 1892, S. 160.

Stellungnahme ergibt. Für Arkesilaos war der Skeptizismus jedoch nicht bloß eine Geisteshaltung, die Unerschütterlichkeit bewirken sollte, sondern eine positive philosophische Position.

Nachdem Aristoteles eine Weile an der Akademie und verschiedene Jahre in Kleinasien und Makedonien zugebracht hatte, war er nach Athen zurückgekehrt, wo er am Lykeion lehrte. Dieses wurde nach seinem Tod von seinem Nachfolger Theophrast gekauft, in eine reguläre Schule umgewandelt und von ihm bis zu seinem Ableben um 284/83 geleitet. Theophrast hielt an dem vollen aristotelischen Forschungsprogramm fest; sein Nachfolger Straton bildete unter den hellenistischen Philosophen eine Ausnahme wegen seines Interesses an Problemen der Naturwissenschaft. Beide vermochten das hohe Ansehen des Lykeions aufrechtzuerhalten; nach Stratons Tod (um 270) ging sein guter Ruf jedoch verloren. Die großen philosophischen Schulen, die seit dem dritten Jahrhundert Athen Anerkennung verschafften, waren jene der Epikuräer und der Stoiker.

Epikur (341–270), der aus Samos stammte, errichtete seine Schule in Athen um 307/06. Seine Nachfolger sammelten eine festgefügte Gemeinschaft um sich, die Frauen und Sklaven miteinschloß; trotz der Einfachheit ihres Lebensstils, ihrer Zurückgezogenheit und der Lehre des von Epikur verkündeten Hedonismus wurde ihnen ein gänzlich ungerechtfertigter Verdacht und Feindseligkeit entgegengebracht. Für die Epikuräer besaß ein Begriff wie »Vergnügen« oder »Freude« eine ganz eigene Bedeutung.

Wenn wir uns also sagen, daß Freude *(hēdonē)* unser Lebensziel ist, so meinen wir nicht die Freuden der Prasser, denen es ums Genießen schlechthin zu tun ist ... Für uns bedeutet Freude: keine Schmerzen haben im Körper und keine Unruhe verspüren in der Seele. Denn nicht eine endlose Reihe von Trinkgelagen und Festschmäusen, nicht die Lust mit Knaben und Frauen, auch nicht der Genuß von Fischen und was ein reichbesetzter Tisch sonst zu bieten vermag, schafft ein freudevolles Leben, sondern allein das klare Denken, das allem Verlangen und allem Meiden auf den Grund geht und den Wahn vertreibt, der wie ein Wirbelsturm die Seelen erschüttert.

(Epikur, Brief an Menoikeus: Diogenes Laertios 10, 131–132)

»Freude« oder »Vergnügen« besteht also darin, seine Begierden befriedigt zu haben, weit weniger aber in dem Vorgang der Befriedigung selbst; das Vergnügen, das aus einem in sich selbst ruhenden Geist, aus dessen Unerschütterlichkeit (*ataraxia*), hervorging, war weit über die Vergnügungen des Körpers zu setzen. Der *ataraxia* wurde man gewiß durch die Einsicht, daß das Universum nach seinem eigenen Willen existierte, und zwar gemäß der atomistischen Theorie Demokrits; ihr zufolge gab es kein persönliches Fortleben nach dem Tod, sondern die Atome, aus denen man bestand, lösten sich auf; die Götter, fern und abgesondert, hatten weder Anteil noch Interesse an unserer Welt. Die Menschen sollten sich aller politischen Tätigkeit enthalten und Situationen vermeiden, die Emotionen hervorrufen könnten. Eine ruhige, ausgeglichene Freundschaft innerhalb eines geschlossenen Kreises verkörperte das wahre Ideal.

Der Epikuräismus wurde niemals ganz anerkannt – abgesehen von einer kurzen Zeitspanne in Rom gegen Ende der Republik – und sowohl an Popularität als auch an Einfluß von den Lehren der Stoa verdrängt. Diese Schule, die in der »Bemalten Halle« *(Stoa Poikilē)* von Zenon von Kition (auf Zypern), der von 335 bis 263 lebte, eingerichtet wurde, lehrte ein vollständiges philosophisches System, das mit gewissen Modifikationen die gesamte hellenistische Epoche hindurch blühen und zur bekanntesten Philosophie während der beiden ersten Jahrhunderte des römischen Kaiserreiches werden sollte. Sie ging von mehreren Grundsätzen aus: Das einzige Gut besteht in der Tugend, was bedeutet, daß man im Einklang mit dem Willen Gottes oder der Natur lebt – beide seien mehr oder weniger identisch. Unser Wissen davon, worin dieser Wille besteht, hängt von einem Verstehen der Wirklichkeit ab, das – im Gegensatz zu der Ansicht der Skeptiker – über die Sinne durch eine den Wahrnehmungsgegenstand erfassende Vorstellung *(katalēptikē phantasia)* erworben wird. Die Tugend ist das einzige Gute, alles andere indifferent, sofern es nicht einwandfrei böse ist. Diese Lehren wurden rasch von viel mehr Menschen aufgegriffen als nur von den Eingeweihten der Schule (und das, obgleich sie nicht widerspruchsfrei sind, wenn man sie streng logisch durchdenkt), weitum verkündet und mit tiefem Gefühl aufgenommen; wir können das dem *Hymnos an Zeus* entnehmen, den der Stoiker Kleanthes (331–232 v. Chr.), der Nachfolger Zenons als Haupt der Schule, verfaßte:

Nichts vollzieht sich auf Erden ohne dein Eingreifen, Gottheit,
weder am göttlichen Himmelsgewölbe noch in den Fluten,
lediglich das, was die Bösewichter aus Torheit verüben.
Du verstehst das Übermäßige sinnvoll zu stutzen,
gleichzeitig Wirres zu ordnen, und schenkst auch dem Unlieben Liebe.

Derart verschmolzest Du sämtliches Gute mit Bösem zu Einem,
daß sich ein ewiger Sinn im All zu entwickeln vermochte.
Sterbliche Bösewichter versuchen sich ihm zu entziehen,
elend die Armen, die stets den Besitz des Guten erstreben;
doch die gültige Satzung *(nomos)* der Gottheit nicht sehen, nicht hören:
Folgten sie ihr vernünftig, sie führten ein glückliches Leben!

(Kleanthes SVF* 537, Z. 15–25)

Wie die Epikuräer waren auch die ersten Stoiker fest davon überzeugt, daß der Mensch durch die Vernunft den wahren Weg entdecken und sich für ihn entscheiden konnte; sie wurden von der Lehre, daß nur wahre Tugend gut sei, nicht niedergedrückt. Später jedoch, im zweiten Jahrhundert, lehrte Panaitios von Rhodos (um 185–109), der das Haupt der Schule wurde, eine abgewandelte und menschlichere Auffassung, die auch jenen Hoffnung bot, die noch nicht tugendhaft geworden waren, sich aber redlich darum bemühten.

Somit blieb Athen ein wichtiges Zentrum der philosophischen Denkschulen, nachdem es lange schon jegliche politische Macht verloren hatte. Anderswo in der hellenistischen Welt florierten populäre Formen der Philosophie, und zwar in den Schmähschriften der umherziehenden Kyniker oder in einem Werk wie den *Phainomena* des Aratos von Soloi, einer in epischem Versmaß abgefaßten Version der astronomischen Abhandlung des Eudoxos von Knidos; letzteres wirkte nicht so sehr als wissenschaftliches Werk, sondern als eine Demonstration für die Rolle der Vorsehung im stoisch verstandenen Kosmos. Wie die kynischen Philosophen neigten auch Bildhauer und Maler dazu, von Ort zu Ort zu ziehen, da sie mehr noch als die literarischen Künstler von der Freigebigkeit der Könige abhingen.

Das Gymnasion

Aus den bisherigen Ausführungen geht klar hervor, daß die hellenistische Kultur viel von ihrem Elan (doch nicht alles) den königlichen Musenhöfen verdankte, ihre Qualität aber hauptsächlich den griechischen Städten (einschließlich jener des Na-

* H. v. Arnim, *Stoicorum veterum fragmenta.* Bd. I, Leipzig 1905, S. 121 f. Deutsche Übersetzung von D. Ebener, *Griechische Lyrik.* (Bibliothek der Antike) Berlin, Weimar ^{2}1980, S. 411 f.

hen Ostens), wo sie durch die Tradition der griechischen Erziehung genährt wurde. Diese Tradition fand ihren Ausdruck in der Ausbildung, die den Kindern der wohlsituierten Familien (gelegentlich auch solchen aus Familien mit kärglichen Mitteln) am Gymnasion zuteil wurde. Das Gymnasion, das zunächst eine Einrichtung für Athletik gewesen war (s. S. 73f.), hatte stets der musikalischen Ausbildung Bedeutung zugemessen und entwickelte sich nunmehr zu einer Mittelschule. Zum Beispiel gab es im Gymnasion von Pergamon, das in drei Ebenen gebaut war – für Knaben, Epheben und junge Männer –, allgemeine Lesezimmer, Säulenhallen und Bibliotheken, die auf die neue zentrale Aufgabe zugeschnitten waren. Der Unterricht war vorrangig literarisch; der Hauptakzent lag auf der Dichtung, vor allem auf Euripides und Homer. Ein Bild vom Leben auf dem Gymnasion vermag man sich anhand vieler Inschriften zu machen, insbesondere dank einer aus Teos, von der nahezu 70 Zeilen erhalten sind; sie enthält Angaben über die Verwendung einer Summe Geldes, die ein gewisser Polythrous dem Gymnasion gespendet hatte (Syll.³ 578; Austin 120). Wir erfahren daraus von der Anstellung von »drei Schullehrern zur Unterrichtung der Knaben und Mädchen« (in Teos herrschte, was ziemlich ungewöhnlich war, Koedukation), zwei *paidotribai* (Turnlehrer) und einem Lyraspieler, der nicht nur die Lyra zu lehren hatte, sondern auch eine allgemeine musikalische Erziehung geben mußte. Der Status der Lehrer war nicht gerade hoch, doch drückte sich die Achtung, welche die Bürger der Oberschicht für das Gymnasion hegten, in den vielen Verlautbarungen aus, mit denen die höheren Schulbeamten, die *paidonomoi*, die auf die einzelnen Klassen aufpaßten, und besonders der Gymnasiarch, der eine Art Direktor darstellte, geehrt wurden.

Die höheren Schulbeamten hatten unbezahlte Posten inne, die großes Ansehen mit sich brachten; aus den Inschriften wird ersichtlich, daß es gewöhnlich der Gymnasiarch war, der sich um den Vorrat für die Opfer kümmerte, die Wettkämpfe stiftete und durchführte und selbst gelegentlich die Schulgebäude instandsetzen oder ausbauen ließ. So hält beispielsweise ein Dekret aus Salamis aus dem späten zweiten Jahrhundert folgendes fest:

Da nun Theodotos, Sohn des Eustrophos von Piräus, zum Gymnasiarchen für das Jahr des Archonten Ergokles gewählt worden war, opferte er Ochsen bei allen vorgeschriebenen Opfern, unterhielt alle Jugendlichen, die sich in der Gymnastik übten, führte die Riten der Hermaia aus und unterhielt jedermann, wobei er keine geringe Summe aufwandte; und da er nun den ihm zugewiesenen Betrag für Olivenöl durch zusätzliche Ausgaben aus seinen eigenen Mitteln ergänzte ... (die Aufzählung seiner Wohltaten geht über weitere fünfzehn Zeilen) ..., hat der Rat beschlossen, ... dem Volk zu empfehlen, ... daß Theodotos gepriesen ... und bekränzt werde mit einem goldenen Kranz gemäß dem Gesetz zur Anerkennung seiner Freigebigkeit gegenüber dem Volk von Salamis, und daß die (Verleihung dieses) Kranzes bekanntgegeben werde auf der Bühne bei den nächsten Feierlichkeiten der Dionysia zu Salamis und bei dem gymnischen Wettkampf auf dem Fest der Aiantes (der beiden Aiax). (Syll.[3] 691)

In einem Zeitalter, in dem das politische Leben der Städte verblaßt war, nahmen den Platz, den früher bedeutende städtische Beamte ausgefüllt hatten, jetzt oftmals die Beamten des Gymnasions ein.

Die Bedeutung der Institution des Gymnasions wurde ebenso von den Königen anerkannt, die häufig solche Anstalten selbst unterstützten und ausstatteten oder auch die zahlreichen Aktivitäten, die damit verbunden waren. Für die Schüler war es ein großer Tag, wenn die Wettbewerbe stattfanden, welche die Merkmale eines modernen Sportfestes mit den jährlichen Prüfungen verknüpften. Die Namen der Gewinner wurden auf Säulen eingeschrieben; so informiert uns eine Liste aus dem zweiten Jahrhundert über die Sieger aus der Knabenklasse in Magnesia am Mäander:

[... der Sohn des Ar]temidoros, [...] der Sohn des Aischyli[nos und ...]emos, der Sohn des Anasik[rates ...] für die Komposition von Liedern.

Für das Spielen auf der Kithara: Mandrokles, [Sohn des ...;] Ariston, Sohn des An[...;] Lykomedes, Sohn des Cha[richios].

Für das Singen zur Kithara: Dionysios, Sohn des Apollodoros; Kteatos, Sohn des Morimos; Pythagoras, Sohn des Apollophanes.

Für Malerei: Apollonios, Sohn des Apollonios; Kallistratos, Sohn des Zopyros; Alkis, Sohn des Zopyros;

Für Arithmetik: Neoptolemos, Sohn des Admetos; Demetrios, Sohn des Anaxikrates. (Syll.[3] 960)

So übernahm der Heranwachsende aus der griechischen Mittel- und Oberschicht, der in dieser Atmosphäre aus Literatur, Musik und körperlichen Übungen erzogen wurde, ob in Athen oder in Pergamon oder am Oxus, die Kultur Griechenlands und mit ihr das traditionelle Gefühl einer angeborenen Überlegenheit gegenüber allen anderen Völkern.

Obwohl das Erziehungswesen in erster Linie literarisch ausgerichtet war, erlebte das hellenistische Zeitalter auch einige bemerkenswerte Entwicklungen sowohl in der reinen als in der angewandten Naturwissenschaft – auch hier wieder größtenteils durch die Anstöße, die von Alexandreia und Pergamon ausgingen. Als zusätzlicher Faktor mag noch hinzugekommen sein, daß nun zum erstenmal die Wissenschaft aufhörte, die private Domäne der Philosophen zu sein, wie es bisher der Fall gewesen war. Die Philosophie blieb im Stadtstaat beheimatet, vor allem in Athen, doch die Wissenschaft zog es in die neue Welt der Monarchien. Das soll nicht heißen, daß die Wissenschaft ihren Charakter geändert hätte. Die hellenistische Welt tat ebensowenig wie jene der Stadtstaaten einen entscheidenden Schritt in Richtung einer Nutzbarmachung wissenschaftlicher Entdeckungen für den praktischen Gebrauch in menschlichen Gemeinschaften und die Erringung materiellen Fortschritts – die Gründe dafür werden wir in Kürze betrachten. Daß die Ausweitung der wissenschaftlichen Kenntnisse nur eine quantitative, aber keine qualitative war, darf ziemlich sicher angenommen werden, wenngleich primäre Zeugnisse fehlen und wir uns vor allem auf spätere Autoren verlassen müssen, um die damaligen Errungenschaften auf den Gebieten beispielsweise der Mathematik, Astronomie, Biologie und Medizin kennenzulernen.

Das wissenschaftliche Denken im hellenistischen Zeitalter profitierte von dem Stimmungsanreiz, der sich aus dem allgemeinen Umbruch der Ideen und der gegenseitigen Befruchtung der verschiedenen Kulturen ergab, obwohl die meisten, die sich ihm widmeten, Griechen waren. Eine noch stärkere Förderung bedeutete die Muße und Unterstützung, die die königlichen Gönner den Gelehrten ermöglichten sowie die Annehmlichkeiten der großen Lehr- und Forschungszentren, die sie ausstatteten. Aber nicht alle Wissenschaftler genossen die Vergünstigung wie jene »wohlgenährten Papyrusstengel, die endlos im Käfig der Musen streiten« (Athenaios 1 p.22d) – so kennzeichnete Timon von Phlious die Gelehrten des Museions in satirischer Weise. Viele hatten private Einkünfte oder verdienten ihren Lebensunterhalt durch ihre Berufe, wie Ärzte, Baumeister oder Ingenieure; das war nur zum Vorteil, da auf diese Weise der Graben zwischen Theorie und Praxis überbrückt wurde. Es wäre im Rahmen dieses Kapitels unmöglich, in aller Ausführlichkeit die Leistungen der Männer, die wir heutzutage Wissenschaftler aus verschiedenen Fachrichtungen nennen würden, zu betrachten. Das Beste ist, einen Blick auf die Leistungen von einigen der wichtigsten Persönlichkeiten zu werfen und danach einige allgemeine Fragen zu den Erfolgen und den Grenzen der hellenistischen Wissenschaft zu stellen.

Astronomie

Vielleicht ist es gar nicht überraschend, daß in einem Zeitalter, in dem die Horizonte des Menschen sich derart erweiterten, die Astronomie und die Beziehungen der Erde zu den Himmelskörpern auf ein waches Interesse stießen. Aristarchos von Samos, der zu Anfang des dritten Jahrhunderts lebte, schrieb eine Abhandlung über die Größe von Sonne und Mond sowie ihre Entfernung von der Erde und legte zudem die frappante These vor, die Sonne sei der Mittelpunkt des Universums. Archimedes führt aus:

> Aristarchos von Samos gab eine Schrift mit gewissen Hypothesen heraus, in welchen aus den gemachten Voraussetzungen erschlossen wird, daß der Kosmos ein Vielfaches der von mir angegebenen Größe habe. Er nimmt nämlich an, daß die Fixsterne und die Sonne unbeweglich seien, die Erde sich um die Sonne in einer Kreisbahn bewege, ... daß aber die Fixsternsphäre, die denselben Mittelpunkt habe wie die Sonne, so groß sei, daß die Peripherie der Erdbahn sich zum Abstand der Fixsterne verhalte wie der Mittelpunkt der Sphäre zu ihrer Oberfläche.
>
> (Archimedes, Die Sandzahl 1, 4f.*)

Es ist nicht ganz klar, ob Aristarchos seine heliozentrische Hypothese als eine Tatsachenbehauptung oder nur als ein Axiom vortrug, auf das gewisse weitere Schlußfolgerungen aufzubauen waren; insgesamt gesehen, scheint das letztere wahrscheinlicher zu sein. Auf jeden Fall aber fand seine Theorie keine allgemeine Unterstützung. Aus einer Vielzahl von Gründen erwies sich eine konkurrierende Hypothese als annehmbarer. Diese Hypothese, die zum großen Teil das Werk des Apollonios von Perge (spätes drittes Jahrhundert) und des Hipparchos von Nikaia

* J. L. Heiberg, *Archimedis opera mathematica.* Bd. II, Leipzig 1913, S. 218, Z. 7–18.

(frühes zweites Jahrhundert) gewesen zu sein scheint, suchte die offensichtlichen Bewegungen der Himmelskörper mittels einer Kombination von Epizyklen (ein Epizyklus ist die Bewegung eines Körpers in einem Kreis, dessen Zentrum selbst auf dem Umfang eines anderen Kreises läuft) und exzentrischen Kreisen zu erklären; dies ist zum Beispiel gegeben, wenn die Sonne sich um die Erde auf dem Umfang eines Kreises dreht, dessen Mittelpunkt nicht die Erde ist. Eine derartige Theorie beließ nicht nur die Erde im Mittelpunkt des Universums (und vermied somit den Vorwurf der Gottlosigkeit, der Aristarchos gemacht worden war), sie sorgte auch für eine Erklärung gewisser beobachteter Phänomene, die den von damaligen Astronomen ernstgenommenen Einwänden gegen die heliozentrische Hypothese nicht ausgesetzt war. Darunter verstand man insbesondere die beobachtete Bewegung schwerer Körper gegen den Erdmittelpunkt zu infolge der Schwerkraft; dann den Umstand, daß Körper sich mit derselben Geschwindigkeit und über dieselbe Entfernung durch die Luft bewegen, gleichgültig, ob sie in Richtung der angenommenen Erdbewegung oder entgegengesetzt streben; ferner die Unfähigkeit eines Beobachters, irgendeinen Unterschied in der relativen Position der Fixsterne an entgegengesetzten Enden der angenommenen Umlaufbahn der Erde um die Sonne zu entdecken (stellare Parallaxe). Es gibt auf alle diese Einwände natürlich ausreichende Antworten, aber sie waren nicht bekannt oder für die hellenistischen Astronomen nicht verwendbar. Es existierten schließlich nicht einmal optische Instrumente, um die von der stellaren Parallaxe verursachten winzigen Änderungen oder gar die Phasen der Planeten entdecken zu können.

Sowohl Apollonios als auch Hipparchos erbrachten beachtliche Beiträge zur Naturwissenschaft, ersterer mit seinem Werk über Kegelschnitte, letzterer – wie wir von Claudius Ptolemaios und Proklos erfahren – durch seine Anwendung der *dioptra.* Dieses einfache Gerät bestand aus einem Richtscheit mit einem als Okular fungierenden durchbohrten Plättchen an einem Ende und einem weiteren, in der Nut des Richtscheits verschiebbaren Plättchen. Mit Hilfe der *dioptra* und anderer Instrumente wagte Hipparchos

ein für die Gottheit verwegenes Unternehmen: für die Nachwelt die Sterne zu zählen und die Gestirne mit Namen aufzuführen.

(Plinius, Naturalis historia 2, 24, 95)

Er entdeckte auch die Präzession der Äquinoktien, jenen Vorgang, bei dem sich die Äquinoktialpunkte allmählich auf der Bahn des Erdumlaufs um die Sonne im Verhältnis von 50 Winkelsekunden im Jahr bewegen und so in rund 26000 Jahren zu demselben Punkt zurückkehren. Ptolemaios beschreibt die Grundlagen dieser Entdeckung:

In der Schrift *Über die Veränderung der Sonnwende- und Äquinoktienpunkte* gelangt nämlich Hipparchos durch Vergleichung von zu seiner Zeit genau beobachteten Mondfinsternissen mit solchen, welche noch früher von Timocharis (ein Astronom, der etwa 160 Jahre früher tätig war) beobachtet worden waren, zu dem Ergebnis, daß die Spika (ein Stern im Sternbild der Jungfrau) von dem Herbstäquinoktienpunkt von Ost nach West gemessen zu seiner Zeit 6°, zu Timocharis' Zeit dagegen nahezu 8° entfernt stand.

(Claudius Ptolemaios, Almagest 7, 2)

Das Verhältnis der Verschiebung, wie es sich aus diesen Werten ergibt, weicht weniger als 6 Winkelsekunden pro Jahr von dem von modernen Astronomen errechneten ab – eine bemerkenswerte Leistung.

Vielleicht noch bekannter als Hipparchos war Eratosthenes von Kyrene (275–194), Bibliothekar in Alexandreia unter Ptolemaios III. Euergetes; sein Spitzname »Beta« war ein ironischer Hinweis darauf, daß er angeblich auf verschiedenen Gebieten erfolgreich gewesen war, ohne absoluten Vorrang auf einem Gebiet zu erreichen. Seine überzeugendste Leistung war die Messung des Erdumfangs durch Aufzeichnung des Winkels, der vom Schatten eines Stocks in Alexandreia am Tag der Sommersonnenwende gebildet wurde (7⅕°), als es in Syene (Assuan), das er auf demselben Längengrad wie Alexandreia vermutete, gar keinen Schatten gab. Es war einfach, geometrisch zu beweisen, daß auch der Winkel, der dem Bogen Syene-Alexandreia gegenüberlag, 7⅕° betragen mußte; durch Multiplikation der Entfernung zwischen den beiden Orten anhand der passenden Formel (360 : 7⅕ = 50) kam er auf die Länge des Erdumfangs.

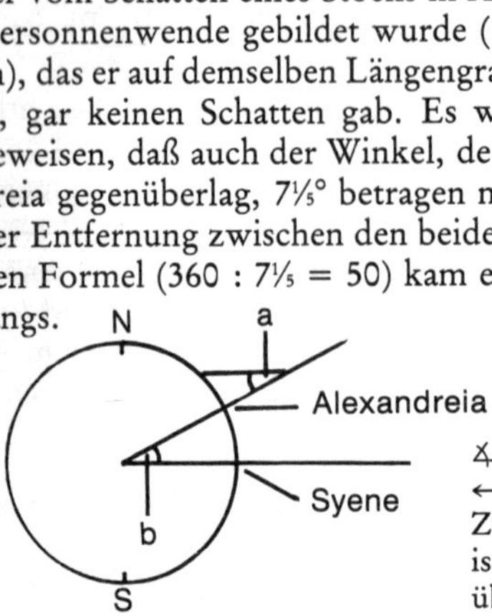

∡ a = ∡ b = 7⅕°
←Richtung der Sonnenstrahlen
Zur besseren Veranschaulichung ist die Größe des Winkels stark übertrieben.

Die Hauptschwierigkeit für Eratosthenes lag in der genauen Messung der Entfernung von Syene nach Alexandreia, die er mit 5000 Stadien ansetzte. Die Genauigkeit seiner mit 250000 Stadien errechneten Länge für den gesamten Erdumfang hängt von der Länge der Stadie ab, die er benutzte – und die kennt man nicht mit Sicherheit. Bei der üblichen Berechnung, die eine Stadie als ein Achtel einer römischen Meile ansetzt (185 m), würde man auf 46250 km kommen (die moderne Berechnung ist 40009 km); andere Längen der Stadie sind aber durchaus möglich. Jedenfalls liegt die Bedeutung von Eratosthenes' Leistung weniger in der Genauigkeit des Ergebnisses als in dem phantasievollen Gebrauch einfacher Geometrie zur Lösung eines theoretischen Problems.

Die geometrischen Kenntnisse, welche die obige Berechnung voraussetzte, waren großenteils von Eukleides (Euklid) übernommen, der um 300 unter Ptolemaios I. Soter tätig war; sein Werk *Elemente* trug eine große Menge dessen zusammen, was bereits entdeckt und bewiesen worden war, doch nunmehr in einer äußerst systematischen Form, bei der alle späteren Beweise mittels logischer Deduktion aus einer Anzahl angenommener »Axiome« abgeleitet sind. Gerade in der systematischen Exposition lag seine Bedeutung. Wenig später schuf in Syrakus Archimedes (287–212) ein Werk über die Geometrie der Sphären und Zylinder, das große Originalität bewies. Er war es, der den Wert von π fand; er war aber auch wegen seiner Arbeiten zur Optik, Statik, Hydrostatik, Astronomie und Ingenieurkunst hoch angesehen. Seine Schraube – falls es sich tatsächlich um seine Erfindung handelt – benützte ein einfaches Prinzip, um eine Maschine zu konstruieren, die unschätzbar für die Bewässerung war. Archimedes kam bei der römischen Plünderung von Syrakus im Jahr 212 um, nachdem er zahlreiche beachtliche Leistungen zur Verteidigung seiner Vaterstadt vollbracht hatte.

Medizin

Ein anderer Zweig der Wissenschaft, der in dieser Epoche große Fortschritte machte, insbesondere in Alexandreia, waren Medizin und Biologie. Die beiden großen Namen in der alexandrinischen Medizin waren Herophilos von Chalkedon und Erasistratos von Keos, die beide im frühen dritten Jahrhundert wirkten. Herophilos erweiterte die griechischen Kenntnisse über das Gehirn, das Auge, den Zwölffingerdarm (dessen Fachwort »Duodenum« von Herophilos stammt), die Leber und die reproduktiven Organe erheblich. Seine Arbeit wurde durch die Anwendung der Sektion erleichtert; nach dem Bericht des Celsus wurde diese Praxis sogar bei Lebenden angewandt:

Wenn nun aber außerdem in den inneren Teilen Schmerzen und verschiedene Arten von Krankheiten entstehen, so kann (nach der Meinung der Dogmatiker) niemand auf Teile, die ihm selbst unbekannt sind, die richtigen Mittel anwenden; deshalb ist es notwendig, tote Körper zu öffnen und deren Inneres *(viscera et intestina)* zu untersuchen. Ganz vorzüglich haben daher Herophilos und Erasistratos gehandelt, indem sie Lebende – Verbrecher, die sie von den Königen aus den Gefängnissen erhielten – öffneten und so, während jene noch atmeten, die Teile betrachteten, welche die Natur vorher dem Auge entzogen hatte, und deren Lage, Farbe, Gestalt, Größe, Anordnung, Härte, Weichheit, Glätte, wie sie sich untereinander berühren ..., wie ein Organ sich in das andere legt oder wie eins den Teil eines anderen in sich aufnimmt, genau studierten. (Celsus, Medizin 1, 23 ff.)

Daß in Alexandreia wirklich bis zur menschlichen Vivisektion gegangen wurde, ist in Frage gestellt worden, aber es gibt keinen triftigen Grund, die Feststellung des Celsus zurückzuweisen. Erasistratos machte wichtige Entdeckungen, vor allem, was die Verdauung und das Gefäßsystem anbelangte; für letzteres griff er zu einer mechanischen Erklärung. Natürlich verstand er den Blutkreislauf nicht; er glaubte, die Arterien enthielten normalerweise Luft, die nur durch Blut ersetzt wurde, sobald ein Einstich erfolgte und die Luft entwich.

Nach dem Tod der beiden Meister scheinen ihre Schüler zu Sekten herabgesunken zu sein; die Praxis der Sektion wurde aufgegeben. Bis zum späten zweiten Jahrhundert war von der Reputation der alexandrinischen Ärzte wenig übriggeblieben, wenn wir dem Historiker Polybios glauben, der folgendes behauptet:

Es ist schon oft vorgekommen, daß Kranke, die auf ihre ausgezeichnete Reklame hereinfielen und sich in ihre Hände gaben, obwohl ihnen zunächst nichts Ernstliches fehlte, dann doch in Lebensgefahr geraten sind. (Polybios 12, 25 d, 5)

In der Mechanik und der Anwendung der Technologie brachte die hellenistische Ära wohl einige Fortschritte, doch im ganzen waren ihre Errungenschaften enttäuschend. Um 300 v. Chr. waren mehrere der herausragendsten technischen Vorrichtungen – Hebel, Rolle, Flaschenzug und Winde – bereits bekannt; dazu kam im dritten Jahrhundert nur noch die Schraube des Archimedes. Was unser Wissen von den hellenistischen Verbesserungen auf dem Gebiet der Technologie anbelangt, sind wir direkt oder indirekt von vier Autoren abhängig, von denen zwei der hellenistischen Epoche selbst, einer ihrem Ende und der vierte dem ersten nachchristlichen Jahrhundert angehören. Dem Ktesibios von Alexandreia (er wirkte um 270) werden eine große Anzahl von mechanischen Erfindungen zugeschrieben, darunter eine Pumpe, eine Wasseruhr und Verbesserungen im Geschützbau; sein eigenes Werk ist verloren. Von der *Mechanischen Sammlung* des Philon von Byzantion (um 200) sind Teile überliefert; erhalten sind das Werk *Über Architektur* des Vitruv (um 25) und Schriften (in Griechisch und Arabisch) des Heron von Alexandreia (um 60 n. Chr.): *Pneumatik, Geschützbau* und *Die Herstellung von Automaten.* Zusammen vermitteln diese Autoren das Bild einer beachtlichen Fertigkeit und Erfindungsgabe, dazu einer unbezweifelbaren Neugier, wie Maschinen entwickelt werden können. Warum es trotzdem nirgendwo ein koordiniertes Programm zur Entwicklung der angewandten Wissenschaften gab, ist eine Frage, die sich aufdrängt, die aber nicht leicht zu beantworten ist.

Bei Pappos von Alexandreia, einem Autor des vierten nachchristlichen Jahrhunderts, findet sich ein aufschlußreicher Abschnitt; er führt darin die Bereiche an, in denen er mechanische Vorrichtungen für wichtig hielt. Nachdem er den Unterschied zwischen dem theoretischen Teil der Mechanik (Geometrie, Arithmetik, Astronomie und Physik) und dem praktischen Teil (Metallbearbeitung, Bauwesen, Zimmermannshandwerk, Malerei und die damit verknüpften manuellen Tätigkeiten) erörtert hat, zählt Pappos als die notwendigsten der mechanischen Künste hinsichtlich der praktischen Bedürfnisse die folgenden auf:

1. Die Konstruktion von Flaschenzügen, »denn diese brauchen eine geringere Kraft, um Lasten gegen ihre natürliche Art (nämlich ihr Gewicht) zu heben«.

2. Die Schaffung von Geräten, die für den Krieg nötig sind: »Geschosse aus Stein, Eisen und ähnlichem werden über eine weite Strecke durch die von ihnen (den Mechanikern) konstruierten Wurfmaschinen fortgeschleudert.«
3. Die Schaffung von Schöpfmaschinen, die es ermöglichen, daß »aus großer Tiefe Wasser emporgehoben wird«.
4. »Die Alten nennen auch die Gaukler Mechaniker, von denen die einen mittels Luft ihre Kunst treiben, wie Heron in seinen *Pneumatika*, die anderen durch Sehnen und Stricke die Bewegungen Lebendiger nachzuahmen scheinen, wie Heron in seinen *Automata* und der Schrift *Über Gleichgewichte*, noch andere durch Maschinen, die vom Wasser bewegt werden, wie Archimedes in seinen *Schwimmenden Körpern*, oder durch Wasseruhren, wie Heron in seinem Werk über *Wasseruhren*, was freilich mit seiner Beschäftigung mit Sonnenuhren zusammenhängt.«
5. Die Schaffung von Sphären, das heißt »Kugeln zu machen verstehen, aus welchen ein Bild des Himmels mittels einer gleichmäßigen, kreisförmigen Wasserbewegung bereitet wird«.

(Pappos, Mathematische Sammlung 8, 1–2)

Ähnliche Aufzählungen von anderen Autoren stimmen mit Pappos darin überein, daß sie die Bedürfnisse der Kriegsführung und die Herstellung »wunderwirkender Maschinen« zu den hauptsächlichen und wesentlichen Funktionen der mechanischen Wissenschaft zählen; er fügt noch das Heben von Lasten, die Bewässerung und eine Art von primitivem Planetarium hinzu. Es ist eine merkwürdig beschränkte Anschauung von einem Bereich, von dem aus bei entsprechender Entwicklung die gesamte Struktur des materiellen Lebens geändert werden könnte. Warum ist die griechische Anschauung von den Möglichkeiten, die der Technologie offenstehen, so begrenzt?

Zunächst muß gerechterweise festgestellt werden, daß technologischer Fortschritt von der Wechselwirkung vieler Faktoren abhängt; der Fortschritt auf dem einen Gebiet wird oftmals durch den Fortschritt auf einem anderen Gebiet angeregt, hängt aber auch wiederum von ihm ab. So war sich zum Beispiel Heron von Alexandreia über die Möglichkeiten der Dampfkraft durchaus im klaren; dennoch benützte er sie, um auf primitive Weise einen Ball zu drehen, indem er den Dampf aus gebogenen Röhren, die in dem Ball eingesetzt waren, entweichen ließ. Der wirksame Gebrauch des Dampfes als einer Form der Energie hängt jedoch von der Fähigkeit ab, kräftige Metallzylinder und eine Art von Kolben herzustellen, um die direkte Kraft in kreisförmige Bewegung umzuwandeln, und das ohne nennenswerten Verlust. Um das zu tun, ist eine Technologie erforderlich, über die das Zeitalter Herons nicht verfügte. Ein Faktor von vielleicht nicht geringer Bedeutung war aber auch die Billigkeit der Arbeitskraft, die Einsparungen daran als eine Sache, die sich kaum lohnte, erscheinen ließ. Ob es sich dabei um die Arbeit des Sklaven oder des freien Mannes handelte, spielt keine nennenswerte Rolle. Dieser Mangel an Anreizen wurde verstärkt durch eine allgemein konservative Haltung, die die Menschen davon abhielt, Geld in die Entwicklung von Erfindungen, die eine beträchtliche Kapitalanlage erforderten, zu investieren. Geoffrey Lloyd* veranschaulicht diesen Punkt eindringlich, indem er die Geschwindigkeit, mit der sich die einfache, von Eseln oder Pferden betriebene Drehmühle im zweiten Jahrhundert im westlichen Mittelmeerraum durchsetzte, mit der langsamen Verbreitung der teureren Wassermühle vergleicht: deren Prinzip war um die Zeitenwende durchaus bekannt, doch sie wurde erst allmählich in den ersten drei nachchristlichen Jahrhunderten eingeführt.

Die Geisteshaltung, die dem zugrundeliegt, kann auf verschiedene Wurzeln zurückgeführt werden. Eine davon ist die klassische Verachtung der körperlichen Arbeit und des Handwerks, die sich, wenn man Herodot (2, 166–167) folgt, zuerst im fünften Jahrhundert offenbarte und, wie er meint, von den Barbaren übernommen worden war. Was auch immer die wirkliche Herkunft dieser Verachtung gewesen sein mag, bei Aristoteles tritt sie deutlich zutage, wenn er bemerkt:

In alten Zeiten waren mancherorts die Handwerker Sklaven oder Fremde, weswegen viele davon es auch jetzt noch sind. Die beste *polis* aber wird keinen Handwerker zum Bürger machen.

(Aristoteles, Politik 3 p. 1278 a)

Interessanterweise schreibt Plutarch dieselbe Haltung selbst Archimedes zu, dem Wissenschaftler und Ingenieur aus Syrakus (s. S. 193):

So stolz war übrigens der Sinn, so tief der Geist und so reich die Fülle der theoretischen Erkenntnisse, die Archimedes besaß, daß er es verschmäht hat, über dasjenige, was ihm den Namen und den Ruf einer schon nicht mehr menschlichen, sondern göttlichen Einsicht verschafft hat, irgendeine Aufzeichnung zu hinterlassen, sondern er sah die Beschäftigung mit der Mechanik und überhaupt jegliche Wissenschaft, die den Bedürfnissen des Lebens dient, für niedrig und gemein an und

* *Greek Science after Aristotle.* London 1973, S. 108.

setzte seinen Ehrgeiz einzig an das, dem das Schöne und Hohe, unvermischt mit allem dem Zwange Unterworfenen, eigen ist.

(Plutarch, Marcellus 17, 3)

Ehe wir diesem Faktor große Bedeutung beimessen, sollten wir aber vielleicht bedenken, daß die hier geäußerten Anschauungen mehr diejenigen von Plutarch selbst als von Archimedes sein mögen; ferner kommt hinzu, daß eine derartige Einstellung zwar zweifelsohne innerhalb der Oberschicht in den Stadtstaaten fortdauerte, daß sie bei den Wissenschaftlern und den Praktikern des Handwerks aber weit weniger ausgeprägt gewesen sein dürfte und daß sie auf jeden Fall für die neuen Monarchien weniger typisch war, vor allem nicht auf dem Gebiet der Militärwissenschaft.

Nichtsdestoweniger bestand die Verachtung für praktische Dinge und die Künste, die »den Bedürfnissen des Lebens dienen«, weiterhin und sie wird ohne Zweifel ihren Teil zur Verhinderung des technologischen Fortschritts beigetragen haben. Sie wurde von den Reichen kultiviert und zur Schau getragen und ließ so eine Werteskala entstehen, die den Reichtum als den Weg zu Rang und Ansehen erachtete; was für begehrenswert gehalten wurde, war am besten durch den Besitz von Ländereien zu erwerben. Es gab keinen Begriff der »Produktivitätssteigerung« und damit auch keine Aussicht, sie durch ein systematisches Forschungsprogramm zu sichern. Auch der Erfinder neigte dazu, Wissen eher um seiner selbst willen zu schätzen, als im Hinblick auf das allgemeine Wohl der Menschheit oder – was näher gelegen hätte – seiner eigenen Mitbürger.

Militärtechnik

Ein Bereich, in dem allerdings bemerkenswerte technologische Fortschritte in ganz kurzer Zeit erzielt wurden, war die Militärtechnik. Die unablässige Beschäftigung mit der Kriegführung veranlaßte die hellenistischen Herrscher dazu, ihre Militäringenieure aufzufordern, eine immer wirkungsvollere und genauere Artillerie zu ersinnen und infolgedessen auch immer stärkere und ausgeklügeltere Verteidigungsmittel. Schon im Heer Alexanders zeichnete der oberste Ingenieur Diades für viele Erfindungen verantwortlich, wie etwa bewegliche, transportable Belagerungstürme und verbesserte Entervorrichtungen; ein anderer Ingenieur, Poseidonios, baute einen äußerst komplizierten Belagerungsturm. Diese Männer arbeiteten im Rahmen einer Abteilung des makedonischen Heeres, die von Philipp II. eingerichtet worden war und die bereits während seiner Regierungszeit für erhebliche Fortschritte bei Drehkatapulten gesorgt hatte.

Später wurde Alexandreia ein Zentrum für die Entwicklung dieser Apparate. In seiner Studie über die Geschichte des antiken Geschützwesens hat Eric Marsden (s. Literaturhinweise) gezeigt, daß das Problem, Formeln für die Kalibereichung von Maschinen zu finden, um Genauigkeit im gewünschten Grad für das spezifische Gewicht eines Wurfgeschosses zu erhalten, am ptolemäischen Hof angegangen und gelöst wurde, und zwar vermutlich um 275 v. Chr. Philon beschreibt dies in einem äußerst aufschlußreichen Abschnitt seines Werkes:

> Schon früher waren einige Ingenieure beinahe soweit, als Prinzip und Maß der Geschützkonstruktion den Durchmesser des Kaliberloches zu erkennen (durch das der gedrehte Seilstrang lief, der als Spannfeder diente). Diesen muß man aber nicht aufs Geratewohl und nicht nachlässig nehmen, sondern nach einer gewissen feststehenden Methode, welche bei allen Größen gestattet, auf gleiche Weise das richtige Verhältnis zu finden. Dies hat man nicht finden können, außer dadurch, daß man versuchsweise den Kreis der Bohrung vergrößerte und verkleinerte. Die Alten jedoch haben es, wie gesagt, nicht zur Vollendung gebracht und die Größe nicht festgestellt, da ihr Tun nicht auf einer soliden praktischen Erfahrung beruhte, sondern die Bestimmung nur für jedesmal gesucht wurde. Erst die Späteren haben, teils durch die Einsicht in die Fehler der Früheren, teils durch die Beobachtungen bei späteren Versuchen, das Prinzip und die Methode des Geschützbaues auf eine feste Einheit zurückgeführt, nämlich den Durchmesser des Kreises, welcher den als Feder fungierenden Strang umfaßt. Dies haben erstmals die alexandrinischen Techniker geschafft, weil sie das Glück hatten, durch ruhm- und handwerksliebende Könige mit vortrefflichen und großartigen Mitteln ausgerüstet zu werden.
>
> (Philon, Belopoika 50, 14–29)

Diese Stelle liefert den Nachweis für die Zusammenarbeit bei einem Gemeinschaftsprojekt, das auf ein ganz bestimmtes Ziel gerichtet war. Die Kampfkraft des Königs war nämlich ausschlaggebend dafür, das *de facto* bestehende Gleichgewicht der Macht zu erhalten (oder, falls möglich, zu seinen Gunsten zu verschieben). Als psychischer Antrieb fungierte kein theoretisches Prinzip, sondern der Druck der vitalen Bedürfnisse des Staates. Die Kriegführung war Ausgangspunkt und Grundlage aller Großmächte im hellenistischen Zeitalter; es kann deshalb nicht überraschen, daß sich das in der Förderung und Arbeitsrichtung des Militärtechniker widerspiegelte.

Wissenschaftlicher Fortschritt?

In anderen Bereichen fiel der Fortschritt der Technologie recht bescheiden aus; schließlich gab es gar eine Rückentwicklung. Die Ursachen dafür sind komplex; eine davon bestand unzweifelhaft darin, daß – wie wir gesehen haben – der Technologie kaum jemals Priorität eingeräumt wurde. Zusätzlich mag auch noch das sich abschwächende Vertrauen in die Vernunft während der späteren hellenistischen Epoche eine Rolle gespielt haben. Eine rationale Grundeinstellung scheint aber für den Fortschritt sowohl in der theoretischen Wissenschaft als auch in der Technologie wesentlich zu sein; diese Entwicklung soll ausführlicher in Kapitel 12 erörtert werden. Die griechische Philosophie dieser Zeit war nicht dazu geschaffen, dem Wissenschaftler unter die Arme zu greifen. Wie oben (S. 184ff.) dargelegt wurde, ordneten die beiden führenden philosophischen Schulen der Epoche, der Epikuräismus und der Stoizismus, das Problem des Verstehens der Natur dem anderen Anliegen, die »Ruhe des Gemüts« zu erringen, unter; ihr Ziel war ein ethisches. Sie suchten ihren Anhängern einen personbezogenen, inneren Gewinn zu verschaffen. Hatten die früheren Philosophen vor Sokrates die ganze Vielfalt der Erkenntnis als ihr ureigenstes Feld betrachtet, so beschränkten sich die meisten (wenngleich nicht alle) Philosophen des hellenistischen Zeitalters auf enger gesteckte Ziele, die dem wissenschaftlichen Fortschritt eigentlich feindselig gegenüberstanden.

Sogar die Wissenschaft selbst wurde in dieser Ära häufig zur Handlangerin einer Pseudowissenschaft. Poseidonios von Apameia, ein Universalgelehrter des ersten Jahrhunderts (ca. 135–ca. 50), der zuletzt auf Rhodos lebte (s. S. 18), läßt sich in mancher Hinsicht mit Eratosthenes vergleichen, doch seine Beschäftigung mit der Astronomie diente nur als Unterstützung der astrologischen Ideen, die in sein philosophisches System ausgiebig eingestreut waren; allerdings könnte es heilsam sein, sich daran zu erinnern, daß selbst Hipparchos (s. S. 190f.) an die Astrologie glaubte. Ein hübsches Beispiel wird von Augustinus berichtet:

Cicero erzählt, Hippokrates, der hochberühmte Arzt, habe schriftlich hinterlassen, wie er bei zwei Brüdern, die zugleich erkrankten, sich die Krankheit zur gleichen Zeit verschlimmerte und zur gleichen Zeit wieder besserte, zu der Vermutung gekommen sei, es mit Zwillingen zu tun zu haben. Der Stoiker Poseidonios, der sich sehr mit Astrologie befaßte, pflegte auf diesen Fall mit der Feststellung zu verweisen, die Brüder seien eben unter der gleichen Sternenlage empfangen und unter der gleichen geboren worden. Was der Arzt mit der vollkommen übereinstimmenden Körperverfassung zu erklären suchte, schrieb der Astrologe dem Einfluß und der Stellung der Gestirne zu, wie sie jeweils zu der Zeit der Empfängnis und Geburt bestanden hatte.
(Poseidonios, Frg. 111 Edelstein/Kidd = Frg. 384 Theiler: Augustinus, Gottesstaat 5, 2)

Heutzutage würde ein aufgeklärter Geist beide Erklärungen für unangebracht halten; der Unterschied in der Betrachtungsweise spiegelt aber zwei gänzlich voneinander abweichende Blickwinkel auf die Welt der Natur und die Stellung des Menschen darin wider. Der Wandel von dem einen zu dem anderen bedeutete eine für die Wissenschaft nachteilige Entwicklung.

In diesem Kapitel haben wir in Kürze einige der Leistungen des hellenistischen Zeitalters im Bereich der theoretischen und der angewandten Wissenschaften betrachtet. Sie waren sicherlich sehr beachtlich. Geoffrey Lloyd (a. a. O. S. 177f.) hat darauf hingewiesen, daß zwei entscheidende Forschungsprinzipien bereits in der Zeit vor Aristoteles entdeckt worden waren, nämlich die Mathematik als Forschungsmethode für Naturphänomene und die Idee der empirischen Untersuchung zur Aufdekkung der Wahrheit. Im hellenistischen Zeitalter wurden diese Konzeptionen bedeutend weiterentwickelt sowie in verschiedenen Bereichen wissenschaftlicher Tätigkeit angewandt. Das beinhaltete eine erhebliche Leistung; wenn man trotzdem manchmal überrascht ist von den unerwarteten Beschränkungen, so liegt die Ursache dafür nicht im Scheitern des intellektuellen Zugriffs oder am Mangel der schöpferischen Vorstellungskraft, sondern – und das trotz solcher Institutionen wie dem Museion in Alexandreia – weit eher am Fehlen eines gemeinschaftlich aufgebrachten organisatorischen Schwungs seitens der Gesellschaft. Der aber lag aus den erörterten Gründen nicht im Rahmen des Möglichen.

11. Die Grenzen der hellenistischen Welt

Das hellenistische Zeitalter brachte eine weiträumige Ausdehnung der mehr oder weniger dicht von Griechen besetzten Gebiete. Gegen Osten und Südosten nahm der griechische Bevölkerungsanteil allmählich und ohne klar bestimmte Grenzlinien ab. Die drei Jahrhunderte, die wir erörtern, waren jedoch durch Forschungsreisen und Handelsbeziehungen weit über die von Griechen besetzten Regionen hinaus gekennzeichnet; die kulturelle Wechselwirkung, die wir in Kleinasien, in Iran, Baktrien und Ägypten beobachtet haben, spielte sich in kleinerem Ausmaß ebenso in Arabien und Indien ab.

Beziehungen zum Orient

Hinter den griechischen Vorstößen zur Erforschung anderer Länder standen die verschiedensten Motive. Wissenschaftliche Neugier gehörte ebenso dazu wie die Suche nach Reichtümern, nach neuen Waren, nach neuen Handelsgebieten. Alexanders Feldzüge hatten bereits das Interesse an den entfernteren Teilen der Erde geweckt; seine Ergebnisse wurden von seinen Nachfolgern erweitert. Der frühzeitige Verlust der östlichen Provinzen an das Reich der Maurya beendete keineswegs das Interesse der Seleukiden am ferneren Osten und an seinen Erzeugnissen. Sie hielten vielmehr daran fest und bemühten sich außerdem noch um die Anknüpfung von Beziehungen zu einigen Gebieten, über die Alexander niemals geherrscht hatte. Während der Regierungszeit von Seleukos I. Nikator (gest. 281) oder Antiochos I. Soter (281 – 261) hören wir von einer Expedition in das Gebiet des Iaxartes (heute Syrdarja) unter der Leitung des Demodamas von Milet, der dort »dem Apollon von Didyma Altäre errichtete« (Plinius, Naturalis historia 6, 49). Es gab – bei der Ausführung eines Plans Alexanders – einen Versuch, das Kaspische Meer zu erforschen; der Expeditionsleiter war Patrokles, ein anderer seleukidischer Offizier, der um das Jahr 280 ein geographisches Werk veröffentlichte. Spätere Autoren entnahmen diesem Buch vor allem Entfernungsangaben, doch enthielt es sicher auch beschreibende Abschnitte. Da Patrokles jedoch

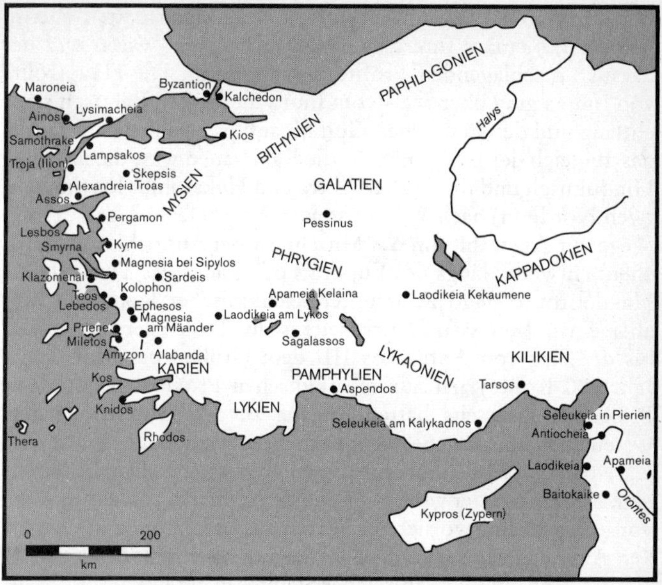

Kleinasien

glaubte, der Oxus fließe in das Kaspische Meer (Strabon 11, 7, 3) und dieses wiederum sei ein Teil des nördlichen Ozeans (Strabon 2, 1, 17), sollte seine Zuverlässigkeit vielleicht nicht allzu hoch veranschlagt werden.

Etwas früher hatte Seleukos I. den Megasthenes als seinen Vertreter entsandt, um dem Maurya-Herrscher Sandrokottos (Candragupta) in Pataliputra am Ganges einen Besuch abzustatten. Megasthenes schrieb ein Buch über Indien, worin trotz Strabons (2, 1, 9) Behauptung, er sei ein Lügner, eine ansehnliche Fülle zuverlässiger Informationen zusammengetragen war, darunter auch eine Schilderung des Kastensystems, die uns in einer Version bei Diodor (2, 40f.) überliefert ist. Er erwähnte auch Ceylon (Taprobane). Beim Sturz des Reichs der Maurya im Jahr 184 drangen die Griechen wieder einmal von Baktrien nach Indien vor, aber die Kenntnis des Subkontinents breitete sich nicht weiter aus, da die Eroberungen der Parther bald darauf einen Keil zwischen die Griechen im ferneren Osten und das seleukidische Reich trieben und so den Kontakt unterbrachen.

Indien war für den Westen wegen des Handels mit Gewürzen

und kostbaren Gütern wichtig; die Seleukiden hatten ebenso wie die Ptolemäer Interesse daran, sich dieser Waren und der daraus zu schlagenden Profite zu versichern. Die Hauptroute von Indien ging über See – vom Indus die Küsten Belutschistans entlang und den Persischen Golf hinauf bis Seleukeia am Tigris, das zugleich der Endpunkt für die Karawanen war, die über den Hindukusch und die Städte Baktra und Hekatompylos (im heutigen Nordiran) nach Westen kamen. Von Seleukeia gab es zwei Wege zur Auswahl, um das Mittelmeer bei Antiocheia zu erreichen: entweder längs des Euphrats oder längs des Tigris. Diese Handelsroute stand zwar unter seleukidischer Kontrolle, war aber einem gewissen Druck seitens der Ptolemäer ausgesetzt, bis der Sieg von Antiochos III. dem Großen bei Paneion im Jahr 200 Koilesyrien zur seleukidischen Provinz machte. Die Ptolemäer ihrerseits hatten Zugang zu den Gütern aus dem Osten auch über den Seeweg; nach ihrer Niederlage bei Paneion waren sie ausschließlich auf diesen angewiesen. Das bedeutete eine Reise längs der ganzen Südküste Arabiens, soweit der Golf von Aden reicht, wo sich die Waren aus Indien mit den Gewürzen Arabiens vermengten. »Die Sabaier«, schreibt Strabon (16, 4, 19), »sind ein sehr zahlreicher Stamm, in deren Land Myrrhe, Weihrauch und Zimt erzeugt werden; an der Küste gibt es Balsam.« Die Sabaier bewohnten den heutigen Jemen; im dritten und zweiten Jahrhundert wurden sowohl sabaiische als auch indische Güter mit der Karawane von Adana (dem heutigen Aden) nordwärts durch Arabien bis zur nabatäischen Stadt Petra gebracht, von wo aus sie weiter nach Rabbatamana, Gerasa und Ptolemais in Palästina oder nach Suez und Alexandreia gingen. Der Verlust Koilesyriens im Jahr 200 schnitt die Ptolemäer vom Zugang zum nördlichen Landabschnitt dieser Route ab, die nun Damaskos und Antiocheia diente; das zwang sie, in eine andere Richtung Ausschau zu halten und jene Routen auszubauen, die im Lauf des vorangegangenen Jahrhunderts das Rote Meer aufwärts erschlossen worden waren.

Unter den Ptolemäern verlief die Südgrenze Ägyptens viel weiter nördlich, als es unter den einheimischen Pharaonen der Fall gewesen war. Sie lag bei Assuan, wobei das untere Nubien als eine Art Pufferzone zwischen Ägypten und dem äthiopischen Königreich von Meroe (südlich des zweiten Nilkatarakts) diente. Strabon (2, 1, 20) berichtet von einer Expedition bis nach Meroe unter Leitung eines gewissen Philon, die früh im dritten Jahrhundert unternommen wurde; später jedoch – zwischen 206/05 und 187/86 – rissen sich im Gefolge einheimischer Aufstände das gesamte Südägypten und die jenseits davon liegenden Gebiete von Alexandreia los. Dieser Sezession wurde mit dem Sieg über den letzten der ägyptischen Thronprätendenten, Chaonnophris, im Jahr 186 ein Ende bereitet. Wichtiger noch für den ptolemäischen Handel waren aber die Expansion und die Erforschung der südöstlichen Wüstengebiete, die sich zum Roten Meer hin erstrecken.

Diese Erkundung begann früh und setzte sich während der Regierungszeit der ersten vier Ptolemäer fort. Sie war teilweise verknüpft mit der Suche nach Handelswegen, mit deren Hilfe man die abgeschlossen und geheimnisvoll lebenden Bewohner Südarabiens umgehen wollte, noch mehr aber mit der Jagd nach Elefanten. Seit der Schlacht zwischen Alexander und Poros am Hydaspes (Ihelum) war die Bedeutung der Elefanten als einer militärischen Größe erkannt worden; das Prestige erforderte nunmehr eine Truppe mit Elefanten in jedem aufs Zeitgemäße bedachten Heer. Den Ptolemäern war es versagt, Elefanten aus Indien zu beziehen wie Seleukos I.; deshalb mußten sie sich selbst um das Einfangen afrikanischer Elefanten in Somaliland kümmern. Das Westufer des Roten Meeres wurde dank der Tätigkeit zahlreicher Forschungsreisender mit einer Kette von Häfen ausgestattet: So gab es Philotera, »eine Stadt in Trogodytike, die Satyros gegründet hatte, der ausgesandt worden war, um das trogodytische Land auszukundschaften und Elefanten zu jagen« (Strabon 16, 4, 5). Dieser unter Ptolemaios II. Philadelphos stehende General ist auch wegen seiner Widmung an die Königin Arsinoë Philadelphos bekannt, die man in Redesije in der Thebais gefunden hat (OGIS 30). Nach Philotera wurden zahlreiche weitere neue Städte gegründet, die hauptsächlich dynastische Namen tragen – Arsinoë Trogodytike, Berenike Trogodytike, Ptolemais Therōn (»der Elefantenjagden«); eine Ausnahme bildet Myos Hormos, die nördlichste Gründung. Schließlich lief eine Perlenschnur von Niederlassungen die Küste entlang bis hin zur Straße von Bab-el-Mandeb.

Die Elefantenjäger haben auch Widmungen hinterlassen, etwa die an Ptolemaios IV. Philopator (221–204) und seine Königin in Edfu:

> Für König Ptolemaios und Königin Arsinoë, die vaterliebenden Gottheiten, und für Sarapis und Isis (hat dies errichtet) Lichas, Sohn des Pyrrhos, ein Akarnaner, der zum zweitenmal ausgesandt worden ist als befehlshabender Offizier bei der Elefantenjagd. (OGIS 82)

In seiner Schilderung der Schlacht bei Raphia, die zwischen Ptolemaios IV. und Antiochos III. d. Gr. im Jahr 217 ausgetragen wurde, beschreibt Polybios, wie die Elefanten auf beiden Seiten sich dem Kampf anschlossen und in einigen Fällen Stirn gegen Stirn fochten.

Die meisten Elefanten des Ptolemaios aber scheuten den Kampf, wie es die libyschen zu tun pflegen. Sie können den Geruch und die Trompetentöne der indischen nicht aushalten, haben wohl auch Angst vor ihrer Größe und Kraft und ergreifen vor ihnen schon aus der Entfernung sogleich die Flucht. (Polybios 5, 84, 5)

Viele Jahre lang ist diese Darstellung – sie entsprach der orthodoxen antiken Anschauung, die vielleicht auf die Geschichtsschreiber des Alexanderzugs zurückging – als irrig verworfen worden, da sich alle darin einig waren, daß afrikanische Elefanten größer sind als indische. Seitdem jedoch 1948 Sir William Gowers einen heute schon klassischen Aufsatz* veröffentlichte, ist anerkannt, daß es sich bei den Elefanten des Ptolemaios nicht um die große Steppenart, sondern um die kleineren sogenannten Waldelefanten gehandelt haben muß; sie sind tatsächlich um etwa 30 cm niedriger. Die Schilderung bei Polybios ist deshalb gerechtfertigt.

Die ptolemäische Expansion an der Küste des Roten Meeres entlang diente ebensosehr den Bedürfnissen des Handels wie der Versorgung der ptolemäischen Heere mit Elefanten. Die neuen Häfen waren durch Straßen miteinander verbunden und konnten dazu benützt werden, Güter aus dem Osten zu entladen, die dann per Karawane in Richtung Westen zum Nil und den Fluß abwärts nach Alexandreia befördert wurden. Eine Inschrift auf einer Stele in Pithom** unterrichtet uns zudem darüber, daß in den Jahren 270/69 Ptolemaios II. Philadelphos einen alten Kanal aus der Pharaonenzeit wiedereröffnete, der vom Nil bei Bubastis zum Roten Meer bei Pithom führte, also entsprechend dem Verlauf des modernen Süßwasserkanals; damit war ein Wasserweg als Alternative angeboten, der aber nicht viel benützt worden zu sein scheint. Nach dem Verlust Koilesyriens hing Ägypten für seinen Handel mit dem weiter entfernten Osten völlig von der südlichen Route ab; diese Wirtschaftsbeziehungen erhielten später neuen Auftrieb durch die Entdek-

* *African Elephants and Ancient Authors.* African Affairs 47 (1948) 173ff.

** E. Naville, *La stèle de Pithom.* Zeitschrift für ägyptische Sprache und Altertumskunde 40 (1902/03) 66–75.

kung der Monsunwinde, die schrittweise über eine Zeitspanne vom Ende des zweiten Jahrhunderts bis zum Beginn des Prinzipats (im Jahr 30) erfolgte. Der Bericht bei Plinius (Naturalis historia 6, 100f.) läßt auf vier zeitliche Etappen in der Entwicklung der Monsunfahrten nach Indien und zurück schließen, doch können sie bedauerlicherweise nicht mit Sicherheit datiert werden. Auch ihre engere Verknüpfung mit zwei berühmten Anekdoten, die allgemein mit der Entdeckung der Winde in Zusammenhang gebracht werden, fällt nicht leicht. Die erste, die Strabon (2, 3, 4–5) dem Poseidonios zuschreibt, handelt von einem Mann aus Kyzikos namens Eudoxos, der – ursprünglich von einem schiffbrüchigen Inder geführt – zwei Reisen nach Indien unternahm, die erste in der Regierungszeit von Ptolemaios VIII. Euergetes II. (gest. 116), die zweite unter Kleopatra (II. oder III.) und Ptolemaios IX. Soter II. (116–108); in beiden Fällen wurde er aufgrund der ptolemäischen Gesetze seiner Fracht beraubt. Die zweite Anekdote wird in einem anonymen Werk aus dem ersten nachchristlichen Jahrhundert erzählt, das den Titel *Reise entlang den Küsten des Erythräischen Meeres* führt (unter dem Erythräischen Meer verstanden die Griechen das, was man heute Rotes Meer, Arabisches Meer und Persischen Golf nennt). Es heißt darin:

> Den ganzen Weg von Kane und Südarabien fuhren sie gewöhnlich in winzigen Booten die Küste entlang. Als erster entdeckte der Steuermann Hippalos den Seeweg über das offene Meer, nachdem er die Lage der Handelsplätze und die Beschaffenheit des Meeres sorgsam geprüft hatte. Da die Nordwinde *(Etēsiai)* je nach der Lage der Orte vom Ozean her auf dem Indischen Meer zur selben Zeit wie bei uns wehen, scheint seit jener Zeit der *Libonotos* (Südwestmonsun) *Hippalos* benannt worden zu sein. (Periplus Maris Erythraei 57)

Vermutlich dürfte allerdings die Entdeckung des direkten Weges über den Ozean durch Hippalos einer späteren Phase angehören, vielleicht der letzten von jenen, die Ptolemaios aufführte. Die zweite Reise des Eudoxos scheint jedoch mit einer Periode größeren Interesses am Handel mit dem Osten zusammenzufallen, die durch eine Änderung in der Titulatur des *epistratēgos* der Thebais gekennzeichnet wird.

Aus Inschriften ist bekannt, daß seit dem Anfang des ersten Jahrhunderts – vielleicht auch schon gegen Ende des zweiten – diesem wichtigen ptolemäischen Beamten der zusätzliche Titel eines »*stratēgos* des Roten und des Indischen Meeres« verliehen wurde; dieser neue Titel scheint der zunehmenden Bedeutung des Seehandels mit Indien Rechnung zu tragen. Allerdings gibt es in der Forschung, da eindeutige Zeugnisse fehlen, weit auseinanderklaffende Ansichten über den Umfang des Handels, der über diese Route gelaufen ist. Schließlich war es möglich, den Monsun in jeder Richtung voll auszunützen und so die Rundreise zur Malabarenküste innerhalb eines Jahres zu machen, doch kam es vor den ersten Jahren der römischen Kaiserzeit vermutlich nur selten dazu.

In der Zwischenzeit behielt der Handel im und durch das Rote Meer seine Bedeutung. Ein Papyrus aus der Mitte des zweiten Jahrhunderts (SB 7169) berichtet über ein Darlehen, das zur Finanzierung der Seereise eines gewissen Archippos, des Sohnes von Eudemos, »zu den gewürztragenden Ländern« von einem italischen, zweifelsohne aber in Alexandreia wohnhaften Bankier namens Gnaios (Gnaeus) gewährt wurde. Bevor wir diesen Aspekt ptolemäischer Handels- und Forschungstätigkeit verlassen, werfen wir einen Blick auf eine Widmung aus dem Jahr 130:

> Für König Ptolemaios (VIII. Euergetes II.) und Königin Kleopatra, seine Gemahlin, den wohltätigen Gottheiten, und deren Kinder (hat dies geweiht) Soterichos, Sohn des Ikadion von Gortyn, einer von den Obersten Leibwächtern, der beauftragt wurde von Paos, dem »Verwandten« und *stratēgos* der Thebais, das Sammeln der kostbaren Steine und die Einschiffung zu beaufsichtigen und für die Sicherheit derer zu sorgen, die aus den Bergen um Koptos Weihrauch und andere Ladungen fremdländischer Güter befördern ... (OGIS 132)

Somit war also Soterichos – offenkundig ein Söldnerhauptmann aus Gortyn auf Kreta – verantwortlich für die Überwachung der Karawanenwege von den Häfen am Roten Meer (Berenike, Myos Hormos und Leukos Limen) über Koptos zum Nil und für die Sicherheit des Handels am Roten Meer.

Entdecker zur See

Bisher haben wir Erkundung und Handel im Osten und Südosten erörtert. Ganz zu Anfang des hellenistischen Zeitalters, etwa um das Jahr 320, wurde aber auch auf dem Atlantik eine erstaunliche seefahrerische Leistung von Pytheas, einem Schiffskapitän aus Massalia (Marseille), vollbracht. Unsere Kenntnis seiner Reise beruht auf Erwähnungen bei verschiedenen Autoren, vor allem Strabon, der auf sie im Zusammenhang einer Polemik gegen Polybios – dessen Bericht wiederum Strabons eigene Quelle war – zu sprechen kommt. So bleiben viele Einzelheiten der Reise kontrovers, insbesondere die Frage, wo ein geheimnisvolles Land mit dem Namen Thule einzuordnen ist, das Pytheas entweder vom Hörensagen oder – was wahrscheinlicher ist – durch eigenen Augenschein kannte. Über Thule schreibt Pytheas selbst:

Es zeigten uns die Eingeborenen den Ort, wo die Sonne zur Rüste geht. Es traf sich nämlich, daß in diesen Gegenden die Nacht ganz kurz war, an manchen Orten zwei, an anderen drei Stunden, so daß die Sonne, nachdem sie untergegangen, nach Verlauf einer kurzen Zwischenzeit gleich wieder aufging. (Geminos, Eisagōgē 6, 9)

Eine Mittsommernacht von zwei oder drei Stunden Dauer entspricht etwa 65 Grad nördlicher Breite; ob man unter Thule nun aber Island, die Faröerinseln, die Shetlandinseln oder die norwegische Küste zu verstehen hat, ist umstritten. Pytheas wußte noch mehr über die arktische Region zu berichten, wo

es weder eigentliches Land noch Wasser noch Luft gegeben habe, sondern ein Gemisch aus ihnen, das einer Meerlunge (einer Art Qualle) glich, in der die Erde und das Meer und alles in einem Schwebezustand sei; dies nun sei gleichsam das Band des Ganzen, weder betretbar noch mit Schiffen befahrbar.

(Strabon 2, 4, 1, der hier auf Polybios beruht)

Was nun Pytheas genau beschreiben wollte, läßt sich schwer herausfinden. Die Hypothesen reichen von einer schlammigen Mischung aus Eis und Wasser bis zur Phosphoreszenz, der *aurora borealis,* seichtem Wasser oder einer Halluzination, die man beim Rudern im Nebel auf dem Meer erleben kann.

Obwohl wir also bezüglich der Einzelheiten keine völlige Sicherheit haben, hat es den Anschein, als ob Pytheas von Gades (dem heutigen Cadiz) ausgelaufen und nach Norden gesegelt sei, die Küste Spaniens und Galliens entlang bis zur Insel Ouessant vor der Bretagne, von wo aus er Belerion, das westliche Vorgebirge Cornwalls (Land's End) in vier Tagen erreichte. Er setzte dann die Reise nordwärts fort, um Britannien im Uhrzeigersinn zu umrunden. Auf diesem Weg sammelte er Informationen über die vorgelagerten Inseln, die Orkney- und die Shetlandinseln, und kam, wie schon erwähnt, bis in Breiten, die der Zone mit der Mitternachtssonne ganz nahe waren. Ehe er heimkehrte, überquerte er wahrscheinlich den Ärmelkanal vom

South Foreland (bei Dover) aus und setzte seine Reise an der Küste des europäischen Festlands entlang fort – möglicherweise bis hinauf nach Jütland, wenngleich das ungewiß ist. Obwohl Pytheas ein Kaufmann war, hatte er doch Interesse an wissenschaftlicher Kartographie und nahm auf seiner Reise Peilungen vor, die er später zusammen mit Entfernungsschätzungen in einem Buch mit dem Titel *Der Ozean* veröffentlichte.

Wie viele Pioniere stieß auch Pytheas weitgehend auf Unglauben. Seine Entdeckungen wurden zwar von Dikaiarchos, Timaios und Eratosthenes anerkannt und benützt, doch üblicher war eine ablehnende Reaktion; in dieser Hinsicht sind die verächtlichen Bemerkungen bei Polybios über die Unwahrscheinlichkeit, daß »ein Privatmann, zudem ohne Mittel, solche Entfernungen zu Schiff und zu Lande habe zurücklegen können« (34, 5, 7 = Strabon 2, 4, 2) recht typisch. Polybios hatte zudem noch seine eigenen Gründe, etwas gegen einen Entdeckerrivalen im Atlantik einzuwenden. Er lieferte nämlich selbst einen wichtigen Beitrag zu dessen Erforschung und liebte es, sich selbst als einen zweiten Odysseus und überdies als einen Mann darzustellen, der sich über die Säulen des Herakles (Gibraltar) hinausgewagt hatte. Unsere Kenntnis von der Reise, die Polybios unter dem Patronat des großen römischen Feldherrn Scipio Aemilianus unmittelbar nach dessen Zerstörung Karthagos im Jahr 146 unternahm, beruht auf einer Stelle bei Plinius d. Ä.:

> Als Scipio Aemilianus Befehlshaber in Afrika war, umfuhr der Historiker Polybios mit einer ihm zur Untersuchung dieses Erdteils (von Scipio) unterstellten Flotte die Küste. (Plinius, Naturalis historia 5, 9)

Leider enthalten einige – wenn auch nicht alle – Manuskripte von Plinius einen Satz, der in diesem Zusammenhang auch Agrippa, den Freund des Kaisers Augustus erwähnt; wenn dieser Satz echt wäre, würde letztlich der gesamte Bericht des Plinius über die westafrikanische Küste auf Agrippa und nicht auf Polybios beruhen, und dann wüßten wir eigentlich überhaupt nichts von der Reise des Polybios. Wenn jedoch der Bericht des Plinius aus Polybios entnommen ist – wofür spricht, daß es seltsam wäre, mit dem gerade zitierten Satz über Polybios' Fahrt anzufangen, ihn danach aber überhaupt nicht mehr zu erwähnen –, dann verhält es sich vermutlich so, daß dieser längs der Westküste Afrikas bis zum Kap Juby im südlichen Marokko gelangte. Die volle Kenntnis der atlantischen Küsten Spaniens und Galliens erhielt man allerdings erst, als die Römer diese Gebiete eroberten. Marksteine in diesem Prozeß waren die Eroberung Galiciens durch D. Iunius Brutus in den Jahren 138/37 und Cäsars Feldzüge in Gallien und Britannien während des Jahrzehnts von 59 bis 50. Diese Geschehnisse liegen aber außerhalb des Gesichtskreises der hellenistischen Welt; sie gehören der römischen Epoche an, die darauf folgte.

Geographische Wissenschaft

Die gewaltige Erweiterung des Horizonts, die zuerst Alexander und danach die von uns soeben erörterte geographische Forschung bewirkt hatten, spiegelte sich in Reisebüchern wider und wurde von einer eindrucksvollen Entwicklung der geographischen Theorie (vor allem seitens der Gelehrten in Alexandreia und Rhodos) begleitet. Es wurden bereits einige der Reiseschriftsteller erwähnt, die Alexander begleiteten und über ihre Erfahrungen berichteten – Kallisthenes, Nearchos, Onesikritos und Aristoboulos (s. Kap. 1). Um ein späteres Beispiel handelt es sich bei dem Werk *Das Rote Meer,* verfaßt von Agatharchides von Knidos unter der Regierung von Ptolemaios VIII. Euergetes II. (145–116), als – wie schon erwähnt – eine Zunahme des Interesses am Weg nach Indien zu verzeichnen war. Leider ist das Werk verloren und nur in den Zusammenfassungen bei Photios, Diodor und Strabon überliefert. Bedeutsamer noch war die im dritten und zweiten Jahrhundert stattfindende Entwicklung der theoretischen Aspekte der Geographie und der Spekulation über den Erdglobus, seine Größe, seine Zonen, und das Verhältnis der bekannten Welt zu der gesamten Erde. Um das Jahr 300 hatte Dikaiarchos von Messene eine Weltkarte erarbeitet, die von einem mittleren Breitengrad ausging, der von den Säulen des Herakles über das Taurische Gebirge in Kleinasien und östlich längs der Imaoskette weiter nach Asien verlief, sowie von einem Längengrad, der durch Lysimacheia am Hellespont gezogen war. Diese Landkarte wurde zwar später von Polybios (34, 5–7) wegen ihrer Dimensionen kritisiert, setzte sich jedoch durch: Die Straße von Messina, Kap Malea und Rhodos vermutete man auf einer zentralen Breitenlinie.

Die Weltkarte des Dikaiarchos wurde von Eratosthenes revidiert, der sich um eine neue geographische Synthese bemühte (s.

S. 192f.). Selbst ohne seine brillante Schätzung des Erdumfangs verkörpert Eratosthenes in vielerlei Hinsicht den Gipfelpunkt der geographischen Theorie der Griechen. Er veröffentlichte wahrscheinlich zwei Werke, nämlich *Die Messung der Erde* und *Geographie*; das letztere, das aus drei Büchern besteht, enthält seine praktische Geographie. Es beginnt mit einem allgemeinen Überblick über die Werke seiner Vorgänger einschließlich Homers; im zweiten Buch folgt eine umfassende Erörterung aller Aspekte der Geographie – Gestalt, Größe, Stellung der Erde, die klimatischen Zonen, die Verteilung von Land und Wasser. Im letzten Buch wird ein Entwurf der Welt beschrieben sowie die Einzelheiten, die für die Konstruktion einer Weltkarte wesentlich sind; sie beruhen auf einer Kombination von astronomischen Daten, Beobachtungen von der Art, wie sie Pytheas und die Wegmesser *(bematistai)* Alexanders (welche die auf dem Marsch zurückgelegten Entfernungen ausgemessen und niedergeschrieben hatten) gemacht hatten, und Informationen, die jüngeren geographischen Autoren entnommen waren. Wie die Weltkarte des Dikaiarchos enthielt auch die seine einen Hauptbreitengrad – er hatte ihn von Dikaiarchos übernommen –, der seinerseits einen Längengrad kreuzte, der durch Rhodos ging. Eratosthenes fügte aber sechs weitere Längengrade hinzu, die in Abständen zwischen den westlichen und östlichen Grenzen der bewohnten Welt gezogen waren, dazu noch sechs Parallelen, die durch Meroë, Syene, Alexandreia, Lysimacheia, die Mündung des Borysthenes (Dnjepr) und Thule liefen.

Hipparchos von Nikaia zeichnete sich nicht nur durch seine zahlreichen naturwissenschaftlichen Leistungen aus (s. S. 190f.); er war auch sehr bewandert in der geographischen Theorie. Er setzte sich in aller Schärfe mit Eratosthenes auseinander wegen dessen Anwendung unwissenschaftlicher Methoden, zum Beispiel, weil er aus Ähnlichkeiten in der Vegetation auf den gleichen Breitengrad geschlossen habe; zugleich jedoch unterzog Hipparchos die Weltkarte von Eratosthenes Abschnitt um Abschnitt einer kritischen Analyse. In seinem dritten Buch legte er eine Reihe von wissenschaftlichen Prinzipien nieder, nach denen eine solche Karte angefertigt werden könnte; er selbst entwarf allerdings keine. Ein neuartiger, wertvoller Beitrag war dabei sein Konzept der regelmäßigen Einteilungen (von je 700 Stadien, also etwa 125 Kilometern), die über die ganze Karte gehen sollten. Hinzu kam, daß er der erste Mensch war, der annahm, der Breitengrad könne bestimmt werden, indem man den Zeitpunkt einer Sonnenfinsternis an verschiedenen geographischen Punkten verglich. Er unterschätzte aber die Schwierigkeiten, die sich bei der Organisation der dazu notwendigen Beobachter ergeben mochten; ein weiteres Hindernis war das Fehlen genau gehender Zeitmesser.

Außer einem kleineren Werk sind keine Schriften von Hipparchos direkt überliefert worden; unsere Kenntnis seiner Theorien stammt aus dem *Almagest* des Claudius Ptolemaios, der im zweiten nachchristlichen Jahrhundert wirkte. Jedenfalls aber geht aus diesem Werk die überragende Qualität von Hipparchos' Spekulationen klar hervor. Mit ihm scheint das geographische Theoretisieren der Griechen die Möglichkeiten und Energien des Zeitalters in brillanter Weise ausgeschöpft zu haben. Seine Breiten- und Längentabellen bedeuten einen wichtigen Schritt auf dem Weg zu einer neuen Auffassung von der wissenschaftlichen Organisation der Erkenntnis, doch führte sein Werk die Geographie auch in eine Sackgasse; das mag unter anderem erklären, warum als Reaktion eine Bewegung zu einer rein praktisch ausgerichteten Arbeit hin erfolgte. Mathematik und Astronomie wurden fortan vernachlässigt zugunsten der beschreibenden Erdkunde, deren Kulminationspunkt am Ende der von uns betrachteten Epoche, während des augusteischen Prinzipats, mit der großen Geographie Strabons erreicht wurde. Hier war nicht nur eine umfängliche Menge an früheren Arbeiten in kritischer Weise zusammengetragen; Strabons Werk stellt heute auch eine der Hauptquellen für unsere Kenntnis vieler der Autoren dar, die wir in unsere Erörterung miteinbezogen haben.

Seit dem fünften Jahrhundert war die olympische Religion Angriffen ausgesetzt gewesen. Die sophistische Bewegung hatte eine Stimmung voll Skepsis gegenüber den meisten vorhandenen Glaubensrichtungen erzeugt; zur selben Zeit waren viele fremdländische Kulte in griechischen Städten heimisch geworden. Die Verehrung der traditionellen Götter war oftmals mit einer Verehrung abstrakter Werte wie Freundschaft, Frieden, Reichtum oder Demokratie verknüpft worden. Außerdem waren die Unterscheidungen zwischen Gott und Mensch zum Teil beiseitegeschoben worden, als Kulte für herausragende Männer eingerichtet wurden; in gewissem Umfang lag das auch in den von manchen Philosophen erhobenen Ansprüchen begründet, daß mit Hilfe der Vernunft die Menschen wie Götter leben könnten.

Wir sollen nicht denen folgen, die uns mahnen, »als Mensch (nur) Menschliches« und »als Sterblicher (nur) Sterbliches« zu denken, sondern sollen uns soweit wie möglich unsterblich machen und alles für ein Leben einsetzen, das nach dem Stärksten in uns (ausgerichtet) ist (nämlich der Vernunft). Denn wenn dies auch klein an Ausdehnung ist, übertrifft es doch alles an Kraft und Ehrwürdigkeit. ... So also ist für den Menschen ein Leben gemäß der Vernunft – und dieses Prinzip macht ja vor allem den Menschen aus.

(Aristoteles, Nikomachische Ethik 10 p. 1177b–1178a)

Die alten Gewißheiten waren geschwunden; obwohl die alten Riten weiterhin eifrig in der Überzeugung vollzogen wurden, das Überlieferte müsse bewahrt bleiben, waren viele Leute im Grunde genommen Agnostiker, wenn nicht gar Atheisten. Vielen dürfte die Beachtung der eingeführten Rituale wenig bedeutet haben.

Die Expansion in neue Länder konnte diese oftmals widersprüchlichen Tendenzen nur noch verstärken. Aus vielerlei Gründen verspürten nunmehr die neuen Königreiche mit ihren neugegründeten Städten und gleichermaßen die alten Städte des eigentlichen Griechenlands und des ägäischen Raumes den Anstoß unverbrauchter religiöser Haltungen und begannen, neue Formen religiöser Erfahrung zu übernehmen. Die Berührung mit nichtgriechischen Völkern, die andere Götter verehrten; die wohlüberlegte Förderung bestimmter Kulte aus Gründen der

Staatspolitik; die Übernahme von Herrscherkulten, die entweder spontan oder erst auf amtliche Winke hin (wenn nicht gar Druck) zustandekamen; das Bewußtwerden von neuen, persönlichen Empfindungen inmitten sozialer Isolierung bei einzelnen; die Reaktion auf die Unsicherheiten einer Welt, in der schnelle Veränderungen häufig totale Umkehrungen des Schicksals mit sich brachten (so daß das Schicksal selbst oft als eine mächtige Gottheit angerufen wurde) – all dies zusammen läßt ein wirres, kaleidoskopartiges Bild entstehen, dessen Veränderungen sich dem Blick zu entziehen drohen.

Es wird deshalb fürs erste angebracht sein, eine Trennlinie zu ziehen zwischen den religiösen Entwicklungen, die auf die Initiative der Autoritäten, der Könige und Regierungen hin eingeleitet wurden, und jenen Kulten und Praktiken, die von den Menschen aus eigenen Stücken übernommen wurden, weil sie offenbar ein echtes Bedürfnis befriedigten.

Dynastiegottheiten und Herrscherkult

Die neuen Könige, die auf Alexander folgten, waren in einem gewissen Sinn alle Usurpatoren und suchten deshalb nach religiöser Unterstützung, die helfen sollte, ihre Ansprüche zu legitimieren und die Anrechte ihrer neuen Dynastien zu stärken. Dabei besteht ein wesentliches Charakteristikum, das allen neuen Königshäusern gemeinsam ist, in der Übernahme einer besonderen Schutzgottheit; sie wurde notwendigerweise aus den Olympiern gewählt, da ihnen noch die Verehrung entgegengebracht wurde, die auf langer Tradition beruhte. Die Antigoniden in Makedonien erhoben den Anspruch, von Herakles abzustammen, und ließen seine Keule als Emblem auf ihre Münzen prägen. Damit bekundeten sie ihre Absicht, ihre Verbindung zu den Argeaden, der Familie von Philipp II. und Alexander, zu betonen; Polybios bemerkt, Philipp V. »legte sein Leben lang größten Wert darauf, als Blutsverwandter Alexanders und Philipps angesehen zu werden« (5, 10, 10). Livius erzählt (in einem auf Polybios beruhenden Abschnitt):

> Die Argiver glaubten, die makedonischen Könige stammten von ihnen ab, und waren außerdem meistens durch die persönliche Gastfreundschaft und vertraute Freundschaft mit Philipp (V.) verbunden.
>
> (Livius 32, 22, 11)

Diese angebliche Abstammung, die somit die Antigoniden auch mit der Stadt Argos verband, wurde völlig ernst genommen; Plutarch berichtet von der Schlacht bei Pydna im Jahr 168, die das Ende der Antigonidenherrschaft bedeutete:

Der König der Makedonen (Perseus) geriet – so sagt Polybios – (...) in bange Furcht und ritt eilig zur Stadt (Pydna) unter dem Vorwand, er wolle dem Herakles ein Opfer bringen. (Plutarch, Aemilius 19)

Diese Auslegung der Tat des Perseus als eines Akts der Feigheit wurde später gegen ihn verwendet.

Die Seleukiden schufen sich ihren eigenen Schutzherrn in Apollon. Seleukos I. Nikator war angeblich Apollons Sohn und besaß das Zeichen Apollons, den Anker, als Muttermal auf seinem Schenkel (Iustin 15, 4, 2). Dieser Anspruch wird schon im Jahr 281 in Ilion anerkannt, wo eine Inschrift zu Ehren des Seleukos angebracht wurde, der die Stadt von Lysimachos befreit hatte; darin wird von der Gewährung vieler Privilegien für den neuen König berichtet, wozu ein Altar gehört, auf dem der Gymnasiarch jährlich ein Opfer darzubringen hat, die Benennung eines Monats *(Seleukeios)* sowie die Ausrichtung eines vierjährlichen »bekränzten« Festes (s. S. 151) mit musikalischen, athletischen und Reiterdarbietungen wie für Apollon, »den Ahnherrn [seiner Dynastie]« (OGIS 212, Zeile 13f.). Diese ist zwar teilweise ergänzt, doch der Ausdruck scheint gesichert zu sein, da er durch andere Inschriften bestätigt wird, die sich auf die Verwandtschaft verschiedener Seleukiden mit dem Gott beziehen.

Die Ptolemäer ihrerseits widmeten sich dem Kult des Dionysos, vielleicht schon zu einem frühen Zeitpunkt unter Ptolemaios I. Soter (falls eine kleine Bronzebüste des Dionysos in der Walters Art Gallery in Baltimore tatsächlich die Züge des Königs trägt). Sein Kult wurde jedoch besonders von Ptolemaios IV. Philopator gepflegt; wahrscheinlich war er es, der ein eigenes Dekret erließ, das die Verehrung des Dionysos regelte:

Dekret des Königs: Personen, welche die Riten des Dionysos im Binnenland vollziehen, sollen nach Alexandreia fahren, und zwar die, die im Gebiet von hier bis Naukratis wohnen, innerhalb von 10 Tagen vom Tag der Veröffentlichung des Dekrets, und die, die hinter Naukratis wohnen, innerhalb von 20 Tagen; sie sollen sich von Aristoboulos registrieren lassen im Registrierungsamt binnen drei Tagen vom Tag ihres Eintreffens und sollen sogleich erklären, durch welche Person ihnen die Riten vermittelt worden sind, und zwar drei Generationen zurück; sie sollen das geheiligte Buch über die Mysterien des Dionysos versiegelt und mit dem jeweiligen Namen beschriftet einreichen.

(BGU 1211: Select Papyri 208)

Dieses Dekret ist als eine repressive Maßnahme gedeutet worden, nach anderer Meinung aber hat es als Beweis für das königliche Patronat des Kults zu gelten. Das Wahrscheinlichste ist, daß es einen Versuch der Regierung darstellt, die formelle Feier der dionysischen Riten zu fördern, während der informellen der Wind aus den Segeln genommen werden sollte. Wenn das zutrifft, so gibt es einen Vorgeschmack auf einen ähnlichen Versuch der Regierenden Roms, »dem Dionysos eine Zwangsjacke anzulegen«*, als sie im Jahr 186 das berühmte Senatsdekret über die Bacchanalien erließen (CIL I^2 1, 581; Rem. Old Latin IV p. 254ff.). Der Hinweis im ptolemäischen Dekret auf »drei Generationen zurück« zeigt an, daß der dionysische Kult schon seit einer beachtlich langen Zeit in Ägypten auf dem Land Fuß gefaßt hatte, wo der Gott oftmals Osiris und Sarapis zugesellt wurde (s. S. 123). In einer berühmten Inschrift, die Kosmas Indikopleustes im sechsten Jahrhundert n. Chr. in Adulis abgeschrieben hat (das Original ist verloren), wird ein Bericht über die Leistungen von Ptolemaios III. mit einer Beschreibung seiner Abstammung eingeleitet; demnach stammte er auf väterlicher Seite vom Zeussohn Herakles ab, auf mütterlicher Seite vom Zeussohn Dionysos (OGIS 54; Austin 221).

Die Aneignung solcher Schutzgötter durch hellenistische Könige war häufig – allerdings nicht in Makedonien – mit der Einrichtung eines Herrscherkults verknüpft, also der Verehrung des verstorbenen und später des lebenden Monarchen (und seiner Gemahlin) als Götter. Die Kulte zu Ehren menschlicher Wesen waren nicht neu. Nach Duris von Samos war der Spartaner Lysandros

der erste Grieche ..., dem die Städte wie einem Gott Altäre errichteten und Opfer darbrachten, und der erste, auf den *Paiane* (Preislieder) gesungen wurden. (...) Die Samier faßten außerdem den Beschluß, ihr Herafest als Lysanderfest umzuwidmen. (Plutarch, Lysandros 18, 3)

Das geschah gegen Ende des fünften Jahrhunderts. Als im Jahr 357 Dion die Stadt Syrakus befreit hatte,

* Die Formulierung ist E. R. Dodds, *Die Griechen und das Irrationale*. Darmstadt 1970, S. 148 entnommen.

stellten die Syrakusaner (...) Opfertiere, Tische und Weinkrüge auf, bewarfen ihn, wo er vorüberging, mit Blumen und beteten zu ihm wie zu einem Gott. (Plutarch, Dion 29, 1)

Solche vereinzelten Beispiele nehmen die Verehrung vorweg, die Alexander schon zu Lebzeiten genoß (hierzu s. S. 41 ff.).

Das erste Beispiel solch einer amtlich verordneten Verehrung findet sich unter Alexanders Nachfolgern in Ägypten, wo Ptolemaios I. Soter einen Kult für Alexander einführte, vielleicht schon um 290, jedenfalls vor 285. Bei seinem Tod im Jahr 283 proklamierte sein Sohn Ptolemaios II. Philadelphos ihn zum Gott; im Jahr 279, beim Tod der Witwe seines Vorgängers, begründete er einen gemeinsamen Kult für die beiden als die »rettenden Gottheiten« und verband mit diesem Kult ein Fest, das *Ptolemaieia* genannt wurde (s. S. 152). Unsere Kenntnis von der Entwicklung des dynastischen Kults in Ägypten hängt fast ausschließlich davon ab, ob Dokumente datiert werden können, die Namen und Titel der Priester enthalten, die den verschiedenen Mitgliedern der königlichen Familie als den Kultobjekten zu dienen hatten. Von daher hat es den Anschein, daß eine neue Entwicklung einsetzte, als Ptolemaios II. dem Kult Alexanders einen Kult für sich selbst und seine Schwester und Königin Arsinoë unter dem Titel der *theoi adelphoi,* der »Geschwistergottheiten«, hinzufügte. Der Beleg dafür findet sich in einem Auszug aus einer Liste von Ereignissen, die unter verschiedenen Priesterschaften seit der Zeit um 270 stattfanden (P. Hibeh 199). Dieser Papyrus enthält den Eintrag: »In jenem Jahr (dem vierzehnten von Ptolemaios II.) ... wurden der Name des Priesters des Alexander und die Namen der *theoi adelphoi* bei Verträgen hinzugefügt.« Leider können wir nicht mit Bestimmtheit sagen, ob die Thronbesteigung von Ptolemaios II. hierbei vom Tod seines Vaters im Jahr 283 oder 282 oder (wie es später der Fall war) vom Beginn ihrer gemeinsamen Regierung im Jahr 285 aus datiert ist, und ob das Auftreten des neuen Kults vor oder nach dem Tod Arsinoës im Jahr 270 – also in den Jahren 272/71 oder 270/69 (oder 269/68) – anzusetzen ist; das erstere ist wohl wahrscheinlicher.

Von da an fügten die verschiedenen Ptolemäer ihre Namen und jene ihrer Königinnen dem Kult noch zu eigenen Lebzeiten bei, doch erst während der Regierung von Ptolemaios IV. Philopator wurden die »rettenden Gottheiten« in die Liste mitaufgenommen. Dabei fällt auf, daß parallel mit der Zunahme dieser Angleichung der lebenden Ptolemäer an Götter ein Niedergang ihrer wirklichen Macht und ihrer Unabhängigkeit gegenüber der einheimischen Priesterschaft verlief. Bereits unter Philadelphos war aber die verstorbene Arsinoë zu einer »am Tempel Anteil habenden Gottheit« *(synnaos theos)* in den Tempeln aller einheimischen Götter erklärt worden. Wie wir (S. 112) gesehen haben, wurde ihr griechischer Kult durch die Zuteilung eines Sechstels der Ertragssteuer finanziert – bisher eine Nebeneinnahme für die einheimischen Tempel. Tatsächlich scheinen sowohl Arsinoë als auch Berenike, die Tochter von Ptolemaios III. Euergetes, die gleichermaßen von ägyptischen Priestern zur *synnaos theos* im Tempel des Osiris in Kanopos erklärt wurde, eine ungewöhnliche spontane Achtung und Zuneigung im ägyptischen Volk erfahren zu haben; dadurch bekam ihre Verehrung ein anderes Gewicht als bei einem von oben aufgepfropften Kult. So sind zum Beispiel ihre Namen bei Mitgliedern ägyptischer Priesterfamilien anzutreffen.

Wir vermögen die Mischung aus religiösen und politischen Motiven, welche die Ptolemäer zu diesen Handlungen veranlaßte, nicht völlig zu durchschauen. Sie könnten aber durchaus ermutigt worden sein, wenn sie die in griechischen Städten im Ausland sichtbar gewordene Einstellung in Betracht zogen; verschiedene Städte hatten bereits von sich aus ihren Eifer kundgetan, Ehren zu verteilen, die einer Vergöttlichung der Ptolemäer und aller anderen Könige, die sich zeitweilig ihrer Gunst erfreuten oder Kontrolle über sie ausübten, nahekamen. So heißt es etwa bei Pausanias (1, 8, 6) von Ptolemaios I., man nenne ihn »Soter (Retter), welchen Namen ihm die Rhodier gaben«, weil er ihnen gegen den Angriff der Antigoniden im Jahr 305 zu Hilfe gekommen war; dazu hatten sie das Orakel des Ammon befragt,

> ob der Gott rate, den Ptolemaios als Gott zu verehren. Als das Orakel seine Zustimmung gab, weihten sie in der Stadt einen viereckigen heiligen Bezirk und bauten an jeder Seite eine ein Stadion lange Halle, die sie Ptolemaion nannten. (Diodor 20, 100)

Bereits im Jahr 307 hatten die Athener einen Kult für Antigonos und Demetrios, der nunmehr der Herr der Stadt war, eingeführt, und zwar mit dem Titel »Retter« (Plutarch, Demetrios 10, 3); die Rhodier könnten deshalb die Absicht verfolgt haben, durch die Titelgebung gleichzuziehen. Entweder 294 oder 291 hören wir von weiteren ähnlichen Ehrungen, die Demetrios zuteil wurden; er besaß nunmehr einen eigenen Kult und laut

Duris von Samos wurde zu seinen Ehren eine Hymne gesungen, die folgende Zeilen enthielt:

Oh Sohn des allmächtigsten Gottes Poseidon und der Aphrodite, heil dir! Denn andere Götter sind entweder weit fort oder sie haben kein Gehör oder es gibt sie gar nicht oder sie beachten uns überhaupt nicht, dich aber können wir sehen in voller Gegenwart, nicht in Holz und nicht in Stein, sondern in Wahrheit. Und so preisen wir dich ...

(Athenaios 6 p. 253 e)

Diesen Hymnos sangen, wie Athenaios weiter erzählt, die einstigen Sieger von Marathon nicht nur bei öffentlichen Anlässen, sondern auch bei sich zu Hause. »Wenn sich die alten Götter zurückziehen«, kommentiert Erec R. Dodds*, »rufen die leeren Throne nach einem Nachfolger, und durch kluge Manipulationen, manchmal sogar ohne sie, wird sich fast jeder vergängliche Erdenbewohner auf den leeren Sitz heben lassen können.« Der Hymnos auf Demetrios stellt ein Zugeständnis politischer und vielleicht auch geistiger Hilflosigkeit in der vormals führenden Stadt Griechenlands dar.

So fand der Herrscherkult in den griechischen Städten einen fruchtbaren Boden; die Könige ihrerseits zögerten nicht, die damit gebotenen Vorteile auszunützen. Im seleukidischen Bereich verlief seine Entwicklung jedoch langsam und unsystematisch und war lange Zeit der Initiative der griechischen Städte innerhalb des Reiches vorbehalten. Überdies gab es verschiedene Etappen auf dem Weg zur vollen Anerkennung als Gott. So bezeichnet das bereits erwähnte Dekret aus Ilion (OGIS 212; s. S. 216), das die apollinische Abkunft von Seleukos I. anerkannte und ihm ein Fest zubilligte, ihn nicht ausdrücklich als einen Gott. Allerdings beließ die Schaffung eines heiligen Bezirks, wozu Altar, Opfer, Prozession, Spiele, Hymnen, das Angebot goldener Kränze, Statuen und die Verwendung eines dynastischen Namens zur Bezeichnung eines Stammes oder eines Monats im Ortskalender kamen, nur eine dünne Trennlinie zur Verleihung göttlicher Ehren.

Antiochos I. proklamierte seinen Vater zum Gott mit dem Titel »Seleukos Nikator«, doch der erste Seleukide, der einen Staatskult für sich und alle seine Vorfahren einrichtete, war Antiochos III. (223–187). Der Beleg dafür ist in einem Brief enthalten, den er 193 oder 192 an Anaximbrotos, den Satrapen

* *Die Griechen und das Irrationale.* Darmstadt 1970, S. 128.

von Karien, schrieb und in dem er eine Priesterin für den Kult seiner Gemahlin beruft:

König Antiochos entbietet Anaximbrotos seinen Gruß. Weil wir die Ehren für unsere Schwesterkönigin Laodike weiterhin vermehren wollen ..., beschließen wir, daß ebenso wie für unseren Kult im Reich Hohepriester berufen sind, nunmehr auch Hohepriesterinnen für sie in den nämlichen Bezirken einzustellen sind; sie sollen goldene Kränze mit ihrem (Laodikes) Bild tragen, und ihre Namen sollen bei Verträgen nach jenen der Hohenpriester für unsere Vorfahren und für uns erwähnt werden ...

(OGIS 224; Welles, RC 36; L. Robert, Hellenica 7 [1949] 17f.)

Während es in Ägypten einen einzigen amtlichen königlichen Kult in Alexandreia gab, war im weniger zentralisierten Seleukidenreich für jede einzelne Satrapie eine eigene Hohepriesterin angestellt. Was die Personen anbetrifft, denen der Kult »für unsere Vorfahren und für uns« galt, so zählt eine Inschrift aus Seleukeia in Pierien während der Regierungszeit von Seleukos IV. Philopator (187–175) folgende auf:

... Priester für Seleukos (I.) Zeus Nikator und Ant[iochos] (I.) Apollon Soter und Antiochos (II.) Theos (»den Gott«) und Seleukos (II.) [Kallinikos und Seleukos] (III.) Soter und Antiochos (wohl Antiochos' III. Sohn, der vor dem Vater starb) und für Antiochos (III.) Megas (»den Großen«). (OGIS 245, Z. 34–40; Austin 177)

Anders als die Seleukiden wurden die Attaliden nicht zu ihren Lebzeiten als Gottheiten anerkannt; wir besitzen auch keinen Nachweis für einen offiziellen dynastischen Kult in Pergamon, doch erfuhren sie in vielen Städten kultische Anerkennung. Besonders erwähnenswert sind die Ehrungen, die der Apollonis, der Gemahlin von Attalos I., zuteil wurden; sie erhielt den kultischen Titel »Eusebēs« (»die Fromme«) noch zu Lebzeiten (OGIS 308) und wurde in vielen Städten verehrt. Ein Beispiel dafür bietet Teos, wo eine Inschrift die Einzelheiten eines Festes wiedergibt, bei dem das Opfer unter der Verantwortlichkeit der »Priester von König Eumenes und der Göttin Apollonis Eusebes und der Priesterin von ihr und der Königin Stratonike« vor sich ging; sie enthält auch die Verfügung über die Errichtung eines Tempels für Apollonis mit dem weiteren Kultnamen der »Apobateria« (wörtlich: »die Herabschreitende«): Der Tempel sollte an der Stelle gebaut werden, wo Apollonis bei einem Besuch in Teos an Land ging (OGIS 309; besserer Text in L. Robert, Études anatoliennes. Paris 1937, S. 17).

Die reale Bedeutung des Herrscherkults ist nicht leicht zu bestimmen. Er besaß einen eindeutig politischen Aspekt, insofern Kult und Göttlichkeit, selbst wenn sie oft spontan und in Anerkennung des königlichen Status zuerkannt wurden, hinwiederum Macht und Legitimität des Königs und seiner Dynastie stärkten. Die Existenz eines dynastischen Rechts auf den Thron war natürlich eines der Hauptkennzeichen für die Unterscheidung zwischen König und Tyrann. Der Kult stützte auch die Beziehungen zu den Städten, da gerade von dort häufig die Initiative zur Vergöttlichung ausging; die Eingliederung des Königs, seiner Gemahlin und seiner Vorfahren in die städtischen Kulte änderte zwar keineswegs das rechtliche Verhältnis zwischen König und Stadt, aber es ließ oftmals Bande des Wohlwollens und des Gefühls entstehen. In Ägypten war die Einrichtung einigermaßen kompliziert infolge der gänzlich unabhängigen Stellung des Ptolemäerkönigs als Pharao und somit als göttliches Wesen, als der falkenköpfige Gott Horus, der schließlich nach seinem Tod mit Osiris gleichgesetzt und unsterblich wurde. Mit dem zunehmend stärkeren Einfluß der ägyptischen Priesterschaft müssen diese Auffassungen eine immer wichtigere Rolle in der Einstellung der Menschen gegenüber dem Königshaus gespielt haben.

Was die Gewährung göttlicher Ehren durch die Städte im Bereich des religiösen Empfindens bedeutete, ist eine andere Sache. Wie aus dem athenischen Hymnos für Demetrios hervorgeht, gab es oftmals eine von Skepsis gegenüber den traditionellen Göttern erfüllte Atmosphäre, die zu ihrer Ersetzung durch Herrscher führte, die reale Macht ausübten. Doch in welchem Sinn wurden solche Könige als Götter betrachtet? Wohl kaum in derselben Weise, wie Zeus ein Gott war (oder einst gewesen war). Wie Edouard Will* anmerkt, besagt die Titulierung von Antiochos als *Theos,* »der Gott«, daß damit seine Göttlichkeit als nicht selbstverständlich eingeschränkt bleibt: Niemand hätte je von Zeus *Theos* gesprochen. Und was wäre es für ein Gott, für dessen Heil man zu den traditionellen Göttern betete?

* in: E. Will, C. Mossé, P. Goukowsky, *Le Monde Grec et l'Orient.* Bd. II, Paris 1975, S. 448.

Dem Herrscherkult und der Aneignung von Gottheiten zu Schutz und Schirm der Dynastie waren eindeutig politische Implikationen eigen. Viele neue religiöse Entwicklungen erwuchsen jedoch als eine Antwort auf die Veränderungen im individuellen Verhalten und auf die neuen gesellschaftlichen Bedingungen. Mit der verringerten Macht der Stadtstaaten schrumpfte auch das Vertrauen der Menschen in ihre überlieferten Kulte; das Interesse an Mysterienreligionen wuchs, verstärkt auch durch das Nachlassen des Rationalismus, der für das sophistische Denken des fünften Jahrhunderts weitgehend typisch gewesen war. Diese Mysterienkulte schlossen geheime Initiationszeremonien ein und versprachen individuelle Erlösung; Beispiele dafür sind die Riten von Eleusis oder die der Kabiren auf Samothrake. Im hellenistischen Zeitalter behielten sie grundsätzlich griechischen Charakter bei; ihre zunehmende Beliebtheit (z. B. die des dionysischen Kults) brachte jene andere Seite zur Geltung, die seit jeher in der griechischen Religion vorhanden gewesen war. Die Neigung, nach einer Offenbarung zu forschen, die irrational und emotional betont war, zeigt sich auch in Epidauros: Dort sind, anhand zahlreicher Opfergaben und Inschriften, der Kult des Asklepios und die wundersamen Heilkuren belegt, bei denen die Pilger eine Nacht schlafend im Tempel zubrachten, und die ihren Höhepunkt in der Epoche des Hellenismus erreichen.

Für viele bedeutete das schwindende Vertrauen in die Stadtgötter ein Anwachsen des Skeptizismus, wiewohl häufig in verstellter Form. So stimmten zum Beispiel die Philosophen meistens darin überein, »die Götter« nicht geradeheraus abzulehnen. Während die Stoiker mit Zenon (335–263) und Chrysippos (280–207) die Weisheit verherrlichten, setzte Kleanthes (331–232) in einem berühmten Hymnos das stoische Prinzip mit »Zeus« gleich; Epikur (341–270) vertritt zwar die Ansicht, die Götter kümmerten sich nicht um menschliche Angelegenheiten, ist aber peinlich bemüht, ihre Existenz ja nicht zu leugnen und niemanden von der Erfüllung der ihnen geschuldeten Riten abzuhalten. Derartige Versuche, die Götter in die neuen philosophischen Gerüste miteinzubauen, enthüllen die Verlegenheit der Philosophen und führen dazu, daß anomale Positionen eingenommen werden. Es gab ausdrückliche Bestrebungen, die Götter in Begriffen zu beschreiben, die für jene Menschen annehmbar waren, die ihre Existenz grundsätzlich in Zweifel zogen. Zwei diametral entgegengesetzte Richtungen lassen sich verfolgen. Auf der einen Seite gab es eine Denkrichtung, die vor allem mit dem Namen des Euhemeros von Messene, der unter Kassandros zwischen 311 und 298 schrieb, in Verbindung gebracht wurde. Euhemeros verfaßte eine Art Utopie über den Besuch auf einer Insel namens Panchaia im Indischen Ozean, wo die olympischen Götter, die ursprünglich Menschen gewesen waren und einst als Könige regiert hatten, nunmehr als Götter verehrt wurden. Dort stand ein Denkmal mit einer goldenen Säule,

> auf der die Taten des Ouranos und des Zeus aufgeschrieben waren, darunter hatte Hermes die der Artemis und des Apollon hinzugefügt.
> (Diodor 5, 45, 7; vgl. 6, 2, 4–10)

Euhemeros' Thesen wurden erst richtig populär, als sein Werk in lateinischer Übersetzung vom Dichter Ennius in die römische Welt eingeführt wurde, seine Lehren jedoch waren früher bekannt – zum Beispiel spricht einiges dafür, daß Polybios bei seiner Interpretation des homerischen Berichts über die Reise des Odysseus sich auf sie stützte – und waren sicher für den Herrscherkult von Bedeutung.

Andererseits konnte die Göttlichkeit entpersönlicht werden durch das Anwachsen von Abstraktionen – ein Vorgang, der bereits im vierten Jahrhundert zu konstatieren ist (s. S. 214f.). Über den Piratenkapitän Dikaiarchos, der den ägäischen Raum im Auftrag Philipps V. von Makedonien ausplünderte, gibt es bei Polybios die Behauptung:

> Wo er mit seinen Schiffen landete, errichtete er zwei Altäre, einen für die *Asebeia* (Gottlosigkeit), den anderen für die *Anomia* (Gesetzlosigkeit), und auf diesen Altären opferte er und betete davor wie zu Gottheiten.
> (Polybios 18, 54, 10)

Einen mehr orthodoxen Typ abstrakter Gottheit stellte *Tyche* (das Schicksal) dar, deren Verehrung in der hellenistischen Welt weitverbreitet war. *Tyche* spielt im Geschichtswerk des Polybios eine ebenso wichtige wie doppeldeutige Rolle – doppeldeutig insofern, als die praktische Absicht des Historikers, seinen Lesern politische Lehren anzubieten, zur Voraussetzung hat, daß die Geschichte rational erfaßbaren Linien folgt, denn nur so kann man durch die Beschäftigung mit der Vergangenheit lernen, wirksam in der Gegenwart zu handeln; hingegen fußt seine zweite Absicht – nämlich moralische Lektionen zu erteilen anhand von Beispielen für die Wechselfälle, die Menschen in der Vergangenheit zugestoßen sind – ihrerseits auf der Voraussetzung, daß das unberechenbare Schicksal eine wichtige Rolle im Leben der Menschen spielt und man sich dagegen wappnen oder es auf jeden Fall in Betracht ziehen muß. Diese Doppeldeutigkeit in der Haltung des Polybios gegenüber der *Tyche* steht im Zusammenhang mit der Doppeldeutigkeit, die von vornherein in der Auffassung vom Schicksal steckt, das ebenso gut wie schlecht sein kann und das – was noch wichtiger ist – hin- und herschwankt zwischen der Wertung als »Zufallsmöglichkeit« und als »zweckdienliche, von der Vorsehung beschlossene Fügung« (die entweder das Werk einer wohlwollenden oder einer übelwollenden Macht sein kann). In der Gestalt der *Tyche* einer Stadt, die mit einer Mauerkrone und einem Füllhorn, das Überfluß anzeigte, dargestellt wurde, suchte man das Schicksal als eine wohltätige Göttin emporzuheben, doch inwieweit die Menschen eine derartige Abstraktion personalisierten und ob sie eine zusammenhängende Anschauung davon hatten, läßt sich kaum feststellen.

Eine größere Bedeutung für den Mann und die Frau aus dem Volk kam den orientalischen Kulten zu, insbesondere jenen aus Ägypten, die in steigendem Ausmaß in die griechische Welt eindrangen, um die Lücke auszufüllen, die infolge des Zusammenbruchs des Glaubens an die einheimischen Götter entstanden war. Wir haben bereits (S. 123) die große Popularität erwähnt, derer sich in der griechischen Welt der Kult des Sarapis erfreute, des neuen Gottes, den Ptolemaios I. Soter eingeführt hatte. Gleichermaßen populär war die Verehrung der Isis, die sich vor allem im zweiten Jahrhundert weit ausbreitete, nachdem sie schon im vierten bekannt gewesen war. Isis verdankte ihren Rang mehr oder weniger ihrer Fähigkeit, andere Gottheiten – einschließlich jene des Olymps – in sich aufzunehmen. Dieser synkretistische Prozeß läßt sich vorzüglich an einem Hymnos veranschaulichen, der im ersten Jahrhundert von einem ägyptischen Priester namens Isidoros verfaßt und am Tempel der Isis in Medinet-Madi im Faijum eingeritzt wurde:

Die Syrer nennen dich Astarte-Artemis-Nanaia und die Stämme der Lykier Königin Leto, die Thraker rufen dich die Mutter der Götter und die Griechen die mächtig thronende Hera und Aphrodite und gute Hestia und Rhea und Demeter, die Ägypter aber Thiouis, weil du in deiner eigenen Person allein bist all die anderen Göttinnen, die von den Völkern benannt werden. (SEG 8 [1937] 548)

Wenn alle Göttinnen letztlich eine Göttin sind und alle Götter ein Gott, dann befindet man sich bereits ziemlich weit auf dem Weg zum Monotheismus.

Nicht nur die ägyptischen Götter wurden von den Griechen übernommen. Obwohl sie weniger populär waren als Isis und Sarapis, fanden auch Kybele, die große anatolische Muttergöttin, begleitet von Attis, der phrygische Gott Men, die assyrischen Gottheiten Atargatis und Hadad (gleichgesetzt mit Aphrodite und Zeus), Melqart (gleichgesetzt mit Herakles), Astarte (gleichgesetzt mit Aphrodite), Sabazios, Adonis und viele andere eine Heimat in den griechischen Städten, in erster Linie an kosmopolitischen Orten wie Rhodos und Delos oder in Demetrias in Thessalien, wo erst kürzlich ein mit einer Inschrift versehenes, der Atargatis geweihtes Relief entdeckt worden ist.* Insbesondere genossen Kulte, die einen persönlichen Kontakt mit dem Göttlichen anboten oder ein persönliches Fortleben nach dem Tod versprachen, eine große Popularität. Der Beiname *Sotēr* (»Retter«), der nun Zeus und anderen Göttern ebenso gegeben wurde wie den Königen, die Gegenstand von Herrscherkulten waren, ist ein Kennzeichen für dieses Bedürfnis, das oftmals dazu führte, den östlichen Kulten Initiationszeremonien aufzupfropfen, welche diesen vorher in solcher Form nicht eigen gewesen waren. Das ist der Fall bei Isis, deren hellenisierte Mysterien einen eindringlichen Höhepunkt im elften Buch der *Metamorphosen* (bekannter als *Der goldene Esel*) des Apuleius bilden, einem Werk, das zwar im zweiten nachchristlichen Jahrhundert geschrieben wurde, das aber die religiöse Erfahrung des hellenistischen Zeitalters widerspiegelt.

Das Judentum im Hellenismus

Wir haben bis jetzt die Veränderungen in der griechischen Einstellung zu den überlieferten Göttern betrachtet sowie die neuen Formen religiöser Erfahrung, denen sich die Menschen nunmehr zuwandten, und deren Wurzeln zum einen Teil auf die traditionellen Aspekte der griechischen Religion, zum anderen auf Entlehnungen aus Ägypten und dem Osten zurückreichten.

* V. von Graeve, in: V. Milojcič, D. Theocharis (Hgg.), *Demetrias*. Bd. I, Bonn 1976, S. 145–156.

Keine Darstellung der religiösen Ideen in dieser Epoche kann jedoch die besondere Geschichte des jüdischen Volkes während des hellenistischen Zeitalters außer acht lassen. Das gilt vor allem für den Aufstand der Makkabäer in der Mitte des zweiten Jahrhunderts, denn in ihrem Fall gipfelte eine Kombination aus religiösen und nationalistischen Motiven in der gewalttätigen hasmonäischen Erhebung gegen die seleukidische Monarchie und half so mit, die Bedingungen in Palästina zu schaffen, die es zu einem fruchtbaren Boden für die Entfaltung des Christentums zweihundert Jahre später werden ließen. Glücklicherweise verfügen wir über reichhaltige und vielfältige Quellen für diese Ereignisse, die zum Teil bis in die erste Hälfte des zweiten Jahrhunderts zurückreichen.

Das *Buch Daniel* wurde wahrscheinlich vor 163 v. Chr. geschrieben, da es weder Kenntnis vom Tod des Königs Antiochos IV. in jenem Jahr noch vom Wiederaufbau des Tempels in Jerusalem durch Judas Makkabaios zeigt. Es muß parallel zum Kommentar des heiligen Hieronymus gelesen werden, vor allem Buch XI dieses Werks. Des weiteren gibt es das erste und zweite Makkabäerbuch, die auf Archiven und Familienüberlieferungen fußen; bei dem ersten handelt es sich um ein strikt jüdisch-nationalistisches Werk, das nicht früher als 104 v. Chr. – vermutlich etwas später – geschrieben wurde und die Jahre 175 bis 135 umfaßt; das zweite stellt eine gekürzte Fassung der fünfbändigen jüdischen Geschichte dar, die Iason von Kyrene in griechischer Sprache verfaßte, und behandelt die Jahre 175–160. Iason schrieb im Jahre 142, sein Epitomator um 125. Zu diesen Hauptquellen kommen als Ergänzung hinzu der *Aristeas-Brief*, das Werk eines hellenisierten Juden in Alexandreia, und die historisch weniger wichtigen Makkabäerbücher 3 und 4. In späterer Zeit (im ersten nachchristlichen Jahrhundert) schrieb Josephus eine umfassende Geschichte der Juden; Buch XII seines Werkes berichtet über die hasmonäische Erhebung.

Ob sie noch in Palästina lebten oder – wie bereits viele von ihnen – in andere Länder verstreut waren, die Juden hielten an ihrer monotheistischen und exklusiven Religion fest, die es für die Orthodoxen unter ihnen schwermachte, sich mit den Griechen, in deren Mitte sie lebten, zu arrangieren oder sich den Forderungen der hellenistischen Könige zu fügen. Ihr besonderer Glaube machte die Juden bei ihren Nachbarn unbeliebt; in seinem Bericht über den dem Antiochos VII. Euergetes Sidetes erteilten Rat, die Juden vollständig zu vernichten, als sie im Jahr

134 sich nach den Kapitulationsbedingungen erkundigten, zählt Diodor, der dabei wahrscheinlich auf dem im ersten Jahrhundert schreibenden Poseidonios fußt, die antisemitischen Verleumdungen auf, die unter ihren Feinden zirkulierten:

Als einziges Volk von allen mieden die Juden den Kontakt zu allen anderen Nationen und sähen alle als Feinde an. Man sagte ihm (dem König) auch, ihre Vorfahren seien gottlose, den Göttern verhaßte Menschen gewesen, die man aus ganz Ägypten verjagt hätte. Da sie nämlich einen weißen oder leprösen Ausschlag am Leibe gehabt hätten, seien sie der Reinigung wegen wie Fluchbeladene zusammengetrieben und über die Grenzen hinausgejagt worden. Diese Vertriebenen hätten nun die Gegend um Jerusalem besetzt, woraus das Volk der Juden entstanden sei, und den Haß gegen die Menschen zur Tradition gemacht; daher wiesen sie auch ganz seltsame Bräuche auf, nämlich mit überhaupt keinem anderen Volk Tischgemeinschaft zu pflegen oder ihm irgendwelches Wohlwollen zu erweisen. (Diodor 34/35, 1)

Diese Verleumdungen stellten weitgehend eine Reaktion auf die Abgesondertheit der orthodoxen Juden dar, doch wichen unter den Bedingungen der hellenistischen Welt viele Juden deutlich von der Orthodoxie ab, vor allem in der Diaspora.

Eine besonders große jüdische Volksgruppe hatte sich in Ägypten niedergelassen; einige waren der Überlieferung nach von Alexander selbst in Alexandreia angesiedelt worden (Josephus, Gegen Apion 2, 36–41), andere waren beim ptolemäischen Feldzug in Palästina zu Gefangenen gemacht worden (wie Agatharchides berichtet), und wieder andere waren zweifelsohne als Söldner dort hingekommen. Noch früher, im vierten Jahrhundert, gab es bei Elephantine eine jüdische Gruppe. Viele ägyptische Juden lebten verstreut über das Umland, aber auch in Alexandreia befand sich eine große jüdische Gemeinde; ihre Mitglieder wohnten bis zur Mitte des zweiten Jahrhunderts wahrscheinlich unter den Griechen, schlossen sich aber in der Folgezeit in einem Ghetto zusammen. Strabon, der von Josephus zitiert wird, schreibt:

Sie haben auch ihren eigenen Ethnarchen, der ihre Gemeindeangelegenheiten leitet, Recht spricht und für ihre Verträge und Dekrete zuständig ist, als wenn er der wirkliche Herr einer unabhängigen Stadt wäre. (Josephus, Jüdische Altertümer 14, 7, 2)

Diesen Beamten gab es bereits in hellenistischen Zeiten, wie aus einer anderen Stelle im selben Werk des Josephus (15, 5, 2) klar ersichtlich wird; dort erklärt er, daß Augustus das Amt nun wieder neu besetzt habe. Viele Juden in Ägypten waren weitgehend hellenisiert und hatten die hebräische Sprache zugunsten der griechischen aufgegeben. Der *Aristeas-Brief* schreibt wohl fälschlich Ptolemaios II. Philadelphos die Initiative für die griechische Übersetzung des Alten Testaments – die wir als Septuaginta kennen – zu; vermutlich ging sie jedoch auf die Juden selbst zurück, da eine griechische Übersetzung für jene ausschlaggebend war, die das Original nicht mehr (oder zumindest nicht mehr mit Leichtigkeit) lesen konnten. Ein weiterer Hinweis auf die Hellenisierung dieser Gemeinde ist das Buch eines anderen hellenisierten Juden namens Aristoboulos (das wir nur aus Zitaten bei späteren Autoren kennen), der einen Kommentar zum Pentateuch verfaßte; darin suchte er die Heilige Schrift mit der heidnischen griechischen Literatur zu versöhnen, indem er die Annahme vertrat, eine frühe griechische Übersetzung des Alten Testaments sei von griechischen Autoren von Homer bis Aristoteles benützt worden.

Für die Juden in Palästina brachte die Eroberung durch Antiochos III. im Jahr 200 zunächst wenig Änderung. Auch hier machte die Hellenisierung einen gewissen Fortschritt. Das Buch *Kohelet (Ecclesiastes, Prediger Salomo)* wurde um 250 ganz unter dem Einfluß griechischer Ideen geschrieben; die energische Erwiderung der jüdischen Orthodoxie kann man in der Weisheitslehre des Jesus (ben) Sirach *(liber Ecclesiasticus)* finden, die im Jahr 197 auf Hebräisch verfaßt und im Jahr 132 in Alexandreia ins Griechische übertragen wurde. Durch die 1947 in Qumran entdeckten Bruchstücke der hebräischen Fassung des letzteren Werks wurden die fünfzig Jahre früher in der Ezra-Synagoge in Kairo gefundenen hebräischen Fragmente ergänzt; sie bezeugen die weite Verbreitung dieses Buches unter den orthodoxen Juden, die sich gegen den Hellenismus wehrten. Ihre scharfe und nahezu fanatische Opposition gegen jegliches Zugeständnis an den Hellenismus und ihre Bewertung jeglicher Modifikation der überlieferten Regeln, Gesetze und Verbote des Judaismus als eine Art Abfall vom Glauben führte dazu, daß der Widerstand der Juden gegen die Seleukiden auf kultureller Ebene zum Aufruhr wurde.

Der Aufstand des Juden Makkabaios und seiner Anhänger kann hier nicht in allen Einzelheiten dargestellt werden. Der Konflikt entstand unter Seleukos IV., als der König versuchte, die Einkünfte des Tempels an sich zu bringen (was laut 2. Makk. 3, 13–28 infolge eines göttlichen Eingreifens scheiterte).

Danach wurde unter Antiochos IV. der hellenisierte Jude Iason Hoherpriester und versprach dem König große Abgaben,

> wenn er die Vollmacht erhalte, ein Gymnasion und ein Ephebeion zu errichten sowie die Einwohner Jerusalems als Antiochener einzuschreiben. (2. Makk. 4, 9)

Diese Formulierung ist doppeldeutig und hat zu allerlei widersprüchlichen Auslegungen geführt. So faßt etwa Elias Bickermann* sie in dem Sinn auf, daß damit die Errichtung eines griechischen *politeuma* mit Gymnasion und Ephebengliederung *in Jerusalem* gemeint war, womit eine zweite und ebenbürtige Institution in der Stadt neben dem Tempelstaat geschaffen worden wäre; Victor Tcherikover** hingegen entnimmt dem Satz, daß Jerusalem eine griechische Stadt unter dem Namen »Antiocheia« werden sollte. Jede dieser Deutungen kann vertreten werden, ohne daß die Argumente für die eine oder andere den Ausschlag zu geben vermöchten.

Von da an nahm der Konflikt eine schärfere Form an. Antiochos IV. übte Druck aus durch seine Hellenisierungspolitik, mittels derer er sein Reich zu einigen hoffte, da er doch infolge des Ultimatums von seiten des C. Popilius Laenas im Jahr 168, das ihn zum Rückzug aus Ägypten gezwungen hatte, bedrohlich geschwächt worden war (s. S. 243f.). Da er Geld benötigte, plünderte er zudem den Tempel. Die Juden entfachten zunächst einen Kleinkrieg unter Führung von Mattathias; später stellte Judas Makkabaios, sein Sohn, voll ausgerüstete Heere auf und gewann 164 den Tempel wieder, den er reinigte, da er durch die Opferung eines Schweins – eine von Antiochos veranlaßte Provokation – verunreinigt worden war. Der Krieg zog sich hin. Nikanor, ein Statthalter des Seleukiden Demetrios I. Soter, kam um; im Jahr 160 wurde Judas dann selbst getötet. In der Folgezeit wurde der jüdische Aufstand in die dynastischen Auseinandersetzungen des Seleukidenreiches hineingezogen. Eine Reihe von Feldzügen wurde von Jonathan, dem Bruder des Judas, und danach von Simon angeführt; schließlich eroberte Simon im Jahr 141 die Festung von Jerusalem. Der Seleukide Demetrios II. Nikator machte ein bemerkenswertes Zugeständnis:

> Ich bestätige dir den Erlaß aller Steuern, auf die die Könige vor mir verzichtet haben, und aller sonstigen Geschenke, die sie dir erlassen

* *Der Gott der Makkabäer.* Berlin 1937, S. 59ff.

** *Hellenistic Civilisation and the Jews.* Jerusalem, Philadelphia 1959, S. 161.

haben. Hiermit gestatte ich dir, eigene Münzen für dein Land zu prägen.
(1. Makk., 15, 5–6)

Die Münzprägung war ein selten und nur widerstrebend gewährtes Recht.

Der jüdische Konflikt bestand weiterhin, aber von diesem Punkt an wurde er ein Teil der römischen Geschichte des Vorderen Orients. Innerhalb der jüdischen Gemeinden, sei es in Palästina, sei es in der Diaspora (also in Ägypten, Kleinasien und Europa), klaffte auch künftig ein wahrer Abgrund zwischen den unbeirrbar orthodoxen Juden und den anderen, die sich bis zu einem gewissen Grad dem Hellenismus ergaben; oftmals aber waren die Trennlinien verwischt. Unter der römischen Herrschaft erhoben sich die orthodoxen Juden wiederholt – bis zu dem letzten Aufstand unter Bar Kochba zur Zeit Kaiser Hadrians. Neben diesen unnachgiebigen Rebellen gab es jedoch andere Juden, deren Blick weiter reichte; vor allem im Umfeld des hellenisierten Judentums ging dann der Aufstieg des Christentums vor sich. Paulus, der ein frommer Jude und ein römischer Bürger war, erlebte die Berufung, das Evangelium »den Heiden« zu verkünden, womit faktisch die griechischen oder hellenisierten Gemeinden in Kleinasien und Griechenland gemeint waren (Galater 1, 16). Sein erster Brief an die Kirche in Korinth (1. Korinther 12, 12–26) beschreibt die christliche Gemeinde mit Ausdrücken, die denen ähneln, die die Stoiker bei der Charakterisierung des Staates benutzten. Später – im zweiten Jahrhundert n. Chr. – schöpften viele christliche Apologeten ausgiebig aus den Lehren und der Sprache der griechischen Philosophie (vor allem aus jener der Kyniker), um die Sache des Christentums zu vertreten. Somit ging das Christentum in der Form, in der es dann schließlich die Anerkennung als Staatsreligion des Römischen Reiches gewann, in wesentlichen Zügen aus einer jüdisch-hellenistisch gemischten Umwelt hervor.

13. Das Auftreten Roms

Die Anfänge

Zu der Zeit, als die Römer ihre Anwesenheit im griechischen Osten fühlbar werden ließen, hatten die hellenistischen Reiche bereits viel von ihrem ursprünglichen Elan verloren. Trotz der Leistungen von Antiochos III. und des Eindrucks, den sein ostwärts gerichteter Vorstoß nach Mittelasien hervorgerufen hatte (s. S. 126), war das Seleukidenreich dem Ansturm der Parther im Osten und einer Reihe innerer Aufstände ausgesetzt; in Ägypten bröckelte die Macht der herrschenden griechischen Schicht allmählich zugunsten der einheimischen Priesterschaft ab. Dennoch ist die Bedeutung dieser Faktoren für den Auflösungsprozeß des hellenistischen Staatensystems gering angesichts der entscheidenden Auswirkungen des römischen Eindringens. Das begann mit dem Ersten Illyrischen Krieg im Jahr 229; im Verlauf weniger Jahrzehnte waren sämtliche hellenistischen Machtzentren dem Diktat des römischen Senats unterworfen. Der Charakter der Römer und das Wert- und Organisationssystem ihres Staates unterschied sie scharf von den Griechen und von allen anderen Völkern der hellenistischen Welt. Rom war ein hochmilitarisierter Staat, in dem die Wertvorstellungen der herrschenden Adelsschicht eng mit militärischen Leistungen verbunden waren. Der Ruhm *(gloria)* war der Lohn der *virtus*, des männlichen Mutes, der sich im Dienst am Vaterland *(patria)* äußerte, indem man ein hohes Amt bekleidete und Krieg führte. Den Maßstab für den Erfolg, der durch die Gewährung eines Preises in Gestalt eines zeremoniellen Triumphzuges anerkannt wurde, stellten gewonnene Beute und erschlagene Feinde dar.

In einigen der frühesten römischen Inschriften, die uns bekannt sind, werden die militärischen Leistungen römischer Konsuln ins Gedächtnis gerufen.

Cornelius Lucius Scipio Barbatus, der von Gnaeus gezeugte Sohn, ein tapferer und weiser Mann, dessen Erscheinung seiner Tapferkeit *(virtus)* entsprach, war Consul, Censor und Aedil bei euch. Er nahm Taurasia und Cisauna in Samnium ein, unterwarf das ganze Land Lukania und führte Geiseln fort. (CIL I^2 1, 7; Rem. Old Latin IV p. 2ff.)

Dieser in Versen abgefaßte Epitaph auf einen Scipionen, der im Jahr 298 Konsul war, gibt ein Beispiel für die in einer kriegerischen adeligen Gesellschaft gültigen Werte.

Die Illyrischen Kriege waren nicht die erste Berührung Roms mit der griechischen Welt. Vom sechsten Jahrhundert an war die latinische Stadt dem griechischen Einfluß unterworfen gewesen, und zwar durch die Griechen in Kampanien und – indirekt – auch durch die Etrusker; allerdings scheinen die Römer stets die Fähigkeit besessen zu haben, sich das von den Griechen zu nehmen, was sie brauchten, obwohl es im Verlauf des Prozesses viele Wandlungen gab. So war zum Beispiel das Wort *triumphus* eine frühe Entlehnung aus dem griechischen *thriambos* (ein Hymnos auf Dionysos), der Triumph aber war eine eigentümlich römische Institution. Griechische Vasen gab es in Rom schon im sechsten Jahrhundert; im fünften Jahrhundert wurden die Dioskuren in der Nähe von Lavinium verehrt. Auch die Griechen waren nicht ohne Kenntnisse von Rom. Im fünften Jahrhundert legte Hellanikos von Lesbos eine Version der Erzählung von der Gründung Roms durch Aeneas vor (Dionysios von Halikarnassos 1, 72, 2); ein Jahrhundert später bezeugten Theopompos, Aristoteles, Herakleides Pontikos und Theophrastos ihre Kenntnis von der Existenz Roms. Herakleides stellte allerdings die falsche Behauptung auf, Rom sei eine griechische Stadt. Diese Kenntnis bedeutet keineswegs eine Überraschung, da sich die Römer seit dem Ende des vierten Jahrhunderts nach Mittel- und Süditalien ausgebreitet hatten. Die Samnitenkriege (auf die sich der Epitaph für Scipio Barbatus bezieht) brachten sie in Konflikt mit den alteingesessenen griechischen Niederlassungen in Zehe, Ferse und Rist des italischen Stiefels; zwischen 280 und 275 waren sie in einen Krieg mit Pyrrhos von Epeiros verwickelt, einem griechischen Condottiere der auf Alexander folgenden Generation (auch mit ihm verwandt), der sein Heer nach Italien geführt hatte, um an der Seite Tarents zu kämpfen. Da Pyrrhos den römischen Vorstoß nicht aufzuhalten vermochte, errangen die Römer die Kontrolle über den gesamten südlichen und mittleren Teil der italischen Halbinsel; von nun an mußte die hellenistische Welt sich ernstlich mit den Römern auseinandersetzen.

Im Jahr 264 prallten sie mit Karthago wegen der Kontrolle über Messana an der Straße von Sizilien zusammen. Die Folge war der langwierige Erste Punische Krieg (264–241) gegen den größten nicht-griechischen Staat im Mittelmeerraum. Als er zu

Ende war, war Rom eine Seemacht und besaß Sizilien. Die Römer wollten aber nicht die ganze Insel annektieren. Hieron II., der König von Syrakus, wurde als Herrscher eines großen Gebiets im Osten der Insel bestätigt und blieb bis zu seinem Tod im Jahr 215 ein treuer Verbündeter. Die westliche Hälfte der griechischen Welt – Sizilien und das südliche Italien – lag nunmehr direkt innerhalb des römischen Machtbereiches; die Griechen im östlichen Mittelmeerraum wußten gut Bescheid über das, was vor sich ging. Es gab natürlich regelmäßige Handelsverbindungen zwischen Ost und West, wie die zahlreichen Vasenhenkel aus Rhodos zeigen, die in Süditalien gefunden wurden und aus der Zeit um 300 stammen. Ein »römisches« Schiff nahm Aratos von Sikyon im Jahr 252 in griechischen Gewässern auf (Plutarch, Aratos 12) – vielleicht kam es tatsächlich aus Süditalien, denn die Italiker lernten frühzeitig den Namen Roms auszunützen; in einer aitolischen Aufzählung aus dem Jahr 263 (IG IX 1^2, 7a, Z. 51) erscheint ein Römer als *proxenos.* Insbesondere scheint es Verbindungen zwischen dem römischen Westen und den Ptolemäern gegeben zu haben. Zum Beispiel offenbart das Besteuerungssystem Hierons, das später von Rom übernommen wurde (unsere Kenntnis davon beruht hauptsächlich auf den berühmten Reden Ciceros gegen Verres, einen korrupten Statthalter von Sizilien), viele Parallelen mit den *Revenue Laws* von Ptolemaios II. Philadelphos (s. S. 113f.). Die Beziehungen zwischen den beiden Königreichen waren eng; und zwar ist im ptolemäischen Gesetz von einem Sechstel der Erträge aus Weinlagen und Gärten als geforderter Abgabe die Rede, im syrakusanischen hingegen von einem Zehntel, doch erwähnt auch das ptolemäische Gesetz an zwei anderen Stellen einen Zehnten (P. Rev. Laws, col. 24 und col. 80; Austin 235). Ebenso ist ein Zehnter in einer Inschrift des Jahres 240 aus Telmessos erwähnt, das damals ptolemäisch war (OGIS 50; Austin 271). Überdies ist bekannt*, daß die von Städten und Herrschern dem Tempel des Asklepios auf Kos im Jahr 242 gewährte *asylia* die römischen Städte Neapel und Elea in Italien sowie Kamarina und Phintias auf Sizilien miteinschloß. Es kann also kaum einen Zweifel geben, daß die um Anerkennung der *asylia* geschickten Gesandten aus Kos ihre Mission mit Genehmigung Roms unternahmen; Kos wird sich

* R. Herzog, G. Klaffenbach, *Asylieurkunden aus Kos.* Abh. d. dt. Akad. d. Wiss. zu Berlin, Kl. f. Spr., Lit. u. Kunst 1952/1, Berlin 1952.

zu diesem Zeitpunkt daher in der ptolemäischen Interessensphäre befunden haben.

Die römischen Streitkräfte überquerten erstmals im Jahr 229 die Adria anläßlich einer Polizeiaktion gegen die Illyrer,

> ein Ereignis, das diejenigen nicht beiläufig, sondern mit Aufmerksamkeit betrachten müssen, die das Wachstum und die Befestigung der Herrschaft Roms wahrhaft begreifen wollen. (Polybios 2, 2, 2)

Der Konflikt war infolge der illyrischen Piraterie entstanden. Die Römer konfrontierten die illyrische Königin Teuta mit einem Ultimatum, das fast mit Sicherheit auch dann zum Krieg geführt hätte, wenn die Illyrer nicht auch noch einen der römischen Gesandten ermordet hätten. Ein erfolgreicher Feldzug bescherte Rom eine Reihe von nunmehr befreundeten, eng mit ihm verbundenen Staaten – Korkyra, Apollonia, Epidamnos, Issa sowie die Parthiner und die Atintanen auf dem illyrischen Festland (Polybios 2, 12, 4–8). Somit hatten die Römer um das Jahr 220 und zu Beginn des Krieges mit Hannibal bereits ihren ersten, freilich bescheidenen Kontakt mit der griechischen Welt östlich der Adria aufgenommen und freundschaftliche Beziehungen mit einigen der führenden Staaten im eigentlichen Griechenland angeknüpft. Im Jahr 219, gleichzeitig mit den Ereignissen in Spanien, die dem Zweiten Punischen Krieg vorangingen, entsandten die Römer ein neues Expeditionskorps gegen Demetrios von Pharos, einen kleinen illyrischen Fürsten; er war 229 ein Freund Roms geworden, hatte dann jedoch über die Stränge geschlagen, indem er trotz des mit Teuta vereinbarten Vertrages zu Piratenaktionen nach Süden aufgebrochen war. Demetrios wurde vertrieben, die Römer übernahmen Pharos und verstärkten ihren Zugriff auf Illyrien.

Roms Kriege im Osten

Polybios wählte das Jahr 220 zum Ausgangspunkt für seine Haupterzählung von den Geschehnissen, durch welche die Römer von den Niederlagen der ersten Jahre im Krieg gegen Hannibal bis zur Herrschaft über »beinahe den ganzen Erdkreis in nicht ganz dreiundfünfzig Jahren« gelangten (s. S. 17). Wir können bei ihrem Vorstoß in den Osten vier große Etappen unterscheiden: erstens und zweitens die beiden Kriege gegen

Philipp V. von Makedonien (211–205 und 200–197); drittens den Krieg gegen die Aitoler und Antiochos III. von Syrien (192–188); viertens den Krieg gegen Perseus von Makedonien (172–168). Über die römischen Motive bei der Durchführung dieser Kriege fanden und finden immer noch denkbar scharfe Kontroversen statt; für unsere gegenwärtige Untersuchung spielen sie jedoch keine Rolle, denn sie ist mehr daran interessiert, die Stufen des römischen Eindringens zu verfolgen und seine Auswirkung auf die betroffenen Städte und Reiche einzuschätzen.

Der Erste Makedonische Krieg brach aus, als Philipp V., der sich Territorium in Illyrien sichern wollte, einen Vertrag mit Hannibal schloß, nachdem dieser durch drei bemerkenswerte Siege an der Trebia, am Trasimenischen See und bei Cannae eine offensichtlich beherrschende Position in seinem Krieg gegen Rom in Italien erreicht hatte (Sommer 215). Die Drohung, daß sich der Krieg auf die Staaten östlich der Adria ausdehnen könnte, war von aufmerksamen Griechen durchaus vernommen worden. Seit 220 war ein Krieg zwischen zwei Koalitionen ausgebrochen, die sich um den Aitolischen beziehungsweise um den Achaiischen Bund (mit Philipp V. und den Makedonen) konzentrierten. Auf einer in Naupaktos zusammengerufenen Versammlung, die diesen Krieg beenden sollte, unterbreitete Agelaos von Naupaktos, ein Aitoler, einen verblüffenden Vorschlag, um die Reihen der Griechen zu schließen:

Es sei doch für jeden, der sich auch nur einigermaßen um Politik kümmere, jetzt schon deutlich, daß – gleich, ob nun die Karthager über die Römer oder die Römer über die Karthager im Krieg die Oberhand gewönnen – es jedenfalls sehr unwahrscheinlich sei, daß sich die Sieger mit der Herrschaft über Italien und Sizilien begnügten; vielmehr würden diese dann herkommen und ihren Ehrgeiz sowie ihre Streitkräfte über das Gebotene hinausgehen lassen ... Denn wenn einmal die jetzt drohend im Westen erschienene Wolke über die Gebiete in Griechenland heraufziehe, dann, so sagte er, »befürchte ich allerdings sehr, daß die Waffenstillstände, die Kriege und all die Kinderspiele, die wir jetzt miteinander spielen, uns so gründlich ausgetrieben werden, daß wir dann die Götter anflehen werden, daß wir wieder Möglichkeit bekämen, miteinander Krieg zu führen wann wir wollen, und Frieden zu schließen und überhaupt wieder selber in allen Streitigkeiten zwischen uns entscheidungsbefugt wären«. (Polybios 5, 104, 3 u. 10–11)

Man hat gemeint, die Rede des Agelaos sei von Polybios verfaßt worden, nachdem die darin enthaltene Prophezeiung bereits Wirklichkeit geworden war; es spricht jedoch insgesamt mehr für die Annahme, daß die Intervention des Agelaos tatsächlich so verlief, denn es ist ziemlich unwahrscheinlich, daß Polybios einen der verhaßten Aitoler zum Sprachrohr seiner eigenen Ansichten gemacht hätte.

Eine aufschlußreiche Bestätigung für Philipps damaliges Interesse an Rom ergibt sich aus dem Brief, den er zwei Jahre nach dem Frieden von Naupaktos an Larissa richtete und in dem er sich auf die Römer beruft, die ihm Richtschnur für eine freizügige Politik zur Anwerbung neuer Bürger sind (s. S. 155f.). Sobald ihm der Krieg mit dem Aitolischen Bund nicht mehr aufgebürdet war, besaß er die Möglichkeit, seine Aufmerksamkeit Illyrien und dem Konflikt mit Rom zuzuwenden. Der Vertrag, den er im Jahr 215 mit Hannibal schloß, hatte begrenzte Ziele und war hauptsächlich dazu bestimmt, seine Stellung in Illyrien abzusichern, wie die folgenden Klauseln zeigen:

Sobald die Götter uns den Sieg im Krieg gegen die Römer und ihre Bundesgenossen geben, und wenn die Römer dann um einen Freundschaftsvertrag bitten, werden wir (d.h. Hannibal und die Karthager) ihn so abschließen, daß dieselbe Freundschaft mit euch bestehen soll, und unter der Bedingung, daß es ihnen niemals möglich sein soll, Krieg gegen euch zu beginnen, und daß die Römer nicht Herren sein sollen über Korkyraier, Apolloniaten und Epidamnier, noch über Pharos und Dimale, die Parthiner und die Atintanen. (Polybios 7, 9, 12–13)

Übrigens zeigen die Klauseln auch, daß weder Philipp noch Hannibal ernsthaft damit rechneten, daß der Krieg die Austilgung Roms zur Folge haben würde.

Als sich die Römer einer weiteren Kriegsfront in Griechenland gegenübersahen, schlossen sie 211 mit dem Aitolischen Bund einen Vertrag, von dem einige Klauseln in den Bruchstükken einer Inschrift in Thyrrheion in Akarnanien erhalten geblieben sind,

... gegen all diese ... sollen die Beamten der Aitoler dasselbe [unternehmen], was er (?) unternommen haben würde. Und wenn die Römer irgendwelche Städte dieser Völker mit Gewalt einnehmen, soll es, so weit es das römische Volk angeht, dem aitolischen Volk erlaubt sein, diese Städte und deren jeweiliges Umland zu besitzen; doch was alles – außer Stadt und Umland – die Römer einnehmen, sollen die Römer besitzen. Wenn aber die Römer und die Aitoler irgendwelche von diesen Städten zusammen einnehmen, sollen die Aitoler, so weit es das (römische) Volk angeht, die Städte und ihr Umland behalten; doch was alles sie außer der Stadt einnehmen, soll beiden gemeinsam gehören. Wenn irgendwelche von diesen Städten zu den Römern oder den Aitolern übergehen oder sich ihnen anschließen, soll den Aitolern, so weit es die Römer angeht, freistehen, diese [Menschen] und Städte samt Umland [in ihren] Bund aufzunehmen ... selbständig ... für die Römer ... Frieden. (StV III 536; Moretti II 87; Austin 62 B)

Dieser Vertrag – und die Art des Krieges, der darauf folgte – lösten einen heftigen Groll unter den Achaiern und Philipps anderen Verbündeten aus; während er nämlich das Desinteresse der Römer an der Annexion von Land zeigte, unterstrich er ihre Absichten auf Plünderung und Raub (einschließlich Menschenraub). Die barbarische Art und Weise, mit der sie in Griechenland Krieg führten (sie plünderten zum Beispiel die achaiische Stadt Dyme und führten ihre Bevölkerung in die Sklaverei; Livius 32, 22, 10), brachte ihnen soviel Abneigung ein, daß es in der Folgezeit einer gezielten Propagandakampagne bedurfte, das auszulöschen.

Der Erste Makedonische Krieg ging im Jahr 205 mit dem Frieden von Phoinike zu Ende, nachdem die Aitoler bereits vorher einen Sonderfrieden mit Philipp geschlossen hatten, aber der Frieden sollte nicht von Bestand sein. Im Jahr 200 befand sich erneut ein römischer Befehlshaber auf der Balkanhalbinsel; diesmal wurde Philipp innerhalb der Grenzen Makedoniens angegriffen. Bemerkenswert war der Zweite Makedonische Krieg (200–197) wegen der Ausnutzung des Themas der griechischen Freiheit durch die Römer (zum frühesten Gebrauch durch Antigonos I. Monophthalmos und zur laufenden Verwendung als Schlagwort vgl. S. 51f., 95ff.). An mehreren entscheidenden Punkten des Krieges wurde die »Befreiung der Griechen« als eine Vorbedingung für jedes Übereinkommen vorgeschoben; dem römischen Sieg von 197 folgte die (bereits S. 101 zitierte) Erklärung der griechischen Freiheit. Die Wirklichkeit sah anders aus. Der Krieg hatte die Unabhängigkeit der führenden griechischen Staaten, des Aitolischen und des Achaiischen Bundes, doch erheblich eingeschränkt. Hinzu kam, daß die beherrschende Stellung der Römer bereits die weiter entfernten Städte Kleinasiens tangierte, die nunmehr anfingen, nach dem römischen Senat zu rufen, der ihre Probleme lösen sollte.

Das läßt sich ausgezeichnet an einer Inschrift aus Lampsakos an der asiatischen Seite des Hellesponts vom Jahr 196 ablesen; darin wird über ein Dekret berichtet, mit dem ein Bürger namens Hegesias geehrt wurde, der einen gefährlichen Auftrag ausgeführt hatte, vor dem jeder andere zurückgeschreckt war.

Als Hegesias vorgeschlagen und gebeten und aufgefordert worden war, dachte er nicht an die Gefahren, die es mit sich bringt, im Ausland zu sein, sondern hielt seine privaten Angelegenheiten für weniger wichtig als den Nutzen für die Stadt. Nach seiner Abreise und Ankunft in Griechenland traf er gemeinsam mit seinen Mitgesandten den Befehlshaber der römischen Flotte, Lucius (Quinctius Flamininus, den Bruder des Feldherrn) und erläuterte ihm ausführlich, daß das Volk (von Lampsakos), das mit dem römischen Volk verwandt und befreundet sei, sie zu ihm gesandt hätte und daß er gemeinsam mit seinen Mitgesandten ihn ersuche und bitte, weil doch die Römer unsere Verwandten seien, sich um unsere Stadt zu kümmern, damit alles, was (unserem) Volk zum Vorteil zu sein erscheine, auch geschähe; es komme ihnen (den Römern) nämlich zu, stets sich die Interessen unserer Stadt angelegen sein zu lassen wegen unserer Verwandtschaft mit ihnen, die seit [. . .], und weil die Bewohner von Massalia, die Freunde und Bundesgenossen des römischen Volkes seien, unsere Brüder sind. Und (die Gesandten) sorgten dafür, daß sie eine ihnen genehme Antwort von ihm (L. Quinctius Flamininus) erhielten, die sie (unserem) Volk zustellen konnten; infolgedessen wurde das Volk tatsächlich besseren Mutes. Er (der Römer) legt nämlich in ihnen (den Antworten) klar, daß er unsere Vertrautheit und unsere Verwandtschaft mit den Römern anerkenne, wie er es versprach, daß er, sofern er mit irgend jemand Freundschaft schließe oder Eide austausche, unsere Stadt darin miteinschließen werde und daß er die Demokratie, die Autonomie und den Frieden für uns bekräftigen und überhaupt alles nach Kräften zu unserem Vorteil erledigen werde, und daß er, wenn irgend jemand uns zu schaden versuche, das nicht zulassen, sondern verhindern werde. Und nachdem er (Hegesias) gemeinsam mit seinen Mitgesandten den Schatzmeister der Flotte (also den dem L. Quinctius Flamininus beigeordneten Quästor) [getroffen und ihn veranlaßt] hatte, immer etwas Gutes (für uns) zu erwirken, erhielt er auch von ihm einen Brief an unser Volk, den er, da er ihn als vorteilhaft kannte, der amtlichen Akte beilegte. ... (eine Zeile ist verloren) ... [und weil er alles vollenden wollte, was er zu tun beauftragt war] und betreffs dessen er die Volksbeschlüsse hatte, fuhr er mit dem Schiff nach Massalia, eine lange und gefahrvolle Reise, und als er dort vor (den Rat der) Sechshundert trat, brachte er sie dazu und setzte durch, daß er Gesandte erhielt, die mit ihm [für unsere Stadt] die Gesandtschaft nach Rom bildeten; da sie es nützlich fanden, erbaten und erhielten sie (diese Gesandten) von den Sechshundert einen hilfreichen Brief [zu unseren Gunsten] an das Volk der tolistoagischen Kelten. Als er mit seinen Mitgesandten und jenen, die von Massalia gesandt waren, nach Rom gekommen war, führte er gemeinsam mit diesen ein Gespräch mit dem Senat. Dabei erklärten sie (die aus Massalia) ihr Wohlwollen und ihre freundschaftliche Zuwendung, die sie uns gegenüber fortwährend hätten, erneuerten ihre bestehende Freundschaft mit uns, erläuterten ihnen (den Senatoren), betreffs uns, daß es sich für sie trifft, daß sie Brüder unseres Volkes seien und daß ihr Wohlwollen aus ihrer Verwandtschaft erwachse. Er (Hegesias) legte ihnen (den Senatoren) auch selbst diese Gegebenheiten klar und zeigte auf, was (unser) Volk mit der Aussendung dieser Gesandtschaft bewirken wolle, und forderte sie gemeinsam mit seinen Mitgesandten auf, sich so, wie sie sich um die Sicherheit ihrer anderen Freunde und Verwandten kümmerten, auch um unsere Stadt zu kümmern, und zwar wegen der Verwandtschaftsbeziehung, wegen der unsererseits für sie bestehenden Vergünstigungen und wegen des Empfehlungsbriefs, den wir von den Massalioten hatten, und er bat sie um eine vorteilhafte Antwort an unser Volk. Und als die Gesandten dringend darum baten, daß sie miteingeschlossen seien in den Vertrag, den die Römer mit dem König [Philipp (V.)] abgeschlossen hatten, schlossen uns die Senatoren in den Vertrag mit dem König ein, wie sie auch schrieben, und alle anderen Sachen leitete der Senat an den römischen (Pro-)Consul Titus (Quinctius Flamininus) und das Zehnerkollegium [für Griechenlandfragen] weiter. Und als er (Hegesias) gemeinsam mit [... und] Apollodoros Korinth erreicht hatte, traf er den Proconsul und das Zehnerkollegium und sprach mit ihnen über (unser) Volk und bat sie inständig, sich mit unseren Problemen zu befassen und dazu beizutragen, daß unsere Stadt in Autonomie und Demokratie bewahrt werde; dies betreffend erhielt er einen wohlwollenden Beschluß und Briefe an die Könige (vermutlich Eumenes von Pergamon und Prusias von Bithynien).

(Syll.[3] 591; Austin 155)

Die Weitschweifigkeit dieser Inschrift, die sich in Wiederholungen ergeht, mag die Unfähigkeit ihrer Verfasser spiegeln, vermittelt aber auch einen Eindruck von der ermüdenden Geschwätzigkeit, der sich römische Befehlshaber, Legaten und Senatoren von nun an ausgesetzt sahen. Sie wirft außerdem ein Licht – und gerade deshalb sollte sie in voller Länge zitiert sein – auf die Aktivitäten, die eine griechische Stadt in Asien um 197/96, kurz nach dem Frieden zwischen Rom und Philipp V., zu entfalten für ratsam hielt, um das Wohlwollen der Römer zu gewinnen. Den Grund dafür braucht man nicht lange zu suchen. Zwar ist die Gefahr, die Lampsakos fürchtete, im erhaltenen Teil dieser Inschrift nirgends erwähnt, doch läßt sich sicher sagen, daß sie von Antiochos III. drohte, der gerade um diese

Zeit gegen Smyrna und Lampsakos vorrückte. Die Gesandtschaftsreise des Hegesias, die ihn nach Griechenland, Massalia, Rom und wieder zurück nach Griechenland zu Flamininus und dem Zehnerkollegium (das den Frieden zu überwachen hatte) führte, muß im Jahr 197 begonnen haben. Von Livius erfahren wir nun, daß im Jahr 196 Antiochos versuchte, alle Städte Kleinasiens zur Anerkennung seiner Oberhoheit zu zwingen:

Smyrna und Lampsakos pochten auf ihr Recht auf Freiheit, und es bestand die Gefahr, daß, wenn man ihnen zugestehe, was sie beabsichtigten, dann andere Städte in der Aiolis und in Ionien dem Beispiel von Smyrna und die am Hellespont dem von Lampsakos folgen würden.

(Livius 33, 38, 3)

Bereits 197 hatte sich Lampsakos in seiner schwierigen Lage an Rom gewandt. Die Bürger von Lampsakos wurden als Verwandte des Volkes von Ilion betrachtet, welches seinerseits Verwandtschaft mit den Römern für sich beanspruchte, da Rom von dem Trojaner Aeneas gegründet worden war. Die Massalioten waren »Brüder« der Bürger von Lampsakos, weil beide Städte Kolonien von Phokaia waren. Es gibt keinen Beweis, daß Lampsakos – wie einige Wissenschaftler gemeint haben – Gefahr durch die tolistoagischen Kelten drohte. Hegesias nutzte nur die Gelegenheit seines Besuchs in Massalia, einen Brief von dieser großen Stadt zu erhalten, die in einem rundum von keltischen (gallischen) Völkern bewohnten Gebiet lag und damit auch Einfluß bei den Kelten in Kleinasien besaß; damit sollten die Beziehungen zu dem letzteren verbessert werden, vielleicht auch im Hinblick auf die Möglichkeit, Söldner dort anzuwerben (obwohl das Spekulation ist). Somit macht diese Inschrift nicht nur mit aller Klarheit anschaulich, in welcher Art und Weise Rom in die Probleme Asiens hineingezogen wurde, sondern zeigt auch das verwickelte Netz der Beziehungen auf, das Rom bei seiner neuen Diplomatie in Betracht ziehen mußte.

Nach dem Krieg mit Philipp V. waren die Aitoler verstimmt, ja feindselig den Römern gegenüber. Sie betrachteten den römischen Erfolg über Philipp V. bei Kynoskephalai (s. S. 100) weitgehend als ihren Sieg, doch die Römer wiesen brüsk ihre Ansprüche auf verschiedene Städte in Thessalien, die zu Philipp gehört hatten, zurück. Zur selben Zeit belastete der Vormarsch von Antiochos III. an den Hellespont seine Beziehungen zu Rom. Die beiden Strömungen überschnitten sich – im Jahr 192 beschlossen die Aitoler vorschnell, daß »Antiochos beauftragt werden solle, Griechenland zu befreien und den Streit zwischen den Römern und Aitolern zu schlichten« (Livius 35, 33, 8). Das bedeutete Krieg, und wie gewöhnlich endete er mit einem nachhaltigen Sieg für Rom. Die Niederlage der Aitoler verstärkte den römischen Einfluß im eigentlichen Griechenland (wenngleich die Römer noch keine Annexionen vornahmen), und das Übereinkommen in Asien verbannte die Seleukiden aus allen Bezirken westlich der Tauruskette. In den befreiten Gebieten wurde jedoch am oftmals verkündeten Prinzip der griechischen Freiheit nicht mehr festgehalten. Die allgemeinen Prinzipien, auf denen der römische Frieden mit den Seleukiden beruhte, sahen so aus:

Allen freien Städten, die vorher Antiochos Tribute gezahlt hatten, jetzt aber den Römern die Treue gehalten hatten, erließen sie die Zahlungen. Alle, die an Attalos Abgaben entrichtet hatten, sollten dieselben Abgaben an Eumenes (seinen Nachfolger als König von Pergamon) abführen. Den Städten, die von dem Bündnis mit den Römern abgefallen waren und auf Antiochos' Seite mitgekämpft hatten, befahlen sie, Eumenes die von Antiochos festgesetzten Tribute zu zahlen.

(Polybios 21, 46, 2–3)

Diese römischen Vereinbarungen machte die Dynastie der Attaliden in Pergamon zur Vormacht in Kleinasien. Sie schlossen ferner eine lange Liste von besonderen Regelungen ein, mit denen Rhodos ebenso belohnt wurde wie Pergamon. Von nun an wurden sämtliche territorialen und politischen Probleme sowohl in Kleinasien als auch in Griechenland den Römern vorgelegt, die sie nicht – wie es die Griechen eigentlich erwarteten – als unparteiische Schiedsrichter, sondern natürlich unter dem Aspekt des römischen Eigeninteresses lösten.

Die Diplomatie erforderte jetzt beinahe jährliche Gesandtschaften nach Rom. Sie wirkten ohne Zweifel auf die Römer oftmals aufdringlich, aber sie bedeuteten auch eine ziemliche Belastung für die Griechen und nötigten sie, sich mit einem weitläufigen, komplizierten System der Begünstigungen und des Werbens um Unterstützung in Rom vertraut zu machen. Ein Beschluß aus Abdera (166), mit dem zwei nach Rom entsandte Botschafter geehrt wurden, veranschaulicht diesen Punkt:

Auf ihrer Gesandtschaftsreise nach Rom zum Besten des Volkes erduldeten sie Mühsal ebenso des Geistes wie auch des Körpers; sie sprachen Tag für Tag mit den führenden Römern und gewannen sie durch ihre Geduld und brachten sie, die *patroni* für unsere Heimat, dazu, unserem

Volk ihre Hilfe zu gewähren; auch diejenigen, die (anfangs) unseren Gegner (den Thrakerkönig Kotys, der auf bestimmte Gebiete Anspruch erhob) beachteten und protegierten, zogen sie durch die Darlegung der Tatsachen (nämlich daß Kotys für Rom unbedeutend sei) und durch tägliche Aufwartungen in ihren *atria* (wo der *patronus* allmorgendlich seine Klienten empfing) auf unsere Seite. (Syll.[3] 656)*

Diese Inschrift vermittelt einen Eindruck von der Arbeit, die einer griechischen Gesandtschaft bevorstand, wenn sie mit einem wichtigen Auftrag nach Rom gekommen war, noch ehe die eigentliche Anhörung durch den Senat vor sich ging.

Rom unterwirft Griechenland

Während des Krieges mit Antiochos hatte Philipp V., in der Erwartung, mit Territorien belohnt zu werden, auf römischer Seite gekämpft. Seit dem Ende dieses Krieges bis zu seinem Tod im Jahr 179 verschlechterten sich die Beziehungen zwischen Rom und Makedonien in zunehmendem Ausmaß, da bei territorialen Streitigkeiten eine Entscheidung nach der anderen zuungunsten des Königs gefällt wurde (s. S. 100f.). Sein Nachfolger Perseus (179–168) mißfiel den Römern von Anfang an, weil sie seinen jüngeren Bruder Demetrios als Nachfolger vorgezogen hätten, doch wurde dieser von Philipp wegen Verrats hingerichtet; die Römer betrachteten Perseus mit Mißtrauen, weil er in Griechenland Einfluß und Wohlwollen zu gewinnen suchte. Im Jahr 172 beschloß der Senat, ihn auszuschalten; im Verlauf eines Krieges, der sich als schwerer erwies, als die Römer es erwartet hatten, wurde Perseus bei Pydna im südlichen Makedonien besiegt und abgesetzt (168). Er starb später im Gewahrsam in Italien. Im gleichen Sommer und unmittelbar nach dem Sieg bei Pydna verabreichten die Römer Antiochos IV. von Syrien, der in Ägypten eingedrungen war, einen diplomatischen Hieb. Er hatte gerade einen Seitenarm des Nils bei Eleusis, etwa sieben Kilometer vor Alexandreia, überschritten, als der römische Abgesandte C. Popilius Laenas bei ihm eintraf.

Der König begrüßte ihn schon von weitem durch lauten Zuruf und streckte ihm die Hand entgegen. Popilius aber hatte die Schreibtafel, auf der der Senatsbeschluß niedergelegt war, griffbereit, reichte sie ihm

* vgl. die neuen Lesungen bei P. Herrmann, ZPE [Zeitschrift für Papyrologie und Epigraphik] 7 (1971) 72–77.

zu und befahl Antiochos, zuerst das Schriftstück zu lesen; er tat dies, wie mir scheint, weil er ihm das übliche Zeichen der Freundschaft nicht eher zu bieten wünschte, als er sich von der Gesinnung des anderen überzeugt hatte, ob er Freund oder Feind sei. Als der König gelesen und darauf erklärt hatte, seinen Freunden das Schreiben mitteilen und sich mit ihnen über die neue Lage beraten zu wollen, tat Popilius etwas, was man nicht anders als hart und im höchsten Maße demütigend bezeichnen kann: Er hatte (wahrscheinlich als Amtszeichen) einen Weinrebenstock griffbereit, und nun zog er einen Kreis um Antiochos und befahl ihm, in diesem Kreis die Antwort auf das Geschriebene zu geben. Der König war zwar befremdet über diesen Vorgang und die Anmaßung, doch zögerte er nur kurze Zeit und erwiderte dann, er werde alles tun, was die Römer von ihm verlangten. Jetzt erst ergriffen Popilius und seine Mitgesandten allzugleich die rechte Hand des Königs und begrüßten ihn auf das herzlichste. In dem Schreiben hatte gestanden, er solle auf der Stelle den Krieg gegen Ptolemaios abbrechen. (Polybios 29, 27, 1–7)

Das brüske, verletzende Verhalten des römischen Adligen gegenüber dem König von Syrien war wohlüberlegt; damit sollte klar gezeigt werden, wo nunmehr die Macht lag. Wie Polybios deutlich macht, markierte das Jahr von Pydna das Ende der echten Unabhängigkeit überall im griechischen Osten; das traf insbesondere auf das eigentliche Griechenland zu, wo der Achaiische Bund wegen des Verdachts einer nur lauen Loyalität durch eine drastische Aktion bestraft wurde, sobald der Krieg vorüber war. Allein aus Achaia wurden tausend führende Politiker – Polybios war einer von ihnen – zur persönlichen Untersuchung nach Rom geholt und sechzehn Jahre lang in Italien festgehalten; über die Zahl der aus anderen Staaten in ähnlicher Weise Deportierten wissen wir nichts. Makedonien wurde in vier voneinander unabhängige Republiken aufgeteilt, wurde aber nach einem Aufruhr, den ein Thronprätendent verursacht hatte, im Jahr 149 in eine römische Provinz umgewandelt. Im Jahr 146 wurden die Achaier mit einem Ultimatum konfrontiert, dessen Annahme den Bund aufgespalten hätte. Ihnen blieb nichts anderes übrig als ein Aufstand, der jedoch rasch niedergeschlagen wurde. Korinth, wo römische Gesandte geschmäht worden waren, wurde aufgrund eines Senatsbeschlusses dem Erdboden gleichgemacht.

Nunmehr – 146 – war die römische Herrschaft unumstritten. Wie dieser kurze Abriß gezeigt hat, übte Rom aber seit seinem ersten Eindringen in den Raum östlich der Adria einen unruhestiftenden Einfluß auf die ganze hellenistische Welt aus. Obwohl es keinen Beweis gibt, daß die hellenistischen Staaten jemals, formell oder informell, das Prinzip eines Gleichgewichts der Kräfte anerkannten, hat solch ein Gleichgewicht faktisch existiert, weil keiner der großen Staaten in der Lage war, einen der anderen großen Staaten zu zerstören. Natürlich konnte so etwas Städten zustoßen – und sie wurden auch tatsächlich zerstört (wie Mantineia durch die Achaier und Makedonen im Jahr 223), aber dergleichen war immer schon passiert und spiegelte lediglich die Verletzlichkeit kleiner Staaten wider. Die großen hellenistischen Mächte schienen die völlige Zerstörung ihrer Feinde nie ins Auge gefaßt zu haben. So ging zum Beispiel der Vertrag zwischen Philipp V. und Hannibal (s. S. 236f.) von der Voraussetzung aus, daß Rom nach seiner erhofften Niederlage weiterbestehen würde, und einer der Gründe, warum Polybios gegenüber Philipp V. und Antiochos III. hinsichtlich ihrer angeblichen Abmachung, die Gebiete des Königskindes Ptolemaios V. zu plündern, eine heftige Abneigung zeigt, war seine übertriebene Vermutung, es sei beabsichtigt gewesen, »das verwaiste Kind aus dem Wege zu räumen und das Reich unter sich zu teilen« (15, 20, 6).

Im dritten Jahrhundert konnten die Städte eine Macht gegen die andere ausspielen, aber nachdem einmal die Römer auf der Szene erschienen waren, wandte jeder sich immer mehr ihnen zu. Innerhalb der Städte und der Bünde – und bis zu einem gewissen Ausmaß sogar innerhalb der Königreiche, wenn man in Betracht zieht, daß die Römer Demetrios, den zweiten Sohn Philipps V., ermutigt hatten, sich um den Thron zu bewerben – entstanden proömische Parteien, ein Umstand, der von den Römern selbst begrüßt und ausgenützt wurde. Im Winter 170/69 entsandte der Konsul den C. Popilius und den Cn. Octavius von Thessalien nach Mittel- und Südgriechenland.

Sie bereisten der Reihe nach die Städte auf der Peloponnes und suchten die Einwohner von der Güte und Milde des Senats zu überzeugen, indem sie die Senatsbeschlüsse vorlegten (die das Recht der römischen Behörden einschränkten, Anordnungen ohne Beauftragung durch den Senat zu erteilen), und zugleich in ihren Reden andeuteten, sie wüßten, wer sich in den einzelnen Städten unstatthaft abseits halte, ebenso aber auch, wer sich in den Vordergrund dränge. (Polybios 28, 3, 3–4)

Von nun an reichte eine neutrale Haltung nicht mehr aus; als die Gefahr zunahm, brachen wilde Kämpfe zwischen den Befürwortern und den Gegnern Roms aus. So zum Beispiel auf Rhodos, wo ein offener Streit zwischen zwei Parteien herrschte, auf der einen Seite die Leute um Agathagetos, Philophron, Rhodophon und Theaidetos, die ihre ganze Hoffnung auf Rom setzten, auf der anderen Seite die um Deinon und Polyaratos, die ebensosehr auf Perseus und die Makedonen hofften. (Polybios 28, 2, 3)

Rhodos gehörte zu den Staaten, in denen (worauf Polybios 30, 6–9 hinweist) jene Politiker, die sich für die falsche Seite entschieden hatten, feststellen mußten, daß die Strafe für ihren Fehler der Tod war – entweder durch den Arm Roms oder durch die Hand ihrer eigenen Mitbürger oder durch Selbstmord. In seiner Rede vor dem römischen Senat, in der er Rhodos gegen den Vorwurf, Perseus unterstützt zu haben, verteidigt, erklärt Astymedes:

Wenn nun für die Verfehlung und für die Entfremdung der Stadt (von euch) das ganze Volk verantwortlich wäre, dann könnte es vielleicht scheinen, daß ihr mit gutem Grund in eurem Zorn verharrt und euch durch keine Bitten besänftigen laßt. Wenn ihr jedoch genau wißt, daß nur ganz wenige dieser unvernünftigen Haltung schuldig sind, und daß diese alle vom Volk selbst getötet worden sind, warum wollt ihr da gegen die völlig Unschuldigen unversöhnlich bleiben?
(Polybios 30, 31, 13–14)

Den Bürgern von Rhodos blieb zwar die Katastrophe eines römischen Straffeldzugs erspart, doch ihre Einkünfte wurden in der Substanz geschmälert, indem der Senat Delos zu einem Freihafen erklärte. Von da an war die Machtstellung von Rhodos untergraben, so daß es immer weniger fähig war, für Ordnung auf den Meeren zu sorgen; infolgedessen nahm die Piraterie im östlichen Mittelmeer wieder erheblich zu.

Rom und die Königreiche

Die römische Herrschaft wirkte sich auf die Städte des eigentlichen Griechenlands und des ägäischen Raumes so aus, daß sie in Parteien zerfielen; nach 168 wurden sie ihrer hauptsächlichen Führer beraubt, indem man diese nach Italien deportierte. Auch die Monarchien waren betroffen, doch auf andere Weise. Das Ausmaß, in dem Rom sich in die Tagesprobleme der Königreiche einmischte, sollte nicht übertrieben gesehen werden. Es gab einen Spielraum für unabhängige Aktionen, deren Umfang von Zeit zu Zeit wechselte, aber die Unabhängigkeit barg stets

Risiken. Wir besitzen eine interessante Sammlung von Inschriften aus den Jahren 163 bis 156, die in Pessinous in Galatien gefunden wurden und verschiedene Briefe des Königs Attalos II. von Pergamon an Attis, den Hohenpriester am Tempel der Kybele in Pessinous, enthalten. In einem wird eine Diskussion an Attalos' Hof geschildert, die den König veranlaßte, ein militärisches Unternehmen aufzugeben, das er offensichtlich gemeinsam mit dem Hohenpriester geplant hatte (bedauerlicherweise läßt uns die Inschrift über die Einzelheiten dieses Projekts im unklaren):

König Attalos entbietet dem Priester Attis seinen Gruß. Wenn es dir gut geht, so entspricht das meinem Wunsch; ich selbst bin gesund. Als wir nach Pergamon kamen und ich dort nicht nur (meinen Bruder) Athenaios, Sosandros (den Priester des Dionysos Kathegemon in Pergamon) und Menogenes (einen bedeutenden Politiker unter Eumenes und Attalos) um mich versammelte, sondern auch noch viele andere meiner »Verwandten« (Ehrentitel für Höflinge), und als ich ihnen vorlegte, was wir in Apameia erörtert hatten und ihnen unseren Entschluß mitteilte, gab es eine sehr ausführliche Diskussion darüber. Zuerst schlossen sich alle unserer Meinung an, aber dann erinnerte Chloros mit aller Entschiedenheit an Rom und riet uns, auf keinen Fall etwas ohne es zu tun. Dem pflichteten zunächst nur wenige bei, aber nachdem wir Tag um Tag Überlegungen angestellt hatten, fand es immer mehr Anklang, und es schien allmählich, ein Unternehmen ohne sie berge große Gefahr. Wenn wir Erfolg haben sollten, würde uns das (von ihrer Seite) Neid, Verleumdung und verderbliche Verdächtigung einbringen, welche sie ja auch gegen meinen Bruder (Eumenes II.) hegen; wenn wir scheitern sollten, wäre die völlige Zerstörung offenbare Folge. Sie (die Römer) würden nämlich darauf nicht mit Mitgefühl reagieren, sondern es mit Freuden zur Kenntnis nehmen, weil wir ein derartiges Vorhaben ohne sie in Angriff genommen hätten. Wie die Dinge aber jetzt stehen, so würden wir, falls wir – was nicht geschehen möge – in irgendeiner Hinsicht unterlägen, wir aber gänzlich mit ihrer Billigung gehandelt hätten, Hilfe erhalten und mit der Götter Gunst einen Gegenangriff unternehmen. Ich traf deshalb die Entscheidung, immer Boten nach Rom zu entsenden, die regelmäßig Bericht über Angelegenheiten, [bei denen wir im Zweifel] waren, erstatten sollen; zugleich sollten wir gründliche Vorbereitungen treffen, [daß wir uns nötigenfalls] selbst [helfen können].

(OGIS 315 VI; Welles, RC 61; Austin 208)

Die Enthüllungen dieses Briefes (wahrscheinlich wurde er erst auf den Stein gemeißelt, als dadurch längst keine politischen Auswirkungen mehr ausgelöst oder irgendein politischer Schaden angerichtet werden konnte) machen das Dilemma eines hellenistischen Herrschers deutlich, der unabhängig vorzugehen plante; sie zeigen allerdings auch, daß es für Attalos nicht selbstverständlich war, sich wegen jedem Problem der Außenpolitik an den römischen Senat zu wenden – nicht einmal nachdem sein Bruder Eumenes wegen seiner angeblich unsicheren Haltung im Dritten Makedonischen Krieg in Rom in Ungnade gefallen war (ein im Brief erwähnter Umstand), und nach der Demütigung, die Antiochos IV. Epiphanes in Eleusis widerfahren war. Manche Könige gaben ihre Haltung auf und verhielten sich demütig, sobald sie mit dem Senat verhandelten. Polybios wählt Prusias II. von Bithynien als Beispiel für diese Art des Benehmens und schildert, was 167/66 geschah:

Erstens, als römische Gesandte zu ihm kamen (vielleicht im Jahr 172), trat er ihnen entgegen mit geschorenem Kopf, mit Pileus (einer weißen Filzkappe), Toga und Schuhen angetan, kurz, in der Tracht, die bei den Römern die soeben Freigelassenen zu tragen pflegen, die *liberti*. Er grüßte die Gesandten und sagte: »Schaut mich an, euren *libertus*, der euch ganz zu Diensten sein und alles, was bei euch Sitte ist, nachahmen will« – ein Wort, wie man es sich würdeloser nicht leicht denken kann. ... Nunmehr, bei seinem Auftreten vor dem Senat (in Rom) blieb er bescheiden an der Tür den Versammelten gegenüber stehen, senkte beide Arme bis auf den Boden, warf sich vor den Versammelten nieder, küßte die Schwelle und sagte dazu: »Seid gegrüßt, rettende Götter!« – ein Maß von Unmännlichkeit, von weibischer Art, von Speichelleckerei, das auch in der Nachwelt keiner wird überbieten können. Entsprechend verhielt er sich auch bei den Verhandlungen, zu denen er vorgelassen wurde, worüber zu schreiben schon völlig unziemlich wäre. So vollkommen verächtlich war er erschienen, doch gerade deshalb erhielt er einen freundlichen Bescheid. (Polybios 30, 18, 3–7)

Im Gegensatz zu der warmen Aufnahme, die Prusias fand, stand die Behandlung, die man im selben Winter dem Eumenes angedeihen ließ, der – wie wir gerade gesehen haben – in Ungnade gefallen war. In peinlicher Verlegenheit wegen seines Ansinnens, nach Rom zu kommen und sich selbst vor dem Senat zu rechtfertigen,

verfielen sie auf folgende Lösung des Problems. Als ob sie überhaupt keine Besuche von Königen wünschten, gaben sie einen (Senats-)Beschluß heraus, daß kein König zu ihnen (nach Rom) kommen solle. Als sie dann aber erfuhren, Eumenes sei in Brundisium (Brindisi) gelandet, schickten sie ihm den Quästor entgegen, der den Beschlußtext bei sich hatte und ihn auffordern sollte, ihm mitzuteilen, ob er wohl etwas vom Senat bräuchte; wenn er jedoch nichts bedürfe, solle er sich schleunigst aus Italien entfernen. (Polybios 30, 19, 6–8)

Diese Zitate beleuchten die Herabwürdigung der hellenistischen Reiche und ihrer Könige auf eine wirkungslose und erniedrigende Abhängigkeit vom römischen Senat.

Wirtschaftliche Folgen

Die römische Herrschaft wirkte sich auch in wirtschaftlicher Hinsicht verheerend auf den griechischen Osten aus. Die Abfolge der dort ausgebrochenen Kriege war für die Römer immens einträglich gewesen. In einer Analyse des Umfangs der auferlegten Kriegsentschädigungen und der in den Triumphzügen römischer Generale mitgeführten Beute, und zwar allein aus Griechenland in den bis 167 stattgefundenen Kriegen errechnet Jacob Larsen* für Rom einen Kriegsgewinn von annähernd 73250000 Denaren (ein römisches Pfund Silber war 84 Denare wert); die Kriegsentschädigung, die Antiochos auferlegt wurde (Polybios 21, 17, 4–5), macht zusammen mit der Beute, die im Triumphzug von L. Scipio mitgeführt wurde (Livius 37, 59, 3–5), weitere 85000000 Denare aus. Nach 167 wurde die Politik der Tributeintreibung, die bereits auf Sizilien, Korsika und Sardinien praktiziert wurde, auf die griechische Welt ausgedehnt. Livius berichtet:

> Makedonien sollte in vier Bezirke eingeteilt werden, von denen jeder seine eigene Versammlung haben sollte, und die Hälfte der Abgaben, die sie dem Könige entrichtet hätten, sollten sie nunmehr dem römischen Volk zahlen. (Livius 45, 18, 7)

Gleichermaßen ging man in Illyrien vor:

> Den Bewohnern von Skodra, den Dassarensern, den Selepitanern und den übrigen Illyrern wurde die Hälfte der Abgaben auferlegt, die sie dem Könige gezahlt hatten. Darauf teilte man Illyrien in drei Teile. (Livius 45, 26, 14–15)

Diese Halbierung des Tributs darf weder als ein Akt der Großzügigkeit noch als mangelndes Interesse an Reichtum gedeutet werden; vielmehr muß man annehmen, daß die Römer nur das Höchstmaß an Belastung abgeschätzt hatten, das die beiden ausgebluteten Gebiete noch zu ertragen vermochten. Im weite-

* In: T. Frank (Hg.), *Economic Survey of Ancient Rome.* Bd. 4, Baltimore 1938, S. 323.

ren Verlauf wurden die makedonischen Silberbergwerke, die bei der Aufhebung der Monarchie geschlossen worden waren, laut Cassiodor (Chronica Minora II 130 ed. Th. Mommsen) im Jahr 158 wiedereröffnet. Nach seiner Aussage wurden in diesem Jahr Bergwerke in Makedonien entdeckt, doch ist das allgemein als ein Hinweis auf die Wiedereröffnung verstanden worden; zudem dürfte die Vermutung richtig sein, daß diese Wiedereröffnung mit der Wiederaufnahme der Prägung von Silbermünzen in Rom im Jahr 157 zusammenhängt.*

Von 146 an wurde laut Pausanias (7, 16, 9) »Griechenland Tribut auferlegt«. Das kann nur jene Städte betroffen haben, die in den Achaiischen Krieg verwickelt waren; sie wurden nun verwaltungsmäßig der Provinz Makedonien zugeschlagen und mußten Steuern an Rom zahlen. Seit der zweiten, besonders aber von der ersten Hälfte des zweiten Jahrhunderts an flossen regelmäßig Tribute von Griechenland und Kleinasien nach Rom. Viel davon ging später in Gestalt von Darlehen in dasselbe Gebiet zurück, womit den unglücklichen Provinzgemeinden geholfen war, den Forderungen der römischen Steuereinnehmer zu willfahren, ferner als Kaufsummen für Ländereien, die nunmehr in zunehmendem Ausmaß von Römern im Osten erworben wurden, sowie als Zahlmittel für Luxusgüter einschließlich der Sklaven, die aus dem Osten nach Rom geschickt wurden. Dieser Prozeß wurde im ersten Jahrhundert verstärkt, als es weitere römische Provinzen gab, aber er ging bereits im zweiten Jahrhundert vor sich und stellte einen Faktor in der fortschreitenden Verarmung der hellenistischen Welt dar – sowohl was Reichtümer als auch Bevölkerungszahlen anbelangte –, die bis zur Errichtung des römischen Prinzipats andauerte. Sie wurde noch verschlimmert infolge der privaten Habsucht der römischen Beamten, Angehörigen einer sozialen Schicht, für die, wie Polybios (31, 25, 6–7) anmerkt, auffallende Verschwendung und Extravaganz seit dem Sturz des makedonischen Königreichs zur Lebensart geworden war. Scipio Aemilianus bildete als integrer Mann eine völlige Ausnahme:

> Als Scipio Karthago erobert hatte, nach der Ansicht aller die reichste Stadt der Welt, brachte er aus ihr auch nicht das geringste an sich, weder durch Kauf noch durch eine andere Art des Erwerbs, obwohl er für einen Römer keineswegs sehr begütert, sondern nur von mäßigem Wohlstand war. (Polybios 18, 35, 9)

* M. H. Crawford, Economic History Review 30 (1977) 45.

Im Normalfall betrachteten jedoch die römischen Statthalter die Ausbeute ihres Amtes als unabdingbar für die Aufrechterhaltung ihres Status und für die Finanzierung ihrer weiteren Laufbahn; all das trug ebenfalls zur Belastung des griechischen Ostens bei.

Griechische Kultur in Rom

Wir haben die Auswirkungen erörtert, die der Zusammenprall Roms mit der hellenistischen Welt auf Griechenland hatte und dabei bereits einen Blick auf die andere Seite getan, auf die Auswirkung, die der Kontakt mit Griechenland auf die Römer selbst hatte. Die negative Seite dieses Verhältnisses haben wir bereits gesehen; hierüber waren die Römer, insbesondere die mehr traditionsverhafteten, und der Grieche Polybios, der hierin zweifelsohne seinem Gönner Scipio Aemilianus nach dem Mund redete, einhellig derselben Ansicht. Aber es gab eine andere, positive und auf lange Sicht hin wichtigere Seite. Umfang und Rahmen dieser Untersuchung lassen es nicht zu, im Detail darauf einzugehen, auf welche Weise sämtliche Aspekte des römischen Lebens vom dritten Jahrhundert an durch die Berührung mit Griechenland betroffen waren. Die Soldaten, die von den Feldzügen im Osten zurückkehrten, und die Griechen, die als Geiseln, Abgesandte, Häftlinge, Händler von Berufs wegen oder als Sklaven nach Rom kamen, machten die Römer mit der griechischen Sprache und der griechischen Lebensweise vertraut. Ärzte und Philosophen vermittelten griechische Fertigkeiten und ein griechisches Erziehungsmodell; Römer der alten Schule – wie Cato – wehrten sich gegen beides, jedoch halbherzig und wirkungslos. Die Ausplünderung von Städten wie Syrakus oder Korinth brachte griechische Kunstwerke nach Rom und regte den Appetit der vornehmen Römer nach mehr davon an. Die Privathäuser wurden mit mehr Luxus ausgestattet, und Rom verwandelte sich in eine Stadt, in der es sich besser leben ließ, vor allem für die Reichen, weil sie Annehmlichkeiten bot, die mit jenen der großen hellenistischen Zentren vergleichbar waren.

Im dritten Jahrhundert liegen auch die Anfänge der römischen Literatur, ebenfalls unter dem Einfluß Griechenlands. Livius Andronicus (ca. 284–204), der älteste römische Dichter, war selbst ein Grieche aus Tarent, der Latein und Griechisch lehrte und eine metrische Übersetzung der *Odyssee* Homers anfertigte. Quintus Ennius (239–169), bedeutender und einflußreicher, stammte aus Kalabrien, wo er mit den griechischen Philosophenschulen Süditaliens zusammengekommen war; mit seinen *Annalen* schuf er ein großes Epos der römischen Geschichte. Es war in erster Linie das Bedürfnis, der griechischen Welt die römische Vergangenheit vorzustellen (und die römische Politik der Gegenwart zu verteidigen), das zu den Anfängen der römischen Geschichtsschreibung führte; die ersten, die sich hierin betätigten, waren römische Staatsmänner – Fabius Pictor, Cincius Alimentus und Postumius Albinus –, die nicht in Latein, sondern in Griechisch schrieben. Sogar Cato, dessen *Origines* das erste Werk in lateinischer Prosa war und die römische Geschichtsschreibung in einheimischer Sprache einleitete, war stärker von griechischen Vorbildern beeinflußt, als seine angebliche Verachtung für alles, was griechisch war, uns erwarten lassen würde.

Ein anderer Aspekt der Hellenisierung wurde bei der Entstehung eines einheimischen Dramas sichtbar. Der wendige Ennius schrieb Stücke, die von Sophokles hergeleitet und deren Stoff dem trojanischen Sagenkreis entnommen war. Naevius verfaßte Tragödien, auf römischen Themen beruhende Geschichtsdramen und Komödien (sowie ein Epos über den Punischen Krieg). Die bedeutendsten Autoren für die römische Bühne dieser Zeit (oder auch aller Zeiten) waren T. Maccius Plautus (ca. 254–184) und P. Terentius Afer (ca. 195–159). Von beiden sind viele Stücke überliefert; außerdem war man bis zur kürzlichen Entdeckung einiger Originalstücke auf Papyrus für jede Erwähnung des Werks des großen athenischen Komödienautors Menander auf sie angewiesen. Nunmehr ist es leichter geworden, das Ausmaß abzuschätzen, in dem die beiden römischen Stückeschreiber ihre hellenistischen Vorlagen auf unterschiedliche Weise ausbeuteten, um etwas, das neu und römisch war, zu produzieren. Letztlich war es eine Eigenart des römischen Genius, nicht bloß abzuschreiben, sondern umzuwandeln.

Die Kultur Griechenlands – und zwar sowohl in Gestalt der älteren klassischen Autoren als auch der Schriftsteller der zeitgenössischen hellenistischen Welt – lieferte den Schriftstellern Roms Vorbilder und den Anreiz, eine eigenständige römische Literatur zu schaffen. Man vermag sich die römischen Meisterwerke der ausgehenden Republik und des beginnenden Kaiserreiches auf keinen Fall ohne das hellenistische Element vorzustellen; Cicero, Sallust, Horaz, Vergil, Catull und Ovid – sie fußen alle auf einer Tradition, die auf griechische Quellen zurückgeht, sind aber nichtsdestoweniger römisch. Über drei Jahrhunderte lang (seit der Zeit des Flamininus) waren die meisten gebildeten Römer zweisprachig und damit offen für den gesamten Einfluß der hellenistischen Kultur. Die römische Philosophie war ein Teil der griechischen, die römische Kunst hatte sich aus griechischen Vorläufern entwickelt. Zu einem viel früheren Zeitpunkt waren die italischen Götter und die *numina* – unpersönliche Mächte, die über die äußere Welt der römischen Religion herrschten – personalisiert und mit griechischen Göttern, die ähnliche Züge aufwiesen, gleichgesetzt worden; seit dem frühen zweiten Jahrhundert wurden für römische Feldherren wie Flamininus Kulte eingerichtet und damit der Weg zur Annahme der Göttlichkeit durch die römischen Kaiser geebnet. Die Römer stutzten ihre frühe Geschichte so zurecht, daß sie in den trojanischen Sagenkreis hineinpaßte; Rom selbst nahm wie so viele Hafenstädte im östlichen Mittelmeer die Kulte orientalischer Gottheiten aus Syrien und Kleinasien auf. Mit der Errichtung des Kaiserreichs sollte schließlich der gesamte Mittelmeerraum zu einem einzigen Kulturkomplex vereinigt werden, in dem viele Aspekte der hellenistischen Welt fortlebten, auch wenn sie an die von Rom auferlegte provinziale Gliederung angeglichen waren. Als die Monarchien verschwunden waren, hielten sich insbesondere die Städte als lebendige Einheiten des griechischen Lebens im ganzen Osten; das blieb so, bis die zunehmende Zentralisierung und das Bleigewicht der Bürokratie im dritten und vierten nachchristlichen Jahrhundert jegliche Initiative aus ihnen herausdrückte.

Rückblick

Das hellenistische Zeitalter ließ viele Probleme ungelöst – welches Zeitalter tut das nicht? Die Beziehungen zwischen den Königen und den Städten, die sich erstmals unter Alexander herausgebildet hatten, blieben ein Feld für ständige und wechselnde Kompromisse. So vermochte keines der Reiche den Interessenkonflikt zu überwinden zwischen einerseits den Stadtbewohnern, den Angehörigen der herrschenden Schichten und denen, die im Heer und in der Bürokratie dienten, und andererseits den Arbeitern auf dem Land, ob sie nun Freie oder Sklaven waren. Das Übel der Sklaverei blieb natürlich weiterhin bestehen, obwohl ihm in den weiten Räumen des seleukidischen Asien oder in Ägypten weniger Bedeutung zukam als dort, wo die griechische Marktwirtschaft eingedrungen war. Der wie wir sahen nicht unproblematische Widerstreit zwischen den Griechen und den einheimischen Völkern stellte eine permanente Belastung für alle Reiche dar, Makedonien ausgenommen; allerdings läßt sich das nicht überall gleichermaßen genau verfolgen. Vor allem stellte die das ganze Zeitalter kennzeichnende Armut des Bauerntums ein schwerwiegendes Problem dar, für das es keine Lösung gab, da keinerlei grundlegende Verbesserung der Produktionstechniken stattfand. Auf technologischem Gebiet erfolgte der einzige aufsehenerregende Fortschritt im militärischen Bereich. Ob bei angemessenen Bemühungen einige dieser Probleme hätten gelöst werden können, läßt sich nicht sagen. Wahrscheinlich ist es nicht, denn die hauptsächlichen Leistungen des hellenistischen Zeitalters scheinen im dritten Jahrhundert errungen worden zu sein, als die herrschende Oberschicht sozial noch beweglich war, die neuen Reiche noch Flexibilität zeigten und dem Begabten eine Karriere anboten (s. S. 77 ff.). Die ersten Könige umgaben sich noch mit Männern aus allen Schichten, die nach ihrer Fähigkeit und Verwendbarkeit frei ausgesucht wurden. Das ist nach den Zeugnissen aus dem Ägypten des zweiten Jahrhunderts v. Chr. (nur hier liegen uns detaillierte Quellen vor) durch eine Laufbahn in der Bürokratie ersetzt worden, innerhalb derer gewisse Posten eine Vielzahl von Ehrentiteln und oftmals bedeutungslosen Bezeichnungen aufweisen. Vermutlich war die schöpferische Kraft bereits verbraucht, als die Römer kamen.

Aber uns interessiert die hellenistische Welt natürlich weniger da, wo sie scheiterte, als dort, wo sie Leistungen vollbrachte und einen Beitrag zur Kulturgeschichte späterer Zeiten lieferte. Es war ein Zeitalter der Gelehrsamkeit, in dem die großen Forschungseinrichtungen in Alexandreia die Texte der klassischen Autoren überarbeiteten und überlieferten. Es war auch ein Zeitalter, in dem der Horizont der Menschen durch die Reisen von Entdeckern wie Pytheas und Megasthenes oder eines Archimedes geistig erweitert wurden. Wenn die damals entstandene Literatur nicht ohnehin schon von vielen zu der bedeutendsten der Welt gezählt würde, so könnte man zumindest von Theokrit und Kallimachos sagen, daß sie einen beachtlichen Einfluß auf Rom und spätere Zeiten ausgeübt haben; zusammen mit Herondas werden sie noch immer mit Vergnügen gelesen. Die hellenistische Architektur, die schön geplanten Städte, gelten als Vorläufer der Baukunst der Renaissance und des achtzehnten und neunzehnten Jahrhunderts. Die hellenistische Kunst, die oftmals expressiv und manchmal sentimental ist, fesselt uns und hat einen gewaltigen Einfluß auf die Entwicklung des Geschmacks gehabt.

Obschon die Klarheit der rationalen Durchdringung angefangen hatte, sich im Dämmer zu verlieren, und wir eine wachsende Anziehung durch Mysterienreligionen und östliche Kulte wahrnehmen können, blieb die hellenistische Epoche doch eine Zeit, die in einzigartiger Weise frei war von Bildungsfeindlichkeit wie von Zensur – eine Zeit, in der die Menschen ohne weiteres umherziehen und anderswo eine Heimat finden konnten, falls sie in Schwierigkeiten geraten waren. Normalerweise jedoch besaßen sie die Freiheit, über ihre Glaubensansichten und ihre Entdeckungen zu spekulieren und dies auch zu veröffentlichen. Die wichtigsten denkerischen Schulen – Stoizismus, Epikureismus und Kynismus – übten sämtlich Einfluß auf die Geschichte der Philosophie aus; sie repräsentieren Geistesrichtungen, zu denen sich noch heute Menschen bekennen. Wenn auch die Kulte und die religiösen Doktrinen des Zeitalters verschwunden sind, so war doch der kulturelle Komplex der hellenistischen Welt und ihrer Randzonen die Wiege für zwei Weltreligionen.

Wenn es sich auch um ein kriegerisches Zeitalter handelte, so war der hellenistische Krieg doch ein rundes Jahrhundert lang (bis zur Zerstörung von Mantinea 223) von einigen seiner Schrecken befreit. Daß die Plünderung von Städten und die Versklavung ihrer Bewohner nach jenem Zeitpunkt zunahmen, geht größtenteils auf das Konto der Römer. Auf dem Feld politischer Versuche vollzog das hellenistische Griechenland einen neuen Schritt, indem es das Konzept des Bundes entwickelte, was nicht ohne Bedeutung für die spätere Politik sein sollte und zudem einen Beweis (falls einer nötig wäre) für die fortdauernde geistige Lebendigkeit und Kreativität des griechischen Volkes darstellt. Die Königreiche und die Städte entwickelten im Verlauf dieser drei Jahrhunderte auch ein System des diplomatischen Verkehrs, der von den Römern übernommen und so durch die Praxis des Imperiums auf spätere Zeiten überliefert wurde. Die hellenistische Welt besaß kein universales Rechtssystem, doch die Gesetzbücher der verschiedenen Staaten überschnitten sich weitgehend und tendierten mehr und mehr dazu, sich einander anzunähern; das läßt sich an der zunehmenden Beiziehung auswärtiger Richter erkennen (s. S. 147ff.). Die Flexibilität des römischen Rechts, das sich aufgrund der Erlasse des *praetor peregrinus* und der Provinzstatthalter entwickelte, und die Absicht, das daraus entstehende *ius gentium* mit dem von den Stoikern postulierten Naturrecht gleichzusetzen, würden sich vermutlich als unfruchtbar erwiesen haben, hätten nicht die Statthalter in den Städten und Staaten, die zu ihren Provinzen gehörten, bereits eine gewisse gesetzliche Übereinstimmung vorgefunden. Auch hierin können wir – wenn auch nur indirekt – ein Vermächtnis der hellenistischen Welt erkennen. Rom, Zerstörer und zugleich Erbe dieses fruchtbaren Zeitalters der griechischen Kultur war es, das vieles von diesem Vermächtnis an das westliche Europa und dessen Nachkommen sowie – keineswegs wirkungsloser, sondern sogar direkter – an die byzantinische und orthodoxe Welt des östlichen Europa vermittelt hat.

Anhang

Zeittafel

v. Chr.	*Griechenland und Makedonien*	*Ägypten und der Orient*
336	Thronbesteigung Alexanders	
334		Alexander setzt nach Asien über Schlacht am Granikos
333		Schlacht bei Issos
331		Gründung von Alexandreia Schlacht bei Gaugamela
330		Tod des Dareios
326		Schlacht am Hydaspes
325–4		Alexander kehrt nach Susa zurück
323		Alexander stirbt in Babylon
323–2	Lamischer Krieg	Perdikkas herrscht in Asien
320		Perdikkas wird ermordet
319	Tod des Antipatros	
317	Philipp III. Arrhidaios wird ermordet	
316	Kassandros tötet Olympias; Gründung von Kassandreia und Thessalonike	
316–5		Tod des Eumenes
311		»Diadochenfriede« zwischen Antigonos I. Monophthalmos und den Satrapen
310(?)	Alexander IV. wird ermordet	
305–4		Demetrios I. Poliorketes belagert Rhodos
301		Schlacht von Ipsos: Tod des Antigonos I. Monophthalmos
297	Tod des Kassandros	
294	Demetrios I. Poliorketes König von Makedonien	
288	Lysimachos und Pyrrhos teilen sich Makedonien auf	
285		Demetrios I. Poliorketes ergibt sich dem Seleukos
283		Tod des Ptolemaios I. Soter, Thronfolge des Ptolemaios II. Philadelphos
281		Lysimachos wird bei Kouroupedion getötet
280	Ptolemaios Keraunos wird König von Makedonien Neugründung des Achaierbunds	Seleukos wird ermordet Antiochos I. Soter alleiniger König im Seleukidenreich
279	Kelten-(Gallier-)Einfall in Makedonien und Griechenland	
277	Antigonos II. Gonatas besiegt die Kelten bei Lysimacheia; wird König über Makedonien	

v. Chr.	Griechenland und Makedonien	Ägypten und der Orient
274–1		Erster Syrischer Krieg zwischen Ptolemaios II. und Antiochos I.
274	Pyrrhos marschiert in Makedonien ein	
272	Tod des Pyrrhos in Argos	
268–1	Chremonideischer Krieg: Antigonos II. Gonatas erobert Athen	
263		In Pergamon folgt auf Phil(h)etairos Eumenes I.
261		Auf Antiochos I. Soter folgt Antiochos II. Theos
260 bis 253 (?)		Zweiter Syrischer Krieg zwischen Ptolemaios II. und Antiochos II.
251	Aratos befreit Sikyon	
249 (?)	Alexandros von Korinth fällt von Antigonos II. ab	
246	Aitoler erneuern die Soteria	Auf Ptolemaios II. Philadelphos folgt Ptolemaios III. Euergetes Auf Antiochos II. Theos folgt Seleukos II. Kallinikos
246–1		Dritter Syrischer Krieg zwischen Ptolemaios III. und Seleukos II.
245	Aratos erstmals Stratege Antigonos II. Gonatas übernimmt Korinth von Alexandros' Witwe	
244	Agis IV. beginnt Herrschaft in Sparta	
243	Aratos erobert Korinth	
241	Tod des Agis IV.	In Pergamon folgt auf Eumenes I. Attalos I. Krieg des Seleukos II. Kallinikos gegen seinen Bruder Hierax Hierax Herr über Kleinasien
239	Auf Antigonos II. Gonatas folgt Demetrios II. Krieg zwischen Makedonien und dem Achaier- und Aitolerbund beginnt	(?) Diodotos begründet unabhängiges Königreich in Baktrien
238–27		Kriege des Attalos I. gegen Hierax und gegen die Kelten Attalos I. Herr Kleinasiens
235	Thronbesteigung des Kleomenes III. in Sparta Megalopolis tritt dem Achaierbund bei	

v. Chr.	*Griechenland und Makedonien*	*Ägypten und der Orient*
229	Auf Demetrios II. folgt Antigonos III. Doson Athen erlangt die Unabhängigkeit Krieg zwischen Sparta und den Achaiern beginnt	
227	Umsturz des Kleomenes in Sparta Achaier kontaktieren Makedonien	Karische Unternehmung des Antigonos III. Doson
226–5	Sparta erfolgreich gegen Achaier	Tod des Seleukos II. Kallinikos; Thronfolge des Seleukos III. Soter Keraunos; Tod des Hierax
225–4	Verständigung zwischen Achaiern und Makedonien	
224	Antigonos III. Doson auf der Peloponnes	
224–3	Gründung des Hellenenbunds	
223		Seleukos III. ermordet Thronfolge des Antiochos III. d. Gr.
223–2		Achaios gewinnt Kleinasien zurück
222	Kleomenes unterliegt bei Sellasia	
221	Auf Antigonos III. Doson folgt Philipp V.	Auf Ptolemaios III. Euergetes folgt Ptolemaios IV. Philopator
220–17	Krieg des Hellenenbunds gegen die Aitoler	
220		Antiochos III. wirft den Kronprätendenten Molon nieder
219–7		Vierter Syrischer Krieg zwischen Ptolemaios IV. und Antiochos III.
218–02	Hannibalischer Krieg	
217	Friede von Naupaktos	Schlacht bei Raphia
216–3		Antiochos III. besiegt den aufständigen Achaios
215	Bündnis zwischen Philipp V. und Hannibal	
212–05/4		Antiochos' III. Ostfeldzug
211	Bündnis zwischen Aitolern und Rom führt zum Ersten Makedonischen Krieg	
207–186		Erhebung Ägyptens: Oberägypten unter eigenen Königen
206	Sonderfrieden der Aitoler und ihrer Verbündeten mit Philipp V.	
205	Frieden von Phoinike beendet den Ersten Makedonischen Krieg	Antiochos III. kehrt nach Seleukeia zurück
204		Auf Ptolemaios IV. Philopator folgt Ptolemaios V. Epiphanes

v. Chr.	*Griechenland und Makedonien*	*Ägypten und der Orient*
203–2	Philipp V. und Antiochos III. verbünden sich gegen Ägypten	
202–0		Fünfter Syrischer Krieg zwischen Ptolemaios V. und Antiochos III.
200		Schlacht beim Paneion: Antiochos III. erobert Koilesyrien
200–197	Zweiter Makedonischer Krieg	
197	Schlacht bei Kynoskephalai	In Pergamon folgt auf Attalos I. Eumenes II. Soter
196	Die Römer erklären bei den Isthmien Griechenland für frei	
196–79	Philipp V. baut die makedonische Macht wieder auf	
194	Die Römer räumen Griechenland	
192–88	Syrischer Krieg zwischen Rom und Antiochos III.	
191	Antiochos III. unterliegt an den Thermopylen	
189	Niederlage der Aitoler	Antiochos III. unterliegt bei Magnesia
188		Friede von Apamea
187		Auf Antiochos III. d. Gr. folgt Seleukos IV. Philopator
180		Auf Ptolemaios V. Epiphanes folgt Ptolemaios VI. Philometor
179	Auf Philipp V. folgt Perseus	
175		Auf Seleukos IV. Philopator folgt Antiochos IV. Epiphanes
173–64		Makkabäeraufstand in Judäa
171–68	Dritter Makedonischer Krieg	
170–68		Sechster Syrischer Krieg zwischen Antiochos IV. Epiphanes und Ptolemaios VI., Ptolemaios VIII. Euergetes II. und Kleopatra II. (Samtherrschaft)
168	Schlacht bei Pydna: Ende der Antigonidenherrschaft in Makedonien	Ultimatum des Popilius gegen Antiochos IV. bei Eleusis
	Vier Republiken in Makedonien	
160		In Pergamon folgt auf Eumenes II. Soter Attalos II. Philadelphos
149–8	Erhebung des Andriskos in Makedonien	
	Makedonien wird römische Provinz	
146	Achaiischer Krieg: Eroberung Korinths	
139		In Pergamon folgt auf Attalos II. Attalos III. Philometor

133	Tod des Attalos III.; Pergamon wird römische Provinz
132–30	Aufstand des Aristonikos in Pergamon

Quellenübersicht

Nichtliterarische Quellen

Für das vorliegende Buch wurden die zitierten nichtliterarischen Quellen, also Inschriften und Papyri, – zumeist erstmals – ins Deutsche übersetzt von Kai Brodersen. Dabei sind Ergänzungen von im antiken Original verlorenen Stücken in eckige Klammern, Erläuterungen des Übersetzers in runde Klammern gesetzt; Auslassungen werden durch ... gekennzeichnet.

Vollständige englische Übersetzungen dieser Quellen finden sich in der hervorragenden Sammlung von M. Austin, *The Hellenistic World.* Cambridge 1981.

Inschriften

Die Inschriften werden nach den maßgeblichen Ausgaben zitiert, angegeben ist jeweils das Sigel der Ausgabe und die Nummer des Textes darin. Die Sigel werden im folgenden aufgelöst:

Austin = M. Austin, *The Hellenistic World.* Cambridge 1981 (nur Übers.)

Bulletin épigraphique, von J. und L. Robert jährlich in der *Revue des études grecques* (seit 1938) veröffentlicht.

CIL = *Corpus inscriptionum latinarum.* Berlin seit 1869

Durrbach, Choix = F. Durrbach, *Choix d'inscriptions de Délos.* Paris 1921

Fouilles de Delphes, hgv. v. G. Colin, E. Bourguet, G. Daux, A. Salač, R. Flacelière, A. Plassart und N. Valmin, Bd. III: *Inscriptions.* Paris seit 1909

IG = *Inscriptiones Graecae.* Berlin seit 1873, 2. Aufl. (Neubearbeitung) seit 1913; die 3. Aufl. (seit 1981) umfaßt bislang keine für den Hellenismus relevanten Inschriften.

Inscr. Cret. = M. Guarducci, *Inscriptiones Creticae.* 4 Bde, Rom 1935–1950

Moretti = L. Moretti, *Iscrizioni storiche ellenistiche, Bd. I: Attica, Peloponneso, Beozia.* Florenz 1967; *Bd. II: Grecia centrale e settentrionale.* Ebd. 1976 (Biblioteca di studi superiori 53 und 62)

OGIS = W. Dittenberger, *Orientis graeci inscriptiones selectae.* 2 Bde, Leipzig 1903–1905; dazu vgl. W. Gawantka, *Aktualisierende Konkordanzen zu Dittenbergers OGIS und zu Syll.*^{3}. (Subsidia Epigraphica 8) Hildesheim, New York 1977

Rem. Old Latin IV = E. H. Warmington, *Remains of Old Latin, Vol. 4: Archaic Inscriptions.* London, Cambridge Mass. 1940 (Loeb Classical Library 359)

Robert, Hellenica = L. Robert, *Hellenica. Recueil d'épigraphie de numismatique et d'antiquités grecques.* 13 Bde, Paris 1940–1965

Schwyzer = E. Schwyzer, *Dialectorum graecarum exempla epigraphica potiora.* Leipzig 1923

SEG = *Supplementum epigraphicum graecum.* Leiden 1923–71, Alphen/Rhein seit 1979

SGDI = H. Collitz, F. Bechtel, *Sammlung der griechischen Dialektinschriften.* Göttingen 1884–1915

Sherk = R. S. Sherk, *Roman Documents from the Greek East.* Baltimore 1969

StV III = H. H. Schmitt, *Die Staatsverträge des Altertums.* Bd. III, München 1969

Syll.[3] = W. Dittenberger, *Sylloge inscriptionum graecarum.* 4 Bde, Leipzig 1915–1924; dazu Gawantka (s. o. zu OGIS)
Tod = M. N. Tod, *Greek Historical Inscriptions.* 2 Bde, Oxford [2]1946–1948
Welles, RC = C. B. Welles, *Royal Correspondence of the Hellenistic Age.* New Haven 1934 (mit englischer Übersetzung)

Papyri

Das zu den Inschriften Gesagte gilt sinngemäß auch für die Papyri. Englische Übersetzungen dieser Quellenart finden sich u. a. bei Austin (s. o. Inschriften) und in Select Papyri (s. u.).

BGU = Berliner griechische Urkunden. Ägyptische Urkunden aus den Staatlichen Museen zu Berlin. Berlin seit 1895
Corp. Ord. Ptol. = M.-Th. Lenger, *Corpus des ordonnances des Ptolémées.* Brüssel 1964
P. Amherst = B. Grenfell, A. S. Hunt, *Amherst Papyri.* 2 Bde, London 1900–1901
P. Cair. Zen. = G. C. Edgar, *Zenon Papyri.* 5 Bde, Kairo 1925–1940 (Catalogue général des antiquités égyptiennes du Musée du Caire 79)
P. Col. Zen. = W. L. Westermann, E. S. Hasenöhrl, *Zenon Papyri: Business Papers of the 3rd cent. B. C.* Bd. I, New York 1934 (Columbia Papyri, Greek Series, Bd. 3)
P. Hal. = Graeca Halensis (Hg.), *Dikaiomata. Auszüge aus alexandrinischen Gesetzen und Verordnungen.* Berlin 1913 (Papyri Halle)
P. Hibeh = B. Grenfell, A. S. Hunt, *Hibeh Papyri.* Teil I, London 1906
P. Lille = P. Jouget u. a., *Institut papyrologique de l'université de Lille, Papyrus Grecs.* Paris 1907–1928
P. Petrie = J. P. Mahaffy, J. G. Smyly, *The Flinders Petrie Papyri.* 3 Teile, Dublin 1891–1905
P. Rev. Laws = B. P. Grenfell, *Revenue Laws of Ptolemy Philadelphus.* Oxford 1896
P. S. I = Papiri greci e latini. Pubblicazioni della Società italiana per la ricerca dei papiri greci e latini in Egitto. Florenz seit 1912
P. Tebt. = Tebtunis Papyri. 4 Bde, London, New York 1902–1976
P. Yale = J. F. Oates, A. E. Samuel, C. B. Welles, *Yale Papyri in the Beinecke Rare Book and Manuscript Library.* New Haven, Toronto 1967
SB = Sammelbuch griechischer Urkunden aus Ägypten. Heidelberg seit 1931 (enthält auch Inschriften)
Select Papyri = A. S. Hunt, G. C. Edgar, *Select Papyri.* 2 Bde, London, Cambridge Mass. 1932–1934 (Loeb Classical Library 266 und 282)
UPZ = U. Wilcken, *Urkunden der Ptolemäerzeit.* 2 Bde, Berlin 1922–1937
Wilcken, Chrestomathie = L. Mitteis, U. Wilcken, *Grundzüge und Chrestomathie der Papyruskunde.* 4 Bde, Leipzig, Berlin 1912

Literarische Quellen

Die literarischen Quellen wurden z. T. unter Vergleich der im folgenden genannten deutschen Ausgaben ebenfalls von Kai Brodersen übersetzt:

Appian von Alexandria *Römische Geschichte.* Übers. v. O. Veh und K. Brodersen (Bibliothek der griech. Literatur 23). Stuttgart 1987.

Arrian, *Der Alexanderzug, Indische Geschichte.* Griech.-dt. v. G. Wirth und O. v. Hinuber. München, Zürich 1985

A. B. Bosworth, *A historical commentary on Arrian's History of Alexander.* Bd. I, Oxford 1980

Diodors *Historische Bibliothek.* Übers. v. J. F. Wurm, Stuttgart 1827–1840

Des Flavius Josephus *Jüdische Altertümer.* Übers. v. H. Clementz, 2 Bde, Halle 1900

Livius, *Römische Geschichte.* Lat.-dt. Gesamtausgabe. Übers. v. J. Feix, H. J. Hillen u. a., München seit 1974

J. Briscoe, *A Commentary on Livy Books 31–33.* Oxford 1973, *Books 34–37.* Ebd. 1981; vgl. allg. P. G. Walsh, *Livy. His Aims and Methods.* Cambridge 1961

Plutarch, *Große Griechen und Römer.* Übers. v. K. Ziegler und W. Wuhrmann, 6 Bde, (dtv 5989), München 1980–1981

J. R. Hamilton, *Plutarch Alexander, a commentary.* Oxford 1969

Polybios, *Geschichte.* Übers. v. H. Drexler, 2 Bde, Zürich, Stuttgart 1961–1963 (Bibl. der Alten Welt)

F. W. Walbank, *A Historical Commentary on Polybius.* 3 Bde, Oxford 1957–1979; vgl. allg. ders., *Polybius.* Berkeley, Los Angeles 1972

Poseidonios: L. Edelstein, I. G. Kidd, *Posidonius. Bd. I: The Fragments.* Cambridge 1972; W. Theiler, *Poseidonios. Die Fragmente.* 2 Bde, Berlin, New York 1982 (Texte und Kommentare 10. 1–2)

Strabos *Erdbeschreibung.* Übers. v. A. Forbiger, Berlin$^{2-3}$ o. J.

Fragmente sind zitiert nach F. Jacoby, *Die Fragmente der griechischen Historiker* (FGrHist). 15 Bde, Leiden 1923–1958

Zu den Alexanderhistorikern vgl. außer den zu Kap. 2 genannten Werken von Pearson und Tarn auch E. Badian, *Onesicritus.* Yale Classical Studies 24 (1975) 146–170.

Eine gute zweisprachige Einführung in die hellenistische Literatur, wie sie vorliegendes Buch nicht anstrebt, bietet B. Effe, *Hellenismus.* (Die griechische Literatur in Text und Darstellung 4; RUB 8064) Stuttgart 1985

Literaturhinweise

Allgemeine Literatur

Die klassische Darstellung der in diesem Buch behandelten Epoche ist J. G. Droysen, *Geschichte des Hellenismus* (^{2}1877/78). (dtv 5976) München 1980. Moderne Einzeldarstellungen sind etwa: M. Cary, *A History of the Greek World from 323 to 146 B. C.* (^{2}1951). Nachdr. mit Ergänzungen von V. Ehrenberg London 1963 = university paperbacks 448, London 1972. P. Grimal (Hg.), *Der Hellenismus und der Aufstieg Roms.* (Fischer Weltgeschichte 6) Frankfurt/Main 1965. M. Hadas, *Hellenistische Kultur.* Stuttgart 1963 (= Ullstein Buch 39018, Frankfurt/Main, Berlin, Wien 1981). W. W. Tarn, G. T. Griffith, *Die Kultur der hellenistischen Welt.* Darmstadt 1966. Einige gute, die ältere Literatur zusammenfassende Artikel finden sich in der *Cambridge Acient History.* Bd. 6 (Cambridge ^{2}1933), 7 (1928), 8 (1930) und 9 (1932); eine völlige Neubearbeitung von Band VII 1, *The Hellenistic World.* Hg. v. F. W. Walbank, erschien 1984.

Die beste moderne Darstellung der politischen Geschichte ist die von E. Will, *Histoire politique du monde hellénistique.* 2 Bde, Nancy ^{2}1979–82 (Annales de l'Est 30, 32). Ebenfalls aus Frankreich stammen zwei hervorragende Überblicke: Claire Préaux, *Le Monde hellénistique: La Grèce et l'orient 323–146 av. J.-C.* 2 Bde, Paris 1978 (Nouvelle Clio 6). Dieses Werk enthält eine aktuelle Bibliographie zu allen Aspekten der Epoche. Ebenfalls zu empfehlen ist der Band von E. Will, C. Mossé und P. Goukowsky, *Le Monde grec et l'orient.* Bd. II: *Le IVe siècle et l'époque hellénistique.* Paris 1975, bes. S. 247–678. Bemerkenswert ist die Darstellung der Geistesgeschichte durch H. Köster, *Einführung in das Neue Testament.* Berlin, New York 1980.

Folgende Einzelstudien sind außerdem für alle Kapitel wichtig: M. I. Finley, *Die antike Wirtschaft.* (dtv 4277) München 1977. T. Frank (Hg.), *Economic Survey of Ancient Rome.* 6 Bde, Baltimore 1933–1940 (viel Material zum griechischen Osten vor und nach dessen Unterwerfung durch Rom). M. Holleaux, *Études d'épigraphie et d'histoire grecque.* Hg. v. L. Robert, 6 Bde, Paris 1938–1968. A. H. M. Jones, *The Greek City from Alexander to Justinian.* Oxford 1940. A. D. Momigliano, *Hochkulturen im Hellenismus.* (BSR 190) München 1979 (brillante Untersuchung der geistigen Auseinandersetzung der Griechen mit anderen Kulturen). L. Robert, *Opera Minora Selecta.* Bisher 5 Bde, Amsterdam seit 1969 (die kleinen Schriften des bedeutendsten Epigraphikers unserer Zeit). M. I. Rostovtzeff, *Gesellschafts- und Wirtschaftsgeschichte der hellenistischen Welt.* 3 Bde, Darmstadt 1955–1956.

Zu Kapitel 1

Literatur zu den inschriftlichen, papyrologischen und literarischen Quellen ist in der Quellenübersicht genannt.

Zu Kapitel 2

Die Quellenfragen behandeln L. Pearson, *The Lost Histories of Alexander the Great.* London 1960 und W. W. Tarn, *Alexander der Große.* Darmstadt 1963.

Mit letzterem setzt sich kritisch E. Badian auseinander, vgl. etwa seinen Forschungsbericht in The Classical World 65 (1972) 37–83. Ein großer Forschungsüberblick stammt von J. Seibert, *Alexander der Große.* (Erträge der Forschung 10) Darmstadt 1972. Die beste deutsche Gesamtdarstellung ist die von S. Lauffer, *Alexander der Große.* (dtv 4298) München ²1981; vgl. ferner R. Lane Fox, *Alexander der Große.* Düsseldorf 1974 und P. Green, *Alexander der Große.* Würzburg 1974.

Wichtige Artikel zum Thema liegen gesammelt vor in G. T. Griffith (Hg.), *Alexander the Great. The Main Problems.* Cambridge 1966; vgl. auch J. V. Muir und E. R. A. Sewter (Hgg.), Greece and Rome 12 (1965) 113–228 und darin v. a. *The Macedonian Background* von G. T. Griffith (125–139).

Neue Aspekte bringt die Arbeit von D. W. Engels, *Alexander the Great and the Logistics of the Macedonian Army.* Berkeley 1978.

Zu Kapitel 3:

Die beste Gesamtdarstellung findet sich in E. Wills *Histoire Politique* (s. o. allg. Lit.) und in seinen Kapiteln für die Neuausgabe der *Cambridge Ancient History* Bd. 7, 1 (in Kap. 2 der Neubearbeitung der Cambridge Ancient History VII, 1 [1984]).

Zu Datierungsproblemen vgl. R. M. Errington, *From Babylon to Triparadeisos, 323–320 B. C.* Journal of Hellenic Studies 90 (1970) 49–77. Mit Eumenes von Kardia hat sich H. D. Westlake in seinen *Essays on the Greek Historians and Greek History.* Manchester, New York 1969, S. 313–330 beschäftigt.

An modernen Darstellungen seien genannt: P. Briant, *Antigone le Borgne. Les Débuts de sa carrière et les problèmes de l'assemblée macédonienne.* Paris 1973 und C. Wehrli, *Antigone et Démetrios.* Genf 1969.

Zu Kapitel 4:

Zum hellenistischen Staat vgl. bes. die zweite Hälfte des Buches von V. Ehrenberg, *Der Staat der Griechen.* Zürich, Stuttgart 1965.

Ai-Khanum stellt P. Bernard dar: *Ai Khanum on the Oxus.* Proceedings of the British Academy 53 (1967) 71–95; vgl. ferner die in den Fußnoten genannten Artikel.

Mit dem Widerstand gegen die Hellenisierung beschäftigen sich außer Momigliano, *Hochkulturen* (s. o. allg. Lit.) S. K. Eddy, *The King is Dead. Studies in Near-East Resistance to Hellenism.* Lincoln, Nebraska 1961 und V. Tcherikover, *Hellenistic Civilization and the Jews.* Philadelphia, Jerusalem 1959.

Wichtig bleibt die Studie zur *herrschenden Gesellschaft in den hellenistischen Monarchien* von Chr. Habicht, Vierteljahresschrift für Sozial- und Wirtschaftsgeschichte 45 (1958) 1–16.

Zum Söldnerwesen vgl. G. T. Griffith, *Mercenaries of the Hellenistic World.* Cambridge 1935 und M. Launey, *Recherches sur les armées hellénistiques.* 2 Bde, Paris 1949–1950.

Zu Kapitel 5:

Literatur zu Makedonien sei in chronologischer Abfolge der Könige genannt: W. W. Tarn, *Antigonus Gonatas.* Oxford 1913 (in Details überholt, doch immer noch wertvoll und gut lesbar); P. Lévèque, *Pyrrhos.* Paris 1957; F. W. Walbank,

Philip V of Macedon. Cambridge 1940; P. Meloni, *Perseo* (= Perseus) *e la fine della monarchia macedone.* Rom 1953. Vgl. jetzt N. G. L. Hammand/F. W. Walbank, *A History of Macedonia.* III Oxford 1988.

Zu Griechenland siehe etwa R. M. Errington, *Philopoemen.* Oxford 1969; W. S. Ferguson, *Hellenistic Athens.* London 1911 (immer noch nützlich); A. Fuks, *The Bellum Achaicum and its Social Aspects.* Journal of Hellenic Studies 90 (1970) 78–89; N. G. L. Hammond, *Epirus.* Oxford 1967; W. A. Laidlaw, *A History of Delos.* Oxford 1933; J. O. A. Larsen, *Representative Government in Greek and Roman History.* Berkeley, Los Angeles 1955; ders., *Greek Federal States.* Oxford 1968; ders., *Roman Greece.* In: Frank, *Economic Survey* (s. o. allg. Lit.) Bd. IV, S. 259–435; H. A. Ormerod, *Piracy in the Ancient World.* Liverpool 1924; F. W. Walbank, *Aratos of Sicyon.* Cambridge 1934.

Zu Kapitel 6:

Ältere Gesamtdarstellungen sind die von H. I. Bell, *Egypt from Alexander the Great to the Arab Conquest.* Oxford 1948 und von E. R. Bevan, *A History of Egypt under the Ptolemaic Dynasty.* London 1927.

Zu Aspekten der Verwaltung vgl. R. S. Bagnall, *The Administration of Ptolemaic Possessions outside Egypt.* Leiden 1976 und L. Mooren, *The Aulic Titulature in Ptolemaic Egypt. Introduction and Prosopography.* Brüssel 1975.

Mit der ptolemäischen Außenpolitik beschäftigt sich Will, *Histoire politique* (s. o. allg. Lit.) Bd. I^2, S. 153–208.

Zur Wirtschaftsgeschichte vgl. außer Rostovtzeff (s. o. allg. Lit.) Claire Préaux, *L'Économie royale des Lagides.* Brüssel 1939; dies., *Les Grecs en Égypte d'après les archives de Zénon.* Brüssel 1947; C. B. Welles, *The Ptolemaic Administration of Egypt.* Journal of Juristic Papyrology 3 (1949) 21–47; ders., *The Role of the Egyptians under the First Ptolemies.* Bulletin of the American Society of Papyrologists 7 (1970) 405–510.

Zu Alexandreia siehe P. Fraser, *Ptolemaic Alexandria.* 3 Bde, Oxford 1972. Zu landwirtschaftlichen Problemen im Faijum vgl. Dorothy Crawford, *Kerkeosiris. An Egyptian Village in the Ptolemaic Period.* Cambridge 1971.

Zu Kapitel 7:

E. R. Bevan, *The House of Seleucus.* 2 Bde, London 1902 und A. Bouché-Leclercq, *Histoire des Séleucides.* 2 Bde, Paris 1913–1914 sind beide recht veraltet. Die umfangreichste Darstellung der Organisation des Seleukidenreichs bleibt E. Bikerman, *Institutions des Séleucides.* Paris 1938; viel Material in Übersetzung legt ferner T. R. S. Broughton vor: *Roman Asia Minor.* In: Frank, *Economic Survey* (s. o. allg. Lit.) Bd. IV, S. 499–590. Vgl. außerdem die *Actes du colloque 1971 sur l'esclavage (Besançon).* Paris 1972 und B. Bar-Kochva, *The Seleucid Army.* Cambridge 1976, letzteres mit einer Diskussion der seleukidischen Siedlungen; dazu siehe auch G. M. Cohen, *The Seleucid Colonies.* (Historia Einzelschriften 30) Wiesbaden 1978. Informationen zu den einzelnen Städten von deren jeweiliger Gründung an enthält die Neubearbeitung des Buches von A. H. M. Jones, *The Cities of the Eastern Roman Provinces.* Oxford ^{2}1971.

Eine marxistische Interpretation der Probleme des Landbesitzes und der Gesellschaftsstruktur bietet H. Kreissig, *Wirtschaft und Gesellschaft im Seleukidenreich.* Berlin 1978.

Unentbehrlich für das Studium Kleinasiens in hellenistischer und römischer

Zeit bleibt das Werk von D. Magie, *Roman Rule in Asia Minor.* 2 Bde, Princeton 1950.

O. Mørkholm, *Antiochus IV of Syria.* Kopenhagen 1966 wertet die numismatischen Zeugnisse vollständig aus.

Die Probleme der Untergliederungen des Seleukidenreichs behandelt D. Musti, *Lo Stato dei Seleucidi. Dinastia, popoli, città da Seleuco I ad Antioco III.* Studi classici ed orientali 15 (1966) 61–197.

Zu Pergamon siehe E. V. Hansen, *The Attalids of Pergamon.* Ithaca, New York 1971; R. B. McShane, *The Foreign Policy of the Attalids.* Urbana, Illinois 1964.

Zu Rhodos siehe P. M. Fraser, G. E. Bean, *The Rhodian Peraea and Islands.* Oxford 1954.

Zu Ai-Khanum vgl. die o. zu Kap. 4 genannten Werke sowie A. K. Narain, *The Indio-Greeks.* Oxford 1957; W. W. Tarn, *The Greeks in Bactria and India.* Cambridge [3]1966; K. Schippmann, *Grundzüge der parthischen Geschichte.* (Grundzüge 39) Darmstadt 1980. Vgl. jetzt A. Kuhrt/S. Sherwin-White, *Hellenism in the East.* London 1987.

Zu Kapitel 8:

Zu den Staatenbünden vgl. die zu Kap. 5 genannte Literatur. L. Casson, *Reisen in der Alten Welt.* München 1976; Ph. Gauthier, *Symbola. Les Etrangers et la justice dans les cités grecques.* Nancy 1972 und W. Gawantka, *Isopoliteia.* (Vestigia 22) München 1975 vertiefen das in diesem Kapitel Gesagte. Mit Piraterie und Söldnerwesen beschäftigt sich R. F. Willets, *Aristocratic Society in Ancient Crete.* London 1955, S. 225ff.; dazu siehe auch P. Brulé, *La piraterie crétoise hellénistique.* (Centre de recherches d'histoire ancienne de Besançon 27) Paris 1978.

Zu Kapitel 9:

Hierzu vgl. die bereits genannten Werke von Finley und Rostovtzeff (s. o. allg. Lit.) und Kreissig (s. o. zu Kap. 7).

Zur Sklaverei siehe I. Bieżuńska-Malowist, *L'Esclavage dans l'Egypte gréco-romaine.* Bd. I: *Période ptolémaïque.* Warschau 1974; W. L. Westermann, *The Slave-Systems of Greek and Roman Antiquity.* Philadelphia 1955; M. I. Finley (Hg.), *Slavery in Classical Antiquity: Views and Controversies.* Cambridge 1960 (Nachdruck verschiedener Artikel zum Thema) und ders., *Die Sklaverei in der Antike.* München 1981.

Die weiteren Themen des Kapitels lassen sich durch folgende Werke vertiefen: L. Casson, *The Grain Trade of the Hellenistic World.* Transactions and Proceedings of the American Philological Association 85 (1954) 168–187; M. I. Finley (Hg.), *Problèmes de la terre en Grèce antique.* Paris 1973; Claire Préaux, *Institutions économiques et sociales des villes hellénistiques principalement en Orient.* Recueils de la Société Jean-Bodin 7: La Ville, 2. Tl., Brüssel 1955.

Die spartanische Revolution behandeln T. W. Africa, *Phylarchus and the Spartan Revolution.* Berkeley, Los Angeles 1961; P. Oliva, *Sparta and her Social Problems.* Amsterdam, Prag 1971; B. Shimron, *Late Sparta and the Spartan Revolution 243–146 B. C.* Buffalo 1972 und W. W. Tarn, *The Hellenistic Age.* Cambridge 1923, S. 108–140: *The Social Question in the Third Century.*

Zu Kapitel 10:

Allgemein ist zu nennen: H. C. Baldry, *The Unity of Mankind in Greek Thought.* Cambridge 1965; A. A. Long, *Hellenistic Philosophy: Stoics, Epicureans, Sceptics.* London 1974; H. I. Marrou, *Geschichte der Erziehung im klassischen Altertum.* (dtv 4275) München 1977. Die literarischen Quellen zu Naturwissenschaft und Technik behandelt A. G. Drachman, *The Mechanical Technology of Greek and Roman Antiquity.* Kopenhagen 1963, weitere Aspekte: B. Farrington, *Greek Science.* Harmondsworth ^{2}1961; M. I. Finley, *Technische Innovation und wirtschaftlicher Fortschritt.* In: H. Schneider (Hg.), *Sozial- und Wirtschaftsgeschichte der römischen Kaiserzeit.* (Wege der Forschung 552) Darmstadt 1981, S. 168–195; T. L. Heath, *Aristarchus of Samos.* Oxford ^{2}1959 und J. G. Landels, *Die Technik in der antiken Welt.* München ^{2}1980. Einen guten Überblick mit umfangreicher Bibliographie (S. 179–184) bietet G. E. R. Lloyd, *Greek Science after Aristotle.* London 1973; vgl. ferner O. Neugebauer, *The Exact Sciences in Antiquity.* New York ^{3}1962; H. W. Pleket, *Technology and Society in the Graeco-Roman World.* Acta Historiae Neerlandica 2 (1967) 1–25; G. Sarton, *A History of Science.* Bd. II: *Hellenistic Science and Culture in the last three centuries B. C.* Cambridge Mass. 1959.

Die Militärtechnologie behandeln F. E. Adcock, *The Greek and Macedonian Art of War.* Berkeley 1957; Bar-Kochva (s. o. zu Kap. 7); Y. Garlan, *War in the Ancient World. A Social History.* London 1975; ders., *Recherches de poliorcétique grecque.* Paris 1974. *La Guerre à l'époque hellénistique* ist Thema eines Beitrags von P. Lévèque in J.-P. Vernant (Hg.), *Problèmes de la guerre en Grèce ancienne.* Paris 1968, S. 261–287.

Die einschlägigen antiken Texte von Heron, Biton, Philon und Vitruv liegen mit englischer Übersetzung vor in E. W. Marsden, *Greek and Roman Artillery.* 2 Bde, (Bd. I: *Historical Development,* Bd. II: *Technical Treatises)* Oxford 1969–1971; vgl. außerdem H. H. Scullard, *The Elephant in the Greek and Roman World.* London 1974; W. W. Tarn, *Hellenistic Military and Naval Developments.* Cambridge 1930; F. E. Winter, *Greek Fortifications.* Toronto 1973.

Mit den in Ägypten tätigen Naturwissenschaftlern beschäftigt sich P. Fraser, *Alexandria* (s. o. zu Kap. 6).

Zu Kapitel 11:

M. Cary, E. H. Warmington, *The Ancient Explorers.* London 1929; P. Pédech, *La Géographie des Grecs.* Paris 1976; J. O. Thomson, *History of Ancient Geography.* Cambridge 1948.

Zu Kapitel 12:

Außer dem bereits zu Kap. 6 genannten Werk von P. Fraser vgl. H. I. Bell, *Cults and Creeds in Graeco-Roman Egypt.* Liverpool ^{2}1954; M. P. Nilsson, *The Dionysiac Mysteries of the Hellenistic and Roman Age.* Lund 1957; A. D. Nock, *Conversion. The Old and New in Religion from Alexander the Great to Augustine of Hippo.* Oxford 1933 sowie die Auswahl der kleinen Schriften Nocks: *Essays on Religion and the Ancient World.* 2 Bde, Oxford 1972; R. E. Witt, *Isis in the Graeco-Roman World.* London 1971.

Zum Herrscherkult sind wichtig: L. Cerfaux/J. Tondriau, *Le Culte des souverains dans la civilisation gréco-romaine.* Paris 1957 und Chr. Habicht, *Gottmenschentum und griechische Städte.* (Zetemata 14) München ^{2}1970. Vgl. F. W. Walbank, *Monarchies and the Monarchic Ideal.* Kap. 3 der Neubearbeitung der Cambridge Ancient History VII 1 (1984) und dt. *Könige als Götter.* Cleiron 17 (1987) 365–382.

Zu Kapitel 13:

Eine größere Biographie zu diesem Thema findet sich etwa im Band *Die römische Republik* von M. Crawford (dtv 4404, München ^{2}1985) in dieser Reihe. Es seien daher nur wenige, für das Thema des vorliegenden Buches wichtige Werke genannt:

H. Bengtson, *Grundriß der römischen Geschichte.* München ^{3}1982; K. Christ, *Krise und Untergang der römischen Republik.* Darmstadt 1979.

Zum römischen Imperialismus vgl. W. V. Harris, *War and Imperialism in Republican Rome.* Oxford 1979. Über das Wirken der Römer in Griechenland informieren J. Briscoe, *Rome and the Class Struggle in the Greek States 200–146 B. C.*, in M. I. Finley (Hg.), *Studies in Ancient Society.* London 1972, S. 53–73 und J. Deininger, *Der politische Widerstand gegen Rom in Griechenland 217–86 v. Chr.* Berlin, New York 1971. Die Kosten der römischen Eroberung Griechenlands nennt J. A. O. Larsen, *Roman Greece,* in: Frank, *Economic Survey* (s. o. allg. Lit.), Bd. IV, S. 261–325.

Wertvolle Übersichten bieten die Artikel in: H. H. Schmitt/E. Vogt (Hg.), *Kleines Wörterbuch des Hellenismus.* Wiesbaden 1988.

Quellenregister

IV. Papyri (Ausgaben s. S. 265)

V. Literarische Quellen

Personen- und Sachregister

jmb

Das Buch

Alexander der Große hinterließ bei seinem Tod ein Landreich, das in der griechischen Geschichte keinen Vergleich kennt. In diesem Reich schufen seine Nachfolger eine neue Art von Monarchien und Staaten, die für drei Jahrhunderte den Großteil der Welt von der Adria bis zum westlichen Indien beherrschten – eine Welt, in der Griechisch die Hauptsprache war, Griechen die Herrschaft ausübten und griechische Kultur dominierte: die hellenistische Welt.
Frank Walbank zeichnet auf der Grundlage des in umfangreichen Zitaten vorgelegten Quellenmaterials die politischen Ereignisse jener Zeit nach. Er beschreibt aber auch die unterschiedlichen gesellschaftlichen Systeme und die Geschichte der Völker unter griechischer Herrschaft, und er stellt wichtige Entwicklungen in Literatur, Wissenschaft, Technik und Religion dar.
Der Leser gewinnt so eine fundierte Übersicht über die hellenistische Epoche, deren Ideen und Errungenschaften noch die heutige westliche Kultur prägen.

Der Autor

Frank W. Walbank, Jahrgang 1909, studierte Altertumswissenschaft in Cambridge und war an der Universität Liverpool seit 1946 Professor für Lateinische Philologie; von 1951 bis 1977 hatte er dort den Lehrstuhl für Alte Geschichte und Klassische Archäologie inne. Er war Gastprofessor in Pittsburgh und Berkeley sowie Mitglied des Institute for Advanced Study in Princeton. Er ist Fellow der Britischen Akademie und lebt als Emeritus in Cambridge.
Seine Veröffentlichungen umfassen außer zahlreichen Aufsätzen und Büchern die Werke *Philip V of Macedon* (Cambridge 1940) und *The Awful Revolution* (Liverpool 1969). Zu Polybios, dem viele Studien und ein Buch (Berkeley 1972) gelten, hat er den maßgeblichen wissenschaftlichen Kommentar in drei umfangreichen Bänden verfaßt: *A Historical Commentary on Polybius* (Oxford 1957–1979), 1984 erschien der von ihm herausgegebene Band VII 1 der Cambridge Ancient History: *The Hellenistic World.*

dtv-Geschichte der Antike
Herausgegeben von Oswyn Murray

Das frühe Griechenland
von Oswyn Murray

Das klassische Griechenland und die Demokratie
von John K. Davies

Die hellenistische Welt
von Frank W. Walbank

Das frühe Rom und die Etrusker
von Robert M. Ogilvie

Die römische Republik
von Michael Crawford

Das Römische Reich
von Colin Wells